国家发改委财政部2008年重大专项
《数字民族博物馆》项目研究成果

中华民族文化遗产及鉴赏研究 (上)

宋才发／著

民族出版社

图书在版编目（CIP）数据

中华民族文化遗产及鉴赏研究／宋才发著．—北京：民族出版社，2011.7

ISBN 978-7-105-11645-4

Ⅰ.①中… Ⅱ.①宋… Ⅲ.①文化遗产—研究—中国 Ⅳ.①K203

中国版本图书馆 CIP 数据核字（2011）第 161867 号

中华民族文化遗产及鉴赏研究

策划编辑：欧光明
责任编辑：多鲁洪·哈地尔
出版发行：民族出版社出版发行
地　　址：北京市和平里北街 14 号　邮编：100013
网　　址：http：//www.mzcbs.com
印　　刷：北京佳顺印务有限公司
经　　销：各地新华书店经销
版　　次：2011 年 9 月第 1 版　2011 年 9 月北京第 1 次印刷
开　　本：787 毫米×1092 毫米　1/16
字　　数：826 千字
印　　张：55.75
定　　价：160.00 元（上、下册）
ISBN 978-7-105-11645-4/K·2052（汉 1141）

该书如有印装质量问题，请与本社发行部联系退换
（编辑室电话：010-64228001　发行部电话：010-64211734）

宋才发 汉族，1953年5月10日生，湖北省武穴市人，法学博士。华中师范大学和中央民族大学二级教授，教育部人文社会科学重点研究基地中国少数民族研究中心特聘教授，博士生导师，国家重点学科带头人。历任《华中师范大学学报》编辑部主任、华中师范大学中国特色社会主义研究中心常务副主任；中央民族大学法学院院长兼民族法学研究所所长，中央民族大学学术委员会秘书长、科研处处长兼学校“211工程”办公室主任、民族博物馆馆长等职。社会兼职主要有湖北省科学社会主义学会常务理事兼秘书长、湖北省学术委员会委员、湖北省职称评审委员会委员、湖北省期刊研究会执行副会长；国家哲学社会科学成果评审鉴定专家、省部级重大研究项目评审专家、教育部法律专家顾问组成员；中国法学会经济法学研究会理事、中国法学会西部大开发法律研究会常务理事、中国法学会民族法学研究会常务理事兼副秘书长，北京市法学会旅游法学研究会副会长，全国高校文科学报研究会常务理事兼教育委员会委员，北京博物馆学会理事、中国博物馆协会民族博物馆专业委员会副主任委员等职。主持完成17项国家和省部级科研项目，如1991年国家社会科学基金项目《发展社会主义研究》；国家民委2002年重点项目《民族法学学科体系可行性研究》；2004年国务院西部开发办重点项目《西部开发立法与民族自治地方自主权的衔接研究》、教育部重大研究项目《民族自治地方经济社会发展自主权研究》；2005年国家社会科学基金项目《民族区域自治制度的发展与完善——自治区自治条例研究》、司法部项目《西部民族地区城市化过程中农民土地权益的法律保障研究》等。出版《社会主义发展理论研究》、《20世纪社会主义建设理论与实践探析》、《中国：侵权行为认定与赔偿》、《中国现代企业制度的法律规范与实务》、《WTO规则与中国法律制度改革》、《民族区域自治法通论》、《中国民族法学体系通论》、《中国少数民族经济法通论》、《民族区域自治制度的发展与完善——自治区自治条例研究》、《民族区域自治制度重大问题研究》、《中国民族自治地方政府自治权研究》、《中国民族自治地方经济社会发展自主权研究》等多部学术著作，发表300多篇学术论文，科研成果获得过国家“五个一工程奖”等6项国家级和省部级人民政府奖。1999年被评定为湖北省“有突出贡献中青年专家”，同年被评定为国务院“政府特殊津贴专家”；2004年被评定为国家民族事务委员会“首届有突出贡献专家”。

目　录

（上册）

绪 论

一

中华民族文化遗产、自然遗产和记忆遗产极为珍贵，不愧为中华民族的自豪和骄傲。它们既是我国的国宝，也是全人类的宝贵财富——“世界遗产”的重要组成部分。我们有责任像“珍惜眼珠子”那样，去保护老祖宗留下来的这份珍贵遗产，依法合理地开发利用这些不可再生的遗产资源。列入本书鉴赏研究的“文化遗产”、“自然遗产文化景观”和附录部分的“非物质文化遗产研究”，仅限于笔者几十年来实地调查和考察过的部分中华民族文化遗产。撰写本书的直接目的有两个：一是为了弘扬国粹，通过鉴赏使更多的人熟悉和了解我国的丰厚遗产；二是为了唤起全民珍惜和保护中华民族遗产资源的意识，共同守护好老祖宗留下来的这份珍贵遗产和我们的精神家园，同时使那些没有时间和条件亲临目睹这些珍贵遗产的人，也能够从本书中一饱眼福。

《保护世界文化和自然遗产公约》与中国“世界遗产名录”。1972年11月16日“联合国教科文组织大会第17届会议”在巴黎通过了《保护世界文化和自然遗产公约》（以下简称公约），目前已有180个国家和地区成为该《公约》的缔约国成员，中国政府于1985年加入该《公约》，成为缔约方。《公约》规定了文化和自然遗产的定义、文化和自然遗产的国家保护以及国际保护措施等条款，还规定了各缔约国可以自行确定本国领土内的文化和自然遗产，并向世界遗产委员会递交其遗产清单，由世界遗产大会审核和批准。《公约》提出自然和文化相互依存、文化与环境密切相关、把保护大自然和保护文化遗产相联系；凡是被列入世界文化和自然遗产的地点，都由其所在国家依法予以保护。《公约》的管理机构是联合国教科文组织世界遗产委员会，该委员会成立于1976年，建立了《世界遗产名录》。中国于1999年10月29日当选为世界遗产委员会成员。自1987年6月至2010年8月，中国先后被批准列入《世界遗产名录》的世界遗产已达40处。其中，文化遗产28处、自然遗产8处、自然与文化遗产4处，数量居世界第三位。此外，列入“人类口述和非物质文化遗产代表作”的非物质文化遗产28处（项），列入《世界遗产名录》的世界记忆遗产4处。[①] 在中国这些列入《世界遗产名录》的项目中：（1）属于文化遗产的28项为江西庐山，北京明清故宫，北京颐和园，万里长城，北京天坛，河北承德避暑山庄及周围寺庙，山西平遥古城，周口店“北京人”遗址，云南丽江古城，江苏苏州古典园林，陕西秦始皇陵及兵马俑，重庆大足石刻，湖北武当山古建筑群，甘肃敦煌莫高窟，西藏拉萨布达拉宫和大昭寺，河南洛阳龙门石窟，山东曲阜孔庙，孔府及孔林，明清皇家陵寝包括明十三陵（北京），明孝陵（江苏南京市），明显陵（湖北钟祥市），清东陵（河北遵化市），清西陵（河北易县），四川青城山和都江堰，安徽皖南古村落：西递、宏村、山西大同云岗石窟、澳门历史城区、河南安阳殷墟、高句丽王城、王陵及贵族墓葬、开平碉楼与村落、福建土楼、山西五台山、河南登封“天地之中”。（2）属于自然遗产的8项为四川九寨沟风景名胜区、四川黄龙风景名胜区、湖南武陵源风景名胜区、三江并流、四川大熊猫栖息地自然景观、中国南方喀斯特地貌、三清山风景名胜区、中国丹霞。（3）属于文化和自然双重遗产的4项为山东泰山、安徽黄山、四川峨眉山—乐

① 有关资料见《五台山列入世界文化遗产 目前中国已有38处世界遗产》，《北京晨报》，2009年6月27日第A4版；安定明、张利雅：《中国世界遗产地旅游环境分析及其对策》，载《中国科技信息》209页，2008（23）。《中国新添25项世界“非遗”端午节、书法等入选；中国拥有名录项目世界第一》，载《北京日报》，2009年10月14日第13版。

山风景名胜区、福建武夷山。[1]“人类口述和非物质文化遗产代表作”28项为昆曲、古琴艺术、新疆维吾尔木卡姆艺术、蒙古族长调民歌、蚕桑丝织技艺、福建南音、南京云锦、安徽宣纸、贵州侗族大歌、广东粤剧、《格萨尔》史诗、浙江龙泉青瓷、青海热贡艺术、藏戏、新疆《玛纳斯》、蒙古族呼麦、甘肃花儿、西安鼓乐、朝鲜族农乐舞、书法、刻、剪纸、雕版印刷、传统木结构营造技艺、端午节、妈祖信俗、中医针灸、京剧。纳西东巴古籍文献、传统音乐录音档案、清朝内阁秘本档、清代大金榜4项列入《世界记忆遗产名录》。[2]

《保护非物质文化遗产公约》对发展中国家非物质文化遗产的保护。《保护非物质文化遗产公约》把“非物质文化遗产”划分为口头传说和表达、表演艺术、社会风俗礼仪传统节庆、有关自然界的知识和实践、传统手工技艺等，其范围非常广泛。在“乌拉圭回合”谈判中，以美国为首的发达国家将知识产权保护问题纳入谈判，最终形成了《与贸易有关的知识产权协定》（即“TRIPS协定”）。这就是说，生物多样性、传统知识和民间文化艺术的保护，也一并进入了国际法的视野。联合国教科文组织于1972年制定的《保护世界文化和自然遗产公约》，把“文化遗产”和“自然遗产”纳入保护的范围；1989年又提出了《保护传统文化和民俗的建议》，把“民族传统”和“民俗文化”也纳入保护范围。日本自19世纪下半叶开始立法保护，1882年发布《关于保存古器旧物的布告》，1898年制定并发布《古社寺保存法》，1921年颁布《史迹名胜天然纪念物保存法》，1928年颁布《国宝保存法》，1929年颁布《国宝保存法施行令》和《国宝保存法实施细节》，1933年制定《关于保存重要美术品等的法律》，1950年颁布《文化财产保护法》（包括有形文化遗产、无形文化遗产、民俗文化遗产、埋藏文化遗产等）。此外，还有《自然保护法》、《自然公园法》等。韩国曾经制定《自然公园法令集》，全集共10章61条。

---

① 《中国世界遗产统计资料》，载《人民日报》，2010年8月2日第16版。

② 《中国文化遗产年鉴》编辑委员会编：《中国文化遗产年鉴2006》，58页，北京，文物出版社，2006；《五台山列入世界文化遗产　目前中国已有38处世界遗产》，载《北京晨报》，2009年6月27日第A4版。

美国于1906年通过《古迹法》，授权总统以文告的形式设立“国家遗址”。1935年和1936年分别通过了《历史遗址法》和《公园、风景路和休闲地法》，美国的每一个国家公园都有独立的立法，后来又制定了许多相关的法律。总之，各种法律对于人类保护和利用文化与自然资源发挥了重要作用。联合国有关文化与自然遗产保护的具体内容有四个部分组成：（1）文化遗产。它包括“有形文化遗产”和“无形文化遗产”两个部分。其中，“有形文化遗产”即具有重要的历史、艺术价值或者科学价值的文物、建筑群和遗址等，如北京的故宫、天坛等；“无形文化遗产”亦称“非物质文化遗产”，它主要指具有较高历史和艺术价值的传统戏剧、音乐、文学、艺术、工艺美术及无形的文化载体，如中国的京剧、国画、书法艺术等。（2）自然遗产。即具有重要科学价值或者美学价值的地质和自然地理结构、自然景观、天然名胜和珍稀动物生态区等，如云南的石林、安徽的黄山及各省（区）的自然保护区等。（3）综合性遗产（又称“双重遗产”）。即“自然遗产”与“文化遗产”的混合体，它是自然与人和谐的共同作品，既有自然景观又有人文景观，如我国的泰山、庐山、青城山、峨眉山等。（4）民俗文化或民间文化艺术。即世代相传的、具有民族特色的衣食住行、生活风俗、信仰风俗以及反映这些民俗的服饰、器具、房屋等。

世界各国关于保护民间文化遗产的法律规定。“民间文学”是20世纪60年代末70年代初，才作为受保护的客体出现在一些国家的版权法之中的。“民间文学”在不同的国家有不同的内容，提供保护的出发点也不尽一致。较早在“跨国版权法”中保护民间文学的非洲知识产权组织指出，受版权法保护的民间文学包括：“一切由非洲的居民、团体所创作的、构成非洲文化遗产基础的、代代相传的文学、艺术、科学、宗教、技术等领域的传统表现形式与产品。”① 因此，“民间文学”主要包括如下内容：（1）以口头或者书面形式表达的文学作品，如故事、传说、寓言、叙事诗、编年史、神话等；（2）艺术风格与艺术产品，如舞蹈、音乐作品、舞蹈与音乐相结合的作品、哑剧等，

① 郑成思：《世界各国的保护状况》，载《中国知识产权报》，2002年7月5日第3版。

以手工或者其他方式制作的造型艺术品、装饰品、建筑艺术的风格等等；(3) 宗教传统仪式，如宗教典礼、宗教礼拜的地点等；(4) 传统教育的形式、传统体育、游戏、民间习俗等；(5) 科学知识及作品，如传统医药品及诊疗法知识、物理、数学、天文方面的理论与实践知识等；(6) 技术知识及作品，如冶金、纺织技术知识、农业技术等。应当说在这些保护内容中，有一部分是不可能用《版权法》保护的，但它可能受到《专利法》或者《技术秘密法》的保护；还有一些是公有领域内的东西，不应当享有任何专有权。到目前为止，在版权法或者地区性版权条约中，明文规定保护民间文学的已超过 40 个国家，其中非洲国家占多数。也有少数国家在其版权法中明文规定排除对民间文学的保护，如俄罗斯、哈萨克斯坦等。WTO 组织的 TRIPS 协定，对民间文学采取的是未置可否的态度。那么，希望保护它的国家就可以作出该协定可保护民间文学的解释。我国于 1994 年提出保护民间文学作品的问题，专家认为“民间文学”应当成为我国《著作权法》保护的对象，民间文学艺术是一种不同于专利、商标、著作权、商业秘密等现象的知识产权法律保护对象的新型知识产权。对于主体不确定的民间文化作品的著作权，应当认定属于它的群体或国家，国家授权文化部门或某一组织代为行使权利。

世界文化遗产受理程序和评定原则。“世界文化遗产”是指在全世界范围内公认的、具有突出意义和普遍价值的文化和自然遗产，是指被联合国教科文组织世界遗产委员会确认的、人类罕见的、目前无法替代的全人类的共同财富。只有符合世界文化遗产委员会评定标准的“文化古迹”才能列入“世界文化遗产”。评定标准主要包括：(1) 代表一种独特的艺术成就；(2) 在一定时期或者某一文化区域内，对建筑艺术、纪念物艺术、城镇规划或者景观设计方面的发展产生过重大影响；(3) 能够为现存的或者已经消失的文明，或者文化传统提供独特的见证；(4) 可以作为一种类型建筑物或者建筑群，或者景观的杰出范例，展示出人类居住地或者使用地的杰出范例，代表一种或者几种文化，尤其是在不可逆转的变化之下容易损毁的地点；(6) 与某些事件或者现行传统、思想、信仰，或者文学艺术作品有着直接和实质的联系。作为“世界文化遗产”，它在设计、材料、施工或者环境等方面的真实性都要经得起考查。凡被推荐列入《世界遗产名录》的“自然遗产”，必须至少符合下列一项标准，并同时符合“真实性”和“完整性”的原则：（1）代表地球演化的各个主要发展阶段的典型范例，包括生命的记载、地形发展中主要的地质演变过程或者具有主要的地貌或者地形特征；（2）代表陆地、淡水、沿海和海上生态系统植物和动物群的演变及发展中的重要过程的典型范例；（3）具有绝妙的自然和物种多样性的栖息地，包括有珍贵价值的濒危物种。申报世界遗产属于国家行为，譬如，我国申报世界文化遗产工作的业务主管部门是国家文物局。申报的主要程序是：各缔约国将本国今后5～10年拟申报为世界遗产的项目，逐一列入《世界遗产预备清单》，通报世界遗产中心备案。然后于每年的2月1日前，按照统一规定的格式和内容要求，将本国自认为条件已经完全成熟的“预备项目正式申报文本”，包括文字、图纸、幻灯、录像或者光盘等，送达世界遗产中心。“世界遗产”是大自然漫长演进和人类社会发展的宝贵见证，其科研、社会、文化和精神价值之大，绝不能以经济收入的多寡而论。保护和合理利用世界遗产，可以保持和发展世界文明的多样性，促进世界社会和文化层面的互动和交流。获得世界文化遗产的名号不只是荣誉，更多的是一份义务和责任。因为登录世界文化遗产是对缔约国领土内的文化和自然遗产的确认，保护、保存、展出和移交给后代，这也就是该国的崇高责任。

开发和保护人类文化遗产具有十分重要的意义。我们通常所说的“景观”指的是肉眼可见的“有形景”。有些是自然作用演化而成的，有些则是人类利用资源的结果所造成的。前者称为“自然景观”，后者称为“人文景观”。“自然景观”包括了大气、水、生物、土壤、岩石、星球等各种物体组成的世界。“人文景观”则包括农、林、渔、牧、矿以及各种人文活动、经济活动所造成的景观，如交通、仓库、房屋、都市、矿场、油田、梯田等。自然景观和人文景观存在基本上的不同，主要是后者掺入了人类文化的影响。人类透过他们的文化（生活方式）改变了自然景观的面貌，这种新显现的景观就是“文化景观”。我国文化与自然遗产资源十分丰富。历史上各个时期各民族遗留下来的具有历史、艺术、科学、人类学价值的各类文物、建筑群、遗址遍布全国各地；具有美学或科学普遍价值的名山异洞、秀水奇湖、悬峡壁谷、急流瀑布、冷热奇泉、禽珍异兽众多；各民族的传统文化更是多姿多彩，每一个民族都有自己的风俗、礼仪、饮食、居住、服饰等，构成了独具魅力的“人文风景”。我国目前存在着重视“有形文化遗产”，轻视“无形文化遗产”和“民俗文化遗产”的倾向，应当充分认识到有形文化遗产是有限的，难以进行深度开发和再开发。而无形文化遗产和民俗文化遗产则是各国、各民族独有的，在特色上占有绝对优势。因此，开发利用文化与自然遗产资源，既要注重“有形的”，更要注重“无形的”。民族文化是千百年遗传下来的文化遗产，是中华民族的宝贵财富。随着西部大开发和现代化进程的加快，少数民族地区的优秀传统文化受到极大的冲击，保护少数民族地区的优秀文化遗产迫在眉睫。在这方面，一要加强立法，使地方政府有法可依；二要加强调查研究，确定需要保护的各民族传统文化；三要研究保护的措施和有效方式。云南省在保护少数民族地区传统文化方面走在前列，不仅制定了全国第一部《云南省民族民间传统文化保护条例》，还实行“民间艺人等级命名制”。建立“民族文化生态村”也是云南省的一个创举，它对于保护民间文化遗产具有特别重要的推广意义。一个国家或者民族如果没有创新能力，实际上也就不可能真正地保护传统。同样，传统文化如果不加以创新和变革，也就没有生命力，最终会失去原有的功能。所以，创新的目的是使传统文化恢复活力，提升传统文化的质量。

二

我国保护文化遗产的立法着力与国际接轨。不同种类的文化交流、融合是人类文明进步的客观要求，民族民间文化是这种交流的促进剂，执法的措施与程序不应当成为世界文化交流的障碍。我国目前在文化与自然遗产保护方面的法制仍然不够完善，保护性立法滞后于开发性立法。尤其是西部地区掠夺性开发、破坏性建设、企业化经营，严重地破坏了遗产的原有风貌。我国目前只有《中华人民共和国文物保护法》（1982 年颁布、2002 年重新修改并颁布实施），国务院颁布实施的《文物保护法实施条例》以及文化部发布的《文物保护工程管理办法》等 30 余件部门规章和规范性文件，这些法律法规主要是针对有形文化遗产的保护而言的。风景名胜、自然保护区、森林公园等自然遗产以及自然与文化双重遗产的保护，目前均只实施有管理的“暂行规定”，还没有形成明确的、完整的法律规范。对于“无形文化遗产”和“民俗文化”，至今还没有出台正式的保护法。但可喜的是，《非物质文化遗产保护法》已经列入 2007 年全国人民代表大会立法计划，还加入了《关于禁止和防止非法进出口文化财产和非法转让其所有权的方法的公约》、《保护非物质文化遗产公约》等与文化遗产保护有关的国际公约。为了把我国的文化遗产与自然遗产保护好，立法时必须借鉴联合国教科文组织的《保护世界文化和自然遗产公约》和《保护传统文化和民俗建议》，参照美国、日本和韩国等国家的有关法律，尽快制订保护综合文化和自然遗产的法律，分别就有形文化遗产、自然遗产、民俗文化、综合性遗产的保护进行规定。当前，最为迫切的是“无形文化遗产”和“民俗文化遗产”的保护问题。保护国家文化与自然遗产需要有一个常设的立法和监督机构。考虑到联合国教科文组织的“世界遗产委员会”和其他国家也有相应的机构，建议我国在全国人民代表大会设立“国家遗产委员会”，或将全国人大的“环境与资源保护委员会”和全国政治协商会议的“人口资源环境委员会”更改为“国家资源委员会”，下设若干分支委员会，如“国家文化与自然遗产委员会”（包括土地、矿产、水、动植物、草原、森林等自然资源）和“人力人才资源委员会”等作为立法、监督、保护、开发和研究的专门机构，委员会成员由各方面专家、学者兼职担任，委员会主任由国家有关领导人担任。2006 年 9 月 14 日，“中国非物质文化遗产保护中心成立暨揭牌仪式”在中国艺术研究院隆重举行。“中国非物质文化遗产保护中心”是经中央机构编制委员会办公室批准成立的国家非物质文化遗产保护的专业机构，承担全国非物质文化遗产保护的有关具体工作，履行非物质文化遗产保护工作的政策咨询；组织全国范围普查工作的开展；指导保护计划的实施；进行非物质文化遗产保护的理论研究；组织实施研究成果的发表和人才培训等组织工作职能。中国非物质文化遗产中心的成立，标志着我国非物质文化遗产保护工作不断完善机构、健全机制，向着“科学组织、规范管理、有效保护”的目标迈出了一大步。①

我国对非物质文化遗产的保护着重从中华民族文化的实际出发。非物质文化遗产比物质文化遗产更具脆弱性、濒危性。但它却不是“死”文化，其中相当一部分在特定民族、群体、区域和个体中传承流传至今，是特色民族和群体的“活文化”。因此，在非物质文化遗产中，无论是民风、民俗、民歌、民艺等民间文化，还是作为多样性长期共存的各民族文化，大多数遍布在水乡、平川、大塬、山寨。过去我们每谈到对文物发掘和保护，误认为就是对物质文化遗产的保护，严重忽视了对非物质文化遗产的抢救和保护。随着加入联合国《保护非物质文化遗产公约》，对非物质文化遗产保护的认识不断加深，我国政府已经认识到对非物质文化遗产的保护，既要考虑到与国际公约相协调，又要考虑到国情和民族特点。我国目前对非物质文化遗产的范围、对象、表现形式作出了界定，明确地将非物质文化遗产的表现形态界定为五类：（1）传统口头传说，即相关的表述语言，包括民族民间流传的口头文学、诗歌、神话、故事、传说、谣谚以及相关有重要价值的濒危的语言②；（2）传统表演艺术，主要包括民族民间流传的戏曲、音乐、舞蹈等；（3）传统工艺，主要包括世代相传、技艺精湛、具有鲜明的民族风格和地域特色的民间传统工艺美术、手工技艺和传统生产以及制作技艺等；（4）民俗、节庆、礼仪等文化，主要包括反映某一民族和区域习俗的礼仪、节日、庆典活动、游艺活动、民族体育活动等；（5）集中表现、体现和展示某种特定文化传统的区

① 有关资料见《中国非物质文化遗产保护中心成立》，载《中国文化报》，2006 年 9 月 21 日第 3 版。

② 宋才发：《论人类口头和非物质文化遗产保护的法律规定》，载《湖北民族学院学报》2004 年第 6 期，第 17 ~ 22 页。

域、场所、空间。另外，对我国非物质文化遗产涉及的其他形式和内容，如传统的自然知识和实践也有所甄别，做到区别对待，涵盖了天文、地理、宗教、饮食、医药等方面的内容。①

加快对民间文化艺术遗产的立法保护。民族民间文化艺术遗产是指反映特定的民族或区域的社会生产、生活特征与文化特性，通过传承等方式保持和发展的文化表现形式。根本特点是从内容到形式，都是与民族的、区域的自然环境、生产生活方式和历史背景紧密联系的，具有丰富的历史、文化、艺术和科学价值。民族民间文化艺术的丰富与发展，是维护人类文化多样性和创造性的重要前提与基础。民间文化艺术是人类珍贵的历史文化遗产，对民间文化艺术的法律保护是挽救和利用人类宝贵的历史遗产的重要方式之一。对于一个民族来说，无形文化遗产乃是本民族基本的识别标志，是维系民族发展的动力和源泉。如果没有民间文化艺术传承人的存在和坚持，它就会不可避免地消亡。在某种意义上，民间文化艺术传承人的消亡，也就决定着某个民族个性、民族特征的消亡，意味着文化多样性的消亡。所以，从法律上确认民间文化艺术传承人的地位非常重要。民间文化艺术传承人的类型大体上有如下几种，即个人、家庭、社会组织和国家。国家有关机关应当设立相应的“登记制度”、“编制目录”，以确定民间艺术传承人的合法地位和相应权利。对于那些意义重大、濒临绝境的文化遗产，国家文化行政机关应当主动收集整理，组织有关专家通过著书、录像、录音等方式使自己成为传承人，从而对它们进行更为有效的保护。② 根据“TRIPS 协定”的规定，知识产权是一种私权，其核心价值在于界定人们因智力成果及相关成就所产生的各种利益关系。民族民间文化的无形要素都已处于共有领域，表面上属于人人可以自由使用的对象。民族民间文化又是某个民族的集体创作成果，它超越了知识产权保护所关注的个人智力成果的范围。因而民族民间文化与

---

① 参见高天星：《克服陈旧观念，走出认识误区》，载《中国文化报》，2006 年 10 月 19 日第 3 版。

② 参见宋才发：《论民间文学艺术保护的法律规定》，载《湖北民族学院学报》，22 ~ 27 页，2004（2）。

知识产权相比，具有更多的公权的性质。尽管我国还没有全国性的保护民间文化艺术的基本法律，但在相关的法律法规中已经有所体现。譬如，我国《著作权法》就规定要保护民间文学艺术；文化部与国家版权局已起草了《民间文学艺术作品保护条例》（草稿）；一些省、市也相继制订了保护工艺美术和民间艺人的地方性法规；1997 年国务院颁布了《传统工艺美术保护条例》。文化部还起草了《民族民间文化保护法》（草稿），希望通过立法明确政府保护民间文化的责任，公民享有民族民间文化的权利和保护义务，规定保护经费的来源和分配体制、民族民间文化的整理机制、抢救机制、使用许可机制、开发利用机制，使之成为一个与《中华人民共和国文物保护法》相呼应的保护文化遗产的立法，从而构建保护民族民间文化的法律保障体系。对民族民间文化的保护要做到资源保护与开发相结合。如果把民族民间文化仅仅作为历史的遗迹而实施比较严格的保护，而不进行必要的开发利用，必将增大当地居民和地方政府的财政负担；文明一旦失去了前进的步伐，也会成为毫无生气的一种“死”文化。因此，“保护”是为了持续地“开发”，开发可以促进保护，对民族民间文化的保护应当找到两者利益的平衡点和结合点。国家要建立一套激励机制，以调动民间保护与开发的积极性。①

积极贯彻落实文物保护法实施条例。根据《文物保护法》的规定，国务院于 2003 年 5 月 13 日通过了《中华人民共和国文物保护法实施条例》（以下简称《条例》），明令自 7 月 1 日起施行。《条例》第 2 条、第 5 条规定：“国家重点文物保护专项补助经费和地方文物保护经费，由县级以上人民政府文物行政主管部门、投资主管部门、财政部门按照国家有关规定共同实施管理。任何单位或者个人不得侵占、挪用。”“国务院文物行政主管部门和省、自治区、直辖市人民政府文物行政主管部门，应当制定文物保护的科学技术研究规划，采取有效措施，促进文物保护科技成果的推广和应用，提高文物保护的科学技

---

① 参见宋才发：《论民族民间传统文化保护立法的意义》，载《中央民族大学学报》，2004（3）。

术水平。”①《条例》规定历史文化名城，由国务院建设行政主管部门会同国务院文物行政主管部门报国务院核定公布。历史文化名街区、村镇，由省、自治区、直辖市人民政府城乡规划行政主管部门会同文物行政主管部门报本级人民政府核定公布。县级以上地方人民政府组织编制的历史文化名城和历史文化明街区、村镇的保护规划，应当符合文物保护的要求。“文物保护单位”的保护范围，是指对文物保护单位本体及周围一定范围实施重点保护的区域。文物保护单位的范围，应当根据文物保护单位的类别、规模、内容以及周围环境的历史和现实情况合理划定，并在文物保护单位本体之外保持一定的安全距离，确保文物保护单位的真实性和完整性。古文化遗址、古墓葬、石窟寺和属于国家所有的纪念建筑物、古建筑，被核定公布为文物单位的，由县级以上地方人民政府设置专门机构或者指定机构负责管理。其他文物保护单位，由县级以上地方人民政府设置专门机构或者指定机构、专人负责管理；指定专人负责管理的，可以采取聘请文物保护员的形式。文物保护单位的建设控制地带，是指在文物保护单位的保护范围外，为保护文物保护单位的安全、环境、历史风貌对建设项目加以限制的区域。文物保护单位的建设控制地带，应当根据文物保护单位的类别、规模、内容以及周围环境的历史和现实情况合理划定。《条例》第19条还规定：“危害全国重点文物保护单位安全或者破坏其历史风貌的建筑物、构筑物，由省、自治区、直辖市人民政府负责调查处理。危害省级、设区的市、自治州级、县级文物保护单位安全或者破坏其历史风貌的建筑物、构筑物，由核定公布该文物保护单位的人民政府负责调查处理。危害尚未核定公布为文物保护单位的不可移动文物安全的建筑物、构筑物，由县级人民政府负责调查处理。”②

文化遗产资源保护力度加大。按照中央的统一部署，各地各级政府将文物保护工作纳入当地经济和社会发展规划，不断提升文物工作的社会地位和文物事业的整体水平。在资金投入方面，文物保护经费

---

① 《中华人民共和国文物保护法实施条例》，载《国务院公报》，2003（18）。

② 《中华人民共和国文物保护法实施条例》，载《国务院公报》，2003（18）。

大幅度增长。譬如，中央财政用于文物保护的专项经费从 1994 年的 1.29 亿元增加到 2005 年的 5.34 亿元。“十五”期间中央财政共投入 17.36 亿元（不含专项经费），比“九五”增加 10.06 亿元，增幅 138%。地方各级财政也增加投入 61.53 亿元，全国共投入 78.89 亿元。[①] 在国家重点珍贵文物征集方面，2002 年财政部、国家文物局联合实施了“国家重点珍贵文物征集”项目，中央设立专项资金用于流失海外及散落民间的珍贵文物的抢救性征集。到 2006 年 5 月，共实施了 14 项重大征集项目，使用中央财政资金近 2 亿元，抢救、征集了流失海内外的各类珍贵文物 203 件（套）。[②] 国家重点珍贵文物征集资金设立后，上海、辽宁、北京、广东等地，相继加大了对重点珍贵文物征集及文物保护的投入，各地文物征集及保护经费显著增加。在“十一五”期间，国家和地方更进一步加大了对文化遗产资源保护投资的力度，国家重点开展了西藏布达拉宫、北京故宫等国家重点文物维修保护工程以及一大批全国重点文物保护单位的抢险维修工作，基本实现了全国重点文物保护单位没有重大险情。初步建立了大遗址保护规划体系，在文化遗产保护队伍，文物保护科学研究，征集珍贵文物，打击文物盗掘、盗窃、走私以及对外交流合作等方面，均进一步加大了保护和防范的力度。

文化遗产资源保护工作取得初步成效。自新中国成立以来，国务院已公布了 6 批“全国重点文物保护单位”，前五批共 1271 处，第六批为 1080 处，并有 106 处与现有全国重点文物保护单位合并的项目。新公布的第六批全国重点文物保护单位，继续沿用了第五批全国重点文物保护单位公布时采用的分类法，即分为古遗址、古墓葬、古建筑、石窟寺及石刻、近现代重要史迹及代表性建筑、其他 6 大类。在第六批全国重点文物保护单位中，各类文物所占比例与以往相比，发生了一些新的变化，古遗址仍然占总数的 20% 左右，古建筑所占比例从以前的 45.2% 增加到 47.8%，古墓葬从 10% 减少到 7%，石窟寺和石刻

---

① 有关数据资料见《中国民族报》2006 年 6 月 6 日第 4 版。

② 有关数据资料见《中国文化报》2006 年 6 月 10 日，第 1 版。

的比例从7.6%减少到5.9%，近现代文物则从过去的13.8%增加到18.8%。2005年5月20日，国务院还首次公布了“第一批国家级非物质文化遗产名录”，共计518项。[①] 这次非物质文化遗产名录的评审工作，强调和坚持了如下几条原则：(1) 评审对象必须是历史上遗留下来的真实的实物，就是说它的时代、性质、特征基本明确，学术界对其价值的认识比较一致；(2) 对于现代重建和严重改建过的，一律不予考虑；(3) 在要求候选单位具有代表性、典型性或者独特价值之外，还要求当地政府能够对其实施有效的保护和管理，文物保护“四有”（有保护范围、保护档案、保护标志和保护机构）工作完成得较好。在选择标准方面，重点考虑相关文物的价值、代表性、典型性等。[②] 通过广泛征集、群众投票和专家评议，在我国第一个“文化遗产日”的时候，首次使用了公众选出的“中国非物质文化遗产”标识图案：外部图形为圆形，象征着循环，永不消失；内部图形为方形，与外圆对应，天圆地方，表达了非物质文化遗产存在空间有极大的广阔性。图形中心造型为古陶最早出现的纹样之一的鱼纹，鱼纹隐含一“文”字，“文”指非物质文化遗产，而鱼生于水，寓意中国非物质文化遗产源远流长，世代相传。图形中心抽象的双手上下共护于“文”字，意取团结、和谐、细心呵护和保护非物质文化遗产、守护精神家园的寓意。“中国非物质文化遗产”标识启用后，将作为我国非物质文化遗产保护的标志，主要用于研究、收藏、展示、出版等领域。[③]

---

① 参见《国务院关于公布第一批国家级非物质文化遗产名录的通知》、《国务院关于核定并公布第六批全国重点文物保护单位的通知》，载《中国文化报》，2006年6月8日第1版。

② 参见曲志红：《文化遗产保护的重大决策》，载《人民法院报》，2006年6月22日第B1版。

③ 参见欣闻：《中国非物质文化遗产标识揭晓》，载《中国文化报》，2006年6月8日第1版。

一　中华民族文化遗产

北京明清故宫文化景观

一

北京明清故宫文化景观位于北京市中心，前通天安门，后倚景山公园，东近王府井街市，西临中南海，地理坐标为东经39°54′，北纬116°23′。依照中国古代星象学说，“紫微垣（即北极星）位于中天，乃天帝所居，天人对应，是以故宫又称紫禁城”①。从明成祖朱棣到清末代皇帝溥仪，共有24位皇帝（其中明朝有14位，清朝有10位）居住在紫禁城，紫禁城是明清两朝（公元1368—1911年）的皇宫，现辟为“故宫博物院”。紫禁城是由明朝第三位皇帝，即公元1403年即位的朱棣下诏营建的。紫禁城占地78万平方米，包括宫殿在内的建筑共786种，是世界上规模最宏大的建筑群。“紫禁城”取“紫微星”居天地中心之意，寓意这里是世界的中心，“紫”指居于中天的“紫微星”，古代是天地的象征。另外，皇宫是戒备森严的禁地，故称之为“紫禁城”。②

紫禁城的设计者为蒯祥（公元1397—1481年，苏州人）。故宫是严格按照《周礼·考工记》中“前朝后市，左祖右社”的帝都营建原则建造的，由“外朝”与“内廷”两部分组成。“外朝”以“太和

① 《中国世界遗产年鉴》编纂委员会编：《中国世界遗产年鉴2004》，128页，北京，中华书局，2004。

② 参见王秀荣：《故宫俗称紫禁城》，载《北京青年报》，2005年1月26日第B4版。

殿”（即“金銮殿”）、“中和殿”、“保和殿”三大殿为中心，东西以“文华殿”、“武英殿”为两翼，是皇帝处理政事、举行重大庆典的地方。“内廷”以“乾清宫”（皇帝卧室）、“交泰殿”、“坤宁宫”（皇帝结婚新房）为中心，东西两翼有东六宫、西六宫，辅以“养心殿”、“奉先殿”、“斋宫”、“毓庆宫”、“宁寿宫”、“慈宁宫”以及“御花园”等，是皇帝平日处理政务以及皇帝、皇后、皇太后、嫔妃、皇子、公主居住、礼佛、读书和游玩的地方。因而故宫前半部建筑形式严肃、庄严、壮丽、雄伟，以象征皇帝的地位至高无上；后半部则富有生活气息，建筑物多自成院落，有花园、书斋、馆榭、山石等。1911 年孙中山领导的辛亥革命，推翻了中国历史上最后一个封建王朝“清王朝”。但按照当时拟定的《清室优待条件》规定，逊帝溥仪“暂居宫禁”（即“后寝”部分），紫禁城自此作为封建皇宫的历史宣告结束。1914 年国民政府将外朝辟为“古物陈列所”。1924 年冯玉祥发动“北京政变”，11 月 5 日冯玉祥部将鹿钟麟把溥仪驱逐出宫禁，同时成立了“清室善后委员会”，并接管了紫禁城，对宫内文物进行了系统清点，1925 年“紫禁城”正式更名为“故宫”。①

故宫的宫殿建筑是中国现存最大、最完整的古建筑群，也是世界上现存规模最大、最完整的古代木结构建筑群，素称为“殿宇之海”。无论平面布局、立体效果，还是形式上的雄伟堂皇，都堪称无与伦比的杰作。故宫占地 78 万平方米，建筑面积 16.7 万平方米，始建于明永乐四年（公元 1406 年），建成于永乐十八年（公元 1420 年），② 动用了 30 万民工，共建了 14 年，有房屋 9999 间半。③ 故宫选用的建筑材料来自全国各地，如汉白玉石料来自北京的房山县，五色虎皮石来

---

① 《中国世界遗产年鉴》编纂委员会编：《中国世界遗产年鉴 2004》，128 页，北京，中华书局，2004。

② 《中国世界遗产年鉴》编纂委员会编：《中国世界遗产年鉴 2004》，128 页，北京，中华书局，2004。

③ 故宫之所以建房 9999 间半，传说天上的皇宫一共有房 10000 间，地上的皇帝自称“天子”不敢与其同数，所以就少了半间。这半间房是指文渊阁西头那一小间。实际上，所谓的“半间”面积虽小，仅能容纳一个楼梯，但它仍是一整间。

自河北蓟县的盘山，花岗石采自河北的曲阳县；宫殿内铺地的方砖烧制在苏州，砌墙用砖是山东临清官窑烧制的；宫殿墙壁上所用的红色涂料，其原料产自山东宣化（今高青县）的烟筒山；木料则主要来自湖南、湖北、江西、山西等省。故宫的主要建筑是“太和殿”、“中和殿”和“保和殿”。一条中轴贯通着整个故宫，这条中轴又在北京城的中轴线上；三大殿、后三宫、御花园均位于这条中轴线上。故宫的整个建筑被两道坚固的防线围在中间，外围被一条宽52米、深6米的护城河环绕；接着是周长3.4公里的城墙，墙高近10米，底宽8.62米。[①] 城墙上开有4门，南有“午门”、北有“神武门”、东有“东华门”、西有“西华门”，城墙四角还耸立着4座角楼，角楼均有3层屋檐，共有72个屋脊，玲珑剔透，造型别致，堪称中国古建筑的杰作。过天安门越端门，迎面就是高大的“午门”（又称“五凤楼”），[②] 东西北三面以12米高的城台相连，环抱一个方形的广场。“午门”是紫禁城的正门，当中的正门供皇帝出入叫“御路”，王公大臣走左右门；殿试时考生按单双号分别进左右掖门。皇帝大婚时皇后可以进一次正门，殿试考中状元、榜眼、探花的3人可以从正门走出一次，文武大臣按“文东武西”的规定，由两侧门出入。[③] 故宫是明清两代封建皇帝统治全国的中心，它标志着我国悠久的文化传统，显示着五百余年前我国在建筑艺术上的卓越成就。

太和殿俗称“金銮殿”，明朝叫“奉天殿”、“皇极殿”，清顺治二年（公元1625年）改叫“太和殿”，为故宫“三大殿”之首。太和殿

---

① 《中国文化遗产年鉴》编辑委员会编：《中国文化遗产年鉴2006》，62页，北京，文物出版社，2006。

② “午门”是紫禁城的正门，明代每年正月十五，午门都要悬灯赐食百官，到了清代，这种活动就取消了。每年农历十月初一，要在这里举行颁布次年“年历仪式”，清代乾隆年间，因避乾隆帝“弘历”的名字，故将“颁历”改称“颁朔”。清代皇帝举行朝会或者大祀，以及元旦、冬至、万寿、大婚等重大节庆日，都要在这里陈设仪仗。此外，国家凡有征战凯旋时，皇帝也在午门接受献俘典礼；如果皇帝亲征，也从午门出驾。关于推出“午门斩首”的说法，多是由舞台戏剧及野史小说敷衍而来的。实际上，明代朝廷命官犯罪的在午门廷杖，也有被当场打死的。

③ 参见李振湘：《世界遗产中国行》，5页，北京，民族出版社，2004。

始建于明永乐四年（公元1406年），经历了三次火灾和一次兵燹的毁坏，现在看到的“太和殿”是清朝仿建的。太和殿面积1800平方米，面宽11间，进深5间。四个屋檐上各有一排动物，开始采用钉子固定其瓦片，后来换成了神话传说中的动物，据说是用来“消灾辟邪”的。太和殿上有9个这样的动物，9是阳之极数，依次为7、5、3、1，平民百姓家是不允许有这种装饰的。太和殿建立在5米高的汉白玉台基上，台基四周矗立着雕龙石柱，这个宫殿群中最大的建筑是皇帝举行大典的地方。太和殿建筑面积为2377平方米，重檐庑殿顶，属于殿宇中的最高等级，为外朝三大殿中最大的一座，建在三层重叠的“工”字型须弥座上。须弥座由汉白玉雕成，离地8米有余，下层台阶21级，中、上层各9级。太和殿正面有12根红色圆柱，东西长约63米，南北进深约37米，高35米。殿前后有金扉40个、金锁窗16个，整个大殿雕梁画栋、豪华富丽。殿内中央设有2米高的平台，上面摆放着雕有9条金龙的楠木宝座，围绕御座的是6根沥粉金漆的蟠龙柱。前有造型美观的仙鹤、炉、鼎，后有金漆围屏，左右有对称的宝象、角端、仙鹤、香筒等陈列品，整个大殿装饰得金碧辉煌、庄严绚丽，明清两朝的24个皇帝都是在此登基并宣布即位诏书的。春节、元旦、冬至、皇帝生日、册立皇后、颁布法令、政令、派将出征等，皇帝都要在这里举行仪式，接受文武百官朝贺。① 太和殿广场面积达3.6万平方米，广场东西两侧有房屋32间。整个广场无一草一木，空旷宁静，给人以森严、肃穆的感觉。正中为“御路”，左右地面铺的砖均为“横七竖八”共15层，以防有人挖地道进入皇宫。周围有308口大缸②，夏天用来储水防炎；缸下可烧炭加温，防止冬天缸水结冰。举行大典的时候，殿内的珐琅仙鹤盘上点上蜡烛，香亭、香炉焚烧檀香，露台上的铜炉、龟、鹤燃松柏枝，殿前两侧香烟缭绕，全场鸦雀无声。皇帝登上宝座时，鼓乐齐鸣，文武大臣按品级跪伏在广场上，

① 参见小小编著：《中国南方北方游》（北方卷），6页，北京，中国电影出版社，2005。

② 308口大缸按其质量分类三种，即鎏金铜缸、烧古铜缸和铁缸，其中最珍贵的是鎏金铜缸。

仰望着云中楼阁三呼“万岁”，以显示皇帝的无上权威与尊严。

中和殿明朝时称“华盖殿”、“中极殿”，顺治二年（公元 1625 年）改名“中和殿”，它是皇帝去太和殿举行大典前稍事休息、接受跪拜礼和演习礼仪的地方。“中和殿”在太和殿的后面，是一座单檐攒尖顶的方形殿。每边 21 米长，各有 3 间，走廊列柱 20 根，黄琉璃瓦四角攒尖顶，正中有鎏金宝顶。每逢各种大礼的前一天，皇帝均在此阅览奏章和祝辞。殿内中心位置放置帝王的宝座，由于这座建筑的功能与作用完全不同于太和殿，因此，在建筑装饰、室内陈设等方面都要比太和殿简单。乾清宫是内廷正殿，殿的上方有“正大光明”匾额一块，它是清朝皇帝“立储”放“传位诏书”的地方。鉴于各朝“立储”引起纷争的教训，雍正皇帝实行“秘密立储”，即在皇帝生前制立储诏书两份，一份放在身边，一份放在匾后，待皇帝驾崩后将两份遗诏拿出来对照，如果无误，就按照指定人继承皇位。① 乾清宫也是明清两代皇帝的寝宫以及平日处理政事的地方，雍正以后搬出。每年的元旦、灯节、端午、中秋、冬至、万寿等节日，按惯例在此举行“家族宴”。另外，皇帝驾崩后棂柩也停在此殿。皇帝去天、地、日、月四坛祭祀时，前一天要在中和殿里看祭文。明清两朝皇帝每年二月到“先农坛”举行“亲耕仪式”，前一天也要来这里视察种子、农具、祭文，然后带领满朝文武百官赴先农坛祭祀。皇帝亲自扶犁三推，躬耕垄田，告示农户不违农时，勤于耕种，以盼五谷丰登。② 此外，册封皇太后及每年一次的修改皇族家谱（玉牒）也在这里举行。③ 皇帝偶尔还在这里召见大臣、商议要事或者举行隆重的仪式。

保和殿（在中和殿的后面）是三大殿的末殿。“保和殿”在明朝初建时称为“谨身殿”，嘉靖四十三年（公元 1564 年）重建时改称为

---

① 参见小小编著：《中国南方北方游》（北方卷），7 页，北京，中国电影出版社，2005。

② 参见小小编著：《中国南方北方游》（北方卷），6 页，北京，中国电影出版社，2005。

③ 参见王镜轮：《故宫读本 · 紫禁城全景实录》，26 ~ 27 页，北京，华艺出版社，2003。

“建极殿”。保和殿面宽9间，进深5间，屋顶采用黄色琉璃瓦重檐歇山顶。保和殿的功用很多，譬如，顺治皇帝在这里居住10年、康熙皇帝亲政前也一直居住在这里。保和殿最重要的功能是举行封建科举考试中最高等级的殿试，以选择封建王朝的高级官吏。自从乾隆五十五年（公元1790年）之后，我国封建科举制度中最高一级的考试——“殿试”就在这里举行。① 被录取的进士前三名称“鼎甲三元”，即状元、榜眼、探花，其他称“进士出身”。我国自隋代开始的科举制度一直延续到20世纪，最后一次科举在光绪三十年（公元1904年）举行，最后一名状元名叫刘春霖（直隶肃宁人）。明清两朝册立皇后、太子或者下嫁公主，均在保和殿内举行仪式并赐宴。除此之外，殿内设有宝座，每年的除夕，这里就成为皇帝赐宴外藩王公的场所。② 由于保和殿的功能不同于太和殿，因此，它的建筑、装饰、等级都比太和殿有所降低。在保和殿室内，为了取得较为宽敞的空间，还有意减除了一些立柱。保和殿后的丹陛石九龙浮雕，长16.57米，宽3.07米，厚1.70米，重达250吨，上面刻有高浮雕的九龙、瑞云、寿山、福海等纹饰，可以说是故宫内最大的石雕。

太和殿南端的太和门东西两侧各有一组建筑群，东侧是文华殿、文渊阁、传心殿和内阁，再东是清史馆。“文华殿”是明朝皇太子读书的地方，明清两朝的皇帝，春秋两季也在这里讲学。“文渊阁”是清朝收藏图书的地方，是宫内的图书馆。“传心殿”建于清朝初年，殿里供奉伏羲、神农、黄帝以及尧、舜、禹、汤、文、武、周公和孔子的牌位。“内阁”是明清两朝最高行政机构，内阁大学士相当于古代的宰相。太和门西侧的建筑以武英殿、南熏殿为主。“武英殿”在文化史上是相当有名气的，清朝在这里集中了一批文人编纂书籍，我国著名的《四库全书》、《佩文韵府》、《古今图书集成》等，都是在此设局编辑的。这里不仅“编书”，而且“印书”，创制的木刻活字版，

① 参见王镜轮：《故宫读本·紫禁城全景实录》，26～30页，北京，华艺出版社，2003。

② 参见小小编著：《中国南方北方游》（北方卷），6页，北京，中国电影出版社，2005。

就是有名的聚珍版（通称“殿版”），字体美观，校勘翔实，纸墨精良，具有很高的学术价值。“南熏殿”收藏有历代帝后的图像。①“储秀宫”（明朝原名为“寿昌宫”）在故宫西六宫内，始建于明永乐十八年（公元1420年），嘉靖十四年（公元1535年）改名为“储秀宫”。储秀宫的形制与东、西宫的其他宫室相同。主体建筑储秀宫面宽5间，单檐歇山屋顶；但它的檐下却用了苏式彩画，以神怪故事、山水风景、花鸟动物为彩画的主要题材，殿前陈设着铜龙、铜鹿。明朝和清朝前期，储秀宫的居住者都是普通嫔妃，有时也允许未成年的皇子居住。到慈禧太后执政时期，储秀宫则是她在故宫中最重要的一座宫院。此外，嘉庆皇帝的两任皇后就住在储秀宫。同治皇后饮恨储秀宫，储秀宫的最后主人是末代皇后婉容。②

乾清门是“后廷”的正门，它总揽“后三宫”的乾清宫，交泰殿，坤宁宫（乾清、坤宁象征“天地乾坤”）。“乾清门”后面即1420年建成的“乾清宫”，后来毁于火灾，现存的乾清宫为清朝重建。乾清宫在故宫内廷的最前面，东西两面的“日精门”、“月华门”象征“日月”，围墙外东西六宫象征“十二星辰”，后面众多建筑象征“众星”。这些日月星辰的建筑，均拱卫皇帝居住的象征“天”的乾清宫，以显示受命于天的皇帝尊严。后宫就是民间所说的“三宫六院、七十二妃、三千佳丽”居住的皇宫内院。乾清宫面宽9开间，重檐庑殿屋顶，檐下用金龙和玺彩画，其等级在故宫的众多殿宇当中仅次于外朝的太和殿。在明代和清朝初年，这里一直是皇帝的寝宫，直到雍正皇帝以后，才将寝宫移到养心殿。同时，这里也是皇帝处理日常政务、召见朝臣的场所，康熙和乾隆都曾在这里举行过规模宏大的宴会。明朝发生的几起重大案件，如“壬寅宫变”、“红丸案”、“移宫案”等宫闱大案都发生在此。

交泰殿位于乾清宫和坤宁宫之间，系明朝嘉靖年间增建。这是一

---

① 参见施连方、施枫编著：《趣谈老北京》，62～63页，北京，中国旅游出版社，2001。

② 参见王镜轮：《故宫读本·紫禁城全景实录》，126～130页，北京，华艺出版社，2003。

座方形平面、单檐四角攒尖屋顶的建筑，形制与中和殿相近。交泰殿是清代在重大节庆的时候，皇后接受皇族朝贺的场所。乾隆以后这里是存放帝王使用的各种印玺的地方，现在收藏宝玺25颗。放置25颗的寓意是从《周易》“天数二十有五之说”而来的，而且1、3、5、7、9这五个阳数之和正是25。殿内高悬的“无为”二字，由康熙皇帝亲笔所书，取意“无为而治”。殿内宫“不可干政”的铁牌，也是康熙皇帝鉴于明亡的教训而立的。西侧陈设乾隆年间造的“自鸣钟”，东侧为“铜壶滴漏”，清世祖顺治“禁止内官干预政事”的铁牌也立于此殿。① 坤宁宫又叫“中宫”，在交泰殿北，是明代皇后的寝宫。建筑面宽9开间，重檐庑殿屋顶，与乾清宫规格相同。清朝顺治以后，把坤宁宫改成了满族人信奉的萨满教的祭祀场所。改造后的坤宁宫分为东西两个部分，西部建筑内部按照东北地区的习惯沿墙布置了一圈大炕，室内还设置了大锅，每逢萨满教的重要祭日都要在这里杀猪、祭祀，甚至皇帝也要亲自出席。东部则改造为皇帝大婚的洞房，入口也设在建筑的东面，并设有红底金色双喜字装饰的影壁；室内北墙下是“龙凤喜床”，床上悬挂着绣有百子图的彩纱幔，皇帝大婚时在这里举行仪典。② 养心殿是清朝雍正以后历代皇帝处理政务的地方，每天早晨皇帝在此接见军机大臣，听取政务。慈禧的“垂帘听政”也是在这里。养心殿西暖阁是皇帝批阅奏章的地方，它的尽端是乾隆皇帝收藏晋代书法家王羲之、王献之和王珣真迹的地方，也是皇帝休息、看书的地方。正因它藏有三件书法家的稀世珍宝，故称为“三希堂”。③

从养心殿往北是永寿宫、太极殿、长春宫、体元殿。其中，“永寿宫”是距离养心殿最近的一处后宫，皇帝可以从养心殿北边的一个“如意门”出来，几步就到永寿宫。它的名称在明朝改过几次，最初叫“长乐宫”，明代中期改称“永寿宫”，万历年间先称“毓德宫”，

---

① 参见王镜轮：《故宫读本·紫禁城全景实录》，27页，北京，华艺出版社，2003。

② 参见王镜轮：《故宫读本·紫禁城全景实录》，74～80页，北京，华艺出版社，2003。

③ 参见王镜轮：《故宫读本·紫禁城全景实录》，95～106页，北京，华艺出版社，2003。

到万历四十四年（公元 1616 年）又改回“永寿宫”。明朝孝宗皇帝（公元 1488—1505 年在位）的母亲纪妙善，曾在这里居住；万历皇帝在这里召见辅臣。清顺治十三年（公元 1656 年）永寿宫重建，先后有几位不很受宠的嫔妃在这里居住；乾隆皇帝最宠爱的女儿和硕公主结婚时，这里是驸马家族女眷宴请的场所。“太极殿”与“永寿宫”隔着一条街，殿面宽 5 开间、单檐歇山屋顶，建筑北面面向长春宫出 3 开间抱厦。太极殿也几次易名，明朝时先叫“未央宫”，嘉靖年间更名为“启祥宫”，清朝晚期又称“太极殿”。万历皇帝曾在这里“悔过”，明末崇祯皇帝的宠妃田氏曾住在这里并死在这里，隆裕太后、瑜太妃也死在这里。“长春宫”始建于明永乐十八年（公元 1420 年），清康熙二十二年（公元 1683 年）重建，清代为后妃的住所。故宫内的“东西十二宫”是后廷部分最重要的建筑。这 12 座宫殿按东西对称排列，面积和格局大体相同。每座宫殿大约占地 2500 平方米，由“前殿”、“后寝”两进院落组成。除主要建筑物之外，整组宫殿还包括厢房、回廊、宫门、照壁等建筑。整座院落有高墙环绕，形成一个十分封闭的建筑单元。长春宫曾为明代天启皇帝的宠妃李氏的住所、清代乾隆皇帝的孝贤皇后以及后来的慈禧都曾在这里居住。长春宫非常典型地反映了这 12 组宫殿的形制。主殿面宽 5 开间，仍保留着明代的建筑风格，屋顶用单檐歇山顶。长春宫殿前陈设的铜龟和铜鹤，不仅造型生动，而且具有很高的工艺水平。游廊四壁上画有精美的以《红楼梦》为题材的壁画①。“体元殿”是一座华丽的建筑，慈禧早年曾在这里居住，这座殿堂屋檐华丽像座戏台，当年慈禧常叫小太监在这里演戏。

宁寿宫原名“仁寿宫”，始建于明代，康熙二十八年（公元 1689 年）改名为“宁寿宫”。乾隆三十六年（公元 1771 年）以“坤宁宫”为蓝本重建宁寿宫，准备把这里改为满族祭神的场所。因此，这座建筑在细部处理、装修设计等方面，都与故宫内的其他建筑有所不同。

---

① 参见王镜轮：《故宫读本 · 紫禁城全景实录》，111 ~ 121 页，北京，华艺出版社，2003。

宁寿宫现存建筑面宽 9 开间，单檐歇山屋顶。“皇极殿”是宁寿宫的主殿。宁寿宫靠近故宫的东墙，是故宫后部分中仅次于中轴线上的后三殿建筑群的又一组大规模宫室建筑群。宁寿宫是乾隆皇帝为自己退位后，过太上皇生活而建造的宫室。因此，它的等级明显高于故宫东西两路的其他宫室建筑。“皇极殿”作为宁寿宫的主殿同样反映了这一特征①。它面宽 9 开间，重檐庑殿屋顶，檐下用金龙和玺彩画。整座建筑坐落在汉白玉须弥座台基之上，前面有宽阔的“月台”，从月台正中下 5 级台阶，是一座高于院落地面的平台，高度与宁寿门台基相同，并与宁寿门相接，避免了从皇极殿到宁寿门之间地面的过多起伏，这与供太上皇居住的建筑群应当具有的特殊功能相符合。皇极殿后为宁寿宫，它是皇帝和宫眷们听戏的地方。皇宫内戏台很多，大都分布在内廷区。这些戏台有大有小，有室内的也有室外的，适应不同规模的演出。宁寿宫后半部东路的畅音阁戏楼，是故宫内最高大的一座三重崇楼，由上至下称福台、禄台、寿台，台下地下室有窨井 5 眼，以供演戏时产生共鸣效果。宁寿门是宁寿宫建筑群的主要宫门，它面宽 5 开间，黄色琉璃瓦单檐歇山屋顶。宫门建筑在汉白玉须弥座台基之上，由汉白玉栏杆环绕，望柱头上雕刻着龙凤云纹。宫门正中 3 开间正对着 3 道台阶，正中间石台阶中部设有石雕御路。宫门前放置两座镀金铜狮，铜狮底座为汉白玉须弥座。宁寿门是故宫内廷部分等级最高的宫门。宁寿门两侧有八字影壁，影壁底都是汉白玉须弥座，影壁中心和四角装饰有黄绿色琉璃花饰，装点在朱红色墙壁上，上部是黄绿色琉璃梁枋、斗拱，顶上为黄色琉璃瓦屋檐，屋檐做成庑殿式，整体造型给人一种精巧、热烈的印象。宁寿宫的后面有一水井名为“珍妃井”，珍妃是清光绪皇帝的妃子。因为她支持光绪皇帝变法图强而受到光绪的宠爱，却遭到慈禧的嫉妒，不仅常受虐待还被打入冷宫，不允许她和光绪见面。到 1900 年八国联军入侵北京时，慈禧携光绪逃往西安之前，命总管太监崔玉桂将年仅 25 岁的珍妃推入此井中

① 王镜轮：《故宫读本 · 紫禁城全景实录》，164 页，北京，华艺出版社，2003。

淹死[1]。

御花园原名“宫后苑”，为明朝修建，是皇帝皇后休息、游玩的地方。御花园在坤宁宫北面，正中有坤宁门与园内相通，东南、西南两隅分别称为“琼苑东门”、“琼苑西门”，可通东西六宫。北有“顺贞门”（原名“坤宁门”），当年选宫女、秀女都入此门。“顺贞门”是宫墙北并列的三座琉璃门，门外为“神武门”。园东西长130米，南北宽90米，占地约1.2万平方米，为宫城总面积的1.7%左右。园内有20多座大小建筑物，结构精巧多样，其间有山石树木、花池盆景和五色石子甬道，是一处以建筑物为主体的宫廷式花园。殿堂建筑采用主次相辅、左右对称的格局，以布局紧凑、古雅富丽取胜。园景大致分三路，主体建筑为5间重檐的“钦安殿”，并依地形安排了亭台楼阁，寓变化于严整之中。钦安殿是宫内唯一的道教建筑，殿内供的是道教北方之神“玄武大帝”。位于园子四角的象征春、夏、秋、冬四季的万春亭、浮碧亭、千秋亭、澄瑞亭，同是亭子，但形态各异，其中的“万春亭”和“千秋亭”两座亭子，可以说是目前保存下来的古亭中最华丽的亭子。此处还有收藏《四库全书荟要》的离藻堂。殿东北的“堆秀山”上有御景亭，为太湖石叠砌而成，每年的重阳节，皇帝、帝后必定在此登高望远。

二

故宫是我国文物收藏最好、最丰富的博物院。1925年10月10日成立故宫博物院，1948年将古物陈列所并入故宫博物院。中华人民共和国成立后，中央人民政府对这座古代建筑和文物进行了大规模地修整，使其成为一座举世闻名的古文化艺术博物院。与此同时，在西华门内成立了国家“第一档案馆”，专门从事整理历代政府和宫廷档案。故宫博物院文物收藏，主要来源于清宫旧藏。抗日战争期间，为确保国宝安全，曾将精选的五批故宫文物转移南方。抗战胜利后，部分运

---

① 王镜轮：《故宫读本·紫禁城全景实录》，172页，北京，华艺出版社，2003。

回故宫，部分运抵台湾。北京故宫博物院的文物，分成“宫廷原状”和“古代艺术”两大陈列体系，先后布置了51个原状陈列，真实性非常高。同时建立了十余个专馆，如历史艺术馆、绘画馆、分类陶瓷馆、青铜器馆、明清工艺美术馆、铭刻馆、玩具馆、文房四宝馆、珍宝馆、钟表馆和清代宫廷典章文物展览等，收藏有大量古代艺术珍品，据统计共达1 052 653件之多，占整个中国文物总数的1/6，是国内收藏文物最丰富的博物馆。其中，很多文物是绝无仅有的无价国宝，代表着中国历史文化的最高水准①。譬如，一套清代金银珠云龙纹甲胄，通身缠绕着16条龙，形象生动，穿插于云朵之间。甲胄是用约60万个小钢片连结起来的，每个钢片厚约1毫米，长4毫米，宽1.5毫米，钻上小孔，以便穿线连结。据说为制造这套甲胄，共用了4万多个工时。故宫博物院收藏的珍贵书画有15万件左右，约占世界公立博物馆所藏中国古代书画的1/4。其中，约1/3具有较高的学术价值和欣赏价值，有近420件元朝以前的绘画，310件元朝以前的书法。在绘画的时代方面，早期藏品反映了各个历史时期的绘画面貌，特别是东晋顾恺之的两件北宋摹本《列女图》卷和《洛神赋图》卷，真实地反映了汉魏六朝时期的绘画风格。其中，元朝绘画众多的收藏量和完善的品质堪称世界之冠。绘画藏品种类较全面，除卷轴画外，还藏有版画、年画、清宫油画、玻璃画、屏风画等。在陶瓷类文物方面，故宫博物院藏有35万件。其中，一级品1100多件，二级品约5.6万件，还有20世纪以来在全国110多个窑口所采集的3万余片陶瓷标本。在青铜器类文物方面，故宫博物院藏有历代铜器1.5万余件。其中先秦青铜器约1万件，有铭文的1600余件，这三个数量均占中外传世与出土数量总和的1/10以上，是国内外收藏中国青铜器数量最多的博物馆。另外，有历代货币1万余枚、铜镜4000面、印押1万余件。在工艺类藏品方面，有玉器28 461件，数量上多于台北故宫的11 445件，而且又征集了考古发掘出土的珍贵玉器数百件。其中，安徽凌家滩遗址与六

① 《中国文化遗产年鉴》编辑委员会编：《中国文化遗产年鉴2006》，62页，北京，文物出版社，2006。

安杨公乡战国墓出土的一些玉器，为世所罕见。在宫廷类文物收藏方面，从代表皇权的典制文物到皇家日常生活用品文物，无所不藏。譬如，清代玉玺“二十五宝”、“卤簿仪仗”等为台北故宫所没有，帝后冠服也非常齐全；反映清代科技发展水平以及中外文化交流的天文仪器、钟表亦为北京明清故宫博物院的特藏。清代皇家信仰多种宗教，以本民族传统的萨满教、道教与藏传佛教为主，因而北京明清故宫博物院还收藏有大量萨满教与藏传佛教的法器、祭器、造像、唐卡等，完整地保存了宫廷中一些藏传佛教及道教原状的殿堂。在图书典籍方面，现存的明清抄本、刻本，品种、数量众多，包括内府修书各馆在编纂过程中产生的稿本，呈请皇帝御览、待刻之书的定本，从未发刻的清代满、蒙古、汉文典籍，为便于皇帝阅览或携带而重抄的各式书册以及为宫内外殿堂陈设而特制的各种赏玩性书册。此外，还有翰林学士、词臣自撰的未刊行书籍，各地藏书家进呈之书；一大批宫中戏本和档案；帝后服饰和器物小样、建筑图样、舆图等特藏文献，等等，以上共约19.5万册（件）。另有20余万块精美的武英殿“殿本”的原刻书版。除了所存旧藏外，有近1/5是新中国成立以来，在中央政府的直接领导和各省、市积极支持下征集、购买的散佚清宫文物及社会各界人士的捐赠。新中国成立初期，国家花50多万元港币从香港买回著名的“三希”中的两希——《伯远帖》和《中秋帖》。诸多珍藏文物先后赴欧、亚、美、澳、非五大洲展览数十次，宣传中国灿烂的古代文化艺术传统，促进与世界各国的文化交流。①

故宫博物院的镇宫之宝有6项：（1）“书画之宝”《清明上河图》。张择端的《清明上河图》为故宫书画代表作品。它以精致的工笔，记录了北宋末徽宗时代首都汴京（今开封）郊区和城内汴河两岸的建筑及民生。在5米多长的画卷里，共绘画了550多个各种各样的人物。“法帖之宝”为西晋陆机的《平复帖》，它是故宫法帖的代表作品，也是目前存世最早的名人墨迹，内容为陆机向朋友问候疾病的书札。

---

① 上述馆藏文物情况，均来自故宫博物院的“解说词”、讲解员的讲解以及陈列品的文字说明等。

（2）“织绣之宝”《梅鹊图》。沈子蕃缂丝《梅鹊图》轴为故宫织绣的代表作品，图轴纵104厘米、宽36厘米。中国古代缂丝被认为是丝织工艺中最为高贵的品种，古人以“一寸缂丝一寸金”言缂丝作品之珍贵。缂丝之所以高贵，首先是因其耗费工时巨大，“如妇人一衣，终岁方成”；其次是因为缂技易学难精，虽然摹缂书画，但并非简单地照葫芦画瓢，需要有纯熟的工艺技巧和相当的书画艺术修养。缂丝以其贵重而渐为皇家所垄断，现存传世缂丝珍品主要集中在故宫博物院。（3）“陶瓷之宝”郎窑红釉穿带直口瓶。郎窑红釉穿带直口瓶为故宫陶瓷的代表作品。它高20.8厘米，口径6.1厘米，足径9.1厘米。景德镇有句话说：“若要穷，烧郎红。”因为其烧制极为困难，数百窑亦难烧成一件正品。18世纪初，江西巡抚郎廷极奉康熙之命到景德镇主持御窑，试图烧制出失传数百年的“祭红”，尽管未成功，却成功地烧制出另外一种更为鲜亮的红釉瓷器，人们把这种瓷器以他的姓氏命名。（4）“青铜之宝”鼢亚方樽。鼢亚方樽为故宫青铜器的代表作品，青铜器的产生是古代中国从野蛮时代走向文明时代的重要标志之一。樽是盛酒器，流行于商早期至春秋战国时期，方樽传世较少。20世纪70年代，在山东益都苏埠屯出土了几件带有亚铭文的青铜器，从挖掘的墓穴看规模不小，加上众多带有亚铭记的器物，说明它们所代表的可能是一个大族。（5）“钟表之宝”彩漆描金楼阁式自开门群仙祝寿御制钟。群仙祝寿御制钟为故宫钟表的代表作，它高185厘米，面宽102厘米，侧宽70厘米。此钟共有7套机械系统，分别控制走时、报时、景箱内的活动装置等，技术水准相当高。根据历史档案记录，从乾隆八年（公元1743年）接旨着手设计到十四年（公元1749年）完工，历时6年多。（6）“宫廷之宝”乾隆款金瓯永固杯。金瓯永固杯为故宫宫廷文物的代表作，它高12.5厘米，口径8厘米，足高5厘米，口边刻有回纹。根据“清内务府活计档”记载，乾隆皇帝对此杯的制作十分重视，不仅调用内库黄金、珍珠、宝石等珍贵材料，而且精工细作，曾多次修改，直至皇帝满意为止。因此，该杯一直被清代皇帝视为珍贵的祖传法宝。（7）“玉器之宝”青玉云龙纹炉为故宫玉器的代表作品。系宋代出品，高7.9厘米，口径12.8厘米，炉青玉质。通体以“工”字纹为底，上饰游龙、祥云和海水纹。器内底阴刻乾隆七言诗一首，末署“乾隆戊戌孟秋御题”。①

北京明清故宫是中国古典皇家园林风格和东方格调的完美结合。北京明清故宫被誉为世界五大宫之一，其他为法国凡尔赛宫、英国白金汉宫、美国白宫、俄罗斯克里姆林宫。中国的建筑匠师们将如此大规模的建筑规划得井井有条，利用重重的墙门和庭院把故宫有序地组合成壮丽的建筑群。明清故宫的规划和建筑不仅继承了中国古代建筑的传统，而且有所发展和创新，是中国古代文化和古代建筑艺术成就的集大成者。其室内外建筑空间的组合、建筑体量大小的搭配、材料的运用、小品的陈设、装饰的制作、色彩的选择都达到了很高的艺术水平，产生了激动人心的艺术效果。故宫因之被联合国教科文组织列为“世界文化遗产”。1961 年国务院颁布北京明清故宫为全国第一批重点文物保护单位。1987 年 12 月，联合国教科文组织世界遗产委员会第十一次会议通过，北京明清故宫正式作为文化遗产列入《世界遗产名录》。明清故宫的英文名称为：Imperial Palace of the Ming and Qing Dynasties，世界遗产委员会对明清故宫的评价是：“紫禁城是中国五个多世纪以来的最高权力中心，它以园林景观和容纳了家具及工艺品的 9000 个房间的庞大建筑群，成为明清时代中国文明无价的历史见证。”②

依据国家文物保护的有关规定对明清故宫文物进行全方位的护理。中国政府自 1924 年开始对清代宫廷遗留下来的文物进行清点，1925 年出版了 28 册《清室善后委员会点查报告》，首次公布北京故宫博物院有文物 117 万余件。③ 20 世纪五六十年代，又重点对故宫博物院旧藏的清宫文物进行清点核对，登记造册并进行鉴别、分类和建档，纠

① 上述馆藏镇宫之宝情况，均来自故宫博物院的“解说词”、讲解员的讲解以及陈列品的文字说明等。

② 《中国文化遗产年鉴》编辑委员会编：《中国文化遗产年鉴 2006》，62 页，北京，文物出版社，2006。

③ 参见《中国世界遗产年鉴》编纂委员会编：《中国世界遗产年鉴 2004》，128 ~ 129 页，北京，中华书局，2004。

正了过去诸多计件不准确之处。通过长达十余年艰苦细致的工作，总计清理出清宫旧藏文物71万余件。同时，通过向社会征集以及接受私人捐赠等途径，新入藏文物达22万余件。在对文物毁损的防范措施上，自二十世纪五六十年代起，对原有文物库房进行了大规模的修缮，采取了防潮、防虫的各种措施。90年代开始建立新的文物库房，实现库房恒温、恒湿、防火、防盗，并且采用了现代化技术自动控制，可保文物安全无虞。1980年开始把1950年建立的文物修复工厂扩建为“文物保护科学技术部”，继承、利用传统工艺技术和引进自然科学成果，对残损文物系统进行修复。鉴于目前社会上一些单位和个人以“故宫”、“紫禁城”名称向国家工商管理总局商标局申请注册商标的情况，2006年6月1日国家工商管理总局商标局认定“故宫”、“紫禁城”为驰名商标。同时国家工商管理总局商标局陆续发出商标异议裁定书，认为他人对“故宫”、“紫禁城”商标理应知晓，其申请注册“故宫”、“紫禁城”的商品商标，已构成对故宫博物院“故宫”、“紫禁城”商标的模仿和复制，其产品、服务容易误导公众，致使故宫博物院利益可能受到损害，裁定他人申请注册“故宫”、“紫禁城”商标不予核准注册。① 从而使“故宫”、“紫禁城”从知识产权保护的角度取得了重大进展。

按照《保护世界文化和自然遗产公约》的要求建立故宫保护的“缓冲区”。根据世界遗产委员会的要求，在文化遗产周边的划定区域即“缓冲区”内，应当保持其原有的历史风貌和环境。在文化遗产需具有完整性和真实性的两个要求中，“缓冲区”是其完整性的重要体现。北京明清故宫缓冲区划定的具体区域是：南起正阳门城楼及天安门广场两侧，北自地安门至北二环路，包含什刹海、皇城、国子监街、南北锣鼓巷等5个历史文化保护街区。缓冲区共占地1377公顷，如果包含皇城占地总面积则达到1463公顷。划定故宫缓冲区主要是为了控制故宫周边环境，使其周边环境与故宫本身的风格相协调，最好是与

---

① 参见刘修兵：《“故宫”“紫禁城”被认定为驰名商标》，载《中国文化报》，2006年11月12日第1版。

故宫的“原生环境”相统一。故宫缓冲区内新建筑的风格，要求是仿“明末清初古建筑”的风格，与故宫本身的建筑风格要一致；同时必须符合建设控制要求，建筑高度、空间尺度、建筑形制、色彩风格等都应与传统风貌保持一致，最终达到外围环境整体保护的目的。根据《北京皇城保护规划》、《北京历史文化名城保护规划》及北京历史文化保护区建设控制地带等规定，今后缓冲区将不会出现诸如大型的玻璃建筑，颜色过于艳丽、造型过于西化的新建筑。缓冲区内的改造工程，将改变以开发商为主、大拆大改的方式；现存的胡同、四合院原则上将不得成片拆除；区内主要街巷原则上也不再继续加宽。今后缓冲区内建造新建筑时，还需要同时得到规划部门和文物部门的同意才能动工。北京市于2004完成了故宫缓冲区的规划草案，先后经过广大市民审议、专家评定和市政府研究，并报经首都规划建设委员会批准。世界遗产委员会连续3年对故宫保护现状进行审议，主要原因是委员会担心城市发展对故宫及周边环境的保护造成压力。备受瞩目的北京明清故宫外围缓冲区规划方案，在联合国教科文组织第29届世界遗产委员会会议上获得普遍欢迎和赞赏。参加会议的中国官员认为，实施这一方案将使故宫外围环境的传统风貌和历史真实性得到有效保护。

《故宫保护总体规划大纲》首次对故宫的城池、外朝、内廷做出明确界定，并整理出12片“功能区”和44处相对独立的院落，首次将故宫不可移动的文物划分为建造物、露天陈设、宫廷园林、古树名木4种类型，突出强调并深化了“整体保护理念”。在规划大纲中，专家还提出，通过扩大故宫的开放规模，推进对建筑遗产的保护力度。有关权威专家评估认为，《故宫保护总体规划大纲》充满新意，该大纲被评为“第二届全国十佳文物保护工程勘察设计方案”。[①] 根据在苏州召开的第28届世界遗产大会精神，世界遗产所在地的政府必须保护遗产，做到世代传承。因此，对于故宫在旅游黄金周日接待游客量超

① 参见刘明：《〈故宫保护总体规划大纲〉充满新意》，载《科技日报》，2006年11月2日第1版。

过11.5万人、天安门城楼3.6万人的状况①，北京市人民政府和故宫博物院文物管理局决定采取切实措施，确保明清故宫世界文化遗产的文物和环境安全，做到世界文化遗产资源的可持续发展和合理利用。

① 洪雪：《天安门广场地区昨流量约15万人》，载《法制晚报》，2007年5月3日第A06版。

北京颐和园文化景观

一

颐和园原是清代的皇家花园和皇帝的行宫，位于北京市海淀区，距天安门20余公里，地理坐标为东经116°16′，北纬39°59′，总面积约2.97平方公里。早在金贞元年（公元1153年），海陵王完颜亮即在这里修建“西山八院”之一的“金山行宫”。明弘治七年（公元1494年），孝宗朱佑樘修建了“园静寺”，后皇室在此建成“好山园”，改“瓮山泊”为西湖，具有“西湖十景”之誉。[①]“清漪园”时名“惠山园”，是仿无锡惠山“寄畅园”修建的。当时有位大画家文征明写诗道：“春湖落日水拖蓝，天影楼台上下涵。十里青山行画里，双飞白鸟似江南。”[②] 盛赞此处风光绝佳为京华的游览胜地。1664年清廷定都北京后，又将“好山园”更名为“瓮山行宫”。清乾隆十五年（公元1750年），该园再次更名为“清漪园”。此时的清漪园北自文昌阁至西宫门都筑有围墙，东、南、西三面以昆明湖水为屏障，园内修建了许多亭台楼阁，桥廊斋榭，山清水秀，富丽堂皇。到清代“乾隆盛世”时期，乾隆为其母后祝60寿庆（公元1751年），便改瓮山为“万寿山”，改称西湖为“昆明湖”。在此大兴土木15年之久，营建起一座

---

① 参见施连方、施枫编著：《趣谈老北京》，153页，北京，中国旅游出版社，2001。

② （明）文征明：《西湖》，实录颐和园对联。

极为宏大、豪华的帝王宫苑——清漪园，遂成为京师著名的“三山五园”①之一（著名的“三山”系指万寿山、玉泉山和香山；“五园”为清漪园、圆明园、畅春园、静明园与静宜园）。1811 年清漪园重修后，取“以物外之静趣，谐寸田之中和”和乾隆皇帝的诗句“一亭一径，足谐奇趣”的意思，改名为“谐趣园”。“谐趣园”在万寿山东麓，是一个独立成区、具有南方园林风格的园中之园。园内共有亭、台、堂、榭 13 处，并用百间游廊和 5 座形式不同的桥相沟通。园内东南角有一座石桥，桥头石坊上有乾隆题写的“知鱼桥”三字额，是引用了庄子和惠子在“秋水濠”上的争论而来的。“耕织图景区”始建于清乾隆十五年（公元 1750 年），是一处以河湖、稻田、桑蚕等自然景观为主，具有浓郁江南水乡风情的景区，1860 年被英法联军焚毁。颐和园耕织图景区的修复工程恢复了多个建筑，焕然一新的耕织图景区内，重现亭台楼榭，处处通幽。颐和园体现出的铸造雕刻技术也是一流的，如昆明湖东岸的巨大镇水铁牛形态逼真，背上还铸有铭文；湖北岸的巨大石舫雕梁画栋，精彩无比。历代皇家为颐和园经营了 800 余年，集中了中国古典建筑的精华，容纳了不同地区的园林风格，堪称园林建筑的博物馆。

颐和园历史悠久，饱经沧桑。19 世纪末，清王朝日趋腐败，咸丰十年（公元 1860 年），在英法联军发动的第二次鸦片战争中，英法联军疯狂地抢劫并焚烧了园内大部分建筑，除宝云阁（俗称“铜亭”）智慧海、多宝琉璃塔幸存外，其他所有珍宝被洗劫一空，建筑夷为废墟。“宝云阁”是中国目前尚存的工艺最精致、体量最大的铜铸品之一。它建在佛香阁西侧的五方阁院中一座高 4 米的汉白玉石座上，始建于乾隆年间，通体高 7.5 米，重 207 吨，四面有菱花扇。宝云阁尽管为铜质，但它完全是按照木构架结构而做的。东、南、西三面有门，门为四扇格扇门，北面是八扇格扇窗。门窗格扇均有菱花格扇心，帘架的上部也有格扇心，所有格扇心均为内外二层。载淳（同治）继位

① 《中国世界遗产年鉴》编纂委员会编：《中国世界遗产年鉴 2004》，165 页，北京，中华书局，2004。

后，他的生母叶赫那拉氏被尊为“圣母皇太后”，徽号“慈禧”俗称“西太后”。不久，慈禧发动宫廷政变夺取政权，实行了中国历史上著名的“垂帘听政”。1884 年同治病死光绪继位，光绪皇帝从 1886—1895 年在清漪园的废墟上，按照原来规模重建颐和园。光绪十四年（公元 1888 年），慈禧太后挪用海军经费 3000 万两白银，以办“海军学堂”的名义拨款修建颐和园。① 光绪二十六年（公元 1900 年）八国联军入侵北京，颐和园再度遭受严重破坏。1902 年慈禧从西安逃难回北京后又用巨款重修该园②，但因财力缺乏只修了前山的一部分。数百年来，这里既是慈禧和光绪皇帝朝会王公大臣时休息的地方，又是接见外国使节的地方，更是封建帝王、皇室的享乐之地。北京西郊的西山脚下过去泉泽遍野，群峰叠翠，山光水色，风景如画。从 11 世纪起，这里开始营建皇家园林，到 800 年后清朝结束时，园林总面积达到 1000 多公顷，全园有 100 多处景观，如此大面积的皇家园林世所罕见。从 1903 年起，慈禧晚年多在颐和园度过，这里实际上成了她避暑养老及进行内政、外交活动的行宫。她在该园扼杀了康有为等人的维新运动，并且下令镇压“义和团”等。1911 年辛亥革命后，根据优待清室条例规定，此园仍属皇室所有。1914 年清室售票开放，1924 年溥仪离开北京，颐和园被辟为“国家公园”。但由于票价昂贵，只有极少数人可进园游览。

颐和园主要由万寿山和昆明湖两部分组成。环绕颐和园的山湖之间是一组精美的建筑物。

以“仁寿殿”为中心的政治活动区。“仁寿殿”在乾隆年间叫做“勤政殿”，意思是游园不要忘了勤理政务。仁寿殿取自孔子《论语》中的“仁者寿”，意思是施仁政的人可以长寿。③ 仁寿殿是慈禧太后和

---

① 参见《中国世界遗产年鉴》编纂委员会编：《中国世界遗产年鉴 2004》，165 页，北京，中华书局，2004。

② 《中国文化遗产年鉴》编辑委员会编：《中国文化遗产年鉴 2006》，73 页，文物出版社，2006。

③ 参见施连方、施枫编著：《趣谈老北京》，156 ~ 157 页，北京，中国旅游出版社，2001。

光绪皇帝朝会大臣的正殿，也是皇帝在颐和园坐朝理政的地方。仁寿殿背后是三座大型四合院：乐寿堂、玉澜堂和宜芸馆，分别为慈禧、光绪和后妃们居住的地方。慈禧居住的乐寿堂前临昆明湖，东有德和园[①]大戏楼，西接长廊，是居住区的主体。现在仁寿殿的陈设和原状基本一致，殿内的地平床上有九龙宝座。后面还设有紫檀木九龙屏风，屏风以紫檀木为框架，雕有九条闹龙，中心是玻璃镜，镜面上写有226个不同写法的“寿”字，宝座四周还设有掌扇、角端等。其中角端是传说中的异兽，实际用处其实就是香炉。殿内两侧的暖阁则是慈禧、光绪以及王宫大臣们休息的地方，阁当中有一幅“百蝠图”的缂丝工艺品，中间还有一个慈禧亲笔的“寿”字。因为蝠与“福”同音，所以这幅工艺品也被称为“百福捧寿”。玻璃风景台屏是用翠鸟的羽毛粘制而成的。这个乾隆年间的作品，尽管历经二百多年，但还是色彩依旧。德和园大戏楼与承德避暑山庄里的清音阁、紫禁城内的畅音阁合称清代三大名戏楼。德和园大戏楼是为慈禧60岁生日修建，专供慈禧看戏的地方。戏楼高21米，在颐和园中仅次于最高的佛香阁。戏楼共有三层，后台化妆楼二层，顶板上有七个天井，地板中有地井，舞台底部有水井和五个方池。演神鬼戏时可以从“天”而降，也可以从“地”下冒出，还可以引水上戏台。在戏台的对面是“颐乐殿”以及东西侧的廊子，这里就是当时帝后和王宫大臣看戏的地方。殿内正中设有金漆珐琅百鸟朝凤宝座，是专供慈禧太后受贺时用的。凤为百鸟之王，把这个屏风放在颐乐殿暗喻了慈禧太后的权威。当年王宫大臣看戏的廊房，现在已被开辟为颐和园文物展览室，东侧是慈禧太后的服饰以及生活用品，西侧则是制作精美的工艺品。东宫门现在是颐和园的正门，它坐西朝东，门楣檐下全部用油彩描绘着绚丽的图案。六扇朱红色大门上嵌着整齐的黄色门钉，中间檐下悬挂着九龙金字大匾，上书“颐和园”三个大字，为光绪皇帝御笔亲题[②]。门前

---

① “德和园”取自《左传》“君子听之以平其心，心平德和”，意思是听了美好的曲子，就会心气平和，达到道德高尚的境界。

② 施连方、施枫编著：《趣谈老北京》，147页，北京，中国旅游出版社，2001。

御道丹陛上的云龙石雕刻着二龙戏珠，为乾隆年代所刻，是从圆明园废墟（安佑宫）移来的，它是皇帝尊严的象征。东宫门当年只供清朝帝后出入。

以玉澜堂、乐寿堂为主体的帝后生活区。“玉澜堂”位于仁寿殿西南临湖而建，是一座三合院式的建筑。正殿玉澜堂坐北朝南，东配殿霞芬室，西配殿藕香榭。东殿可到仁寿殿，西殿可到湖畔码头，正殿后门直对宜芸馆。1898 年慈禧发动宫廷政变后，曾把主张变法的光绪皇帝囚禁于此，现在还能看到当时修筑的封闭通道的高墙。“乐寿堂”是颐和园居住生活区中的主建筑，原建于乾隆十五年（公元 1750 年），咸丰十年（公元 1860 年）被毁，光绪十三年（公元 1887 年）重建。乐寿堂面临昆明湖，背倚万寿山，东达仁寿殿，西接长廊，是园内位置最好的居住和游乐的地方。乐寿堂殿内设宝座、御案、掌扇及玻璃屏风；座旁有两只盛水果闻香味用的青龙花大瓷盘，四只烧檀香用的九桃大铜炉。西套间为卧室，东套间为更衣室。室内紫檀大衣柜为乾隆时遗物。乐寿堂庭院内陈列着铜鹿、铜鹤和铜花瓶，取意为“六合太平”。院内花卉植有玉兰、海棠、牡丹等，名花满院寓“玉堂富贵”之意。这里的玉兰花很有名，现在邀月门前的一株就是乾隆从南方移植来的。全园以西山群峰为借景，加之建筑群与园内山湖形势融为一体，使景色变幻无穷。

以万寿山和昆明湖组成的风景游览区。万寿山南麓金黄色琉璃瓦顶的排云殿，建筑群在郁郁葱葱的松柏簇拥下似众星捧月，溢彩流光。万寿山北麓地势起伏，花木扶疏，道路幽邃，松柏参天。重峦叠嶂之上，仿西藏寺庙建造的建筑群层台耸翠，雄伟庄严。最北部的后山后湖景区，尽管建筑较少，但林木葱笼、山路曲折，优雅恬静的风格和前山的华丽形成鲜明对比。一组西藏建筑和江南水乡特色的苏州街，布局紧凑各有妙趣。慈禧太后大力修复此园的目的，纯粹是为了避暑和颐养天年，她独独看中了这块具有“万寿”名称的宝地。以高大的佛香阁为主体，形成了全园的中心线。东侧有“转轮藏”、“万寿山和昆明湖”的石碑，西侧有五方阁和宝云阁，登临山顶可俯瞰昆明湖景色。沿昆明湖北岸横向而建的长廊长 728 米，共有 273 间，像一条彩带横跨于万寿山前，连接着东面前山建筑群。长廊计有546幅西湖胜景和8000多幅人物故事、山水花鸟，素有“画廊”之美称。1992年以“世界上最长的长廊”列入吉尼斯世界之最。位于颐和园东北角，万寿山东麓的谐趣园具有浓重的江南园林特色，被誉为“园中之园”。高耸的万寿山前山景区建筑最多也最华丽。譬如，“智慧海”就是万寿山顶最高处的一座宗教建筑。建筑外层全部用精美的黄、绿两色琉璃瓦装饰，上部用少量紫色、蓝色的琉璃瓦盖顶，整座建筑显得色彩鲜艳，富丽堂皇。“智慧海”一词为佛教用语，本意是赞扬佛的智慧如海，佛法无边。该建筑虽然极像木结构，但实际上没有一根木料，全部用石砖发券砌成的，没有枋檩承重，所以又称为“无梁殿”。还因殿内供奉了无量寿佛，所以该殿也称为“无量殿”。整个万寿山景区由两条垂直对称的轴线统领，东西轴线就是著名的长廊①，南北轴线从长廊中部起，依次为排云门、排云殿②、德辉殿、佛香阁等。“佛香阁”是全园的中心，位于万寿山前山中央部位的山腰，建筑在一个高21米的方形台基上，是一座八面三层四重檐的建筑；阁高41米，阁内有8根巨大铁梨木擎天柱，结构复杂，为古典建筑的精品。慈禧太后每逢初一、十五都要到此烧香拜佛③。佛香阁修建于清代乾隆年间（公元1736—1795年），咸丰十年（公元1860年），在英法联军侵入北京时，佛香阁被入侵者所毁。光绪十七年至二十年（公元1891—1894年）花了78万两银子重建，这是颐和园里最大的工程之一。在此之后，佛香阁得到了多次维修和油漆彩绘，至今仍巍然屹立在颐和

① “长廊”位于万寿山南麓，面向昆明湖，北依万寿山，东起邀月门，西止石丈亭，全长728米，共273间，是中国园林中最长的游廊。廊上的每根枋梁上都有彩绘，共有图画14 000余幅，内容包括山水风景、花鸟鱼虫、人物典故等，画中的人物画均取材于中国古典名著。

② “排云殿”在万寿山前建筑的中心部位，原是乾隆为其母60寿辰而建的大报恩延寿寺，慈禧重建时改为排云殿，是慈禧在园内居住和过生日时接受朝拜的地方。“排云”二字取自郭璞诗“神仙排云山，但见金银台”，比喻似在云雾缭绕的仙山琼阁中神仙即将露面。从远处望去，排云殿与牌楼、排云门、金水桥、二宫门连成了层层升高的一条直线。排云殿这组建筑是颐和园最为壮观的建筑群体。

③ 参见小小编著：《中国南方北方游》（北方卷），19页，北京，中国电影出版社，2005。

园万寿山上。阁内供奉着“接引佛”，供皇室在此烧香。佛香阁周围建筑对称分布其间，形成众星捧月之势，气势相当宏伟。在佛香阁一层，还有一尊彩色泥塑佛像。这尊佛像高达3米，神态庄严。据说佛香阁在清代乾隆年间初建时，这里供奉的佛像是铜铸的。当英法联军毁掉佛香阁时，这尊佛像也未能幸免。光绪时期重修佛香阁之后，便在这里塑制了一尊泥佛像。1966年开始的“文化大革命”，又把这尊佛像毁掉了，1989年改革开放后再次把它重塑起来。据说修建佛香阁的木料有的来自西南，有的来自东北；修建佛香阁的石料有的来自江苏太湖，有的来自云南大理；修建佛香阁的工匠有的来自西安，有的来自苏州。佛香阁比它所在的颐和园的主峰万寿山还要高18米。因此，佛香阁是颐和园的中心建筑和主体建筑，也是颐和园的标志。同时，佛香阁还是我国现存最为高大的古阁建筑。

颐和园的水面占全园总面积的3/4。昆明湖有220公顷，湖水清澈碧绿，景色宜人。特别是南部的前湖区烟波淼淼，西望群山起伏，北望楼阁成群；湖中有一道西堤，堤上桃柳成行，6座不同建筑形式的拱桥掩映其中。在广阔的湖面上，有三个小岛点缀，其主要景物是西堤、西堤六桥、东堤、南湖岛、十七孔桥[①]等。湖岸建有廓如亭、知春亭、凤凰墩等秀美建筑。其中，铜牛（又称为“金牛”）在昆明湖东岸，位于十七孔桥东桥头北侧。1755年用铜铸造，是为镇压水患而设的。位于湖西北岸的“清晏舫”（又名“石舫”）中西合璧，精巧华丽，是颐和园中著名的水上建筑。“石舫”是一条大石船，取名“清晏舫”，寓“海清河晏”之意，它是颐和园唯一带有西洋风格的建筑。石舫的前身是明朝圆静寺的放生台，乾隆修清漪园时改台为船，更名为“石舫”。石舫长36米，船用大理石雕刻堆砌而成。船身上建有两层船楼，船底花砖铺地，窗户为彩色玻璃，顶部砖雕装饰。下雨时落在船顶的雨水通过四角的空心柱子，由船身的四个龙头口排入湖

① “十七孔桥”坐落在昆明湖上，飞跨于东堤和南湖岛之间，用以连接堤岛，为园中最大石桥。石桥宽8米，长150米，由17个桥洞组成。石桥两边栏杆上雕有大小不同、形态各异的石狮500多只。

中，设计十分精致、巧妙。后山后湖林茂竹青景色幽雅，到处是松林曲径小桥流水，风格与前山迥然不同。山脚下的苏州河曲折蜿蜒，时狭时阔颇具江南特色。在岸边的树丛中建有多宝琉璃塔。回廊和角亭建筑是园林的常用形式，昆明湖东岸的 8 角重檐廓如亭，也是我国现存最大的角亭。总之，拥山抱水绚丽多姿的颐和园，体现了我国造园艺术的高超水平，集中了中国古典建筑的精华，容纳了不同地区的园林风格，堪称园林建筑博物馆。古往今来，它以其无与伦比的园林艺术魅力倾倒了无数中外游客，被人们赞誉为“人间天堂”。①

二

颐和园是我国现存规模最大、保存最完整的皇家园林。颐和园继承了我国历代皇家园林的传统，又大量汲取了江南私家园林的造园艺术菁华，兼有北方山川雄浑、宏阔的气势和江南水乡婉约、清丽的风韵，帝王宫室的富丽堂皇和民间宅居的精巧、别致，典型地反映了中国皇家园林特有的精神追求。中国古代的等级观念、哲学思想、宗教信仰渗透于全园之中：中国哲理阴阳虚实的对比关系，通过山水对比的布局，达到了高度的和谐统一；全园宫殿的排列组合，遵循了儒家学说所规定的纲常伦理；昆明湖上三座“仙岛”的设置，是道家希求长生不老思想的体现；构筑于万寿山上的寺庙佛阁，又显示了祈求佛陀庇护的祝愿。这一切均倾注于充满诗情画意的湖光山色之中，达到了内容与形式高度统一的境界，堪称中国园林本于自然又高于自然、集自然美景和人文意趣于一体的典范之作。② 颐和园是世界上造景丰富、建筑集中、保存最完整的皇家园林。1924 年溥仪被逐出颐和园后，北洋政府将这里正式改为对外开放的公园。1948 年 12 月人民政府接收这里之后，经过综合治理，仍然保持着皇家园林的风貌。继

① 参见小小编著：《中国南方北方游》（北方卷），20 页，北京，中国电影出版社，2005。

② 参见《中国世界遗产年鉴》编纂委员会编：《中国世界遗产年鉴 2004》，165 页，北京，中华书局，2004。

1990年昆明湖清淤和1991年万寿山绿化调整之后，从2002年开始，实施万寿山园林生态保护工程，综合解决万寿山植被的灌溉水源、黄土裸露、水土流失严重等问题。同时在昆明湖内扩大和恢复荷花、芦苇、香蒲等乡土水生植物的种植面积，进一步完善湖山生态系统，保护和维持生态平衡。根据不完全统计，颐和园内的鸟类超过180种，常见的也有60多种，是北京城近郊鸟类最丰富的地区。[①] 颐和园还加大了对园容设施的改造，连通市政管线，解决用水、用电、排污等基础设施问题，使之更加符合园林景观的要求。譬如，彻底改造了设在八角亭、文昌阁、仁寿殿、养云轩、石舫等景点的厕所，在西区新建生态免水冲厕所，部分旅游高峰时期内，增加免水冲生态环保公厕。把芦苇门、如意门两处垃圾站改造成为压缩密封式小型垃圾转运站，使景区环境和空气质量进一步提高。自2003年起，年投资3000万元实施全园煤改电工程，使颐和园实现能源革命，以电能取代延续了上百年的燃煤采暖方式，有效地保护了颐和园的大气环境质量。上百个大小烟筒的取缔，净化了颐和园的视觉景观。

1961年3月4日国务院公布颐和园为全国重点文物保护单位。为了恢复颐和园文化型生态园林的历史原貌，多年来颐和园管理局以“文化建园”为宗旨，用“一种精神、五种意识、六个一流”的企业文化统领职工，深入挖掘文化内涵，大力推进颐和园的保护、管理和研究工作，以借景环境、山形水系、文物古建、植被景观为颐和园的核心保护内容，建立了完整的颐和园保护管理体系。特别是改革开放以来，颐和园加快了建设和保护的步伐，先后投入巨资恢复了苏州街、景明楼、澹宁堂、耕织图等景区，积极参与周边环境改造，延续了颐和园的历史人文环境，恢复了文化遗产的完整性和原真性，建设了国内园林系统内最先进的文昌院博物馆。近年来所有景点和遗迹均增设中英文双语说明标牌、道路指示牌和警示标牌，标牌数量达到1000多块，从而方便了游客的参观游览。自2003年1月1日起《北京市公园

---

① 参见《中国世界遗产年鉴》编纂委员会编：《中国世界遗产年鉴2004》，166~167页，北京，中华书局，2004。

条例》实施后，所有外部车辆都禁止入园，增加了游客的人身安全。在设立文物、园林、管理、建设、档案室等部门分工负责古树、文物、古建、生态、环境档案、科研档案之外，颐和园还于2000年成立了研究室，对颐和园文物保护、管理、开发、利用提出总体设计方案和发展方向，论证保护规划的可行性，从理论高度开创了颐和园文物、园林、文化事业的可持续发展。颐和园保护和管理的规章制度达到40多项，涉及颐和园保护和管理工作的方方面面。因而近年来，颐和园先后获得了首批全国文明风景旅游区示范点、全国精神文明建设先进单位、首批国家AAAA级景区等诸多荣誉称号。2000年顺利通过国际标准化的ISO9000和ISO14000质量环境管理体系认证，使颐和园的管理、保护、研究迈上了规范、科学、法制的管理轨道。①

颐和园成为联合国教科文组织保护的世界著名园林单位。颐和园集中了中国古典建筑的精华，容纳了不同地区的园林风格，堪称园林建筑博物馆。1998年12月2日颐和园以其丰厚的历史文化积淀、优美的自然环境景观和卓越的保护管理工作，根据文化遗产遴选标准C（I）（II）（III）列入《世界遗产名录》。颐和园的英文名称为：Summer Palace，an Imperial Garden in Beijing。联合国教科文组织世界遗产委员会对北京颐和园的评价是：北京的颐和园始建于公元1750年，1860年在战火中严重损毁，1886年在原址上重新进行了修缮。其亭台、长廊、殿堂、庙宇和小桥等人工景观与自然山峦和开阔的湖面相互和谐，艺术地融为一体，堪称中国风景园林设计中的杰作。“北京的颐和园是对中国风景园林造园的一种杰作的展现，将人造景观与自然和谐地融为一体；颐和园是中国的造园思想和实践的集中体现，而这种思想和实践对整个东方园林艺术文化形式的发展起了关键性的作用；以颐和园为代表的中国皇家园林，是世界几大文明的有力象征。”② 为了精心保护这份珍贵的世界遗产，颐和园的外部环境以《中

---

① 资料来源于颐和园管理处的文字资料和讲解员的解说词。

② 《中国文化遗产年鉴》编辑委员会编：《中国文化遗产年鉴2006》，73页，北京，文物出版社，2006。

华人民共和国文物保护法》和《北京城市总体规划》为依据，实行三级管理。北京市人民政府颁布规划建设法规，明确划定了颐和园核心保护区、建设控制地带和外围保护缓冲区的三级保护控制区域。颐和园大墙以内为核心保护区，该区以保护原貌为原则，保护皇家园林景观环境，即山形水系总体布局、建筑、石刻、古树名木、大气、水质、环境以及地面和馆藏文物等。大墙以外为第二级缓冲区，是颐和园重要的借景环境。地带内只准进行绿化和修筑消防通道，不得随意添改原有建筑。第三级外围控制地带内的建筑形式、体量、色调都必须与文物保护单位相协调。2002 年颁布《北京市历史文化名城保护规划》，再次将颐和园周边及借景环境列为清代“三山五园”保护区的重要组成部分，不但严格限制颐和园保护区域内建筑的高度、体量、形式，还逐步撤除了影响景观构成的不和谐建筑。由于历史的原因，颐和园内有大量的居民住户和大量的商贩及摊点，减弱了颐和园的文化氛围。为此，在 2003—2007 年期间，北京市海淀区人民政府实施颐和园周边环境综合治理整顿。其主要内容为搬迁杂乱的居民区，拆除了东堤一线的商业设施，净化了园内的旅游环境和旅游秩序，畅通了园内交通，增加周边绿化缓冲范围，逐步恢复颐和园到圆明园的水道。在文化建园理念的指导下，颐和园编辑出版了介绍颐和园历史、文化知识的书籍二十多种逾百万册，主编出版了《颐和园文化研究》、《颐和园建园 250 周年纪念文集》、《颐和园砖雕艺术》、《颐和园昆明湖三千五百年》等科研著作，1998 年开发出荣获法国“莫比斯文化奖”的《颐和园》多媒体光盘；2002 年弘扬颐和园悠久历史文化的《颐和园》杂志正式创刊，有力地推动了颐和园文化遗产保护事业的可持续发展。①

---

① 参见《中国世界遗产年鉴》编纂委员会编：《中国世界遗产年鉴 2004》，167 页，北京，中华书局，2004。

北京天坛公园文化景观

一

北京的皇家祭坛——天坛原名“天地坛”，位于北京崇文区永定门内大街路东，地理坐标为东经116°24′，北纬39°53′，是明清两朝皇帝祭祀天地之神的地方。我国有文字记载的正式祭祀天地的活动，可以追溯到公元前2000年，尚处于奴隶制社会的夏朝时期。中国古代帝王自称“天子”，他们对天地非常崇敬。历史上的每一个皇帝都把祭祀天地当成一项非常重要的政治活动。祭祀建筑在帝王的都城建设中具有举足轻重的地位，必然集中人力、物力、财力以最高的技术水平，最完美的艺术去建造。在封建社会后期营建的北京天坛，就是中国众多祭祀建筑中最具代表性的作品。天坛始建于明成祖永乐五年（公元1407年），建成于永乐十八年（公元1420年），基本上与北京故宫同时修建。天坛原是根据明洪武年间在南京建造的天地合祀的“大祀殿”式样建造的，当时是一座11开间的殿堂，前设两庑和大门，外面再环绕两道围墙。天坛东西长约1700米，南北宽约1600米，占地面积270万平方米，现有面积为205万平方米。① 因明嘉靖九年（公元1530年），在北京北郊另外建有祭祀地神的地坛，故此处就作为专门

① 参见《中国世界遗产年鉴》编纂委员会编：《中国世界遗产年鉴2004》，168页，北京，中华书局，2004；小小编著：《中国南方北方游》（北方卷），11页，中国电影出版社，2005。

祭祀上天和祈求丰收的场所，并改名为天坛至今。另一方面，在北郊建造“方泽坛”（又称“地坛”），在东郊建造“朝日坛”（又称“日坛”），在西郊建筑“夕月坛”（又称“月坛”），形成四郊分布四坛的格局。天坛的建筑设计十分考究，“圜丘”、“祈谷”两坛同建在一个园子内。殿外以圆形高墙围绕，墙高3.72米，直径61.5米，周长193米，这样的建筑从客观上造就了回音壁①，成为天坛的著名奇观。“圜丘坛”坐北朝南，四周绕以红色宫墙，上饰绿色琉璃瓦，俗称“子墙”。子墙四周各有一个大门：北门叫“成贞门”（也称“北天门”），东门叫“泰元门”（也称“东天门”），西门叫“广利门”（也称“西天门”），南面正门叫“昭亨门”（也称“南天门”）。每个门上都题有满汉合璧的门额。将各门名称的第二个字顺序排列为元、亨、利、贞。这种排列是依《周易》的“卜卦四德”而定的。“元”代表始生万物，天地生物无偏私；“亨”为万物生长繁茂亨通；“利”为天地阴阳相合，从而使万物生长各得其宜；“贞”为天地阴阳保持相合而不偏，以使万物能够稳固而持久。皇帝每年祭天时都从西边牌楼下轿，然后步入昭亨门再到圜丘坛。天坛围墙分内外两层，呈“回”字形。外坛墙东、南、北三面均没有门，只有西边修两座大门——“圜丘坛门”和“祈谷坛门”（也称“天坛门”）。南为“圜丘坛”，是祭天神的地方；北为“祈谷坛”，是祈求丰收的地方。北围墙为圆弧形，南围墙与东西墙成直角相交为方形。依照古人的思想观念，认为天地的结构是“天圆地方”。这种南方北圆通称“天地墙”，象征着古代“天圆地方”之说。天坛的主体建筑均集中在南北向的中轴线上，“圜丘”、“祈谷”两坛也在这条中轴线上，各个单体建筑之间用墙相隔，并由

---

① “回音壁”就是皇穹宇的围墙。墙高3.72米，厚0.9米，直径61.5米，周长193.2米。墙壁是用磨砖对缝砌成的，墙头覆着蓝色琉璃瓦。围墙的弧度十分规则，墙面极其光滑、整齐，对声波的折射十分规则。只要两个人分别站在东、西配殿后，贴墙而立，一个人靠墙向北说话，声波就会沿着墙壁连续折射前进，传到一二百米的另一端，无论说话声音多小，也可以使对方听得清清楚楚，而且声音悠长，堪称奇趣，给人一种“天人感应”的神秘气氛，所以称之为“回音壁”。

一座长 360 米，宽 30 米的石桥相连。[1]

圜丘坛又称“祭天坛”，是我国古代专门用于祭天的石材建筑代表作。“圜丘”是一个三层汉白玉雕砌的圆台，上层中心一块圆石板称为“天心石”（也叫“太极石”），它的外层铺扇面形石块 9 圈，第一圈 9 块，其余各圈以 9 的倍数依次向外扩展。即是说第一环的扇面石是 9 块、第二环 18 块、第三环 27 块，以此类推，第九环 81 块取名“九九”。中层坛从第 10 环开始，即 90 块扇面石，直至第 18 环，为 126 块“九”组成。下层坛从 19 环开始至第 27 环，扇面石 243 块。三层坛共有 378 个“九”，合计用扇面石 3402 块。古代人认为，天属“阳”、地属“阴”，引申开来就是“奇数属阳”、“偶数属阴”。圜丘之所以都用奇数构筑，就是因为它们都是阳数。而在 10 以下最大的阳数是 9，引申下去，“9”就是“最大”、“无限”、“至极”的意思。在过去，中国皇帝被称为“九五之尊”，中国古诗词中也有“九霄”、“九天”、“九重天”等，其中的“九”都是这个意思。圜丘在建筑设计中之所以使用奇数，而且反复使用其中“九”的倍数，也正是中国古代匠师对这种概念的天才运用和发挥，使“天”的观念能够在祭祀建筑中得到更圆满地体现。圜丘坛的坛面、栏板、栏柱均为艾叶青石雕成。圜丘台的台面墁嵌九重石板，是象征“九重天”的意思。所谓“九重天”，即第一重日天，第二重月天，第三重金星天，第四重木星天，第五重水星天，第六重火星天，第七重土星天，第八重二十八宿天，第九重为宗动天（即上帝的起居室）。每当祭天时，就在坛台中央的太极石上供奉着皇天上帝牌，外面支搭起蓝色缎幄帐，象征皇天上帝居住在九天之上。[2]

皇穹宇最初叫“泰神殿”，在圜丘台正北面，建于明嘉靖九年（公元 1530 年），明嘉靖十七年（公元 1538 年）改名为“皇穹宇”。皇穹宇高 19.02 米，直径为 15.6 米，正殿为单檐圆形亭式殿堂，以此

---

① 参见《中国世界遗产年鉴》编纂委员会编：《中国世界遗产年鉴 2004》，168 页，北京，中华书局，2004。

② 参见《中国世界遗产年鉴》编纂委员会编：《中国世界遗产年鉴 2004》，168 ~ 169 页，北京，中华书局，2004。

象征天象；鎏金宝顶，碧蓝色琉璃瓦盖顶。殿内由 8 根金柱和 8 根檐柱支撑着巨大的殿顶，天花藻井层层内收，构造十分精巧、别致，堪称中国古代建筑中罕见的杰作。东西有殿房各 5 间，坛东墙外还有神厨、神库、宰牲亭等附属设施。皇穹宇好似一把蓝色的金顶伞，它是天坛南部的主要建筑之一，殿内专供存放"皇天上帝"牌位。[①] 皇穹宇前边两侧的四个方形石台上，安放着 8 位祖先神主，东西配殿用来存放从祀神位。"皇穹宇"三个字也分别代表了至高无上的天、宇宙的意思，更加显示出它的神圣和至尊。皇穹宇台阶前还有著名的"三音石"。因为皇穹宇殿门外是一条由大长方石铺成的甬道，站在甬道第三块石板上敞开殿门并将全殿窗户紧闭，使殿门到殿内正中神龛之间没有任何障碍物，然后面对着殿门说话，就可以听到非常洪亮的三声回声，而且站在殿外任何地方都可以听到。由于这个声音是在供奉"皇天上帝"的建筑里发出来的而且回声很大，因而就有"人间偶语，天闻若雷"[②] 之说。于是，人们就称这些石板为"三音石"，还有人称这些石板为"三才石"，即取天、地、人三才之意。其实，这种奇妙的回音现象，正是因为皇穹宇的殿门高，而石阶下面的第三块石板和殿门以及殿内神龛上面的殿顶，形成了一条直角三角形的斜边。站在第三块石板上说话，声波可以沿着斜线直接传入殿内，碰到圆形殿壁、殿顶后再返回殿外。又因为第三块石板位于垣墙的中心，站在这里击掌都能听到它的回声，只是由于声波传播的距离不同，所以才会听到次数不同的回声。由于其他石板与殿门和殿内的壁三点之间难以形成直角三角形的斜线，所以，即使站在那里的其他石板上击掌或者说话，就不可能听到回声。[③]

祈年殿是我国古代最高级祭祀的主体建筑物。只有皇帝才有祭天

---

① 参见小小编著：《中国南方北方游》（北方卷），11 页，北京，中国电影出版社，2005。

② 源自"人间私语，天闻若雷。暗室欺心，神目如电。"（宋）陈元靓：《事林广记·警世格言》。

③ 参见小小编著：《中国南方北方游》（北方卷），12 页，北京，中国电影出版社，2005。

的特权。皇帝每年都要在祈年殿举行祭天仪式，祈祷风调雨顺、五谷丰登。祈年殿呈圆形，直径 32 米，高 38 米，是三重檐亭式圆殿，宝顶鎏金，碧蓝琉璃瓦盖顶，它标志着 16 世纪中期中国的建筑科学水平。祈年殿建于明永乐十八年（公元 1420 年），取名为“大祀殿”。这是一座面宽 12 间、纵深 36 间的黄瓦玉陛重檐垂脊的方形大殿。大祀殿与其说是一座祭坛，不如说是一座宫殿。后来嘉靖皇帝旨意拆除，并于 1545 年在大祀殿原址上建成“大享殿”。大享殿建筑式样由明世宗亲自制定。此殿平面为圆形，立于三层白石台基之上，上覆三重檐的攒尖顶屋面。上檐用青琉璃瓦，中檐用黄琉璃瓦，下檐用绿琉璃瓦，代表天、地、万物，清代重建后改为三檐，一律用青琉璃瓦，殿后是存放上帝神位的皇乾殿，清王朝用它来举行“祈谷礼”。1751 年正式将“大享殿”更名为“祈年殿”。清乾隆十六年（公元 1751 年）重修祈年殿，更换蓝瓦金顶。光绪十五年（公元 1889 年）八月二十四日，雷雨交加，祈年殿不幸被雷电击中。因楹柱为檀香木，被雷电焚烧时香飘数里。据古代传说，北京古建筑材料中有著名“四宝”，即祈年殿“檀香木楹柱”、太庙前殿正中三间“檀香木梁柱”、颐和园佛香阁内“铁梨木通天柱”、谐趣园中涵远堂内“檀香木装修格扇”。现在所看到的祈年殿，就是当年被雷击后重修的，其形状和结构都与原来的一模一样。祈年殿是一座宏伟而又极具民族风格的独特建筑，鎏金宝顶三层出檐的圆形攒尖式屋顶，覆盖着象征“天”的蓝色琉璃瓦，层层向上收缩，檐下的木结构用和玺彩绘，坐落在汉白玉石基座上，远远望去色彩对比强烈而和谐，上下形状统一而富于变化。大殿结构十分独特，不用大梁和长檩，檐顶以柱和枋桷承重。外部是三层高阁，内部则是层层相叠而衔接的穹顶式，仿佛砖砌的券殿，但是又没有一砖一石，全部采用木结构，28 根大柱支撑着整个殿顶的重量。殿中间 4 根楹柱叫“通天柱”（又称“龙井柱”），高 18.5 米，大头直径 1.2 米，海水宝相花的柱身沥粉堆金，支撑着殿顶中央的“九龙藻井”，代表着一年中的四季；外围两排各有 12 根柱子，分别代表 12 个月和 12 个时辰；内外檐柱 24 根，分别代表 24 节气；三层柱子数相加为

28，象征周天28星宿；殿周长30丈，象征一个月30天。[①] 大殿是昔日北京的最高建筑物之一，也是中国现存最大的古代祭祀性建筑群，被认为是我国现存的一组最精致、最美丽的古建筑群。

天坛还有“斋宫”和“神乐署”两组与众不同的建筑群。“斋宫”是西天门内的一座小皇宫，专供皇帝举行祭天前沐浴斋戒的宫殿。[②] 因地处城郊，所以戒备森严，正殿是一座砖拱结构的防火建筑物。斋宫外围有两重“御沟”，四周以回廊163间环绕。正殿月台上有斋戒“铜人亭”和时辰“牌位亭”。铜人手持斋戒牌，传说是仿照唐代名臣魏征的形象铸造的。东北角的钟楼内高悬明成祖永乐皇帝在位时制造的一口太和钟，皇帝祭天时从斋宫起驾，开始鸣钟，到皇帝登上圜丘坛钟声即止。祭祀典礼结束时钟声再起，洪亮的钟声为祭祖典礼大壮声威。“神乐署”则是隶属于礼部太常寺之下，专门负责祭祀时进行礼乐演奏的官署。它是一个常设机构，拥有数百人的乐队和舞队，平时进行排练，祭祀时负责礼乐。署衙的位置在外坛西部与斋宫隔墙相邻，是一组标准的衙署建筑。天坛周围种植着苍松翠柏，深绿颜色在古代表示崇敬、追念和祈求之意。这也是之所以在坛、庙、陵寝种植松柏的主要原因。进入天坛，树木葱郁，尤其在南北轴线和建筑群附近，更是古柏参天、树冠相接，把祭坛烘托得十分肃穆。天坛从总体到局部均是古建佳作，属于工艺精品，极具艺术价值，是中华民族漫长的历史时期思想、文化的遗迹和载体。天坛是物化了的古代哲学思想，有着较高的历史价值、科学价值和独特的艺术价值，更有着深刻的文化内涵。

二

天坛是被列入世界遗产保护的古建筑。天坛不仅是中国古建筑中

---

① 参见李振湘：《世界遗产中国行》，21页，北京，民族出版社，2004；施连方、施枫编著：《趣谈老北京》，48页，北京，中国旅游出版社，2001。

② 参见《中国世界遗产年鉴》编纂委员会编：《中国世界遗产年鉴2004》，168页，北京，中华书局，2004。

的明珠、皇家祭坛建筑群中杰出的范例，也是世界建筑史上的瑰宝。天坛在建筑设计和营造上集明清建筑技术、艺术之大成。祈年殿、皇穹宇是木质构件、圆形平面、形体巨大、工艺精制、构思巧妙的殿宇，属于中国古建筑中罕见的实例。作为集中国古代建筑学、声学、史学、天文学、法学、礼仪制度、音乐舞蹈等为一体的闻名世界的旅游胜地，天坛以其独有的文化内涵、伟大的科学成就、崇高的艺术价值愈发为世人所瞩目。天坛又以大面积树林和丰富的植被创造了“天人协和”的生态环境，是后人研究古代建筑艺术和生态环境的实物，极具科学价值。天坛从选址、规划、建筑设计以及祭祀礼仪和祭祀乐舞，无不依据中国古代《周易》的阴阳、五行等学说，成功的把古人对“天”的认识、“天人关系”以及对“上苍”的愿望表现得淋漓尽致。① 各朝各代均建坛祭天，天坛是完整保存下来的仅有一例。它不仅在中国建筑史上占有重要位置，也是世界建筑艺术的珍贵遗产。天坛的英文名称为：Temple of Heaven，1998 年 12 月 2 日根据文化遗产遴选标准 C（I）（II）（III）被列入《世界遗产名录》。联合国教科文组织世界遗产委员会对天坛的评价是：天坛建于 15 世纪上半叶，坐落在皇家园林当中，四周古松环抱，是保存完好的坛庙建筑群，无论在整体布局还是单一建筑上，都反映出天地之间的关系，而这一关系在中国古代宇宙观中占据着核心位置。同时这些建筑还体现出帝王将相，在这一关系中所起的独特作用。“天坛是建筑和景观设计之杰作，朴素而鲜明地体现出对世界伟大文明之一的发展产生过影响的一种极其重要的宇宙观。许多世纪以来，天坛所独具的象征布局和设计，对远东地区的建筑和规划产生了深刻影响。两千多年来，中国一直处于封建王朝统治之下，而天坛的设计和布局正是这些封建王朝合法性之象征。”② 就是这样一个祭天圣地，也曾在 1860 年遭到英法联军的洗劫，继而在 1900 年又遭到了八国联军的再次蹂躏。1916 年袁世凯登基的时候，曾

---

① 参见李振湘：《世界遗产中国行》，20 页，北京，民族出版社，2004。

② 《中国文化遗产年鉴》编辑委员会编：《中国文化遗产年鉴 2006》，74 页，北京，文物出版社，2006。

经在天坛上演了一出祭天的闹剧。1918 年天坛最终作为公园对外开放。新中国成立后，天坛不仅成了著名的旅游景点，而且是北京城市绿地的组成部分。

天坛公园是国家和北京市重点文物保护单位。天坛公园于 1957 年列入北京市第一批古建筑文物保护单位，1961 年国务院又将天坛列入第一批全国重点文物保护单位。但由于历史的原因，20 世纪 70 年代以来天坛的一部分长期被侵占，其中占地共 20 公顷的“天红花卉市场”和“中山花圃”是面积较大的部分，极大地破坏了古建的格局。为了保护世界遗产不受环境的破坏，北京市政府结合天坛的实际情况，制订了《天坛总体规划》、《天坛保护管理计划》；天坛东北、西北外坛的恢复，被北京市政府列为重点治理工程。《天坛总体规划》对天坛的保护范围和建设控制地带划定三级保护范围，一级核心保护地区是天坛公园范围。保护坛域、古建筑、树木及全面保护历史风貌，不得增添现代建筑，核心保护区内的一些近代建筑必须逐年撤除。近年来，天坛遵循《天坛总体规划》、《天坛保护管理计划》，投入大量资金，将影响天坛整体容貌的单位迁移出去。因此，2000 年天坛东北、西北外坛恢复和全部驻园单位陆续搬出，其余被侵占部分也一并收回，全部恢复为古建筑。天坛公园的东北、西北外坛坛墙在被截断 30 年后，2001 年终于再现“北圆南方”的古貌。[①] 曾长期占据天坛东北和西北外坛的天红花卉市场、中山花圃，在搬出后变成了 20 公顷的绿地，天坛自古形成的“北圆南方”格局终于被恢复。在天坛公园西北角的百花苑里还有一片菊花。菊花是北京的市花之一，北京人又叫它“九月花”。该花易栽培、耐寒并于秋季开花，花型经人工培育，现在已经是千姿百态。一项最近完成的普查结果显示，天坛公园现有各种鸟类 58 种，总数 5700 多只，其中属于国家二级保护的鸟类有 5 种，属于北京市重点保护和一般保护的鸟类有 21 种。根据有关统计资料记载，1995 年天坛的鸟类只有 30 多种，总数 1800 余只。鸟的种类和数

---

① 参见《中国世界遗产年鉴》编纂委员会编：《中国世界遗产年鉴 2004》，169 页，北京，中华书局，2004。

量的增多，是天坛公园近几年实施无污染防治病虫害的结果。天坛是世界上最大的祭天建筑群，拥有百年以上的古树3566棵。[①] 过去，每当古建筑和古树出现害虫时，公园通常对其喷施化学农药，结果是害虫死了鸟也逃走了。近几年，天坛公园开始尝试生物防治病虫害，并充分发挥昆虫天敌的作用。现在公园放飞了数千只肿腿蜂，它们吃尽了园内的松柏牙虫，而肿腿蜂又是鸟的食物，这样就形成了良性生物食物链，出现了新的生态平衡。结果灰喜鹊来了，猫头鹰来了，公园里的虫、鼠从此不再成灾。与此同时，天坛公园还在树林里建起了上千个人工鸟巢，鸟有了温暖的“家”，各种鸟类愿意栖息在这里，一年四季“啾啾”地叫个不停。

天坛进行了有史以来最大的一次修缮。天坛是距今580多年历史的世界上最大的祭天建筑群，曾有22位皇帝亲临这里举行隆重的祭天活动。自1999年以来，天坛公园进行了多项古建筑修缮工程，依照保护古建筑原有形制，严格遵循不改变古建筑原状的原则，重点进行了长廊大修工程、圜丘坛地面工程、圜丘神橱修缮工程、天坛北外坛墙复建工程等。2006年5月7日开始，又对祈年殿全院实行封闭式大修，5月17日正式全面施工。祈年殿这次修缮是继1971年之后最大规模的一次修缮。修缮范围主要是祈年殿院内的古建筑，总建筑面积3876平方米。修缮的主要内容包括祈年殿的地面墁砖、3层台基金砖墁地、屋面查补、修补木结构裂缝、墙体、宝顶见新；油饰彩画部分包括外檐油饰彩画见新、内檐彩画除尘、残破处修补等。总之，对祈年殿的修缮以恢复历史原貌和风格为原则。在修缮过程中，还进一步完善了祈年殿院内的消防给水系统、消防报警系统、安防系统、避雷系统、监控系统、通信系统、供配电系统的建设。修缮工程于2007年4月底全面竣工，“五一”节正式对外开放迎接旅游观光者。然而少数一些不文明游客的刻画和涂鸦，始终困扰着这片古文明的遗址。经北京市人民政府批准，2001年10月天坛电视监控系统建成，一套在首

① 参见《中国文化遗产年鉴》编纂委员会编：《中国文化遗产年鉴2006》，74页，北京，文物出版社，2006。

都古建筑中最先进的监控系统在天坛公园投入运行，其监控范围是公园中轴线内所有古建筑群。

天坛公园进入了良性循环的科学化管理状态。作为世界遗产保护单位，制定科学有效的保护制度和措施是强化管理的保障。因此，2001 年制定了《天坛文物保护管理办法》，完善文物保护管理的规章制度，具体包括《天坛古建筑保护办法》、《天坛公园陈列文物管理办法》、《天坛公园地下文物管理规定》、《天坛公园文物库管理规定》，这些管理制度为促进世界遗产地的文物保护工作提供了保障和依据。2003 年按照《北京市公园条例》规定，对进入天坛公园行驶的机动车辆实施严格限制，未经允许一律不得进入，减少了园内的空气污染，提高了天坛公园的环境质量，同时也保障了游客的人身安全，改善了园内环境秩序。2002 年底《天坛公园志》公开出版，这是目前关于天坛资料最为翔实的一本著作，它完整地记述了天坛自建成到今天的历史发展进程和管理状况，是人们了解天坛、研究天坛、发展天坛的理论依据。[①] 天坛参照国际国内先进的景区管理经验，通过整治进一步加强了景区的管理工作，提高了管理水平，优化了服务质量。2001 年 1 月 11 日，天坛公园通过了国家旅游局 AAAA 级评定小组的全面质量评定，获得国家第一批 AAAA 级旅游区的称号。2002 年初，天坛通过 ISO9001 国际质量管理体系和 ISO14001 国际环境管理体系认证，使天坛公园的管理水平与世界接轨。2002 年 9 月中央精神文明建设指导委员会、国家建设部、国家旅游局联合授予天坛公园“全国文明风景旅游示范点”称号。

---

① 参见《中国世界遗产年鉴》编纂委员会编：《中国世界遗产年鉴 2004》，170 页，北京，中华书局，2004。

北京北海公园文化景观

一

北海公园位于故宫西北部，东靠景山，[1] 南临中南海，北接什刹海，占地68公顷，其中水面占39公顷，是一处有着800多年历史的、保存最完整的皇家园林之一。北海的地理位置并不在城内诸海之北，而是居中，但北海的风光却为诸海之首，是一处得天独厚的优美胜地。这里原来是辽、金、元、明、清5个朝代的皇家“御花苑”，[2] 素有人间“仙山琼阁”之美誉。最早的“北海”只是一处普通的水域，水中有一个名叫“瑶屿”的小岛。辽、金时期，这里是都城的东北郊，相传辽代在这里兴建“瑶屿行宫”。金大定十九年（公元1179年），在此开挖池塘蓄水成湖、积土为岛并建离宫，取名“琼华岛”。据《金史·地理志》记载：“京城北离宫有大宁宫，大定十九年建。后更为宁寿，又更为寿安。明昌二年更为万宁宫。”[3] 岛上建“瑶光殿”、“广寒殿”，从汴梁（今开封）移来艮岳花石堆叠假山，至此北海便粗具

---

① “景山公园”在故宫后门“神武门”对面，面积23.3公顷。景山中峰的万寿亭是北京的制高点，旧时登山眺望北京，全城一览无余。景山公园曾经是元、明、清三代帝王的“御苑”。进景山大门向东有一个山坡，山坡上有一棵树，这里就是明朝末年崇祯皇帝上吊自缢的地方。

② 参见小小编著：《中国南方北方游》（北方卷），9页，北京，中国电影出版社，2005。

③ （清）震钧：《天咫偶闻》(5)，《辽金元明都城考》。

规模。元代在金代的基础上继续扩建“琼华岛”，至元四年（公元1267年），元世祖忽必烈以大宁宫琼华岛为中心营建大都，琼华岛及其所在的湖泊被划入皇城，赐名“万寿山”、“太液池”。现北海桥南有“中海”和“南海”，桥北称为“北海”，公园的中心就是琼华岛，它高32.8米，完全是用挖湖的泥土堆积而成的。①

经明代向南继续开拓水面而形成现在的三海格局。明永乐十八年（公元1420年），明朝正式迁都北京，万寿山、太液池成为紫禁城西面的“御苑”（俗称“西苑”），北海就成了名副其实的皇宫后花园。清朝承袭明代的“西苑”，乾隆时期对北海进行了大规模的改建，并奠定了此后的规模和发展格局。自乾隆六年至三十六年（公元1741—1771年）连续施工30年，这是北海历史上建设最鼎盛的时期，为北海现在的规模和格局奠定了基础。光绪十一年至十四年（公元1885—1888年），慈禧挪用海军经费又进行重修。除了琼华岛北面的“漪澜堂”之外，在北岸新修了蚕坛、镜清斋、西天梵境、阐福寿、万佛楼、极乐世界等一组宏伟壮丽的佛寺建筑。全园的布局以琼华岛为主体，以白塔为中心，四周是视野开阔的水面，南坡寺院依山势排列直达山麓牌坊，形成全园南北主轴线。园内各景点建筑与园林相结合借景增辉，在造园艺术上具有极高的成就。1915年北海辟为公园，1925年正式对外开放，定名为“北海公园”。1949年新中国成立后，中央人民政府疏浚湖水扩展马路，重建“北海大桥”，1964年和1976年两次维修白塔，1992年重修永安寺。主要建筑多分布在白塔山上，东南两面有石桥与岸相连，并与东面的景山、故宫互相辉映，体现了中国古代造园艺术借用外围景色的传统手法。

北海的整个景区可分为琼华岛、团城、北海东岸与北岸四个部分。

“琼华岛”即“白塔山”，亦称“琼岛”，位于北海水面的南半部。琼华岛是全园的中心，岛上建筑、造景繁复多变，堪称北海胜景。该岛呈椭圆形，周长880米，高45米。清顺治八年（公元1651年），在

---

① 参见小小编著：《中国南方北方游》（北方卷），9页，北京，中国电影出版社，2005。

明代仁智、介福、延和三大殿旧址上建成“白塔寺”，乾隆七年（公元1742年），重修时改称“永安寺”，塔内藏有喇嘛经卷和衣钵等。清康熙十八年（公元1679年）和雍正九年（公元1731年），白塔两次因地震倒塌，后来都进行了重建。白塔上部为尖锥，下部似覆钟，通高35.9米。塔基为方形白石须弥座，每边宽18.2米；基座上为3层圆台，塔体通身白色全部由砖砌成，塔的基座上置覆钵式塔身。覆钵的正面有壶门式眼光门，内刻“十相自在”图案，塔身上有高大挺拔的塔刹。刹座是一个小型须弥座，其上由十三重相轮组成的细长“十三天”刹身。“十三天”之上覆以两层铜质华盖，下层周边悬14个铜铃。塔的顶端是仰月和鎏金火焰宝珠组成的刹顶。永安寺白塔上置有信炮。据《大清会典》记载，它主要是起报警的作用；实际上，它是一个“镇物”，据说是用以补全风水。永安寺山门为黄琉璃瓦绿剪边，歇山顶、调大脊，面阔3间，进深1间。山门内有钟鼓楼，东西各1间，绿琉璃筒瓦从重楼重檐歇山顶调大脊雕花石券门，额枋为苏式彩画。法轮殿在钟鼓楼北面正中，黄琉璃瓦绿剪边歇山顶调大脊，面阔5间带廊，进深3间，额枋为和玺彩画。法轮殿北有龙光紫照木牌坊，绿琉璃筒瓦四阿顶，四柱三楼式，面阔14米，额枋为大点金旋子彩画。在塔前的高台上还建有一座小殿，名叫“善因殿”。殿四周嵌砌琉璃砖制小佛455尊，殿中央供文殊菩萨化身铜像，俗称“镇海佛”，传为镇守北海之用。在永安寺东面还有几通石碑，分别是顺治八年（公元1651年）的《建塔诸臣恭纪碑》和雍正十一年（公元1731年）的《重修白塔碑》以及清乾隆三十八年（公元1773年）建碑记。琼华岛的南麓以永安寺为主体，有山门、钟鼓楼、法轮殿、正觉殿、普安殿等。所有殿宇均为歇山顶并覆盖了黄、绿、蓝等各色琉璃瓦，从山顶俯瞰山下，色彩斑斓、蔚为壮观。白塔四周殿阁相连，形成众星拱月之势。整个永安寺建筑群从山顶的白塔开始，房屋鳞次栉比直达岸边的牌坊，再以堆云积翠桥跨过水面，与南面的团城遥相呼应。景色秀美、辉煌的北海是镶嵌在北京大地上的一颗璀璨的明珠，它以富丽多彩的文物古迹、风格独特的造园艺术、优美秀丽的湖光山色而驰名中外。永安寺是北海公园比较集中的古建筑群，每年农历十月二十五日的燃灯节，从塔顶到山下都会燃灯，并请来僧人举行法事，祈求国泰民安。

团城位于北京公园南门西侧、北海与中海之间，是一座相对独立的圆台式的古建筑，距今已有 800 多年的历史，享有“北京城中之城”之称。团城的面积仅有 4553 平方米，周长 267 米，城高 4.6 米。团城“承光殿”内的白玉佛高 1.5 米，它由整块白玉雕刻而成，佛身镶嵌宝石，通体莹润，珠光夺目，极为珍贵，当属稀世之宝。① 这尊释迦牟尼坐佛相传是光绪二十年（公元 1894 年），明宽和尚从缅甸募化而来献给慈禧太后的。1900 年八国联军曾劫掠北海的珍宝古玩，至今玉佛的左臂尚留有当时的刀痕。团城原是“太液池”中的小岛，称作“圆坻”（意为水中的小块地）。金大定三年（公元 1163 年）至十九年（公元 1179 年），开始在岛上营建宫殿。元代增建了“仪天殿”（明代重修后改名为“承天殿”），并且将东南两处水面填为平地，四周加筑带雉堞垛口的城墙，形成一座微型城池。清代又在这里修建了玉瓮亭、古籁堂、敬跻堂、余情斋、镜澜亭等屋舍，从而构成了中轴对称的格局。团城东西两侧的城墙下各开有一座城门，上建门楼，内有台阶可登城台。位于平台中央的“承光殿”是城内的主体建筑，它始建于元朝，初为半圆形；康熙二十九年（公元 1690 年）重建后平面呈“十”字形。它的中间部分为方形，面阔进深各 3 间，南面有月台。承光殿前的巨型玉瓮（系用墨玉雕成），“渎山大玉海”重达 3500 公斤，是我国现存形体最大的古代玉器。它原为广寒殿盛酒的器物，雕制于元世祖至元二年（公元 1265 年），明代流落民间作为“菜瓮”。清代乾隆帝访得后以重金收购，置于团城建石亭保护，并且还亲笔撰写了两首诗铭刻在玉瓮上。承光殿的殿顶为重檐歇山顶，覆黄琉璃筒瓦，色彩绚丽，装饰豪华。团城以北有曲尺形的“堆云积翠桥”与琼华岛相接。“堆云积翠桥”又名“永安桥”，其南侧与团城中轴线相对，北侧与永安寺中轴线相对，因两轴线有交错，故呈曲尺形。在

---

① 参见小小编著：《中国南方北方游》（北方卷），10 页，北京，中国电影出版社，2005。

《日下旧闻考》里有这样的记载："圆城外东为承光左门，西为承光右门，北为堆云积翠桥。"[①] 永安桥全长82米，有三孔券洞，面铺条石，坡度平缓，两侧有雕刻精美的栏板望柱。桥两端各有四柱三楼式木牌坊1座，绿瓦红柱鲜艳夺目。上有蓝底金字题额，桥北曰"堆云"，桥南曰"积翠"；牌坊处各有1对石狮子，姿态雄伟。桥身两侧刻有精美的栏板和望柱。团城西侧的北海与中海之间有汉白玉的"金鳌玉蛛桥"（俗称"北海大桥"）。它是老北京城内最大的一座桥，桥为7孔拱券式，中心孔券面有浮雕的兽头，桥面原装栏板望柱，整个桥身犹如一条洁白的玉带。"金鳌玉蛛桥"是明宗弘治二年（公元1489年）5月建成的一座石桥，1958年为适应北京市交通需要进行了改建，桥面从8.5米拓宽至34米，桥身由7孔加长为9孔150米。桥的东、西两端原各有一座木式牌坊——东名"金鳌"，西名"玉蛛"。1933年改建成主体为钢筋混凝土结构的牌楼，1958年为修建阜内大街时因影响交通而被拆除。[②] 承光殿四周松柏苍郁，不少古树都有数百年的历史，古代帝王曾封以"遮荫侯"、"白袍将军"等官爵。

阅古楼位于白塔西北侧。白塔山西坡有"琳光殿"和"阅古楼"以及烟云尽态亭、甘露殿、蟠青室、摄山亭等，景色古雅幽静。山东麓林木成阴，怪石嶙峋，崖洞深邃。自山门、石牌坊至智珠殿、见春亭，构成燕京八景之一。画舫斋、濠濮涧、静心斋、天王殿、小西天、五龙亭、九龙壁[③]等园中园和佛寺建筑，都是不可多见的古代建筑精品。阅古楼是一座两层楼宇的皇家藏书楼，上下各25间，左右环抱成半月形。楼上存有乾隆年间摹刻的《三希堂法帖》，它是中国著名的书法艺术石刻珍品。清乾隆十二年（公元1747年），乾隆皇帝将三王墨迹及魏晋以来的名家墨迹编定成册，定名为《三希堂法帖》32卷，命人分刻在495块石板上，又将刻板嵌入阅古楼墙壁，原帖仍藏故宫养心殿三希堂内。[④]"阅古楼石刻"是中国历代书法的重要汇编，书法

① 参见施连方、施枫编著：《趣谈老北京》，210页，中国旅游出版社，2001。
② 参见施连方、施枫编著：《趣谈老北京》，246页，北京，中国旅游出版社，2001。
③ "九龙壁"气势磅礴，为中国仅有的"三个九龙壁"之一。
④ 参见施连方、施枫编著：《趣谈老北京》，216页，北京，中国旅游出版社，2001。

刻法均精巧绝伦。“琼岛春阴”在白塔东北侧立有著名的燕京八景之一“琼岛春阴”石碑。“燕京八景”之名始于金代，到清代乾隆皇帝还亲笔题字制成8通石碑，分别立于八景的所在地。琼岛春阴碑碑首雕四龙戏珠，碑座为雕龙须弥座，碑高4.1米。碑阳书“琼岛春阴”，碑阴书乾隆题七律一首。[①] 此碑原立于悦心殿[②]前，乾隆五十一年（公元1786年）移至此处。“仙人承露盘”位于白塔西北的假山间。仙人承露盘为一方形雕花石须弥座，中间竖立1根汉白玉蟠龙石柱，柱顶立一铜制古装仙人，双手托一荷花形大铜盘。柱及铜人高5.5米，座高1.1米、直径0.94米。传说汉武帝刘彻听方士说，用铜盘承接甘露用于服药，可使“不寿者八百岁”。遂于西汉太初元年（公元前104年）在长安城外的建章宫内铸造了1座铜仙人承露盘。三国时期，据古籍《魏略》记载，魏明帝曹叡于景初元年（公元237年），下旨遣人到长安“建章宫”内，拆迁和搬运仙人承露盘，企图运往魏都洛阳城，但因太重而弃留陕西霸城。元初该铜人在陕西被发现后，元世祖忽必烈令人将其移立在琼华岛东面，明代嘉靖年间又将其移至此处。[③]

临水游廊等景观位于白塔山北坡。“临水游廊”临湖环山，为一组圆形整体建筑群，乾隆皇帝下旨仿照金山汇天寺修建。游廊以漪澜堂为中心，东起倚晴楼，西止分凉阁，延楼60间，临水游廊60间，游廊总长300米。“漪澜堂”为帝后登舟泛湖的码头，乾隆帝常在此垂钓，其他皇帝也常在此赐宴。[④] 堂西的道宁斋是清代皇帝和御用文人吟诵诗文之处。“濠濮涧”位于北海东岸，是由东北角引水经先蚕坛、画舫斋至此的一室内水池。“濠濮涧”始建于乾隆二十二年（公元1757年），乾隆帝6次南巡江南之后沿岸叠石建假山，水上架石桥，

---

① 参见施连方、施枫编著：《趣谈老北京》，334页，北京，中国旅游出版社，2001。

② 清代从乾隆皇帝开始，嘉庆、道光、咸丰、同治、光绪等皇帝在游赏北海时，都在悦心殿召见大臣和办理政事。另外，清代的帝王几乎每年寒冬，都要来这里观赏太液池中的冰嬉。

③ 参见施连方、施枫编著：《趣谈老北京》，221～222页，北京，中国旅游出版社，2001。

④ 参见施连方、施枫编著：《趣谈老北京》，218～219页，北京，中国旅游出版社，2001。

桥南为临水轩室，匾额曰“壶中云石”。北侧为云岫厅，西侧为崇椒室，均有光绪皇帝御笔题匾。颐和园未修建之前，慈禧常在此消夏。“画舫斋”位于濠濮涧北面，系三进院落，称“春雨林塘”。中间有方形水池，画舫斋为临池正殿，以走廊连接配殿，廊下有金锦彩绘。清代皇帝常约集名画家进园作画，所有作品都集中在此陈列。画舫斋西边套间为慈禧的烟房，东跨院古柯庭为光绪住所。光绪的老师翁同龢常到此授读并留宿。后院奥旷室为御茶房、内果房、内饽饽房。1900年八国联军侵占中国时，法军司令部就设在这里。“先蚕坛”是明朝雷霆洪应殿的旧址，为北京的九坛八庙之一。先蚕坛建于乾隆七年（公元1742年），现院内种有很多桑树，东面有一条小河，名为“浴蚕河”。先蚕坛的主殿是亲蚕殿，殿内悬挂乾隆御笔的匾额“葛覃遗意”，并有“视履六宫基化本，授衣万国佐皇猷”对联一幅。清朝时每年农历三月的某个吉日，由皇后或者由她派人来此祭祀蚕神。“静心斋”原名“镜清斋”，占地约1公顷，是北岸的主体建筑。静心斋始建于乾隆二十二年（公元1757年），为太子读书之处，后来因乾隆帝也常在这里养性，故又称“乾隆小花园”。它的正门与琼华岛隔水相望，四周有短墙环绕，南面为透孔花墙，可远观岛上的景致。斋内亭台楼阁围绕着荷池构建，四周堆叠太湖石景颇为壮观。光绪十一年（公元1885年），慈禧挪用海军军费增修了斋内建筑，将铁路引入北海，在斋门口设立小火车站。1900年车站被八国联军毁坏。1913年静心斋维修后成为北洋政府宴请外国使节的场所。

“西天梵境”原名“大西天禅林”，建于明代，清乾隆二十四年（公元1759年）重修后改为今名。山门前有一座精美的琉璃牌坊，门内为天王殿和大慈真如殿，供三世佛和十八罗汉像，殿周围有67间回廊环抱。西天梵境的西侧有一块彩色琉璃砖影壁，称作“九龙壁”，建于乾隆二十一年（公元1756年）。九龙壁面阔25.86米，高6.65米，厚1.42米，庑殿顶，底为青白玉石台基，上有绿琉璃砖砌须弥座。壁面前后各有9条在云雾中翻腾的蛟龙，由424块预制的七彩琉璃砖拼砌而成，色彩绚丽，古朴大方。顶为筒瓦四坡式，壁的正脊、重脊、筒瓦、陇垂等处共有635条龙。“铁影壁”位于九龙壁以西的澄观堂前，宽3.6米，高1.9米，壁身由一块中性火成岩雕成，双面雕刻有麒麟和云纹，因色彩和质地像铁，故称铁影壁。铁影壁为元代所造，原为元大都健德门外一古庙前的影壁。明初由于北京城的北城墙向南移动，因此，被移动到德胜门内护国德胜庵前（今铁影壁胡同内）。1947年铁影壁被移至北海公园现在的位置，1986年从铁影壁胡同找回原来的基座得以复原。两面浮雕云纹、异兽等纹饰。“五龙亭”在北海北岸的西部，建于明万历三十年（公元1602年），分别名龙泽、澄祥、滋香、涌瑞和浮翠。五亭临水而建均为方亭，亭顶样式左右对称，亭与亭之间用“S”形平桥连接，龙泽、滋香、浮翠三亭又分别以单孔石桥与岸相连，形态优美，婉若游龙。每年盛夏，清朝皇帝后妃们就乘坐龙舟来到亭上避暑纳凉；元宵节之夜则在此燃放烟火。“液池西北五龙亭，小艇穿花月满汀。酒渴正思吞碧海，闲寻陆羽话茶经。”① 这首清人的诗正是描述当时北海的情景。清乾隆二十八年（公元1763年）将五亭间的弧形木桥改为石桥，并装上了青石栏板和石柱。这些建筑于光绪二十六年（公元1900年）遭到八国联军的破坏，1974年中央人民政府又照原样重修。“小西天”又称“极乐世界”、“观音殿”，建于乾隆三十三年（公元1768年），是乾隆为其母孝圣皇太后祝寿、祈福修建的。大殿为方形攒尖顶，四面各有琉璃牌坊一座，四角置方亭，联以矮墙。建筑整体四面环水意境优雅，气势宏伟，占地面积1246平方米，是世界上最大的方亭式建筑。殿北有乾隆三十五年（公元1770年）为皇太后祝寿而建的万佛楼，内有一万个金质无量寿佛，1900年被八国联军掠走，万佛楼后来也被拆除。“妙相亭塔”位于北海公园西北角阐福寺西侧的一座八角攒尖顶的亭中，此塔建于乾隆二十九年（公元1764年），亭子称“妙相亭”，建于乾隆三十五年（公元1770年），是为护塔而建。石塔的基座是十六角形的须弥座，下枋上雕有海浪和假山石，上枋上雕有缠枝西番莲，束腰中有二龙戏珠和云纹图案。塔身的每面各线雕一位罗汉像，每位

---

① 参见小小编著：《中国南方北方游》（北方卷），10页，北京，中国电影出版社，2005。

罗汉的上方镌刻着乾隆皇帝亲笔题写的《御制贯休画十六应真像赞》。塔身上有塔檐，檐下雕有腾龙，眼角各雕一狮子头。塔檐顶上有一层须弥座，上面雕有二龙戏珠和宝相花等图案。塔檐顶上的塔刹是一座小型的覆钵式塔。石塔上的十六罗汉像是五代时禅月大师贯休所画，真迹原藏于杭州孤山的圣因寺内。清乾隆二十二年（公元 1757 年），乾隆皇帝在第二次南巡时看到了这幅十六罗汉像，他根据梵经改正了画上原题的罗汉名，并题写赞文。后来杭州孤山圣因寺住持僧明水募资，将五代时贯休和尚画的十六罗汉像临摹成石刻，乾隆诏令建塔，把十六罗汉像镶于塔身。

二

北海在 1900 年八国联军侵占北京时遭到严重破坏。辛亥革命后的 1925 年 8 月，北海被辟为公园向游人开放，但因管理不善逐渐荒芜，到中华人民共和国成立前夕，北海已成为一处杂草丛生、污泥淤积的荒园。民国时期按照《清皇室优待条例》，北海为爱新觉罗溥仪的私家财产。中华人民共和国成立后，中南海成为中央人民政府的驻地，北海作为公园正式对外开放，1961 年北海及团城被国务院公布为第一批“全国重点文物保护单位”。为此，疏浚三海、修整建筑、增加设施，使北海更加绚丽多姿，成为人民游览的胜地。1969—1979 年北海公园以“保护中南海安全”为由而关闭，禁止游人入内。1979 年以后北海公园重新对公众开放，1987 年北海公园被评为“北京新十六景”之一。北海公园继承了中国历代造园传统，博采各地造园技艺所长，兼有北方园林的宏阔气势和江南私家园林婉约多姿的风韵，并蓄帝王宫苑的富丽堂皇及宗教寺院的庄严肃穆，气象万千而又浑然一体，是中国园林艺术的瑰宝。

北海公园是中国古典园林的艺术杰作。北海公园的太液池中有琼华、团城和犀山台三岛，分别象征着蓬莱、瀛洲和方丈，体现了对蓬莱仙境的追求。它是一座纯粹的人工园林，布局以水为主体，在太液池中布置岛屿，用桥与岸边相连。太液池的池水原经金水河直接引自玉泉山，自明代起取名“积水潭”。自1987年北海公园被评为十六景之一后，这里经常举办大型活动，如荷花灯展、冰灯展等，还在东岸场地上增添了游乐项目，充分利用了有限的空间。山的北坡分为山麓和临水两部分。山麓建筑有抱冲室、一壶天地、酣古堂、盘岚精舍、得胜楼等。在山坡下是临水而建的漪澜堂、道宁斋、碧照楼、远帆阁等一组亭台楼榭，风格参照了镇江的金山寺。两侧有长300米的半圆形双层长廊，东西分别连接倚晴楼和分水阁，与太液池北岸的五龙亭、西天梵境等建筑隔水相望，交相辉映，北海公园是国家4A级景区。

在北海公园的双虹榭经营了10年之久的肯德基快餐店正式关张。2000年北京市人大、政协“两会”期间，有两位政协委员在提案中指出：“皇家园林不宜引进洋快餐店，因为它破坏了皇家园林的整体风格”。北京市园林局、北海公园采纳了这一意见。但考虑到肯德基是中外合资企业，中途毁约不妥，于是决定2002年期满后不再续约。这是自《北京市公园条例》实施后，从公园搬出的最大一家餐饮企业。肯德基快餐店撤出后，对双虹榭进行了重新修缮，根据此地过去就是游览服务区的定位，公园仍将其恢复为具备服务功能的游客休憩点。依据《北京市公园条例》规定，将包括洋快餐在内的与古典园林不相协调的各种餐饮、商业网点清出公园。

北京八达岭长城文化景观

一

长城是中国古代劳动人民血汗的结晶，也是中国古代历史文化的象征和中华民族的骄傲。长城是一个由城墙、敌楼、关城、墩堡、营城、卫所、镇城锋火台等多种防御工事组成的完整的“防御工程体系”。长城全长6700公里，东起山海关的“老龙头”，途径河北、北京、山西、内蒙古、宁夏、陕西、甘肃7个省（市）、自治区，是世界上最古老的、伟大的建筑之一，被称为“上下两千多年，纵横十万余里”，属于在几百年前就与罗马斗兽场、比萨斜塔相媲美的世界中古7大奇迹之一。①“万里长城”犹如一条矫健的巨龙，盘旋于崇山峻岭之中。美国宇航员艾德宁在回忆他登上月球后的情景时说：“从月球看地球，给人留下最深印象的就是中国的万里长城，它像一条银色的项链，镶嵌在这个蓝色球体上。”② 北京段八达岭长城，位于北京市西北延庆县境内，地势险要，居高临下，素有“居庸之险不在关，而在八达岭”之说③；附近的山崖上还刻有“天险”二字的题记。由于它南达北京，北通延庆，西可往宣化、张家口，四通八达，故名“八达岭”。八达岭长城重建于明洪武元年（公元1368年），弘治、嘉靖、

---

① 参见《中国文化遗产年鉴》编辑委员会编：《中国文化遗产年鉴2006》，61页，北京，文物出版社，2006。

② 段宝林等主编：《山水中国》（北京卷下），195页，北京，北京大学出版社，2005。

③ 段宝林等主编：《山水中国》（北京卷下），217页，北京，北京大学出版社，2005。

万历年间曾多次修筑。八达岭长城雄踞于关沟险隘，是明代拱卫京城的北大门。由于它气势雄伟极为壮观，自然景观十分丰富，因而被誉为“北京后花园”①。八达岭关城建于明弘治十八年（公元1505年），平面东窄西宽，东西长约64米，关城有东西两门，东门外侧有刻于嘉靖十八年（公元1539年）门楣题额“居庸外镇”，因而又称此段长城为“居庸关”；西门外侧有万历年间门楣题额“北门锁钥”，刻于万历十年（公元1582年）。关城两门均为砖石结构，券洞上为平台，台之南北各有通道连接关城城墙，台上四周砌垛口。在“居庸外镇”关城的城台上，原来嵌有一块石碑，为明朝万历年间刻制。从碑文可以得知，长城先后经过80多年的修建时间才完成，碑文还记录了修筑长城的时间、长度、主持官和管工头、烧头、窑匠头、泥瓦匠头和名字，以明确责任。“北门锁钥”关门的南北两侧起，依山筑城绵延起伏，高低不一，平均墙高约7米，墙下脚宽6.5米，顶部宽约5.8米的长城，可容“五马并骑，十行并进”，是历史上许多重大事件的见证者。譬如，第一帝王秦始皇“东临碣石”后，从八达岭取道大同，再驾返咸阳；肖太后巡幸、元太祖入关、元代皇帝每年两次往返北京和上都之间、明代帝王北伐、李自成攻陷北京、清代天子亲征等，八达岭都是必经之地。即使在近代史上，慈禧西逃泪洒八达岭、詹天佑在八达岭主持修筑中国自力修建的第一条铁路——京张铁路、孙中山先生登临八达岭长城等，都留下了许多历史典故和珍贵的历史回忆。尤其是詹天佑在八达岭上说的一段话，确实让后人刻骨铭心：“洋人可为之者，中国人必能为之；洋人不可为之者，中国人亦能为之。”②

长城一万里，文化五千年。八达岭长城位于居庸关的外口，又称“北关”或“北口”。当时居庸关只是一个关城，真正的长城则修建在八达岭山上。八达岭山口的特殊地形，成为历代兵家必争之地，修筑长城在当时具有极重要的战略意义。居庸关有“天下第一雄关”的美

---

① 刘耀编著：《中国绝色风景》，2页，北京，中国长安出版社，2006。

② 段宝林等主编：《山水中国》（北京卷下），218～222页，北京，北京大学出版社，2005。

称（史称“居庸塞”）。汉朝时居庸关关城就粗具规模；三国时居庸关称为“西关”，南北朝时关城建筑与长城连在一起；北齐时居庸关改称“纳款关”，唐代又称“蓟门关”、“军都关”，辽、金、元、明、清各朝代，仍沿用“居庸关”的名称。据有关资料记载，“居庸关”的名称取自“徙居庸徒”之意。传说秦始皇修长城时，强征民夫士卒（称庸徒）徙居于此。[①] 现存关城城垣东达翠屏山脊，西至金柜山巅，周长4公里，南北月城及城楼、敌楼等配套军事设备。城墙防御要地筑有堡垒式的城台，城墙外侧设置了望口和射击孔。我国修筑长城的历史，可以追溯到西周时期，那时就筑有连续排列的城堡“列城”作为防御。到春秋战国时期，当时的7个大国各霸一方不相统属，为了互相防御，各国都在自己的辖境边缘筑起一道很长的城墙防线。战国中后期，游牧民族匈奴、东胡开始进入奴隶社会。奴隶主贵族经常率兵到秦、赵、燕三国的北部地区掳掠牲畜、财物和人口，因而这时的秦、赵、燕三国分别在其北部修筑了长城，这是最早的长城，历史上称之为“先秦长城”。[②] 公元前221年，秦始皇灭六国诸侯统一天下，结束了春秋战国纷争的局面，完成了历史上第一个封建集权统一国家的大业。秦始皇为了巩固统一帝国的安全和生产的安定，派大将军蒙恬率领30万人，历时10年时间，以原来北方的秦、赵、燕三国长城为基础筑成一道连绵万里的长城，从而奠定了今天长城的规模。[③]“万里长城”的名字是从秦始皇开始的，历代对长城继续修整使用，至明代因北方仍有外族的进攻，东北又有女真族崛起，为了加强防御，将过去的土筑城墙部分改为砖石结构，西起嘉峪关，东达山海关，蜿蜒万余里，并沿城墙修筑了许多烽火台。在明代270多年间，仅浩大的长城修筑工程就有18次。八达岭附近的长城依山势而筑，用整齐、巨大的城砖筑成墙体外壳。下部为条石台基，上砌砖墙及马道，墙身内

---

① 参见段宝林等主编：《山水中国》（北京卷下），213页，北京，北京大学出版社，2005。

② 参见《中国世界遗产年鉴》编纂委员会编：《中国世界遗产年鉴2004》，125页，北京，中华书局，2004。

③ 参见 李振湘：《世界遗产中国行》，26页，北京，民族出版社，2004。

部填满碎石和黄土。墙顶地面铺方砖，内侧为守墙，外侧为垛墙。垛墙上方有垛口，下有便于瞭望和射击的射击洞。为了防御的需要，还分别于山脊的高地、城墙的转角或者险要处筑堡垒式的城台。高大的称“空心敌台”，多建于冲要处，为上下两层。上层顶部为平台，周围有垛口和射洞；下层为空屋，可驻兵和贮存武器。低矮的称“墙台”，多建于平缓处，骑墙而筑或者凸出墙外。孙中山先生曾对长城评价说：“始皇虽无道，而长城之有功于后世，实与大禹治水等。”① 1949 年以后八达岭长城经人民政府多次投巨资修缮，已成为北京著名的旅游景点之一。居庸关关城附近自然景观十分壮美，“居庸叠翠”属“燕京八景”之一②，具有重要的人文景观和自然景观价值。万里长城是我国古代各族劳动人民创造的伟大奇迹，是中华民族勤劳、智慧和坚强不屈精神的象征，也是世界文明的瑰宝。

时代赋予八达岭长城以新的历史使命，它像一座历史丰碑闪烁着中华民族文明和智慧的光彩，向海内外游人展示着长城的历史文化和历史风貌。历史地看待长城，它本来是军事斗争的产物，是我国历代统治者为维护其统治政权而构筑的永久性防御工事。但是，客观地分析就可以发现，历史上的长城确实对我国的政治、经济、科学技术发展、民族交融、文化交流、中西交通等方面产生过积极的影响。今天，长城的军事作用尽管已经消失，但由于它承载着极为丰富、厚重的历史文化信息，因而已经成为中华民族精神的象征，成为世界各国人民感受中国历史、进行文化交流的重要场所。③ 在各地的长城景观中，北京八达岭长城是建筑得特别坚固、保存得最好的一段。可以说八达岭长城是明代长城的精华，是明代长城最杰出的代表地段，其地位之显要、名声之远播、景色之壮观，是其他任何地段的长城所不能替代的。1961 年八达岭长城被国务院列为“全国首批重点文化保护单位”，1982 年被国务院批准为第一批“国家级风景名胜区”。1990 年“八达

---

① 段宝林等主编：《山水中国》（北京卷下），196 页，北京，北京大学出版社，2005。

② 李振湘：《世界遗产中国行》，27 页，北京，民族出版社，2004。

③ 参见《中国文化遗产年鉴》编辑委员会编：《中国文化遗产年鉴 2006》，61 页，北京，文物出版社，2006。

岭”代表万里长城，接受了联合国颁发的人类文化遗产证书。登上八达岭长城饱览长城雄姿，脚下的长城依山就势扶摇而上，蜿蜒起伏，宛若一条腾飞的巨龙。赵朴初先生曾赋诗曰：“最是春花锦簇，夏绿叠云，漫道秋春，风光尽收方寸。”此外，八达岭长城景区还建有大型中国长城博物馆和长城全国影院，置游人于历史与现实交叉的空间，以全新的感受去领略长城的风姿及沿途的历史文化、民族风情。1995年10月1日，八达岭长城万盏明灯一起点亮，它那威武雄浑的身姿如同一条灿烂辉煌的巨龙，飞腾在崇山峻岭与苍松翠柏之间，从此开创了长城旅游的历史新纪元。八达岭长城是万里长城的主要旅游景点，毛泽东“不到长城非好汉”的名句更增添了她的魅力。目前，八达岭长城开放的地段达3740米，城台、敌楼21座；已接待了中外游人1.2亿人次（每年接待游人超过50万人），其中包括尼克松、里根、奥巴马、伊丽莎白、撒切尔夫人、伊丽莎白二世、叶利钦等300余位外国元首和众多的世界风云人物。八达岭长城已成为联系中国和世界友谊的纽带，向世界展示着中华民族的风采。①

二

1987年12月联合国教科文组织批准长城列入“世界文化和自然遗产清单”。长城的英文名称为：The Great Wall。世界遗产委员会对北京八达岭长城的评价是：“约公元前220年，一统天下的秦始皇，将修建于早些时候的一些断续的防御工事连接成一个完整的防御系统，用以抵抗来自北方的侵略。在明代（公元1368—1644年），又继续加以修筑，使长城成为世界上最长的军事设施。它在文化艺术上的价值，足以与其在历史和战略上的重要性相媲美。”② 把文物保护放在首位，是八达岭景区发展的根本原则。长城是世界文化遗产，长城是属于全

---

① 有关资料来源于中国长城博物馆的陈列作品和图片资料以及讲解员的解说记录。

② 《中国世界遗产年鉴》编纂委员会编：《中国世界遗产年鉴2004》，127页，北京，中华书局，2004。

人类的。保护长城就是保护中华民族的历史，就是珍惜、热爱我们祖先劳动和智慧创造的成果，同时也是留给子孙后代研究我国古代政治、经济、文化、建筑工程、民族关系等历史和科学的丰富的实物例证。我们今天在利用长城这一重要旅游资源发展旅游业的同时，也必然地担负着保护世界文化遗产的责任，保护文物及其周围环境是经济发展的重要前提。

北京市人民政府十分重视对长城文化景观的保护。在新中国成立初期，国家在财政极其困难的情况下，仍然拨巨款对长城进行维修，将八达岭、居庸关、山海关、嘉峪关和附近的长城列为第一批“全国重点文物保护单位”，设立了专门的文物保护机构，设专职人员对长城进行保护和管理。尤其是在20世纪80年代以后，由于开展了“爱我中华，修我长城”的活动，极大地提高了全社会保护文物、爱护长城的意识，促使长城保护工作进入了一个新的历史阶段。在对长城进行普查的基础上，按照“修旧如旧，保持原状”的方针，相应地对长城进行了重点修复。经过修整后的长城，不仅再现了长城当年的雄风，而且增加了相应的旅游设施，为国内外游客游览长城提供了方便。但是近年来，八达岭景区建设存在的问题也令人堪忧。譬如，八达岭长城及岔道城尽管已划定了保护范围及建设控制地带，但规定为非建设地区的一类建设控制地带内仍有不少违法建筑设施。如长城两侧尤其是八达岭关城周围，商业摊点密集、建筑杂乱，商业气氛取代了应有的文化氛围。在关城0.5公顷的占地面积中，各类商店的店面占用了0.28公顷。高峰时，关城要承担上万的人流集散，还要停车，节假日还要搭台唱戏，实在拥挤不堪。这种状况不符合长城两侧文物保护的建设控制要求，也无法满足各种旅游功能要求，更无从寻觅其作为军事要塞的威严。而在关城至滚天沟的关外600米公路沿线，各种建筑物五花八门，生活摊点密布，机动车与人流、服务性活动与旅游活动交错，秩序混乱。长城八达岭段以外的地段还没有划定建设控制地带，在本地区开发与建设日益活跃的形势下，这项工作愈发显得重要与急迫。目前“水关长城”早已每年接待超过50万游人，而且建设项目占地就在长城脚下。八达岭景区建设，也存在很多令人遗憾的地方，如从主要登临点——北四楼望关城，杂乱无章，长城脉络不甚连贯、清晰；从关城外望，优美的塞外自然风光为眼前的闹市景象所阻隔。从塞外望长城，沿街两侧较大体量的建筑削弱了长城的雄浑壮观，军事要塞的威严雄壮荡然无存，也看不到险峻的山势、城池。目前，游客游览长城基本上是单纯的登城游览、文物观光，半天时间即可全部结束，停留时间太短。现有旅游点仅“八达岭长城”和“水关长城”，八达岭地区的旅游资源远未得到合理开发利用。长城是其最重要的景观资源，具有极其重要的景观价值和文化内涵。八达岭景区建设应当围绕长城这一著名文物古迹，从以前的片面追求建筑面积、商业效益转到以历史文化、自然景观为主，淡化商业气息，突出文化特色，建立景观环境建设的系统观点、整体观点。在文物周围进行建设，应当符合《北京城市总体规划》、《八达岭—十三陵风景名胜区总体规划》、《北京市文物管理条例》、《北京市重点文物保护单位保护范围及建设控制地带要求》的要求，并应获得有关文物部门的许可。必须尽快制定八达岭段以外长城的保护范围和建设控制地带，制定规划以指导建设。1992 年 12 月 19 日，北京市人民政府颁布《北京市人民政府关于加强八达岭—十三陵风景名胜区规划管理的规定》。为了切实有效地保护八达岭风景名胜区，该规定第 2 条明确规定：“凡在八达岭—十三陵风景名胜区进行建设，均须遵守本规定和《北京市文物保护单位保护范围及建设控制地带管理规定》。”规定所称八达岭—十三陵风景名胜区，东至昌平县黑山寨沙岭，西至延庆县岔道城，南至昌平县南邵乡营坊，北至昌平县北界。在八达岭风景名胜区规划范围内，根据文物古迹、景点景观、古树名木等的分布状况和地形地貌等自然环境，划定一、二、三级保护区。八达岭风景名胜区的具体规划范围及其一、二、三级保护区的界限，按照市人民政府批准的《八达岭—十三陵风景名胜区总体规划》执行。

《长城保护条例》自 2006 年起全面施行。由于长城是跨越多个行政区域的不可移动文物，各地在贯彻执行文物保护法及其实施条例规定的各项制度中，也遇到了一些特殊问题。譬如，长城绵延万里，工程建设不可能完全避免穿越长城，由于缺乏相应规范，在一些工程建设中，随意拆毁、穿越长城的情况时有发生。长城段落未统一为一定级别的文物保护单位，旅游开发也存在随意性，不当的旅游开发对长城及其历史风貌造成了严重破坏。有的地方因长城管理权限不明，致使文物保护法及其实施条例规定的“四有”措施（即有保护机构、有保护范围和建设控制地带、有保护标志、有档案）没有得到很好落实。有些居（村）民在长城上取土、取石，有些居（村）民在长城及其周边进行农耕生产活动，对长城造成较大的损坏。为了加强对长城的保护和规范利用，根据《中华人民共和国文物保护法》的规定，《长城保护条例》于2006年9月20日经国务院第150次常务会议通过，自2006年12月1日起施行。国务院文物主管部门负责长城整体保护工作，协调、解决长城保护中的重大问题，监督、检查长城所在地各地方的长城保护工作。长城所在地县级以上地方人民政府及其文物主管部门，依照文物保护法、本条例和其他有关行政法规的规定，负责本行政区域内的长城保护工作。国家鼓励公民、法人和其他组织通过捐赠等方式设立长城保护基金，专门用于长城保护。对长城进行修缮，应当依照文物保护法的规定办理审批手续，由依法取得文物保护工程资质证书的单位承担，长城的修缮必须遵守“不改变原状”的原则。长城段落已经损毁的，应当实施遗址保护，不得在原址重建。长城段落因人为原因造成损坏的，其修缮费用由造成损坏的单位或者个人承担。违反本条例规定，造成长城损毁，构成犯罪的，依法追究刑事责任；尚不构成犯罪，违反有关治安管理法律规定的，由公安机关依法给予治安处罚。

北京明十三陵文化景观

一

北京明十三陵是明朝迁都北京后13个皇帝陵寝的总称，是我国历代帝王陵寝建筑中乃至世界上保存最完整、埋葬皇帝最多的古墓葬群。明十三陵坐落在距北京城区50公里、距八达岭长城44公里的昌平区天寿山南麓、温榆河上游，位于东经116°~117°，北纬40°，陵区的东、西、北三面环山，中间为盆地。明十三陵的建造从明永乐七年（公元1409年）开始到清顺治元年（公元1644年），历时200多年，距今已有600多年的历史。十三陵占地总面积达80平方公里，陵区保护面积约120平方公里。[①] 陵区四面群山环抱，北面天寿山主峰，“三峰并峙，回出诸山”，中峰是陵区的最高峰海拔760米。东面莽山盘其左，西面虎山踞其右，南面的龙山、虎山，像卫士一样守护着陵区的门户。环山之内是洪水冲击形成的盆地，山壑中的水流在平原中部交汇后曲折东去。这正是中国风水学说所极力赞扬和推崇的“前有朱雀，后有玄武，左有青龙，右有白虎”，“四势完美”，“山川大聚”的帝王吉壤。[②] 整个陵区周围原来建有围墙，设有大小宫门2座和10个关口，各关口都设置敌楼。13个皇帝的陵寝为每一座陵墓倚着一座山

① 参见《中国文化遗产年鉴》编辑委员会：《中国文化遗产年鉴2006》，79页，北京，文物出版社，2006。

② 参见《中国世界遗产年鉴》编纂委员会编：《中国世界遗产年鉴2004》，195页，北京，中华书局，2004。

峰，除了面积大小、建筑繁简有异外，其建筑风格、整体布局基本相同，均为前方后圆，明楼、殿阁隐现于苍松翠柏之中。自然环境优雅、陵寝建筑规模宏大、体系完整的明十三陵，是中国古代帝陵建筑中的典型范例，成为明朝两百余年历史中我国建筑艺术的杰作和陵寝规划与建造的最高代表。

明朝创建于公元1368年，灭亡于1644年，统治时间长达277年，共传位16代皇帝。其中，开国皇帝太祖朱元璋因称帝南京，死后葬于南京城外的钟山脚下（即“明孝陵”）；第二帝惠帝朱允炆（太祖之孙，年号“建文”）由于叔侄皇权之争，在“靖难之役”中，因宫中起火而下落不明，没有建陵墓；第七帝代宗朱祁钰（英宗之弟，年号“景泰”），因“土木之变”而即皇帝位，后由于英宗“夺门之变”遇害被废为王，起初以王礼葬在金山（今北京西郊），成化年间恢复帝号，始将坟制扩建成“景泰皇帝陵”。明十三陵依次营建的先后顺序排列为长陵、献陵、景陵、裕陵、茂陵、泰陵、康陵、永陵、昭陵、定陵、庆陵、德陵、思陵，陵内共埋葬有13个皇帝、23位皇后、1位皇贵妃以及殉葬宫妃数十人。① 十三陵各陵（思陵除外），都设有监、园、卫等机构（“监”即神宫监；“园”是供种植祭陵用瓜果蔬菜的园丁住的地方；“卫”是守卫陵寝的军队驻防地）。在十三个陵寝中，建筑最为雄伟的是长陵，结构最精美的是定陵，规模最小的是思陵。长陵为明成祖朱棣和皇后徐氏之陵墓，其地面建筑宏伟壮丽，大殿中以整材楠木为柱，颇为罕见；定陵的地宫中有大批珍贵的出土文物，现已被辟为地宫博物馆。

长陵、定陵、昭陵三陵和神道是目前正式对外开放的4个主要景点，下面分别作论述。

十三陵之首“长陵”是明朝第三个皇帝明成祖朱棣（公元1360—1420年）的陵园。朱棣在朝政上颇多建树，如迁都北京、编撰《永乐大典》、派遣太监郑和远下西洋等。明永乐五年（公元1407年），朱

---

① 参见《中国世界遗产年鉴》编纂委员会编：《中国世界遗产年鉴2004》，195页，北京，中华书局，2004。

棣的皇后徐氏去世。朱棣命礼部、工部及术士风鉴先生等人，在北京郊区寻找“吉壤”。先后曾指定潭柘寺、燕家台、屠家营等处，朱棣均不满意。后来江西术士（风水先生）廖均卿说昌平北有“吉壤”（名“黄土山”）可做万年寿域，山前有龙、虎二山，形成一个小平原。朱棣视察后很满意，决定在此建造皇陵，改“黄土山”为“天寿山”。永乐七年（公元1409年）正式动工建长陵，到永乐十一年（公元1413年）竣工。明代历朝（除景泰帝外）皇帝陆续在此建陵。长陵位居整个陵区正中，东侧是景陵、永陵、德陵3陵；西侧是献陵、庆陵、裕陵、茂陵、泰陵、康陵6陵；西南有定陵、昭陵、思陵3陵。陵四平面呈长方形，各陵小轴线上依次为陵门、碑亭、棱思门、棱恩殿、明楼、宝城（又称“宝顶”）等。长陵宝城直径340米，周长1公里余，上有垛口形似砖砌城堡。内为高大的封土，以下即地宫所在。长陵坐落在天寿山中峰之下，是十三陵中修建最早、规模最大、保存较完整的一座陵墓，堪称古建瑰宝。长陵埋葬的是明代第三帝朱棣（年号“永乐”，庙号“成祖”）和皇后徐氏。长陵陵墓有三进院落：第一进院落从陵门到恩门，陵门内东西侧原有神厨、神库各5间。东南角有碑亭一座（无碑文），建于嘉靖十五年（公元1536年）。清顺治皇帝见过陵墓后，于顺治十六年（公元1659年）在石碑正面用汉、满两种文字镌刻其谒陵感受。碑阴是乾隆皇帝于1785年谒陵后镌刻的“谒明陵八韵”。第二进院落从恩门至内红门。院内恩殿宽9间，深5间，重檐庑殿顶。殿内60根楠木柱，当中4根柱直径都在1米以上，高14.3米，直径1.17米，该殿是国内最好的楠木殿。殿中原有大佛龛，供奉成祖和徐皇后。殿两侧原有廊庑15间，现已无存。第三进院落从内红门至明楼。院内前部是二柱牌坊，依次为石五供、明楼和宝城。明楼是每座陵墓的标识，也是每座陵墓中轴线上的最高建筑。楼顶为重檐歇山式，建于方城之上，额曰“长陵”。长陵的刻碑因万历三十二年（公元1604年）雷击起火而重立，原碑刻“太宗”（朱棣原来的庙号），后来嘉靖皇帝于嘉靖七年（公元1528年）改“太宗”为“成祖”，但未换石碑，只用木雕成祖之碑镶之。大殿石台高约3米，由三层环绕的汉白玉石栏围成，总面积1938平方米。[①] 周长1公里的宝城[②]与明楼[③]相接，宝城中间为宝顶（即高大的坟头），宝顶下面便是地下宫殿。长陵的陵园还辖有“东西井”。“东井”在德陵馒头山之南，“西井”在定陵西北。“井”内葬着被“赐死”的殉葬宫妃。她们是皇帝的地下随侍，虽赐死但无资格入地宫。埋葬她们的坟（竖葬）叫“井”。大殿内现有长陵出土文物展览和长陵发掘录像。

“定陵”是明朝第十四帝朱翊钧（公元1563—1620年）和两位皇后的陵园。朱翊钧在位早期重用著名政治家张居正推行政治改革，这在中国封建历史上是很了不起的大事情。定陵在昭陵东北“大峪山”（原名“小峪山”）下，埋葬着明万历帝朱翊钧和孝端、孝靖两位皇后[④]。万历十一年（公元1583年）朱翊钧借祭陵的机会勘察了陵区，最后决定在小峪山为自己建陵园，改“小峪山”为“大峪山”。因陵地有巨石工程量极大，有人谏阻其不听，决定次年开工（朱翊钧时年才22岁）。从万历十二年（公元1584年）开工，役使军匠、工匠达3万余人，耗银800万两，占地18公顷，至万历十八年（公元1589年）历时6年之久才竣工。墓穴工程质量极佳，竣工后，28岁的万历皇帝曾在自己的地宫中饮酒欢贺，然后将墓口封闭。朱翊钧是个残暴、荒

---

① 《世界文化遗产——明十三陵》，载《北京日报》，2007年6月6日第18版。

② “宝城”是一道圆形的大墙，用城砖垒起，周长约750米，宝城的垛口，是仿照永陵的做法，全部用花斑石垒砌，清朝破坏明陵时，把这些花斑石毁掉，现在陵院中还可见到零星的花斑石。宝城内土丘即是宝顶，宝顶下面为地宫。

③ “明楼”是定陵地面保存最好的建筑，因其通体皆石，斗拱梁枋全由石料雕成，再漆饰彩绘，美观大方不怕火烧。在十三陵中，只有永陵、定陵2陵明楼为石质。明楼内的石碑、碑额篆书“大明”二字，碑身刻“神宗显皇帝之陵”7字；神宗是庙号。历史上，皇帝死去之后，按照习惯要由他的子孙和臣子拟定一个比较好听的文字给予追加封号（称为“谥法”）。朱翊钧的谥号是“范天合道，哲肃敦简，光文章武，安仁止孝，显皇帝”。“显”字是他谥号的简称。

④ 孝端皇后死于万历四十八年（1620年）四月；同年七月朱翊钧驾崩，故二人梓宫同时葬入地宫。孝靖王氏地位低下，因其生之子朱常洛于万历二十九年册立为太子，母以子贵，于万历三十四年晋封为皇贵妃。万历三十九年，王氏皇贵妃病故。按制贵妃不能入地宫，故埋在天寿山东井附近的平冈地。万历帝死后太子继位，本应为其母迁坟安葬，但朱常洛只做了29天皇帝就一命呜呼了。熹宗朱由校继位，年号天启，追封孝靖为皇太后，于万历四十八年十月迁祖母坟附葬定陵地宫。

淫之君，在位48年不问朝政纵饮欢乐，还巧立名目广纳民女，如选“九嫔”、“十俊”等。1956年经过考古发掘（1958年完工），出土了大量珍贵文物，终于揭开了这个明代皇陵地宫之谜。地下宫殿距墓顶27米，总面积1195平方米，全部为石质拱券式结构，殿门均用汉白玉雕成。宫殿共由前、中、后、左、右5个高大、宽敞的殿堂组成，各殿室均有券门，精工雕刻，纹饰精美。前殿是空的，中殿放有3个汉白玉石雕宝座和3盏“长明灯”。左右配殿放有棺床，但没有棺椁。后殿是地宫最大的一个殿，长30.1米，宽9.1米，高9.5米，地面用磨光花斑石砌成。正中铺设安放棺椁的棺床，皇帝居中，左右各一个皇后棺椁，周围放着26只朱漆木箱，内装随葬器物。定陵中出土文物共有4000多件。[①] 1958年成立了定陵博物馆，明楼前庭院两侧辟有定陵出土文物陈列室。南侧为第一陈列室，主要陈列万历皇帝的出土文物（包括复制品），如谥宝、谥册、金冠、玉带、盔甲、刀剑、金银器皿、丝织品等。北侧为第二陈列室，主要陈列孝端、孝靖两位皇后的随葬品。其中，一顶凤冠为十二龙九凤，一顶为六龙三凤；冠上金龙口衔宝珠、饰满朵朵翠云，中心是以宝石缀成的珠花。

“昭陵”是明朝第十三帝穆宗朱载垕（公元1537—1572年）及三位皇后的陵园。昭陵在定陵西约0.5公里处。这里依山傍水，环境优雅，占地面积3.5公顷。昭陵也是按前殿后寝格局修建的，前面是两进方形院落，长187.5米，宽95米；后面因地势修为纵向椭圆形的宝城，周长约440米。中轴线上的建筑从前至后依次有神功圣德碑亭、石桥、陵恩门、陵恩殿、棂星门、石五供、明楼、宝顶等。陵恩殿前两侧对称地建有配殿和神帛炉。宝顶下面是玄宫（即地下宫殿）。目前昭陵的陵恩殿是“明昭陵秋祭复原陈列”处；西配殿有“昭陵帝后简介”；东配殿有“明代皇族墓葬陈列”，大门右边有“明陵珍品展览”。

在陵区南北长达7公里的中轴线上建有宏阔壮观的神道。“神道”是明十三陵的前导部分，由石牌坊、大红门、神功圣德碑亭、石像生、

---

① 《世界文化遗产——明十三陵》，载《北京日报》，2007年6月6日第18版。

龙凤门等一系列墓仪设施组成。高大的石牌坊由白石雕刻而成，矗立在陵区门户大红门前约0.5公里处，它是陵区主神道的起点，此坊建于明嘉靖十九年（公元1540年）。石坊的结构为5间6柱11楼，坊高14米，宽28.86米。夹柱石四面有浮雕，上雕有麒麟、狮子、龙和怪兽，云腾浪涌，神态逼真，门上端额枋上有精美的浮雕。它是我国现存最早、最大的石坊建筑。走过大红门迎面是一座红墙黄瓦的“神功圣德碑”碑亭，四面辟门，中间有一只体积近20立方米、重约50吨的巨龟，背负6.5米高的青石丰碑，碑亭四隅各有一汉白玉华表。石牌坊往北依次是大红门、碑楼、龙凤门，碑亭北边千米神路两侧，排列着造型生动、刻工精巧的立体石雕，共有石像生18对，自南向北排列顺序是：雄狮、獬豹、骆驼、象、麒麟和马，均为两卧两立，其后则是恭立着的12尊武臣、文臣、勋臣，它们为神道增添了威严的气氛。[①] 过了石像生就到了龙凤门（又名“棂星门”）。有3个门洞、6根门柱均为石质，3门额坊中央都有石雕火珠（故又称“火焰牌坊”）。

“银山塔林”位于昌平县城北30公里处，是“全国重点文物保护单位”，也是十三陵的重要文物景点。银山因秋去冬来瑞雪纷飞，山岩银装素裹，冰雪层积而得名。又因山崖陡峭，岩壁色黑如铁称为“铁壁”（合称“铁壁银山”）。铁壁银山为明清时期“燕平八景”之一。其山峦分布为前、中、后三峰。其中，中峰“独出云霄”最高，海拔为726.81米。山前建有寺院、古塔等，唐朝时银山之前已建有寺院，相传唐宪宗元和年间（公元806—820年），名僧邓隐峰曾在此山修行。辽代寿昌年间（公元1095—1101年），满公禅师又在此山创建了“宝岩寺”，其后通理、通园、寂照三位禅师先后在此说法修行。金代天会年间（公元1123—1135年），云门宗名僧佛觉大禅师海慧（？—1145年）来到此山，于天会三年（公元1125年）重建庙宇，寺有殿宇三重，名“大延圣寺”。此后殿宇丹墀之间先后建有埋葬金代名僧舍利的密檐式砖塔5座。其中，中为国佛觉大禅师塔，左前为晦

① 《世界文化遗产——明十三陵》，载《北京日报》，2007年6月6日第18版。

堂国佛觉大禅师塔、左后为虚静禅师实公灵塔；右前为懿行大师塔，右后为圆能大禅师善公灵塔，初步形成了一个与寺院建筑融为一体、布局相对集中的塔林区域。元朝及其以后，银山一带的寺院建筑又不断增加和改建。譬如，明宣德四年（公元1429年）四月，司设监太监吴亮出资重修大延圣寺，正统二年（公元1437年）二月竣工，同年明英宗朱祁镇钦赐寺额“法华禅寺”。当时的法华禅寺有殿5座，山门、禅堂、方丈斋厨大小建筑完整配套，成为银山一带主寺，周围还有许多小寺院，时称72庵。此后因遭兵燹，且年深岁久风雨摧残，寺院建筑残损严重。成化二十年（公元1484年）二月至五月间，神宫监太监余文同募缘僧人福清、福瑞、如山等人再次组织修缮，不仅中轴线上的殿堂全部修葺坚固，且左伽蓝堂、右祖师堂，以及廊庑、僧房等也全部修饰一新。清朝康熙十三年（公元1674年），法华禅寺再度修缮。银山所存其他寺庙建筑，按光绪《昌平州志》记载，还有铁壁寺、弥勒院、碧峰庵、逊峰庵、松棚庵等数处。金、元、明、清4代银山一带，所建其他僧人墓塔数量也很多，形制大多为覆钵式喇嘛塔。这些形体各异、大小不一的僧人墓塔，有的分布在法华寺院内，有的分布在银山山麓其他地方，形成了规模庞大的塔林区，素有“银山宝塔数不清”之说。1941年侵华日军进犯八路军北平根据地，法华禅寺及附近寺庙全部被拆毁。此后，寺庙及古塔不断受到自然及人为破坏。1997年8月21日，北京市人民政府公布“银山宝塔”为第二批市级文物保护单位。1982年2月8日，国务院公布“八达岭—十三陵风景名胜区”为第一批“国家级重点风景名胜保护区”，银山为其中景区之一，面积为17平方公里。1988年1月13日“银山塔林”由国务院公布为“全国重点文物保护单位”。1992年9月十三陵特区办事处为保护文物，组织了银山塔林修缮、法华禅寺遗址清理保护和景区的开发建设工程。1993年8月塔林修缮和寺庙遗址保护竣工。

1958年，在毛泽东的主持下修建了“十三陵水库”。十三陵水库位于北京昌平区境内，在十三陵盆地的东南，距北京城区40公里。十三陵水库是1958年初开始修建的，当年6月30日建成。水库面积是颐和园昆明湖的20倍，总蓄水量为6000多万立方米。水库大坝建在蟒山和汉包山之间，为斜墙式，总长627米，高29米，底宽179米，顶宽7.5米。大坝外侧的斜坡上有毛泽东亲笔题写的“十三陵水库”5个大字，用汉白玉石块镶砌于紫色的安山岩护坡上，十分壮观。大坝顶端修筑了美丽而具有古典建筑风格的游廊。大坝两头有游船码头，为游客乘船提供方便。1984年北京市政府将延庆县白河堡水库的水引来十三陵水库，使十三陵水库重振雄姿。补水工程完工后水面宽阔如初，水质清澈碧绿。特别是中日合资在水库“孤山”修建北京九龙游乐园后，中外游人来此观光，旅游更是络绎不绝。

二

十三陵风景名胜区是受联合国教科文组织保护的世界文化遗产。2001年底经国务院批准，明十三陵申报世界文化遗产的文本，由国家文物局提交联合国世界文化遗产评定中心。明十三陵符合世界文化遗产的第Ⅰ、Ⅱ、Ⅲ、Ⅳ、Ⅵ等项标准，2003年7月3日于法国巴黎召开的联合国教科文组织第27届世界遗产大会通过审议投票决定：北京明十三陵和南京明孝陵共同作为“明清皇家陵寝”的扩展项目正式列入《世界文化遗产名录》。明十三陵的陵寝制度承前启后，在明清皇家陵寝和中国古代帝陵制度史上占有重要地位。它是中国古代劳动人民巧夺天工的利用山川、河流、原野等自然环境因素进行科学规划、设计而成的建筑杰作。世界遗产委员会对北京明十三陵的评价是：“明清皇家陵寝依照风水理论，精心选址，将数量众多的建筑物巧妙地安置于地下。它是人类改变自然的产物，体现了传统的建筑和装饰思想，阐释了封建中国持续五百余年的世界观与权力观。”① 世界文化遗产是国际社会对一个国家的民族文化、历史遗址或者自然资源授予的最高奖赏，是全人类的宝贵财富，是大自然留给人类的共同遗产。我们有责任将它保护好、管理好、开发利用好，让它焕发出中华民族夺目的

① 《中国世界遗产年鉴》编纂委员会编：《中国世界遗产年鉴2004》，184页，北京，中华书局，2004。

光辉，为人类社会做出更大的贡献。

必须依法保护十三陵风景名胜区。为了确保十三陵的管理有法可依，2002 年 7 月 16 日北京市人民政府第 50 次常务会议审议通过了《北京市明十三陵保护管理办法》，明令自 2002 年 9 月 1 日起施行。该办法规定，本办法适用于本市昌平区行政区域内东起蟒山，西至虎峪山，南起石牌坊，北至灰岭口范围内明十三陵保护区的保护管理工作。保护区划分为保护范围和建设控制地带。保护范围、建设控制地带具体范围的划定和调整，由市文物行政主管部门会同市规划行政主管部门提出，经市人民政府核定并公布。《管理办法》第 4 ~ 6 条规定："明十三陵的保护管理应当坚持有效保护、合理利用的原则。""区政府负责制定明十三陵的保护规划，依据市人民政府核定公布的明十三陵保护范围和建设控制地带的边界，设立界限标志。任何单位和个人不得擅自移动、拆除、损毁界限标志。""任何单位和个人不得改变文物原状，不得损毁、改建、拆除文物建筑及其附属物；在保护范围内不得进行其他建设工程，不得在建筑物内及其附近存放易燃、易爆及其他危及文物安全的物品。在建设控制地带内使用土地和进行建设，必须符合国家和本市有关文物保护和规划的要求，依法进行。对保护区内现有的不符合规划或者影响明十三陵文物和环境风貌的非文物建筑、构筑物，区政府应当依法制定整治搬迁方案，分期组织实施。"《北京市明三十陵保护管理办法》还规定，任何单位和个人都应当严格履行环境保护义务。在保护区内不得建设或者批准建设污染环境的项目；污染物排放不得超过国家和本市规定的标准，未经处理达标的污水不得排放；开展旅游活动、进行垃圾处置和设置停车设施等，应当符合生态旅游管理规范的要求。保护区内的山地绿化应当以松、柏等乔木为主。对古树名木和风景林木，应当依法加强保护管理；严禁砍伐古树名木，不得擅自更新、采伐风景林木。在保护范围内不得设立广告。在建设控制地带内严格限制设立广告，禁止设立大型商业广告；设立其他广告的，应当符合市政管理行政主管部门会同规划、文物等行政主管部门制定并公布的广告设置规划。设置的广告和文物、导游等标志标牌的色调、体量、造型等应当符合设计要求，不得破坏文物和环境风貌。在保护区内不得进行开矿采石、挖砂取土、掘坑填塘、捕猎野生动物、修建公墓等破坏地形地貌、生态环境的活动；所建电力、通讯、农田水利、种植、养殖等设施，不得危及文物安全，影响环境风貌。一切单位和个人都有保护明十三陵文物和环境风貌的义务。任何单位和个人都有权对破坏明十三陵文物和环境风貌的行为予以制止和举报。对明十三陵保护管理负有职责的有关部门及其工作人员，应当恪尽职守，做好明十三陵的保护管理工作。对玩忽职守、滥用职权致使发生危及文物安全、影响环境风貌后果的，由其上级主管部门或者所在单位依法追究单位负责人和直接责任人员的行政责任；构成犯罪的，依法追究刑事责任。譬如，2003 年 7 月 28 日十三陵特区城管队员在特区范围内巡查，行至裕陵东侧百米之内的山头时，发现一夜之间盖起了 4 间红砖房，房高 3 米有余，房顶呈金字塔形，远远望去好似又一座“明皇陵寝”。裕陵是明朝第六位皇帝朱祁镇和皇后钱氏、周氏的合葬陵墓，建于公元 1464 年，是被列为世界文化遗产的明十三陵的重要组成部分之一。此举触犯了《北京市明十三陵保护管理办法》，十三陵特区城管队依法责令当事人立即拆除新改的违章建筑，并予以罚款处理。①

---

① 参见 陈红梅：《明皇陵旁一夜盖起四间房》，载《北京日报》，2003 年 9 月 4 日第 7 版。

北京周口店“北京猿人”遗址文化景观

一

北京周口店“北京猿人”遗址是一处古人类文化遗址，位于北京市西南约50公里处的房山周口店镇西1公里的龙骨山上，地处东经115°51′，北纬39°41′，属于太行山脉与华北平原的接壤地，是世界上发现直立人化石、用火遗迹和原始遗存最丰富的古人类遗址。山上的石灰岩洞穴是“北京猿人”和“山顶洞人”的故居，并且首次发现北京猿人的一个完整的头盖骨。[①] 周口店北京猿人遗址的英文名称为：Peking Man Site at Zhoukoudian。龙骨山是北京周口店一个不大的小山，此山因盛产中药材“龙骨”，故称“龙骨山”。周口店第一地点又称“猿人洞”，1921年开始发掘，1929年12月2日中国古生物学家裴文中先生，首次在龙骨山猿人洞（东西长约140米的天然洞穴）中，发现一具原始人类牙齿、骨骼和一块完整的头盖骨，这是20世纪中国人发现的最为完整、距今50多万年的古猿人头盖骨。这一发现成为当时“震惊中外考古学界的一个爆炸性新闻”[②]。与此同时，裴文中先生还找到了这些古猿人生活、狩猎及使用火的遗迹，证实50多万年以前北京地区就已经有人类活动。这一发现和研究结果，奠定了这一遗址在

---

① 参见张武冰、晋淑兰主编：《新编实用中国地图册》，11页，北京，中国地图出版社，2006。

② 段宝林、江溶主编：《山水中国》（北京卷下），10页，北京，北京大学出版社，2005。

全世界古人类学研究中特殊的、不可替代的地位。当该洞穴被确定为首次发现古代人类遗存后，“龙骨山猿人洞”就被称之为“周口店第一地点”[①]。1936年贾兰坡先生又先后在猿人洞发现3个古猿人的头盖骨，并有完整和比较完整的面骨、下颌骨、牙齿、残破的大腿骨、残胫骨、上臂骨、锁骨和腕骨等。这些发现，使“从猿到人”的进化理论有了更充分、更新的证据。为躲避风雨和野兽的侵袭，北京猿人选择在周口店地区定居，是因为龙骨山猿人洞地势较佳，石灰岩易于被水溶解，形成许多洞穴和裂隙，能够为他们提供良好的居住条件。北京猿人前额低平，额向后倾，眉脊粗壮，颧骨高突，嘴巴前伸。脑壳比现代人厚1倍，达9.7毫米，平均脑量达1088毫升（现代人脑量为1400毫升），相当于现代人平均数的80%。[②] 根据考古分析，他们已经能够直立行走、制造工具、进行劳动、有了语言。他们因为在北京地区被发现，头部残留猿类特征，既像猿，又像人，所以，考古学上将其定名为“北京猿人”（又称“北京人”）。北京周口店“北京猿人遗址”现在已成为研究人类学起源的重要科学基地。

山顶洞人文化遗址是1930年为寻找猿人洞穴的边界时发现的。山顶洞在距离周口店龙骨山猿人洞100多米远的山顶上，洞口高4米，下宽约5米。洞穴内分上下室，上室指洞南部的东半部，下室为洞的西半部。在洞中发现3具完整的头盖骨化石以及其他人体部位的化石多件，是迄今为止我国旧石器时代晚期人类化石最多的遗址，1933年至1934年对其进行了发掘，并且被命名为“山顶洞人”。1941年以前，“北京人”化石出土后，一直保存在美国人开设的北京协和医院底层的保险柜内，供瑞典人类学家魏敦瑞作学术研究之用。1941年，由于日美关系紧张，出于安全考虑，有关方面决定将这批国宝运往美国保存。是年11月，魏敦瑞等人，将5个北京人头盖骨以及其他化石共147块，装在两个木箱内送往美国大使馆，由美国海军陆战队将它

---

① 《中国文化遗产年鉴》编辑委员会：《中国文化遗产年鉴2006》，65页，北京，文物出版社，2006。

② 参见李振湘：《世界遗产中国行》，82页，北京，民族出版社，2004。

们护送到纽约美国自然博物馆。12 月 5 日，运载化石的专列从北京开往秦皇岛，准备于 12 月 8 日搭乘美国哈里逊总统号邮船赴美。没有想到就在这时日军偷袭珍珠港，太平洋战争爆发，专列在秦皇岛被日军截获，从此 5 个距今 50 多万年的北京猿人头盖骨神秘失踪，至今下落不明。[①] 龙骨山上的天然洞穴是北京猿人的栖息之所，这里是人类文明的一大宝库。"山顶洞人"比"古猿人"进步很多，他们懂得吃熟食及人工取火，也知道缝制兽皮衣服，学会打孔技术，能够把贝壳、兽牙等做成项链来美化自己。所发现的残碎骨骸，代表了 7 个不同的个体，其中有 3 个完整的头盖骨；这 3 个人是有意埋葬的，入葬时在死者身上还撒下了红色的赤铁矿粉末。新中国成立后，很快就恢复了因日本侵华战争而中断了 12 年之久的发掘工作，开辟了新的发掘地点。1966 年，在同一地点又发现了两片 50 多万年前古猿人额骨和一片枕骨，它们属于同一个人体，这是人们知道下落的唯一的北京猿人头盖骨。有关资料表明，"华北族群"就是起源于"山顶洞人"。

新洞人遗址的发现将人类演化的历史向前推进了约 40 万年。1973 年，在周口店猿人洞南 100 米处的周口店第 4 地点，又新发现了一处古人类遗址即"新洞人遗址"，表明北京人的延续和发展。此次考古"新洞人遗址"的发现，正好填补了"北京猿人"至"山顶洞人"两者之间一段历史的空白期。洞内发现牙齿一颗、石器和大量动物化石，并有多具古人遗骸以及他们用过的"骨针"、"项链"等。所有这些，足以表明他们已经会缝制兽皮衣御寒，可以制作简单的手工艺品了。同时，还发现"新洞人"的牙齿化石比猿人的更短，这是由于多吃熟食之故。但他们的牙齿却比"山顶洞人"的大且牙根长，形象也更接近现代人。通过对这些考古资料的研究，证明北京猿人距今约 69 万年，其创造出颇具特色的旧石器文化，对中国华北地区旧石器文化的发展产生深远的影响。"北京人"用火灰烬层的发现，"在当时被称之为'古人类历史中最有意义、最动人的发现'，成为 20 世纪古人类学

---

① 参见段宝林、江溶主编：《山水中国》（北京卷下），10 页，北京，北京大学出版社，2005。

界最重要的事件之一。它将人类演化的历史记录，在欧洲尼安德特人的基础上向前推进了约 40 万年。”①

周口店北京人遗址是世界上迄今为止，人类化石材料最丰富、最生动、植物化石门类最齐全，而又研究最深入的古人类遗址。龙骨山上共发掘出 8 个古人类文化遗址，有 118 种动物化石以及 10 多万件石器。其中，“北京猿人”化石共出土头盖骨 6 具、头骨碎片 12 件、下颌骨 15 件、牙齿 157 枚及断裂的股骨、胫骨等，分属 40 多个男女老幼个体；发现 10 万件石器材料及用火的灰烬遗址和烧石、烧骨等。②此外，还发现了距今 1000 万年以来的鱼类、兽类、鸟类化石，成为研究地质环境、气候变迁、生物演化的天然博物馆。据推算，北京人身高为 156 厘米（男）、150 厘米（女）。北京人属石器时代，加工石器的方法主要为“锤击法”，其次为“砸击法”，偶尔也发现“砧击法”；北京人还是最早使用火的古人类，并且能够捕猎大型动物。北京人的寿命较短，据统计，68.2% 死于 14 岁前，超过 50 岁的不足 4.5%。周口店猿人化石及其大量珍贵文物的发现，为研究人类的起源与发展，提供了极其宝贵的科学依据，打破了当时流行的“热带才是人类故乡”的说法。在世界范围内，尤其是东亚地区，直立人和智能人演化与生存模式在很大程度上是在周口店“北京人”遗址的基础上建立起来的。同时，周口店“北京人遗址”还是我国北方的一处第四纪标准剖面，在地层划分对比、生物演化与环境变迁方面蕴藏着巨大的信息资源。③

---

① 段宝林、江溶主编：《山水中国》（北京卷下），12～13 页，北京，北京大学出版社，2005。

② 参见《中国文化遗产年鉴》编辑委员会：《中国文化遗产年鉴 2006》，65 页，北京，文物出版社，2006。

③ 参见《中国世界遗产年鉴》编纂委员会编：《中国世界遗产年鉴 2004》，136 页，北京，中华书局，2004。

二

周口店北京猿人遗址是全国重点文物保护单位。周口店“北京猿人”遗址是世界闻名的古人类遗址，从1929年起到目前为止，已编到第25个地点，多数都在周口店附近。周口店北京猿人遗址的发现，为研究人类起源和发展提供了宝贵的科学依据；把北京的文明史从3000多年上推到60多万年，是首都人民引以自豪的人类文明发祥史圣地。经过国务院批准，1953年9月21日开始，在周口店建立“北京猿人博物馆”，开始称之为“中国猿人陈列室”，馆舍建筑面积不足300平方米。1971年进行修缮和扩大，面积增加到1000平方米，并且更名为“北京猿人展览馆”。1994年起再次更名为“周口店遗址博物馆”，遗址保护范围为2平方公里。2002年8月16日北京市人民政府和中国科学院签署协议，将其管理权移交给北京市人民政府，中国科学院负责遗址的科学研究工作。根据编制委员会的批准，成立了“周口店北京人遗址博物馆、周口店北京人遗址管理处”两块牌子一个单位的管理机构。①“北京猿人博物馆”是亚洲最大的古人类遗址研究中心和教育中心，是龙的子孙寻根问祖、了解历史变迁的必到地之一。“北京猿人博物馆”共开辟了7个展室：第一室陈列“北京猿人”的化石和他们制作的石器以及用火的证据等。第二室陈列“山顶洞人”的化石和他们制作的石器、骨针、装饰品以及动物化石。第三室陈列我国其他地方发现的人类化石以及世界有代表性的森林古猿、南方古猿、爪哇猿人、尼安德特人和克曾马努人的化石模型。第四室介绍“北京猿人遗址”的地质情况。第五、六室陈列周口店其他地方发现的脊椎动物化石以及鱼化石拼砌成的鱼壁等。第七室陈列与“北京人”共生的动物群化石，还计划在这里成立“古人类文化遗址公园”，在较大的

---

① 参见《中国世界遗产年鉴》编纂委员会编：《中国世界遗产年鉴2004》，136页，北京，中华书局，2004。

范围内模拟几十万年前的自然环境与生态条件，制作古人类和动物形象。该馆馆藏文物有3000余件，主要为遗址考古发现的成果。然而，陈列馆中的人类化石不是原件，均为模型，其仿真程度相当高。但陈列馆内的动物化石、灰烬都是地地道道的真品，举世罕见。除了科学研究的目的外，这些化石、标本还具有独特的美学价值。展出的动物化石，如鹿角、犀牛等头骨都非常美丽，受到艺术爱好者的青睐。1966年出土的北京人头盖骨，此前一直保存在特别文物库内，只有少数人见过真品。为了纪念周口店遗址博物馆建馆50周年，2003年4月30日，这一珍贵文物从特别文物库启程前往周口店北京猿人遗址，房山区使用警力监控，并且制定了一套完整的保卫措施，确保这些珍贵文物的保存和展出安全。9月21日上午10时，这个古猿人的额骨从中国科学院古脊椎动物和古人类研究所运回周口店，这是这个头盖骨在1966年被发现37年后重回周口店，第一次公开展出（展出至10月7日），这次展出不含与此额骨属同一个体的枕骨。周口店“北京猿人”遗址现已成为研究人类学起源的重要科学基地，1961年3月4日周口店“北京猿人”遗址被列为“全国第一批重点文物保护单位”；1986年被评为“北京新十六景”之一；1992年被评为“北京旅游世界之最”；“亚运会圣火”和“七运会文明之火”都是从这里采集火种的。1992年周口店“北京猿人”遗址又成为“北京市青少年教育基地”，1997年列入“全国百家爱国主义教育示范基地”之一。

周口店猿人遗址是受联合国教科文组织保护的世界文化遗产。周口店北京猿人遗址，是世界上迄今为止人类化石材料最丰富、最生动、植物化石门类最齐全、研究最深入的古人类遗址。根据世界文化遗产遴选标准C（III）（VI），联合国教科文组织世界遗产委员会于1987年12月11日，批准周口店“北京猿人”遗址为世界文化遗产，入选《世界遗产名录》（编号：200－006）。世界遗产委员会对周口店北京猿人遗址的总体评价是：“周口店‘北京猿人’遗址位于北京西南48公里处，遗址的科学考察工作仍然在进行中。到目前为止，科学家已经发现了中国猿人属‘北京人’的遗迹，他们大约生活在中更新世时代，同时发现的还有各种各样的生活物品以及可以追溯到公元前18 000年到11 000年的新人类的遗迹。周口店北京猿人遗址不仅是有关远古时期亚洲大陆人类社会的一个罕见的历史证据，而且也阐明了人类进化的进程。”① 为了有效地保护和管理好周口店“北京猿人”遗址这份世界遗产，在文物古迹保护方面采取了如下措施：（1）依法保护和管理遗址。距遗址发掘年代已经近一个世纪，部分地层本身的风化和断裂较为严重，遗址内有6个地点共19处存在着不同程度的安全隐患，上级领导和管理部门对此极为重视。专家学者们对隐患的各个地点进行了多次勘查，并且制定了抢险方案，进一步进行抢险加固。（2）贯彻执行“保护为主、抢救第一、合理利用、加强管理”的文物工作方针。（3）2003年12月2—3日组织召开了“周口店北京猿人遗址”保护与研究专家论坛。根据北京市规划院的规划编制和研究，遗址地区概念性保护和研究利用的规划思路已经形成，按照“整体保护、科学整修、合理利用”的原则，准备在遗址核心区外建设一座12 000平方米的博物馆，改造外围环境影响区。（4）2003年11月8日中科院古脊椎所同号文博士、联合国教科文组织世界遗产处董为博士同法国电力公司、法国桥梁研究中心的人员对遗址进行遗址物理测探，勘察表明遗址核心区内还蕴藏着丰富的文化遗物。②

依法保护周口店北京猿人遗址文化景观。1989年2月1日重新修正并颁布的《北京市周口店北京猿人遗址保护管理办法》明确规定：本办法适用于周口店北京猿人遗址（以下简称遗址）的保护范围和建设控制地带（以下分别简称保护范围、控制地带）。保护范围和控制地带的界限标志，由房山区人民政府在市文物事业管理局（以下简称市文物局）指导下设立（第2条）。“市文物局主管遗址的文物保护工作，监督实施本办法。房山区人民政府依照本办法的规定，全面负责

① 《中国文化遗产年鉴》编辑委员会：《中国文化遗产年鉴2006》，65页，北京，文物出版社，2006。

② 《中国世界遗产年鉴》编纂委员会编：《中国世界遗产年鉴2004》，137～138页，北京，中华书局，2004。

遗址保护的管理和监督。区文化文物局（以下简称区文物局）在市文物局的指导和区政府的领导下，负责日常管理监督工作。市、区城市规划、环境保护、公安、矿产、林业、工商等行政管理机关和当地乡政府，应配合文物行政管理机关做好遗址保护管理工作。”（第3条）“中国科学院古脊椎动物与古人类研究所周口店北京猿人遗址管理处（以下简称遗址管理处），是遗址的使用管理单位，应依照文物保护的法律、法规和本办法的规定以及文物行政管理机关的要求，做好遗址的保护工作，对违反本办法的行为予以制止，并及时报告文物行政管理机关。保护范围和控制地带内的任何单位和个人都有保护遗址的义务，都必须遵守本办法的规定。”（第4条）“保护范围内的古文化遗迹，应由遗址管理处设立保护标志，严加保护，防止破坏；遗址出土的古脊椎动物与古人类化石及其他文物，应妥善保管，严防损毁和丢失。在保护范围内进行考古发掘，须经市文物局核报国家文物行政管理机关批准，由指定的专业考古单位进行。保护范围内，必须维护地形地貌，维护和合理改善生态环境。保护范围内的建设，应符合遗址环境风貌；建设工程，除居住在保护范围内的农民自建住房，经区文物局同意、区城市规划管理局（以下简称区规划局）批准外，必须经市文物局、市城市规划管理局（以下简称市规划局）核报市人民政府和国家文物行政管理机关批准。在保护范围内从事商业、服务业经营活动，应在市文物局指定的区域进行，不得乱设营业摊点。在控制地带内，须按本市的有关规定，在保护地形地貌的前提下，进行绿化。”（第5条）为了有效地保护周口店北京猿人遗址这份世界遗产，北京市房山区还制定了《周口店北京人遗址及周边环境整治方案》和《周口店北京人遗址周边环境建设工程实施方案》，对遗址及周边环境综合整治。初步实施了环境治理的5项工程：（1）建设龙骨山纪念林；（2）建设北京人遗址“后花园”——规划面积10平方公里的黄金峪小流域生态环境综合治理示范区；（3）治理周口河，将25米拓宽到50米，根据落差建设连拱闸15座，并且在堤坝两侧建花坛，种植垂柳，在河岸上形成绿色走廊；（4）改造周口店大街，总拆迁面积21400平方米；（5）及时治理和关闭一批不符合环保要求的“五小”企业，使遗址周边的粉尘污染、空气质量得到极大的改观。①

① 参见《中国世界遗产年鉴》编纂委员会编：《中国世界遗产年鉴2004》，137页，北京，中华书局，2004。

沈阳清代故宫文化景观

一

沈阳故宫原名“盛京宫阙”，后称“奉天行宫”，是清太祖努尔哈赤与清太宗皇太极两代皇帝的宫殿，清世祖福临也在此即位称帝。沈阳地处浑河（古代称“浑水”）之北。我国古代习惯于把“水”的北面称为“阳”，“沈阳”的名字便由此而来。沈阳故宫位于辽宁省沈阳市沈河区沈阳路171号。17世纪20年代中叶，正是明朝与新崛起的女真族（“满族”的前身）激烈争夺东北地区统治权的时期。公元1616年，女真族杰出首领努尔哈赤在今辽宁的老城建立了“大金”（史称“后金”）政权。公元1621年农历三月，努尔哈赤率八旗兵横扫辽东，不到10天的工夫就攻克了70余座城池，其中包括沈阳和辽阳。打下辽阳之后，老罕王手下的大臣都想回抚顺老家，而胸怀大略的努尔哈赤力排众议，决定从萨尔浒迁居辽阳。后金天命十年（公元1625年），努尔哈赤再次提出迁都沈阳。他认为沈阳是个非常好的战略进攻之地，向西可以进大明，向南可以遇朝鲜，向北可以抵蒙古，退则可以1日回到萨尔浒老家，离开重镇辽阳还可以避开明朝的风头。[1] 于是农历三月初三上午决定出发，下午数十万八旗子弟启程，当晚到达沈阳与辽阳交界的虎皮驿。初四清晨，努尔哈赤越过浑河将

① 参见 隋丽娟：《努尔哈赤为何把皇宫迁到沈阳》，载《辽沈晚报》，2007年6月17日。

“后金”地方政权的首都，由辽阳（史称“东京”）迁到了沈阳。从此，沈阳城就从一个边陲小城发展为一代帝王都城。这次迁都为大清国入主中原奠定了良好基础，也从此确立了沈阳作为东北核心城市的地位。天命十一年（公元 1626 年）八月，后金的第一代汗努尔哈赤故去，由第二代汗皇太极继位。崇德元年（公元 1636 年），皇太极正式称帝，改族名“女真”为“满洲”，改国号“大金”为“清”，改年号为“崇德”。[①] 从此，满族的族名和清王朝的国号便载入史册。清顺治元年（公元 1644 年），清朝入主中原再次迁都北京后，这座皇宫就称作“陪都宫殿”、“留都宫殿”和“皇帝东巡行宫”。

沈阳故宫是中国仅存的最完整的明清皇宫建筑群之一。努尔哈赤进驻沈阳后的第一件事情就是加固明朝城墙，另建造八门，改城内“十”字形大街为“井”字形格局，并且在城北建造罕王宫居住。沈阳故宫设在“井”字形大街的中心，占地 6 万平方米，现有古建筑 114 座 500 余间。[②] 尽管它的规模比占地 72 万平方米的北京故宫要小得多，但它在建筑上有自己的特色和风格。譬如，它结构严谨，不同时期、不同民族特色建筑交错在一起，曲径幽深，一波三折等，沈阳故宫现在是沈阳最重要的游览景观。定都沈阳城之后，亲王们都在城内大肆兴建王府。康熙年间成图的《盛京城阙图》上，记载了当时 11 个亲王的王府，而在当时权倾一时的皇太极等四大贝勒，只有代善的府邸有记载。这是因为在四大贝勒中，除代善和皇太极之外，另外两个贝勒后来都犯下大罪，按照清朝的制度，他们的府邸自然不能记录在案。皇太极的王府没有记载，恰恰说明了故宫就是在他的王府基础上建造的。根据有关专家推测，皇太极登基之后，没有入住努尔哈赤位于城北的罕王宫，而是利用自己的王府修建了皇宫。沈阳故宫建于后金天命十年（明朝天启五年，公元 1625 年），可以说是自“后金”第一代汗努尔哈赤开始修筑，继努尔哈赤死后第二代汗皇太极继续修

---

① 参见中国社会科学院语言研究所词典编辑室编：《现代汉语辞典》（第 5 版），1854 页，北京，商务印书馆，2005。

② 参见小小编著：《中国南方北方游》（北方卷），141 页，北京，中国电影出版社，2005。

建，到清崇德元年（明崇祯九年，公元1636年）建成。沈阳故宫以“崇政殿”为核心，以“大清门”到“清宁宫”为中轴线，按照建筑布局和建造先后可以分为三路，以中路为主体，东、西路为两翼。整座皇宫楼阁林立，殿宇巍峨，雕梁画栋，富丽堂皇。

东路为清太祖努尔哈赤时期建造的“大政殿”与“十王亭”。“大政殿”是沈阳故宫东路的主体建筑和沈阳故宫的代表性建筑，它是满、汉、蒙古、藏多民族文化的融合体。“大政殿”又名“八角殿”，于清崇德元年（公元1636年）定名为“笃功殿”，清康熙时改名为“大政殿”至今。大政殿坐北朝南端居中央，为重檐八角攒尖式木结构，八面出廊，均为“斧头眼”式隔扇门。下面是一个高约1.5米的须弥座台基，绕以雕刻细致的荷花净瓶石栏杆。殿顶铺黄琉璃瓦镶绿剪边，正中相轮火焰珠顶，殿宇八面全由木隔扇门组成。正门前立金龙蟠柱，殿顶为黄琉璃瓦绿剪边。殿前的两根大柱上雕刻着两条蟠龙，气势雄伟。根据史料对沈阳故宫的最早记载，天聪元年（公元1627年）正月初一，皇太极在大政殿举行典礼仪式。按照沈阳的天气推测，大政殿应当在公元1626年10月之前就已经完工。从建筑上看，大政殿也是一个亭子，不过它的体量较大，装饰比较华丽，因此称为“宫殿”。大政殿是用来举行大典，如颁布诏书、宣布军队出征、迎接将士凯旋和皇帝即位等的地方。大政殿前八字形东西排列着10座方亭，俗称“十王亭”。十王亭则是左右翼王和八旗大臣办事的地方。自北而南，东部依次为：左翼王亭、正黄旗亭、正红旗亭、镶蓝旗亭、镶白旗亭；西部依次为：右翼王亭、镶黄旗亭、镶红旗亭、正蓝旗亭、正白旗亭。这组古建筑充分体现了清代八旗制度在宫殿建筑上的反映，这样的建筑格局为历代所仅见。① 另外，从大政殿和十王亭的布局看，“君臣合署办事”于宫廷之内，也是我国宫殿建筑史上一个首例。从史书上看，满族自从有了“八旗军事制度”以后，便逐渐形成了一种固定化的扎营方式，即大汗黄顶帐篷居中，两边各是5个幄（将领的

---

① 参见小小编著：《中国南方北方游》（北方卷），142页，北京，中国电影出版社，2005。

住所）。由此来看，沈阳故宫的大政殿和十王亭的布局，是这种民族风格的延用和定格。这11座亭子，就是11座帐篷的化身，帐篷是可以流动迁移的，而亭子就固定起来了，显示了满族文化发展的一个里程。

中路为清太宗皇太极时期续建的大中阙，包括大清门、崇政殿、凤凰楼以及清宁宫、关睢宫、衍庆宫、启福宫等。中路建筑以崇政殿为主体，南起大清门、北止清宁宫为整个建筑群的中心，分前后三个院落：南端为照壁、东西朝房、奏乐亭；前院有大清门、崇政殿、飞龙阁、翔凤阁；中院有师善斋、协中斋、凤凰楼；后院是以清宁宫为主的五宫建筑。中院和后院两侧各有一跨院（称东宫、西宫）。东宫有颐和殿、介祉宫、敬典阁；西宫有迪光殿、保极宫、继思斋、崇谟阁。“大清门”是沈阳故宫的正门，为5间硬山式建筑，正脊、垂脊及两山的“墀头”均以五彩琉璃镶造。大清门是满朝文武群臣候朝之处，也是清太宗接受群臣谢恩之处。明朝著名将领洪承畴降清后，就是从此门进入受到皇太极的接见。大清门东侧的建筑叫“祖庙”，祖庙是爱新觉罗家族祭祀祖先的地方，因是天子的祖庙也称“太庙”。“盛京太庙”是在明代三官庙的旧址上修建的。努尔哈赤在尚未迁都沈阳之前，三官庙就已经是明代沈阳很有名的一座道观。“三官庙”供奉的是天官、地官、水官，是一座道教的寺观。传说天官赐福，地官赦罪，水官解厄。人们对“三官”顶礼膜拜，祈求风调雨顺、国泰民安。正因为如此，努尔哈赤、皇太极在修建盛京皇宫时，没有因为它处于宫廷区而将之拆迁，而是完好地将之保留于原地。皇太极时期还曾传谕，挑选道士到庙内焚香修炼，使这里成为城中最为显赫的寺院之一。三官庙位于皇宫之内，但又不属于宫殿建筑，这种特殊地位，使其成为清入关前一些重要历史事件的发生地。“崇政殿”俗称“金銮殿”，是沈阳故宫的正殿，它是清初朝会之所，也是皇太极指挥作战、统一东北与南下征明的大本营。① 崇政殿于后金天聪年间（公元

① 参见小小编著：《中国南方北方游》（北方卷），141页，北京，中国电影出版社，2005。

1627 —1635 年）建成，整座大殿全是木结构，为五间九檩硬山式，俱辟隔扇门，前后有出廊，围以石雕栏杆，正中铺有石雕“二龙戏珠”。殿身的廊柱是方形的，廊柱下有吐水的螭首，顶盖黄琉璃瓦镶绿剪边，殿内梁架全部为和玺彩绘。内设贴金雕龙扇面大屏风和宝座，两侧有熏炉、香亭、烛台。殿柱是圆形的，两柱间用一条雕刻的整龙连接，龙头探出檐外，龙尾直入殿中，实用与装饰完美地结合为一体，从而增加了殿宇的帝王气魄。这里是皇太极当年日常临朝的地方，他还常在此接见外国使臣和边疆少数民族首领以及明朝的重要文武降官。清崇德元年（公元 1636 年），“金”改国号为“大清”的大典，就是在这里举行的。殿前有大月台，东设日晷，西有嘉量亭。崇政殿后面有一个院落，从左右翼门进去，东有师善斋、日华楼，西有协中斋、绮霞楼，均为硬山布瓦顶。北面是一个 4 米高的青砖高台，有砖砌台阶可供上下。高台正南的“凤凰楼”（原名“翔凤楼”），是皇太极的御书房。凤凰楼建于后金天聪年间（公元 1627 —1635 年），纵深和面阔各 3 间，入关之后这里曾存放玉玺、帝王像及行乐图。凤凰楼建造在 4 米高的青砖台基上，三滴水歇山式围廊，顶铺黄琉璃瓦，镶绿剪边，也是当时沈阳城内最高的建筑。凤凰楼上藏有乾隆御笔亲题的“紫气东来”匾。“凤楼晓日”被誉为“沈阳八景”之一。正北面的“清宁宫”俗称“正宫”，坐北朝南，面阔 5 间，东间暖阁内是当年皇太极与皇后的寝宫，至今仍保留着龙床。清宁宫的两侧有东、西配宫。东配宫有关雎宫、永福宫，西配宫有麟趾宫、衍庆宫。永福宫是顺治帝福临的生母、才智过人的庄妃的寝宫。崇德三年（公元 1638 年）正月三十，顺治皇帝便出生在永福宫内。麟趾宫、永福宫在乾隆年间换匾，互换了名称。在崇政殿和高台两侧各有一组建筑，东侧的建筑主要有颐和殿、介祉宫、敬典阁；西侧的建筑主要有迪光殿、保极宫、继思斋、崇谟阁。

西路建筑为清入关后续建，系乾隆四十七年至四十八年（公元 1782—1783 年）增建的一组古建筑。“文溯阁”是西路建筑的主体，辅助建筑有仰熙斋、嘉荫堂、戏台、校马场等。文溯阁建于公元 1782 年，是专为贮存清代收藏的《四库全书》所建成的全国七阁之一，为三重檐硬山前后出廊式建筑，黑琉璃瓦绿剪边。梁枋间彩绘“白马献书”图案，面阔6间，内部三层，外观为两层重檐硬山式，前后有出廊。阁顶铺黑琉璃瓦镶绿剪边。文溯阁的建筑形式是仿明代宁波大藏书家范钦所营建的“天一阁”的式样而造的，整个建筑给人一种闲静、安适的感觉。文溯阁东侧有一碑亭，内立乾隆亲撰的《御制文溯阁记》石碑（正面）和《宋孝宗论》石碑（背面），碑文详细地记录了建阁经过和《四库全书》的收藏情况。

二

沈阳故宫是受联合国教科文组织保护的世界文化遗产。沈阳故宫以其独具特色的宫殿建筑和珍贵的明清历史文物享誉中华、蜚声世界。沈阳故宫博物院不仅以古代宫殿建筑群，而且以丰富的珍贵收藏而著称于海内外。现有文物藏品2万余件，其中，一级文物100余件，二级文物1000余件。故宫内陈列了2200余件旧皇宫遗留下来的宫廷文物，如清代的八旗甲胄、作战用的弓箭、火枪、火炮，其中有努尔哈赤用过的剑、皇太极用过的腰刀和鹿角椅等。沈阳故宫博物院陈列的艺术品也很丰富。譬如，在绘画陈列室里有明、清两代一些大师的作品，如清郑燮、金农，明文征明书画精品，陶瓷、雕刻、织绣、漆器等工艺品。为庆祝沈阳故宫博物院建院80周年，文物专家从馆藏的2万余件文物中评选出十大“镇馆之宝”。这十大镇馆之宝分别是：清太祖努尔哈赤御用宝剑、清太宗皇太极御用腰刀、清太宗皇太极御用鹿角椅、后金天命云板、金代交龙钮大钟、清郎世宁《设色竹荫西狳图轴》、清王翚等人绘制的《设色康熙南巡图卷》、清雍正款青花红龙大盘、清乾隆款嵌珐琅缠枝花卉钵以及清乾隆御笔“紫气东来”金漆赶珠龙纹匾。[①] 沈阳故宫在清朝灭亡后被辟为博物馆，是我国较早的博物馆之一，先后称之为“沈阳古物陈列所”、“奉天故宫博物馆”、

① 参见魏运亨：《沈阳故宫评出十大“镇馆之宝”》，载《人民日报》，2006年10月11日第11版。

“国立沈阳故宫博物院”、“故宫陈列所”等。新中国成立以来，国家和当地政府对沈阳故宫的建筑进行了全面的维修。1955 年命名为“沈阳故宫博物馆”，1986 年改名为“沈阳故宫博物院”。1961 年国务院公布沈阳故宫为“全国重点文物保护单位”。2004 年 7 月 1 日在中国苏州召开的第 28 届世界遗产委员会会议，批准沈阳故宫作为明清皇宫文化遗产扩展项目列入《世界遗产名录》。世界遗产委员会认为，沈阳故宫是中国现存仅次于北京故宫的最完整的皇宫建筑，堪称是关外的紫禁城，在建筑艺术上承袭了中国古代建筑的传统，集汉族、满族、蒙古族建筑艺术为一体，具有很高的历史价值和艺术价值。因此，建立在清入关前宫廷遗址基础之上，具有历史和艺术双重性质的沈阳故宫博物院，以守护者的身份保护着已成为世界文化遗产珍贵载体的清沈阳故宫，其独特的宫殿建筑群和数以万计的宫廷文物，不仅是闻名中外世界文化遗产的重要组成部分，也是沈阳这座历史文化名城的主要标志，更是中华民族的骄傲。

“盛京三陵”也被列入《世界遗产名录》予以保护。沈阳（盛京）不仅是满清王朝的发祥地，还是大清三座祖陵的所在地。（1）“永陵”始建于明神宗万历二十四年（公元 1598 年），位于现辽宁省新宾县，在“盛京三陵”中规模最小。永陵内葬有努尔哈赤的六世祖猛哥帖木儿、曾祖福满、祖父觉昌安、父亲塔克世及伯父礼敦、叔父塔察篇古以及他们的福晋。① （2）“清福陵”是清太祖努尔哈赤和皇后叶赫那拉氏（皇太极生母）的陵墓，由于地处沈阳市东郊又称“东陵”，始建于后金天聪三年（公元 1629 年），顺治八年（公元 1651 年）基本建成。顺治、康熙、乾隆各朝曾多次增建。陵区前临浑河，后倚天柱山。陵园平面长方形，南北长 900 米，东西宽 340 米，占地面积 19 万平方米，四周绕以砖缭墙。南面中部为三楹的正红门，墙上镶嵌琉璃蟠龙；门前两侧分列石狮、石牌坊、石华表和下马碑。门内砖铺参道，两侧对列石刻华表、骆驼、马、狮、虎等。参道尽头利用天然山势修筑出

① 参见曲冠杰、苏雁：《中国新增世界遗产简介》，载《光明日报》，2004 年 7 月 3 日第 2 版。

108 蹬砖阶。[①] 北为石桥，桥北有碑亭一座，重檐歇山式，内立康熙撰文《大清福陵神功圣德碑》。碑亭东、西为茶膳房、涤器房、省牲亭、齐班房等。方城[②]雄踞山上为城堡式，四角设角楼，南墙正中为隆恩门，上建三层檐黄琉璃瓦歇山顶门楼，周围出廊。方城正中为正殿隆恩殿，面阔、进深各 3 间，黄琉璃瓦单檐歇山顶，四周有回廊，前后隔扇门，梁架全部“和玺”式彩绘。殿前东西各有配殿 5 间，西侧有焚帛亭。殿后有石柱门、石五供。方城北面正中为券门，上建有重檐歇山式明楼，内立“太祖高皇帝之陵”石碑。方城后是月牙城，再后为宝城。宝城前壁正中镶琉璃照壁，宝顶下面为地宫。公元 1979—1983 年对福陵进行了大规模的维修，修复了 1962 年被焚毁的大明楼及陵寝等建筑。1988 年国务院公布清福陵为“全国重点文物保护单位”。（3）“清昭陵”是清太宗皇太极和皇后博尔济吉特氏的陵墓，在沈阳市旧城之北故又称“北陵”，它是清代关外三陵中规模最大和保存最完整的一座。始建于清崇德八年（公元 1643 年），竣工于清顺治八年（公元 1651 年），康熙、嘉庆年间后历经改建和增修。[③] 陵寝建筑的平面布局遵循“前朝后寝”的陵寝原则，自南向北由前、中、后三个部分组成，其主体建筑都建在中轴线上，两侧对称排列，仿自明朝皇陵而又具有满族陵寝的特点。陵园为平地建造，南北朝向，平面长方形，南北长 600 米，东西宽 300 米，占地面积 18 万平方米，周围有砖缭墙。主要建筑均在中轴线上，南墙正中为正红门，黄琉璃瓦硬山顶，面阔 3 间；两侧墙上镶嵌琉璃蟠龙。正红门外自南向北依次为下马碑，华表一对，石狮一对，三孔石桥、石牌坊各一座。石牌坊为青石雕造，四柱三楼，单檐歇山式，雕工精细。东西两侧各有一组院落，东为更衣亭，西为宰牲亭。正红门内参道两侧立有华表一对，石

---

① 参见小小编著：《中国南方北方游》（北方卷），143 页，北京，中国电影出版社，2005。

② “方城”是过去盛京城的缩影。据考证，秦始皇陵的内埠和外郭，就是按秦都咸阳的规制建造的。皇陵中的方城是都城的象征，以体现“事死如事生”的规制。

③ 参见小小编著：《中国南方北方游》（北方卷），144 页，北京，中国电影出版社，2005。

兽六对。碑楼在北部正中，内竖“大清昭陵神功圣德碑”。碑楼两侧立有华表，东西两侧建有茶膳、涤器等祭祀用房。陵园后部的主体建筑由方城、月牙城和宝城组成。方城为城堡式，南墙正中辟券门名“隆恩门”，上建三重檐黄琉璃瓦歇山顶门楼。城四角建有角楼，均为重檐十字脊，黄琉璃瓦顶。方城正中为“隆恩殿”，仰覆莲须弥座台基，单檐歇山黄琉璃瓦顶，面阔进深各3间。殿前东西两侧建有配殿和配楼。殿后有石柱门、石五供。方城北面正中为券门，上建歇山式重檐黄琉璃瓦顶明楼，内立“太宗文皇帝之陵”石碑。正因为沈阳留存有大清三座祖陵，故清入主中原后便把沈阳故宫做留都宫殿和皇帝东巡谒陵的盛京行宫。据史料记载，从康熙十年（公元1671年）到道光九年（公元1829年）间，清朝的康熙、乾隆、嘉庆、道光等皇帝先后11次到沈阳东巡祭祖谒陵，每次扈从多达10万之众均驻跸于此，并在此举行盛大庆典。1982年国务院公布清昭陵为“全国重点文物保护单位”。辽宁新宾的永陵、沈阳的福陵和昭陵作为明清皇家陵寝的扩展项目，于2000年列入《世界遗产名录》。

以世界遗产的标准对沈阳故宫实行科学管理。沈阳故宫成为世界遗产后，沈阳博物院适时提出了“站在世界遗产的水平上来管理沈阳故宫”的新理念。按照世界遗产的标准进行管理，主要体现在如下三个方面：（1）把沈阳故宫的建设和管理放在全球性事务的角度来认识和安排；（2）按照国际上或世界遗产组织提出的法律、规则来管理；（3）把国际上世界遗产管理的经验引进到沈阳故宫的管理工作中来。具体地说，沈阳故宫先后实施了多项安防工程，如消防报警及灭火系统工程；对供电设备及线路和所有建筑物内外线路进行普查、改造；完成了古建筑的安装避雷系统工程以及技防系统工程；实现了所有自动监控和消防联动。为了保护沈阳故宫文物古迹的安全，沈阳市公安局还在院内设立了治安办公室，派出5名警官常驻沈阳故宫博物院。文物保护是一项长期的、持续不断的宏观协调和监控过程，不是一次性投资就可以一劳永逸的。因此，沈阳故宫博物院建立了比较完备的遗产保护制度，形成了比较完善的遗产地保护体系。与此同时，还将非物质文化遗产的保护纳入到遗产地的保护体系之中。沈阳故宫的非物质文化遗产主要体现在三个方面：一是沈阳故宫是满族地方政权建立的宫殿，除了其中融入的汉族及中原的建筑理念外，它有许多体现满族民俗文化的东西；二是沈阳故宫的宫廷礼乐制度、礼仪形式，是宫廷文化的活态表现，体现了那一历史时代的文化记忆，特别需要深入研究、传承和保护；三是保护古建筑、古器物、古书画、古籍等物质文化遗产的传统营造术、修复术、揭裱技艺等。沈阳故宫博物院编辑出版了《沈阳故宫博物院院刊》，由中华书局公开出版发行；编辑出版了《沈阳故宫志》、《沈阳故宫研究》、《沈阳故宫博物院》、《沈阳故宫博物院八十年》、《沈阳故宫博物院文物精萃》（绘画卷）等书籍，使建设研究故宫博物院的成果得到巩固和发展。① 同时依法对沈阳故宫、福陵和昭陵实施法制化管理。2003 年 4 月 23 日，沈阳市第十三届人民代表大会常务委员会第二次会议通过了关于《沈阳市故宫、福陵和昭陵保护条例》。条例明确规定市人民政府负责“一宫两陵”的保护工作。市文物行政部门对“一宫两陵”的保护实施监督管理。“一宫两陵”的管理单位分别负责“一宫两陵”的保护、修缮和管理工作。市城建管理、城市规划、环境保护、公安、工商和旅游等有关行政部门在各自的职责范围内，做好“一宫两陵”的保护工作。“一宫两陵”保护工作应当贯彻“保护为主、抢救第一、合理利用、加强管理”的方针。市人民政府将“一宫两陵”保护纳入国民经济和社会发展规划，所需经费列入本级财政预算。对“一宫两陵”进行修缮、保养等文物维修，必须遵守不改变文物原状的原则。在“一宫两陵”保护范围内新建与“一宫两陵”保护有关的建筑物、构筑物，应当报国务院文物行政部门批准。②

---

① 参见韩春艳：《做世界遗产的守护者》，载《中国文物报》，2007 年 5 月 18 日第 8 版。

② 《沈阳市故宫、福陵和昭陵保护条例》，2003 年 4 月 23 日经沈阳市第十三届人民代表大会常务委员会第二次会议通过。

陕西西安古城文化景观

一

陕西西安古城古称“长安城”，是人类文明和中华民族的发祥地之一。西安是陕西省的省会城市、中国历史文化名城和世界性旅游城市。陕西省简称“陕”、“秦”，位居黄河中游，地处内陆腹地，是大西北的门户及连接中国东、中部地区和西北、西南地区的交通枢纽。“新亚欧大陆桥”横贯陕西中部。陕西与山西、河南、湖北、四川、甘肃、宁夏、内蒙古7省、自治区相邻，总面积19万平方公里，省境南北长1000多公里，东西宽约360公里。① 散布在陕西境内的72座帝王陵墓，成为再现昔日经济、社会、文化繁荣的佐证。西安在历史上一直是西北地区和周围省份的商品流通中心和物资集散地，商业贸易在区域经济中占有十分重要的地位。它既是中国西部地区的科技教育中心，拥有众多的研究单位和大专院校；又是中华民族璀璨文化的沉淀，拥有总面积达108平方公里的周、秦、汉、唐四大遗址。早在100万年前的远古时代，“蓝田猿人”就在这里繁衍生息，在距今7000年前的新石器时代，“半坡先民”就已在这里建立部落种植、狩猎，公元前11世纪周朝在此建都沣京，从此揭开了西安作为千年帝都的辉煌历史。到10世纪，先后有周、秦、汉、唐等12个王朝在这里建都兴业，历时1100多年。漫长的历史创造出灿烂的古代文化，有着3100

① 《新编实用中国地图册》，89～90页，北京，中国地图出版社，2006年第4版。

多年都市发展史的西安，与罗马、雅典、开罗并称为世界四大文明古都，[①] 西安的文物古迹完整、系统，数量之多、密度之大、等级之高均居全国之冠，被誉为中国的“天然历史博物馆”。[②] 现已查明的文物古迹有上万处，重点保护文物单位有 250 处。其中，国家级和省级有 84 处，古遗址 98 处，古陵墓 35 处。已出土文物 12 万余件，其中有许多是世界罕见的奇珍异宝。

长安城最初名叫“大兴城”，始建于隋文帝杨坚开皇二年（公元 582 年）。唐王朝夺取天下后定都西安，改“大兴城”为“长安城”，考古界一般称之为“隋唐长安城”。长安城气势恢宏，街市井然布局严整，为我国古代著名都城。它在世界上具有重要的影响，如日本的平城京等，都是仿长安城而建的。长安城号称有三重城墙，最外层郭城平面呈长方形，东西长 9721 米（包括墙厚），南北长 8651 米，总面积约 84 平方公里。内有东西两市与 108 坊[③]。唐朝的皇城位于城内中轴线上，略偏于城北；宫城位于皇城之北，北接北郭城。经唐末五代战乱，长安城内的建筑大部分都被焚毁。唐天祐元年（公元 904 年），由镇守长安的佑国军节度使韩建重筑皇城，采取“去外郭城，重修子城”。因而长安便由过去的“大城”改为“小城”，所修的“子城”即原隋唐时期的皇城，重修后的城池经五代、宋、元一直沿用。明洪武三年（公元 1370 年），朱元璋下诏，以 6 世纪时隋唐皇城墙为基础扩展修建。朱元璋命耿炳文[④]等人重新规划筑城，将子城向东、向北两个方向扩展；至洪武十一年（公元 1378 年），筑城工程才完工，形成了现存的西安古城规模和格局，距今已有 600 多年的历史。

---

① 参见小小编著：《中国南方北方游》（北方卷），199 页，北京，中国电影出版社，2005。

② 见《曲江会展　唱响西部——曲江会展产业三年发展巡礼》，载《西安晚报》，2009 年 1 月 19 日。

③ 冯国、许祖华：《唐长安街遗址岌岌可危》，载《西部时报》，2004 年 9 月 22 日第 3 版。

④ 耿炳文（1334—1403 年），濠州（安徽凤阳）人，中国明朝开国功臣之一，以功封“长兴侯”。

西安古城是我国现存规模最大、保存完整的古代城池建筑。[①] 经过历代修葺，基本上保持着完整的封建社会城垣建筑的面貌，反映了中国古代筑城技术的杰出成就。西安城墙建筑型制宏伟，功能设计周密，矩形城池，南北城垣稍长于东西城垣。城墙呈长方形，墙高 12 米，底宽 18 米，顶宽 15 米，东墙长 2590 米，西墙长 2631.2 米，南墙长 3441.6 米，北墙长 3241 米，总周长为 11.9 公里。[②] 每隔 120 米就有一座 12 米 × 20 米的凸出部（称之为“敌台”），全城共有这种“敌台”98 座；而且在每座敌台上建筑有“屯兵敌楼”1 座，城四隅各建“角楼”1 座。明隆庆二年（公元 1568 年），陕西巡抚张祉一改唐代以来的土城规制，在明初所建西安城外侧和城顶部包砌城砖。清代以来，又对该城墙进行了约 12 次之多的修补。其中，清乾隆四十六年（公元 1781 年），陕西巡抚毕沅整修的工程最大，于城墙顶部先铺填一层黄土、后用两层石灰土夯实，再铺上青砖。同时在城墙内侧增设“流水槽”，形成今日所见的规模。[③] 1982 年西安市城墙管理所实地调查发现，那些古敌楼已经全部毁坏，只残留着部分基石。西安市人民政府随后拨款重建敌楼 12 座，均为砖木结构，歇山顶式，重檐二层楼，底层周边设回廊。城墙的四门外筑有护卫城门的小城（俗称“瓮城”）。“瓮城”意为敌人一旦进入该城犹如瓮中之鳖，无法逃脱。瓮城外还筑有拱卫瓮城的小城（俗称“羊马城”）。古时候大城门的启闭有规定的时间，关闭城门后尚未回城的人，可连同自己牵的羊、赶的马等，一并进入羊马城以及今环城公园地带歇息，等候城门打开后再进城，“羊马城”在清末已全部被毁。护城河外曾有拱卫城门的四个“郭城”。明洪武年间（公元 1368—1398 年）拓宽内城时，东郭小城大部分被包在大城内，留在城外的即为“东郭新城”。明朝的“秦王府城”（简称“王城”）设有两重城墙，外城墙称“萧墙”，全部系黄

---

① 惠焕章等编著：《500 景点游遍陕西》，3 页，西安，陕西旅游出版社，2001。

② 参见田红梅：《楼市盘点之城内皇城正复兴》，载《三秦都市报》，2008 年 1 月 31 日。

③ 参见惠焕章等编著：《500 景点 游遍陕西》，3 ~ 4 页，西安，陕西旅游出版社，2001。

土筑成；内城墙因外砌青砖，故称“砖墙”，明灭后萧墙被毁。清雍正年间（公元1723—1735年）西安城因大修庙宇，秦王府的建筑多被拆除，砖城改为“八旗教场”。明代建筑的西安城全城共有4座城门，即长乐、永宁、安定、安远。大城城门上所建的楼房称“城楼”（也叫“正楼”），是守城指挥官的指挥所。“瓮城”城门洞上所建的楼称为“箭楼”，楼壁辟有箭窗，供射箭防御用。[①] 到民国时期又开辟了4座城门（俗称“小四门”）：中山门（小东门）在东新街东端，是为纪念孙中山修建的；勿幕门（小南门）在今“四府街”南端；玉祥门（小西门）在莲湖路西端，解放后被拆除；解放门（小北门）（原名“中正门”）在解放路北端，当年因陇海路通车到西安而修建，1952年因扩建火车站而拆除。西安在新中国成立后也开辟了一些新的城门，如南墙有建国门、和平门、文昌门、朱雀门、含光门；北墙有尚德门；东墙有朝阳门。1983年西安市开始了建国以来规模最大的文物保护工程，到1997年底累计投资2.27亿元[②]，不仅全面修缮了城墙，填补了大小洞穴1650个，还恢复重建了敌楼、角楼以及南门月城、闸楼、吊桥等名胜古迹，同时对环城河、林、路也进行了全面整治。站在高12米的城头上举目远眺，南边的终南山、北部的渭水河遥遥相望；俯首四顾城内城外，市容尽收眼底。城墙上还陈列有弓弩、滚木、擂石等防卫工具，城下恢复建设吊桥、云梯供人使用和参观。从城墙下到环城河边修建了20多座桥，护城河到城脚之间的环城绿化带，变成了西安最大的绿化公园，茅屋瓦舍，仿古亭廊，诗碑雕塑应有尽有。明代西安城垣曾是一个庞大而精密的军事防御体系，它显示了我国古代劳动人民的聪明才智，也为研究明代的历史、军事和筑城技术提供了不可多得的实物资料。

西安有壮观雄伟的标志性建筑“大雁塔”。古城南郊雁塔路南端的慈恩寺内矗立着古朴、雄伟的大雁塔。它是西安现存最著名的古塔，

---

① 参见周艺文等：《丝绸之路之旅——陕西、甘肃、新疆》，14页，长沙，湖南地图出版社，2001。

② 麦亚军等：《陕西改革开放30年大事记（2002）》（新闻导读），载《陕西日报》，2008年8月3日。

被视为古城的象征和西安市的标志性建筑物，西安市市徽中央所绘制的图案，便是这座气势恢宏的唐代著名古塔。杜甫称它为“高标跨苍穹，烈风无时休”①。“大雁塔”的全称为“慈恩寺大雁塔”，始建于唐永徽三年（公元 652 年）。按照佛教传说，最初佛教有“大乘”与“小乘”两个派系。由于“小乘佛教”不忌荤腥，有一天正是菩萨布施日，一座小乘寺院的和尚却买不到肉下饭。恰在这时天空中一群大雁飞过，一个和尚望着雁群自言自语曰：“今日僧房无肉吃，大慈大悲的菩萨一定不会忘记这是什么日子。”话音未落，领头的大雁便折翅坠地。于是全寺和尚大惊失色，认为这是菩萨显灵的表示。他们就在大雁坠地之处建造石塔并戒绝荤腥，自此由“小乘佛教”改信“大乘佛教”。因此，该佛塔又称“大雁塔”。② 玄奘法师俗姓陈，13 岁从洛阳出家为僧，在国内各地访师问学后，最后决意到佛教发源地印度去探索佛教的精蕴。玄奘于唐贞观三年（公元 629 年）从长安出发，沿着丝绸之路穿越上无飞鸟、下无走兽的戈壁沙漠，西行直至天竺③。贞观十九年（公元 645 年）学成后返回长安，历时 17 年行程 5 万公里，经 100 多个国家和地区，取回佛经 657 部，并在印度获得极高地位备受尊崇。④ 玄奘回国后在唐皇室的支持下，集中各地博学高僧组成规模空前的“佛经译物场”并亲自主持翻译。翻译的佛经无论从质量上还是从数量上，都远远超过前人，共译著佛经 75 部 1335 卷，计 1000 多万字，撰写的《大唐西域记》受到各国学者的重视。⑤ 我国古典名著《西游记》，就是以唐代玄奘西天取经为背景而写成的，但故

---

① （唐）杜甫：《同诸公登慈恩寺塔》。

② 参见陈樱、杜俊岭：《“不倒翁”小雁塔探秘：三裂三合震不倒》，载《华商报》，2007 年 10 月 19 日。

③ “天竺”是中国古代对周边小国印度的称谓之一。中国历史的大部分时期，天竺仅仅作为天朝的一个省份存在。在中国历史上，对印度的最早记载在《史记·大宛传》，当时称为“身毒”。《山海经》记载：“西方有天毒国”。汉书记载“从东南身毒国，可数千里，得蜀贾人市。”《后汉书·西域传》记载“天竺国一名身毒”。唐初统称为天竺。后来玄奘西域取经，根据读音才正名为“印度”。印度既是著名的文明古国，也是佛教的发源地。

④ 肖良：《浅议唐僧形象的演变》，载《十堰职业技术学院学报》，2007（2）；小小编著：《中国南方北方游》（北方卷），199 页，北京，中国电影出版社，2005。

⑤ 参见梁岩：《玄奘翻译观的现代诠释》，载《教育杂志》，2008（29）。

事里的唐僧不全指玄奘，而是一个经过艺术化的文学作品里的人物。唐代名僧玄奘是慈恩寺的第一任住持方丈，相传唐永徽三年（公元652年），著名高僧玄奘大师为安置他从西域带回来的经书、佛像、舍利，奏请高宗允许在慈恩寺西院敕建大雁塔。当年三月动工，玄奘亲自监造一年建成①。大雁塔建成时高60米共5层，砖表土心、光盘梯，后来塔心砖缝草木丛生渐趋颓废。经武则天长安年间（公元701—704年）、唐玄宗天宝年间（公元742—755年）、后唐长兴年间（公元930—933年）几次改造，大雁塔比原先升高了4.5米，还加盖了两层。底层每边长25米，基座为方形，边长45~48米，每层四面均有券门，塔内装有盘旋楼梯。塔底层门楣上均有精美的线刻佛像，尤其是西门楣的“释迦牟尼佛说法图”，传为唐代大画家阎立本的手笔，是研究后代佛教文化和建筑艺术的珍贵资料。塔南门东西两侧的砖龛内，镶嵌有唐太宗李世民撰写的《大唐三藏圣教序》碑以及唐高宗李治撰写的《大唐三藏圣教序记》碑。两碑均在公元653年由唐代著名书法家褚遂良②书写，为唐代碑刻中的精品，既是受国家保护的珍贵书法原刻，也是研究古代书法艺术的重要实物资料。完全可以说，这座仿木结构的楼阁式方形砖塔，造型简洁气势雄伟，具有显著的民族特色和时代风格，是我国佛教建筑中的杰作。

“小雁塔”始建于唐景龙元年（公元707年），坐落在今友谊西路南侧的荐福寺内，著名高僧玄奘从古印度取回的经书就是在这里翻译的。在此后的1300多年间，“小雁塔”已经历过70多次地震，塔身曾三次开裂又三次奇迹般的复合，塔身却并不倾倒。③ 西安从公元前11世纪到公元10世纪左右，先后有13个朝代或政权在西安建都及建立

---

① 惠焕章等编著：《500景点游遍陕西》，13页，西安，陕西旅游出版社，2001。

② 褚遂良（公元596—659年），祖籍河南杨翟（今河南禹州），晋末南迁为杭州钱塘（今浙江杭州西）人。父褚亮，秦王李世民文学馆十八学士之一，官至通直散骑常侍。他博通文史，贞观十年（公元636年）由秘书郎迁起居郎。精于书法，以善书由魏征推荐给唐太宗，受到赏识。封为河南郡公，世称“褚河南”。

③ 参见小小编著：《中国南方北方游》（北方卷），201页，北京，中国电影出版社，2005。

政权历时1100余年。其中，西周、秦、西汉、唐是西安历史上的鼎盛时期。西安还拥有大量的历史人文景观，如徜徉在千年古都宽阔平直的街道上，可以看到历史悠久的西安古城墙、有石质书库之称的碑林以及大雁塔、小雁塔等西安的标志性建筑。当然，人们的目光更多地关注地下，因为这里有“世界第八大奇迹”秦兵马俑博物馆、中华民族发祥地之一的半坡遗址、反映中国社会从母系到父系氏族变迁的“仰韶文化”和“龙山文化”的遗址。“五百年的历史看北京，五千年的历史看西安”① 确实名不虚传，许多外国元首都把西安作为访华的必到之地。

二

西安有举世闻名的西安府文庙。现在的“西安碑林博物馆”的前身，就是当年的“西安府文庙”。西安府文庙即“孔庙”，始建于北宋崇宁年间（公元1102—1106年），由唐长安国子监旧址移建到这里，历经元、明、清各代，屡屡修葺依然保持着其巍巍雄姿。博物馆门外的南墙上，有两个苍劲有力的镏金大字“孔庙”，它由清末陕西著名书画家刘晖所书。墙根下那几棵古槐据说是唐朝末年所植，距今已有一千多年的历史，被称为“太庙古槐”。② 在明成化年间（公元1465—1487年），西安府辖的长安和咸宁二县的学府，相继迁移至文庙两侧，遂有一庙（孔庙）三学（咸宁学、府学、长安学）之称，“三学街”的称谓，也就从此一直延续下来。这里现已成为西安古文化艺术的聚集地之一，文房四宝、文物古玩应有尽有。据说天下孔庙都无正门，孔庙无论大小，整体建筑格局统统是坐北朝南，从来不开南门，而开义路（东门）和礼门（西门）。全国所有孔庙都把塞门、泮门及棂星门、戟门、大成殿对称地排在一条中轴线上，因为孔子的

---

① 张凤苗：《万世基业　裕泽寰宇——访云南省潮汕总商会会长、万裕集团董事局主席袁汉源先生》，载《商界名家》，2007（8）。

② 参见程德鲁：《走进西安碑林》，载《湄洲日报》，2001年9月26日。

地位在各个朝代都是至高无上的，若开南门便认为是极大的不敬。[①]从文庙的“戟门”到“大成殿路”两侧，总共建有7座碑亭，亭亭形状相同。这些碑亭全部建于清朝的各代，因为康熙、乾隆等朝都曾出动大军与西北地区的分裂割据势力作战，每平定一个地方，皇帝就亲书“庆功碑”一座竖立在这里。由于是皇帝的御碑，所以按等级规定每个碑都加盖“碑亭”。这些亭子在两侧是对称的，唯前院有一单列，原因是建到这里时清王朝灭亡了。孔庙里还建有一座奇特的“木牌坊”，它用12根红木柱支撑，三层棋形斗檐式木质结构拔地而起，上面彩绘花纹图案和二龙戏珠，在明代称之为“太和元气坊”[②]。“天下孔庙有泮池”[③]，古代称学校为“泮宫”，到清代学子中举称“入泮”。在封建社会只有考上秀才的人，方可进入孔庙朝拜并在“泮池”洗笔。“棂星门”是孔庙的第二道门，“棂星门”始建于元代。东门额刻有“德配天地”，西门额刻有“道冠古今”。清代把棂星门由二门改为三门，中门上方题书“文庙”二字。西安文庙里的一对华表均为八棱形石柱，通高445厘米，周长163厘米，是较为引人注目的一景。“戟门”位于棂星门以北，属于明代后多次翻建的古建筑物，它是古代孔庙作陈列兵器用的，两侧室则为祭孔人员熟悉仪规和整理衣冠而设的便房。孔庙的东西庑指正房对面和两侧的小屋子，是孔庙里不可缺少的建筑之一，它是为祭祀孔子的“七十二弟子”而设立的。大成殿是孔庙的正殿。“大成”取自《孟子·万章章句下》“孔子之谓大成，集大成者也”[④]，意思是孔子之知无不尽，而德无不全也。“犹作乐者，集众乐之小成，而为一大成也!”[⑤] 故称此殿为“大成殿”。大成殿始建于宋代，修建于明代。“魁星”是中国神话传说中的“二十八宿”之一，主宰文章兴衰俗称“魁星”。一般应试得第一名者为“魁首”

---

① 资料源自《西安碑林导游词》。

② “太和元气坊”建于明万历二十年（公元1592年），取“合会大利，利贞万物”之意。“天子之学有辟雍，诸侯之学有泮宫”，泮水桥为古时学宫之桥。

③ 见《西安碑林凤凰涅盘》，载《西安日报》2007年9月3日。

④ （南宋）朱熹：《孟子集注》卷十，九章。

⑤ （南宋）朱熹：《孟子集注》卷十，九章。

或称“魁甲”，民间通常称之为“状元”。旧时孔庙或学府中都修建魁星楼，以祭扫“魁星”祈求功名顺利。西安文庙的“魁星楼”，建于明万历四十七年（公元 1619 年），原楼于清末民初因失修而塌毁。1986 年党和人民政府依据历史资料，按照原楼大小、高度及形体重建了魁星楼。由于该楼建在城墙上，因而显得更加高大雄伟。

西安有举世闻名的西安碑林。“西安碑林”收藏有汉至清代碑志 3000 余方、陈列珍品 1200 多件，包括众多价值不菲的历朝历代古籍、书画、拓片、祭孔礼器 304 件，文房墨宝 76 件，印章 547 件，壁画摹本 221 件，罕见拓本 1075 件，文庙祭器 14 件等。① 现辟有 7 个陈列室、6 个游廊和 1 个碑亭。“碑林”融政治、历史、文化和书法艺术于一体，有巨大的历史价值和艺术价值。《辞海》在解释“碑林”一词时，释意为专指“西安碑林”。因为宋代以前的纸质书法作品，基本上都没有传承下来，却通过碑林保存下来了大量的宋以前的书法作品。所以“西安碑林”之所以闻名于世，就因为它是在保存唐代石经的基础上发展起来的。“唐代石经”包括唐玄宗李隆基书写的《石台孝经》和唐文宗李昂等人书写的《开成石经》等。碑林的创始人是北宋龙图阁学士吕大忠②，他亲自主持设计，基本形成了以《石台孝经》、《开成石经》为主体的碑林陈列格局。碑林的奠基人当推唐代的韩建③，是他把遗弃于郊野的“唐石经”，第一次迁移到尚书省之隅（今西安市西大街社会路）；还有五代的尹玉明多次把石经迁入城内，为碑林的建立奠定了坚实的基础。金元时期的任佐捐钱筹划碑林整修工程；明代金石学家费甲铸为防止碑林拓印受损，摹刻充实碑林。民国政府

---

① 见《西安碑林凤凰涅槃》，载《西安日报》，2007 年 9 月 3 日；周艺文等：《丝绸之路之旅——陕西、甘肃、新疆》，11 页，长沙，湖南地图出版社，2001。

② 程颐称：“吕进伯可爱，老而好学，理会直是到底。”皇祐进士，初为陕西华阴县尉，后任山西晋城县令。升秘书丞，兼任定国军的军事判官。迁河北转运判官、陕西转运副使，官至宝文阁直学士，元祐二年（公元 1087 年），任陕西运转副使期间，将《石台孝经》、《开成石经》及碑石移至西安碑林。晚年与章敦等不合，徙知同州（今陕西大荔县）。又降待制，后致仕，不久卒。著有《辋川集》五卷及《奏议》十卷。

③ 韩建（公元 855—912 年），字佐时，河南许昌人。唐末割据军阀，以勤政爱民流名后世。

监察院院长于右任捐给碑林《汉熹平石经残石》，使碑林第一次有了汉代碑石，且这方碑石是目前发现的体积最大、字数最多的珍品。[①]西安碑林广场有一座红柱、绿栏、双飞檐的碑亭，亭子上有林则徐题写的“碑林”二字。[②]亭内竖立着唐玄宗的《石台孝经》碑，它是由唐玄宗李隆基亲自作序、注释并书写，于唐玄宗李隆基天宝四年（公元745年）镌刻而成的御碑。整座碑由高590厘米、宽120厘米的4石结体而成；碑冠、碑身、碑座共用35块巨石组合。碑文用隶书书写，字体雍容爽朗，端庄大方，极具观赏、临摹和研究的价值。碑冠上雕刻神龙，碑座上线刻双狮和卷草纹饰的三层石台垒起，显得庄重魁伟、气度不凡。据说当年碑刻好后，李齐古把拓本呈给唐玄宗过目，唐玄宗又添上了“孝者，德之本”[③]几个大字。当人们走进西安碑林第一室，就会有一种进入巨大石质书库的感觉，因为这里陈列着我国目前仅存的一套最完整的“十三经”刻石。在印刷技术不发达的唐代，为避免仕子们在学习时传抄的错误并能永久保存，特刻石经为范本，立于长安城务本坊国子监大学内。由于这套石刻经书刻于唐开成二年（公元837年），所以又称《开成石经》。其内容包括《周易》、《尚书》、《诗经》、《周礼》、《礼仪》、《礼记》、《左传》、《公羊传》、《穀梁传》、《孝经》、《论语》、《尔雅》、《孟子》13部经书。前12经一共刻成114石、228面；每石高216厘米，宽83～99厘米不等，共65.0252万字。[④]如第215—222石的《论语》，是孔子的弟子们记载孔子言行的一部专集共分20篇，包括孔子关于政治、教育、文学等方面

---

① 资料源自《西安碑林导游词》。

② 新华社，央视国际2006年2月17日16：54。新华社西安2月17日专电（秦子）西安碑林博物馆《石台孝经》碑亭匾额上的“碑林”二字，相传是林则徐书写，一直没有确凿的证据，成为一段历史之谜。西安碑林博物馆一工作人员近日透露，“碑林”二字确为林则徐书写已找到根据。

③ “孝者，德之本”源自《孝经》。过去有人说是孔子自作，但南宋时已有人怀疑是出于后人附会。清代纪昀在《四库全书总目》中指出，该书是孔子“七十子之徒之遗言”，成书于秦汉之际。自西汉至魏晋南北朝，注解者及百家。现在流行的版本是唐玄宗李隆基注，宋代邢邴疏。全书共分18章。

④ 参见小小编著：《中国南方北方游》（北方卷），203页，北京，中国电影出版社，2005。

的言论，由孔子的再传弟子编辑于战国时期，是研究孔子和初期儒家学说的珍贵资料。因而说它是世界上最重、最大的一部石书是一点也不过分的。第二室存放着几块刻有外国文字的碑石，其中最著名的就是《大秦景教流行中国碑》。该碑高279厘米，宽99厘米，共32行，每行62字。“大秦”是中国古代对罗马帝国的泛称，“景教”是基督教中斯脱里派的中国称呼。景教在唐贞观九年（公元635年）传到长安，此碑立于唐建中二年（公元781年），它是由景教僧景净述事、吕秀岩书写的。① 如果说西安碑林是中国古代书法艺术的百花园，那么颜真卿的书法则是一朵争奇斗艳的奇葩。颜真卿是盛唐时期的著名书法家，官至平原太守、太子太师等职，为唐朝名垂千古的忠烈大臣，人称“颜平原”。他一生为人刚毅正直，屡遭权奸陷害与排斥，最后为维护唐朝统一以身殉国，被尊称为“颜鲁公”。颜真卿擅长楷书和行草，他博采众家之长、独创自己风格的书法艺术，把民间酝酿已久的书法革新推向了高潮。他一生留下来的书法作品有70多种，在西安碑林这座书法艺术的殿堂里，陈列的颜真卿真迹有6处。如《多宝塔感应碑》，就是颜真卿44岁时为“千福寺”和尚楚金一书写的墓碑；还有挥洒自如的《颜氏家庙碑》、劲挺豁达的《争座位稿帖刻石》均在第二室。浑厚雄健的《臧怀恪碑》、气势磅礴的《郭家庙碑》、丰润饱满的《颜勤礼碑》均在第三室。在西安碑林博物馆的第二室里还有两通《大唐三藏圣教序碑》，一通是唐代大书法家褚遂良的手笔（在大雁塔上还有两通碑：一通是《雁塔圣教序碑》；另一通为《雁塔圣教序记碑》），传说唐太宗李世民令褚遂良当场书写《大唐三藏圣教序碑》和《大唐三藏圣教序记碑》。事后褚遂良感到在皇帝面前书写碑文时过于拘谨，现场发挥得不够理想，便又重写了一通《大唐三藏圣教序碑》，世称《同州三藏圣教序碑》。另一通《大唐三藏圣教序碑》是王羲之的墨迹。据说唐太宗酷爱王羲之书法，曾下令由国库出重金购买王羲之真迹，经他珍藏的王羲之墨宝有2200余件。所以，历史上

① 参见惠焕章等编著：《500景点游遍陕西》，6页，西安，陕西旅游出版社，2001。

曾有唐太宗骗取《兰亭集序》陪葬昭陵的故事。[1] 碑林还汇聚了自汉至清历代名家手笔、真草隶篆，琳琅满目。除了上述颜真卿、褚遂良的碑刻外，久负盛名的还有李斯的《峄山碑》、李阳冰的《三坟记碑》等篆书碑；有汉代的《曹全碑》、史维则的《大智禅师碑》等隶书碑；有智永、张旭、怀素等写的草书《千字文》；有欧阳询的《皇甫诞碑》、柳公权的《玄秘塔碑》、宋赵佶的《大观圣作之碑》（瘦金体）和清代翻刻的《宋淳化秘阁贴》等，[2] 可以说这些都是稀有珍品。

三

西安有中国佛教法相宗的祖庭。“慈恩寺”初名“无漏寺”，位于西安古城南郊，始建于隋开皇九年（公元589年）。唐贞观二十二年（公元648年），皇太子李治为死去的母亲文德皇后追荐冥福而扩建为大慈恩寺。[3] 后来高宗敕玄奘由“弘福寺”移居慈恩寺，为其上座并主持翻经院翻译佛经。唐永徽三年（公元652年），玄奘奏请高宗皇帝，于慈恩寺院内建贮存佛经的大雁塔。慈恩寺附近环绕曲江池、杏园和乐游园，风景秀丽迷人。由于慈恩寺是皇家主持建造的寺院，因而具有其他寺院望尘莫及的显赫地位和宏大规模。这座寺院当年由13座庭院组成，面积达340亩，是现存慈恩寺院面积的7倍，且建筑富丽堂皇，装饰华丽富贵。寺院山门前有一对威武的石狮子把门。一般外域传入我国的东西通常是先传入实物，而后才根据实物创作其艺术品。狮子落户我国，却例外地先传入狮子石刻艺术品，而后才有真狮子的出现。狮子是在东汉年间由波斯引入我国的，石狮子则是与佛教同时在两汉之际自印度传入我国的。据说狮子有“护法避邪”的作用，佛教认为“佛为人中狮子”[4]。所以，佛台前常刻有狮子或摆放狮

---

① 参见《唐太宗与〈兰亭集序〉传奇》（三），载《新商报》，2006年4月9日。

② 参见小小编著：《中国南方北方游》（北方卷），203页，北京，中国电影出版社，2005。

③ 参见惠焕章等编著：《500景点游遍陕西》，12页，西安，陕西旅游出版社，2001。

④《大智度论》（七）：“佛为人中狮子，佛所坐处若床，若地，皆名狮子座。”

子，故称“护法狮子”。慈恩寺大门口有4尊石狮对称地雄踞左右，里边靠近大门的两尊不清楚雕造于何年何时。东侧是雄狮在戏弄脚下绣球，西侧是雌狮脚边有一对小狮子称为“母子狮”。靠外边的两尊狮子，东侧一尊是清乾隆五十年（公元1785年）雕造的作品，西侧一尊是民国十九年（公元1930年）雕造的。这两对石狮高度在1.7米以上，每尊重量至少在250公斤以上。慈恩寺院里有两座小楼，东边的钟楼里悬挂有明代嘉靖年间铸造的重15吨的一口大铁钟，西边鼓楼里存放有一面大鼓。一般寺庙都有大雄宝殿，慈恩寺的大雄宝殿位于寺院中心高台上，初建于明天顺二年（公元1458年）至成化二年（公元1466年），清光绪十三年（公元1887年）进行过大修。大殿上面的三座塑像是释迦牟尼“三身像”，中间的叫“法身像”，西边的叫“报身像”，东边的叫“应身像”。“三身佛”东侧立有释迦牟尼的十大弟子之一迦叶；西侧立有其堂弟阿难，两侧则是十八罗汉和玄奘塑像。大雄宝殿后是藏经楼，存有《藏文大藏经》等重要经典。楼下的讲堂为佛教徒讲经说法之处，供奉着高1米多的阿弥陀佛铜像一尊。殿内珍藏玄奘亲手供奉的佛座一件，还有唐代的“青响石四大天王像座”一块。此石为蓝田玉山所产青石，敲之锵锵有声，清脆悦耳。

西安有天下稀世珍宝“景云钟”。人们通常所说的“晨钟暮鼓”，并不是“晨击钟、暮击鼓”，而是指早晨先鸣钟、次击鼓，晚上则先击鼓后鸣钟。“晨钟暮鼓”的称谓，最早出自北周（公元557—581年）庾信的“戍楼鸣夕鼓，山寺响晨钟”的诗句。① 在隋唐时期，每逢举行大型庆典必先敲钟击鼓，钟鼓长鸣是喜庆、欢乐与吉祥的象征。但击鼓鸣钟最主要的作用，还是古人作计时之用。唐代李咸有就在《山中》曰：“朝钟暮鼓不到耳，明月孤云长挂情。”② 后来用“晨钟暮鼓”形容僧尼的孤寂生活，也指时日推移循环不已，对人及时的警

---

① （南北朝）庾信：《陪驾幸终南山和宇文月史》。庾信（公元513—581年），字子山，南阳新野人，历南朝梁武帝至隋文帝初。15岁受诏入东宫，19岁成为抄撰学士，67岁庾信托病辞官。滕王曾为其编《庾开府集》12卷。后人又陆续为之辑集，随辑随亡，早期的宫廷诗大多亡遗。

② 赵争耀：《游古城　晨钟暮鼓为您伴奏》，载《三秦都市报》，2007年4月21日。

戒。如陆游《短歌行》："百年鼎鼎世共悲，晨钟暮鼓无休时。"① 古人划一昼夜为十二时辰，分别以地支序之，每个时辰相当于现在的两个小时。以圭表或铜壶测得时辰后击鼓报时，以便让民众知晓。但鼓声传的范围有限，齐武帝永明年间（公元483—493年），为使宫中都能听见报时声，便在景阳楼内悬一口大铜钟，改为只在晚上击鼓报时。为了使钟声传播更远，除了铜钟越铸越大之外，还从制高点上建造较高的钟楼，与鼓楼相对朝来击钟，夜来击鼓。西安的"景云钟"铸于唐景云二年（公元711年），故称"景云钟"，也叫"景龙观钟"。此钟高2.47米，重约6吨，耗用青铜5000多公斤，是我国古代最大的铜钟之一。② 它由25块铜模铸成，只要稍走近一点仍然能够看出铜铸弥合的痕迹。景云钟钟身分上、中、下3段，每段分为3格，除下段中格有铭文外，其余均饰以各种不同的动物和飞天，造型生动而形象。32枚钟乳像一颗颗明亮的星星，均匀地分布于钟身的每一个地方，据说它们具有装饰钟表面和调节音韵的作用。钟上铭文共18行292个字，由唐睿宗李旦本人撰写，主要记载了道教的神秘玄妙和对景云钟的赞语，同时也谈到此钟的铸造经过；唐睿宗李旦铸钟的目的，是为了纪念他的哥哥李显。李显和李旦是唐高宗李治和武则天的三子、四子，这两人都做过短时间的皇帝。唐代兴建的那座钟楼早已毁于战火之中，现在的钟楼位于西安市中心，面积约1924平方米，以它为中心辐射出东、南、西、北四条大街，并分别与明城墙东、南、西、北四门相接，这就是西安人引以为自豪的"钟楼"。它是我国古代遗留下来诸多钟楼中形制最大、保存最完整的一座。③ 钟楼始建于明洪武十七年（公元1384年），原址在今广济街口与鼓楼对峙。④ 明神宗万历十年（公元1582年），由巡安御使龚贤主持将钟楼整体迁移于现址；

---

① （唐）陆游：《短歌行》。原文为："百年鼎鼎世共悲，晨钟暮鼓无休时。碧桃红杏易零落，翠眉玉颊多别离。涉江采菱风败意，登楼侍月云为祟。功名常畏谤谗兴，富贵每同衰病至。人生可叹十八九，自古危机无妙手。正令插翮上青云，不如得钱即沽酒。"

② 参见吴杰：《景云钟》，载《西部大开发》，2008（3）。

③ 参见惠焕章等编著：《500景点游遍陕西》，1页，西安，陕西旅游出版社，2001。

④ 参见李麦柱：《粮票上的中华古楼》，载《中国商报》，2008年2月15日。

清乾隆五年（公元1740年）重修。[①] 钟楼的设计构造，体现了我国古代人民的高超智慧。外部的重檐三滴水歇山顶式，不只是增加了建筑形制的美观，而且缓和了雨水顺檐下落时对建筑的冲击力。四角攒尖的楼顶按对角线构筑四条垂脊，从檐角到楼顶逐渐收缩使得金顶稳重庄严。楼上琉璃瓦的板瓦之间扣以筒瓦，以铜质瓦钉固定，更使建筑稳固结实，成为浑然一体的建筑艺术珍品。钟楼呈典型明代建筑艺术风格，重檐斗拱，攒顶高耸，屋檐微翘，华丽庄严。这座正方形砖木结构建筑物，自地面至楼顶高36米，由基座、楼身和楼顶三部分组成。楼深、广各5间，四周有回廊共7间，内有楼梯可盘旋而上。[②] 基座每边长35.5米，高8.6米，全部用青砖砌成，四面正中各有高度均为6米的十字交叉券洞，过去它是东、南、西、北四条大街交会的通道，人流车辆从券洞通过。随着城市建设规模的日益扩展，券洞已无法适应交通流量的需要，便在钟楼周围另辟圆形环道。这座古钟1953年移到碑林博物馆收藏之后，于1964年参加了在日本举办的世界名钟展，被选入“世界名钟”之列。每年除夕，中央人民广播电台播出的第一声钟响，即是景云钟钟声的录音；西安电报大楼的方形大钟报时的钟声，也是景云钟的录音。钟鼓楼和景云钟一并成为“全国重点文物保护单位”。

西安有驰名中外的唐代宫廷浴池华清池。“华清池”建在唐“华清宫”的故址之上，东距西安30公里，以温泉和风景秀丽著称。相传周幽王曾在此建“骊宫”，秦始皇以石筑室名“神女汤泉”。汉武帝时扩建为“离宫”，到唐代又对它进行过大规模的扩建，特别是唐天宝年间（公元742—755年），修建的宫殿楼阁更为豪华，将“温泉”发展为“池”，将该池置于宫室之中并题名为“华清池”。骊山温泉千古涌流，不羸不虚始终保持恒温43摄氏度，内含多种矿物质宜于沐浴疗

---

① 参见小小编著：《中国南方北方游》（北方卷），201页，北京，中国电影出版社，2005。

② 综合报道：《古城西安又闻“晨钟暮鼓”》，载《西部开发报》2004年5月13日，第10版。

疾，在唐代是帝王妃嫔游宴的行宫。[①] 徜徉莲花汤、海棠汤、星辰汤、尚食汤等遗址之间，使人不禁遥想当年杨贵妃“回头一笑百媚生，六宫粉黛无颜色”[②] 的娇媚。华清池大门内的湖中央有一尊杨贵妃的雕塑，她脱下外装半披浴纱，足踩暖滑的骊山温泉水正准备沐浴。据有关资料记载，这座雕塑高3.3米，重达5吨。杨贵妃原名杨玉环，出生在陕西华阴，后随父入川。父亲死后，她到了河南，受到了都市陶冶、学会了优雅的言语举止，17岁便长得如花似玉、美若天仙。公元735年她被唐玄宗册封为其子寿王李瑁的妃子，天宝三年（公元744年）入宫，得玄宗宠爱，次年杨玉环被册封为“贵妃”，从此唐玄宗对杨贵妃的宠爱成为千古绝唱，甚至两人终日厮守置其他嫔妃于不顾。册封第二年扩建“温泉宫”时，唐玄宗专为杨贵妃建筑了“海棠宫”。在杨贵妃36岁生日时，唐玄宗为她举行了盛大的宴会进行祝寿，仅乐工就有120名，满朝文武百官都呼“娘娘千岁万福”。“后宫佳丽三千人，三千宠爱在一身。”[③]“安史之乱”唐玄宗偕杨贵妃逃至马嵬坡前，由于将士相逼，玄宗不得不赐死杨贵妃，其时杨贵妃38岁。据有关史料记载，在天宝年间（公元742—756年）的14年，唐玄宗偕杨贵妃驾临华清宫达43次之多，可见华清池的出名与唐玄宗、杨贵妃的“长恨歌”有千丝万缕的关系。

西安有驰名中外的唐代华清宫。“华清宫”的正门叫“津阳门”俗称“东门”，房檐下悬挂着由郭沫若书写的“华清池”金字匾额。作为皇室别宫的唐“华清宫”是和骊山秀岭合为一体的，其规模远比现在的华清池要大得多。现在的华清池是1959年国庆10周年前夕，以唐华清宫为蓝本并根据华清池所处地域的具体条件设计修建的，占地85 560平方米，仅是唐华清宫面积的十分之一。[④] 郭沫若在游华清

---

① 惠焕章等编著：《500景点游遍陕西》，56页，西安，陕西旅游出版社，2001。

② （唐）白居易：《长恨歌》。

③ （唐）白居易：《长恨歌》。

④ 参见小小编著：《中国南方北方游》（北方卷），209页，北京，中国电影出版社，2005。

池诗中写道："华清池水色青苍，此目规模越盛唐"①，指的就是这新建的核心部分。唐华清宫背靠骊山，面向渭水，倚骊峰山势构筑，规模宏大，建筑壮丽，楼台馆殿，遍布骊山上下。正如白居易在诗中所说："高高骊山上有宫，朱楼紫殿三四重。"② 它的范围南至骊山西乡岭第一峰，北到老县城的北十字，东至石瓮谷，西到铁路疗养院西侧的牡丹沟。唐华清宫充分利用有利地形，构筑成一个庞大的宫殿建筑群，主要殿舍以温泉构成华清宫的核心，然后向山上山下展开，布设了各类不同的楼阁亭榭，栽植青松翠柏，娇娆万分好似人间天堂。可惜的是唐华清宫随"安史之乱"渐遭破坏，自宋至明清原有建筑已荡然无存，只残留下一些遗址。唐玄宗和杨贵妃视"华清宫"为"第二帝宫"，亭亭玉立在湖岸四周的那一片飞檐翘角、红墙绿瓦的唐式建筑，就是唐玄宗和杨贵妃的爱巢寝殿"飞霜殿"。唐玄宗每年十月至年底都偕杨贵妃沐浴华清池，他们就住在这座充满神秘色彩的飞霜殿中。这里红柱挺立，回廊环绕，雕梁画栋，富丽堂皇，东、西两座殿即"沉香"、"宜春"，主次井然错落有致，再加上门前石龙盘阶、石狮和石牛相衬，更显现出皇家的气派。华清宫的浴池东西长 3.6 米，南北宽 2.9 米，池壁由青石拼砌而成。这种青石磨时称墨石，最大优点是既美观且有防滑的作用。浴池分为上下两层的台式结构。上层可扶、可坐，共由 18 组券石组成。整个浴池既体现了对称、协调、平衡的传统美学思想，又符合人体的生理特点。汉白玉雕刻的莲花底座上接有莲花喷头，下边接通陶水管与泉水总源相通。水从莲花喷头喷出，飞珠走玉、水雾漫起。怪不得白居易在《长恨歌》里说："待儿扶起娇无力，始是新承恩泽时。"③ "莲花池"东西长 10.6 米，南北宽 6 米。如果说"海棠池"和"莲花池"有什么区别的话，那就是后者比前者大两倍以上。"莲花池"有两个进水孔并安有双莲花座，比贵妃池多一个。还有一个不同的地方就是，池岸周围有双排石础，这些双

---

① 见《华清池导游词》。
② （唐）白居易：《骊宫高》，《新乐府辞九》。
③ （唐）白居易：《长恨歌》。

孔、双座、双排当是有“并蒂莲”的寓意，正应了唐玄宗和杨贵妃“在天愿作比翼鸟，在地愿为连理枝”① 的誓言。“星辰汤”是供唐太宗李世民和之后几个皇帝沐浴的汤池，比“贵妃池”要早一百多年。“星辰汤”离水源最近，水质最好，水流量最大，而且没有管道，水直接涌进汤池。在西南角有一座小殿宇名叫“尚食汤”，是供皇帝近臣及为嫔妃服务的尚食局官员沐浴用的池子，面积约30平方米，南北有对称的两个台阶。这个池子在民国时期冯玉祥将军还曾维修过，供老百姓使用，是使用时间最久的一个池子。在南北两排殿宇的空旷处，夹有一个石栏围成的浴池遗址，是用青石铺砌的长方形喷池，规格虽小但结构精雅，是专供太子沐浴的场所。

① （唐）白居易：《长恨歌》。

陕西秦始皇陵及兵马俑文化景观

一

春秋战国时陕西为秦国属地，宋初置陕西路，元设陕西行省，清为陕西省。现地域面积19万多平方公里，人口3642万。[①] 陕西是中华民族发祥地之一，秦亡后项羽三分秦地，所以又称之为“三秦”。“秦中自古帝王州”，公元前28世纪左右，黄帝、炎帝就曾在陕西活动过。自周开始，又有秦、西汉、西晋、前赵、前秦、后秦、西魏、北周、隋、唐等13个王朝在陕西建都，时间长达1180年。此外还有刘玄、赤眉、黄巢、李自成4个农民起义领袖，在这里建立政权计11年，赫连夏在定边、长安建都24年，可以说陕西是中国历史上建都时间最长的省份。陕西省会西安古称长安，是闻名世界的历史文化都城，它与希腊的雅典、意大利的罗马、埃及的开罗并称为“世界四大文明古都”。因此，西安被誉为我国6大古都之首。汉唐时期，长安就是世界著名的大都市，是举世闻名的古丝绸之路的起点，也是当时中国政治、经济和文化中心以及世界上最大、最繁华的国际城市。西安1928年设市，现市辖区内人口510万。[②] 公元前259年嬴政就诞生在这里，他是秦庄襄王的儿子，13岁时因其父去世而继承王位。按照秦国的惯例，

---

① 参见张武冰、亚淑兰主编：《新编实用中国地图册》，89页，北京，中国地图出版社，2006。

② 同①，91页。

国王在22岁举行“加冕礼”以后，才可以亲自执政。从公元前230—前221年，秦灭6国终于完成统一大业，建立第一个中央集权的封建国家，为封建社会经济、政治、思想文化的迅速发展奠定了基础。嬴政执政后称自己为“始皇帝”。

秦始皇为自己营造巨大而豪华的陵墓。君王之墓最早称之为“陵”的始于春秋战国。“陵”原来指山陵。从战国中期起因推崇皇权，把君王的陵墓造得“高大如山”，于是开始称君王的坟墓为“陵”。譬如，《史记·赵世家》记载：赵肃侯十五年（公元前335年）起“寿陵”。即人还健在就开始修造陵墓，这陵墓就是“寿陵”。据说赵肃侯“陵”，是我国古代君王坟墓称“陵”之始，也是为活着的君主建造“寿陵”的最早记录。①“秦陵”是秦始皇死后的居住地。秦始皇自13岁刚即位起，就同历代帝王一样思考为自己修建“寿陵”。“陵邑制度”是从秦始皇陵开始的。在《后汉书·东平宪王苍传》中就有记载：“园邑之兴，始自强秦。”在《史记·秦始皇本纪》中，也有关于秦始皇十六年（公元215年）“置丽邑”及“徙三万家丽邑”的明确记载。“丽邑”是专为秦始皇设立的，它位于秦始皇陵园北侧2.5公里的刘家村东，占地面积250平方米。在陵园建神道、立石刻也同样始于秦始皇陵。如西汉茂陵霍去病墓前就有石刻，应当说是沿用了秦始皇陵的做法。②

秦始皇陵是历代帝王陵墓中最高的一个。秦始皇陵始建于公元246年，由丞相李斯设计，大将章邯监工修建，至嬴政50岁驾崩，陵墓仍没有建成，到秦二世时继续修造。直到秦始皇帝死后的第二年（公元208年），因农民起义风起云涌才草草收工。其间共修建了38年，筑陵使用壮丁最多时竟达72万人，约占当时全国男劳动力总量的1/8。秦始皇陵及兵马俑坑地处东经109°、北纬34°，坐落在距西安市约35公里的临潼县城东，南倚骊山，北临渭水，气势宏伟，占地面积

① 参见《中国世界遗产年鉴》编纂委员会编：《中国世界遗产年鉴2004》，133页，北京，中华书局，2004。

② 同①，134页。

达56.25平方公里。[①] 秦陵最初高120多米，后来经两千多年的风雨及人为破坏，已经降低了许多，现存土堆尚存47米高。秦始皇陵园外城周围长6321米，南北长2188米，东西宽578米。目前在秦始皇陵园内，共发现“陪葬坑”、“陪葬墓”达600多处，[②] 其中，面积在100~14 000平方米的大型陪葬坑就有24座。[③] 这些陪葬坑、陪葬墓都是严格按照一定规格，即按照“事死如事生”的礼制建造的。秦始皇的骊山陵寝如同一座庞大的地下宫殿，墓室屋顶有天文星宿图，地面是由各种闪耀生辉的珠宝构成的，下边还有五岳、九州以及由机械驱动水银构成的江河湖海，设有让文武百官朝拜秦始皇的大厅。为防止盗墓，每座墓门上都安有自动发射的弓箭。整个陵墓就是一座金碧辉煌、固若金汤的地下王宫。秦始皇把生前所享受的一切搬到了地下，供他在另一个世界继续享用。他连那些为他伴驾并不曾生育的宫女以及辛勤修建地下陵寝的工匠们都不放过，下令在他入陵寝时将这些人统统活埋，为的是不让宫女外嫁他人，不让陵寝内的秘密外泄。陵墓是整个秦始皇陵园的核心，由封土和地宫两部分组成。限于科学技术问题，秦始皇的骊山陵墓还没有发掘，地面上有高大的封土山丘，形状如覆斗形，中腰部有一缓坡状阶梯，顶部为一平台。经过测量封土基部南北长350米，南北宽10.4米，封土高为47米。[④] 秦始皇陵园的周围有内外两重南北狭长形的城垣，内城中部有道东西向的墙将其分为南、北两部；北半部又有南北向的狭墙把其分为东、西两区。外城的四周各有一门；内城的南、东、西三面各有一门，北面2门，中部的隔墙上有一门，共有6门。门上均有门阙建筑，其结构为门、阙组合式。秦始皇陵园的附属建筑物有园寺吏舍遗址、渔池遗址等，骊邑遗址则是秦始皇陵的陵邑。秦始皇陵是世界上规模最大、结构最奇特、内涵

---

① 参见小小编著：《中国南方北方游》（北方卷），209页，北京，中国电影出版社，2005。

② 参见《中国世界遗产年鉴》编纂委员会编：《中国世界遗产年鉴2004》，132页，北京，中华书局，2004。

③ 同②，133页。

④ 参见惠焕章等编著：《500景点游遍陕西》，51页，西安，陕西旅游出版社，2001。

最丰富的帝王陵墓之一，它比世界上著名的埃及王国第四王朝胡夫金字塔修建的时间还长 8 年，参加修建的人数几乎相当于修建胡夫金字塔人数的 8 倍。

秦始皇兵马俑是秦始皇陵园一个极其重要的组成部分。秦始皇兵马俑位于西安市临潼区城东 6 公里的西杨村南，距秦始皇帝陵 1225 米，是秦始皇陵园中最大的一组陪葬坑，坑中所埋藏的浩大俑群是秦王朝强大军队的缩影。现秦始皇兵马俑博物馆内有文物陈列室、铜车马展览馆以及 3 个在发掘遗址上建起保护房的遗址展厅，即 1 号坑、2 号坑、3 号坑，全面显现了秦始皇陵陪葬坑中的军阵原貌以及高超的制作工艺水平。秦始皇陵兵马俑坑的发现震惊世界。这一建在公元前 3 世纪的地下雕塑群，以恢弘磅礴的气势、威武严整的军阵、形态逼真的陶俑，向人们展示出古代东方文化的灿烂辉煌，其建造年代、建筑规模与艺术效果，无不堪与“世界七大奇迹媲美”。人们在这里发现了 2000 年前东方古典写实主义雕塑艺术的高峰，找到了中国美术史上长期缺失的一页。它严格运用写实主义创作手法，无论形体、结构、比例、质感、量度，都以人的准确的解剖构造为依据。从秦俑的脸部可以看出皮肤肌肉下颧骨、眉骨、颌骨的准确位置，五官的大小、比例、位置一丝不苟，形体的每一凸凹处，无不符合人体解剖构造，甚至可以从马的造型判断其品种。非但如此，这些艺术大师还注意紧紧抓住人物性格，从人物的面部表情、内心活动、精神状态上追求变化，塑造出栩栩如生、神态各异，形神俱备，无一雷同的众多艺术造型。它充分地体现了我国古代劳动人民的聪明智能和中国古代文明史上的伟大创造。1975 年国家决定在俑坑原址上建立博物馆，“秦始皇兵马俑博物馆”简称“秦俑馆”。经过 4 年多的筹建至 1979 年 9 月底，雄伟的 1 号俑坑遗址展览大厅及部分辅助性建筑竣工落成。“秦始皇兵马俑博物馆”是我国最大的遗址博物馆，整个博物馆占地近 200 万平方米，馆区内树木葱茏，花草清香，环境幽雅。从此这块曾是乱石堆积、偏僻冷寂的荒漠田野热闹起来了，就像一块巨大的磁石，吸引着无数中外游客纷至沓来。秦俑博物馆开馆以来，每年接待 100 多万中外游客，许多名人都曾来这里参观。1976 年 5 月 14 日新加坡原总理李光耀在秦始皇兵马俑建设工地参观后说：“秦始皇兵马俑的发现，是世界的奇迹，民族的骄傲。”① 1978年前法国总理希拉克参观后说：“世界上原有七大奇迹，秦俑的发现可以说是第八大奇迹了。不看金字塔，不算到埃及；不看秦俑，不算到中国。”② 从此，“秦俑”被誉为“世界第八大奇迹”。“秦兵马俑博物馆”1979年10月1日起正式开馆接待国内外游客。

秦俑馆1号坑是号称“世界第八大奇迹”的“秦兵马俑坑”。“西杨村”本是郦山北麓一个默默无闻的普通村庄。1974年干旱袭击了陕西临潼的西杨村，焦虑的村民希望地下水能够拯救枯萎的庄稼，西杨村的村民准备在距村南160米的柿树林畔打一口井。这里地处骊山冲积扇前缘，屡经山洪泥石流淤积，耕地间夹杂布满鹅卵石的灌木丛和废弃的荒地。打井工程于3月24日下午动工，当挖到3米多深时，发现下面是红烧土、烧结硬块和炭屑灰烬，大家以为碰上了老砖窑遗址。他们继续往下打，在5米多深处的井壁西侧阴暗的光线下，终于露出“瓦王爷”凝静的面容。③ 村民们正诧异间，恰好公社干部房树民来检查打井进度情况。他下到井底仔细观察，发现出土的砖块与秦始皇陵附近发现的秦砖一模一样，急忙告诉大家暂停打井，接着便匆匆赶往县城向县文化馆报告。被湮没2200年的“世界第八大奇迹”就这样重新回到了人间。因此，“1974年3月29日”是一个永远值得纪念的日子。经过考古专家的勘探鉴定，秦俑馆内的第1、2、3号坑，被确认为“秦始皇陵的陪葬坑”。从1974—1979年经过5年的艰苦努力，在“1号坑遗址”上矗立起一座气势宏伟、结构科学的建筑物，1979年10月建成展厅，开始对国内外游客开放；3号坑1989年秋建成展厅，9月27日即世界旅游日对外开放；2号坑的遗址于1994年10月建成展厅，11月开始接待游客。④ 从此，3个俑坑全都被保护在建筑物里，不再经受风吹、日晒、雨淋。在供游人观看、怀古的同时，考

---

① 冯国：《秦始皇陵及兵马俑》，载《新华每日电讯》，2004年6月21日第7版。

② 惠焕章等编著：《陕西中外之最》，10页，西安，西安出版社，2002。

③ 金铁木：《破译兵马俑的历史密码》，《中华遗产》2005年3月号第79页。

④ 小小编著：《中国南方北方游》（北方卷），210页，北京，中国电影出版社，2005。

古工作者仍在这里继续发掘整理兵马俑。经过科学测量，俑坑呈东西向长方形，东西长230米，南北宽62米，面积为14 260平方米。[①] 坑内有10道宽2.5米的夯筑隔墙，形成南北面阔9间，周围绕以回廊的格局。局部发掘已出土陶俑1000余尊、战车8辆、战车的陶马32匹，各种青铜兵器近万件。这是一个以步兵为主，战车、步兵相间的主力军阵，配置有前锋、主体、后卫和翼卫，步骑相间，车马兼具，规模庞大，布局严密。俑坑的最东端是3排面向东的武士，每排68个，他们是部队的前锋。后面接着是战车与步兵相间的38路纵队构成军阵主体，站在11个坑道里。在坑道的南、北、西三面各有一列面朝外的武士，他们分别是部队的右翼、左翼和后卫。[②] 每个坑道的底部都是用青砖铺地，坑道内每隔2米就有1根立柱，这些立柱起支撑木质屋顶的作用，屋顶上覆盖有织成“人”字形的芦席或者竹席，席上填充胶泥土，整个坑道距地表5米深。“1号坑”是3个坑中面积最大的一个，坑内约有兵马俑6000尊。[③] 这里的陶俑按兵种可分“步兵俑”、“弩兵俑”、“车兵俑”和“骑兵俑”4种。步兵俑排列成纵队或者横队，呈各种不同的手持兵器的姿势；弩兵俑作张弓待发姿势并背负弓箭；车兵俑手持兵器跟随在战车后面；骑兵俑站立在战马旁，一手牵马一手紧握兵器。严格的军阶等级制度，是构成军队战斗力的重要保证，从陶俑的不同穿着、装束和兵器配备上可以清楚的看出来。级别最低的士兵俑束发挽髻，只穿短褐，胸无铠甲，腿扎行股（裹腿），足登方口齐头履；级别较高的士兵束发或者戴小圆帽，除了穿短褐外还披短甲，足登短靴或者方口齐头履；低级军吏俑头戴单版长冠，身穿战袍，外罩黑色长甲；高级军吏俑头戴双版长冠，战袍外罩彩色花边胸甲，或者前后摆平齐的鱼鳞甲；与众不同的将军俑头戴双卷尾长

① 参见《中国世界遗产年鉴》编纂委员会编：《中国世界遗产年鉴2004》，133页，北京，中华书局，2004。

② 参见惠焕章等编著：《500景点游遍陕西》，52～53页，西安，陕西旅游出版社，2001。

③ 参见《中国世界遗产年鉴》编纂委员会编：《中国世界遗产年鉴2004》，133页，北京，中华书局，2004。

冠，冠带在颈下挽结并下垂胸前。这种冠也叫“鹤冠”，冠上两边竖插黑色的鸡尾，据说鹤是一种性情勇猛、善斗的鸟，“其斗到死乃止”。将军身穿两重战袍，袍外罩有形制奇特的铠甲，铠甲前胸呈三角形，由鱼鳞甲片组成，双肩及前后胸有用彩带扎的花结。位于步兵俑群间的将军俑被一群军吏俑簇拥，面部威严，络腮胡须，双足分开且右手紧握左臂手腕，双手交置腹前似作拄剑姿势。另一尊原先站在战车上的将军俑颔下长须，神态庄重左手按剑。军阶等级也从所持兵器不同看得出来，将军俑和高级军吏仅有佩剑用作指挥与自卫，低级军吏和士兵俑则各持进攻性兵器长矛、戈等。①

秦俑馆2号坑是由车兵、骑兵、步兵和弩兵构成的一个大军阵。该军阵由四个单元组成：第一单元即东边突出部分由持弓弩的跪式和立式弩兵俑组成方阵；第二单元即俑坑南半部由驷马战车组成车兵方阵；第三单元即俑坑中部车徒结合，由车、步、骑兵俑混合编制成长方阵；第四单元即俑坑北半部由众多骑兵组成长方阵。有机组合的4个方阵进可以攻、退可以守，严整有序无懈可击，阵式变换灵活，首尾相互策应，既是试探性进攻的触角，又是突击性进攻的前锋。它是中国考古史上的唯一发现，为认识秦代军事编制和作战方法提供了难得的直观模型。据局部试掘所知的密度估算，2号坑埋藏兵马俑数量约2000件，并有大量青铜兵器。与1、3号坑相比，2号坑是秦俑坑中的精华，其组阵之复杂，兵种之齐全，姿式之多样，以及保存之完整都超过1、3号坑。其中，鞍马骑兵俑、跪姿弩兵俑是2号坑独有的，各式战车之齐全也是2号坑的特色。这里的战车可分为指挥车、副车、驷乘车和一般战车4种。指挥车装饰华丽，通体擦黑漆，绘有精美的几何形图案，车顶有圆形华盖，车内立将军俑、御手俑和戎右俑（警卫员），指挥工具是悬挂在车内的钟和鼓，击鼓时进攻，敲钟时退却。副车也有华盖和钟鼓，车上只有御手俑和戎右俑，留下将军俑的空位，作战时副车紧跟指挥车，以备指挥车一旦发生不测及时替

① 参见金铁木：《破译兵马俑的历史密码》，载《中华遗产》，2005年3月号第80～89页。

补与救护。驷乘车上也有华盖，但是没有钟鼓，车上有 4 名陶俑，一为御手俑、一为军吏俑，其余 2 名为武士俑，专家认为这种驷乘车供作前驱，行军时在前引导，作战时在前挑战向敌方投递战书，然后两军正式交锋。一般战车上有 1 名御手俑和 2 名武士俑，位于御手两侧的武士手持矛、戈等长兵器，车上还备有弓箭。估计可出土兵俑 1000 多件、车马和鞍马 500 多匹。2 号坑在 1 号坑东端向北 20 米的地方，1976 年春被发现。该坑呈平面矩尺形，占地 9216 平方米，建筑面积 17 016 平方米，它东面凸出部分为一个小方阵，由陶马等 1300 多件、战车 80 余辆以及 6334 个兵俑组成。① 2 号坑陈列大厅建成于 1994 年，建筑气魄宏伟、庄严凝重，具有秦代风格，拥有展室及录像厅、贵宾接待室、监控室、茶座、休息厅、文物库等配套设施，是目前我国建筑面积最大、最现代化、功能最齐全完善的遗址保护陈列大厅。

秦俑馆 3 号坑是整个军阵的指挥部。3 号坑与 2 号坑同在 1976 年在考古勘探时被发现，1987 年建成保护陈列大厅。它位于 1 号坑西端北侧，与 1 号坑相距 25 米，东距 2 号坑约 120 米，3 个俑坑呈“品”字状排列。在 3 个俑坑中，3 号坑是唯一全部发掘清理完成的一座，也是规模最小的一座。平面结构呈“凹”字状，深 5. 2 米 ~ 5. 4 米，面积只有 524 平方米，面积尽管很小但意义重大。从 3 号坑中发掘出 1 辆战车、4 匹陶马、68 尊武士俑和 34 件青铜兵器。除了与战车配套的 4 尊车兵俑外，其余 64 尊武士俑沿夹道以非战斗队形环状排列，手持的也不是弓弩、矛、戈之类实战兵器。专家们判定这里是统帅三军的“军幕”，也就是整个军阵的指挥系统。古代军队虽有多种编列，但是最基本的却是左、中、右三军。1 号坑是“左军”，2 号坑是“右军”，3 号坑是“指挥部”，中军坑是还没有来得及铺砖棚木，更没来得及放入兵马俑的 4 号坑。据科学勘查，4 号坑面积 4000 多平方米，尽管人们一般很少提及它，但它并非可有可无，因为这 4 个坑统一组成了一个完整的军事编列体系。史籍曾记载：“骊山之作未成，而周章百万

---

① 参见小小编著：《中国南方北方游》（北方卷），211 页，北京，中国电影出版社，2005。

之师至其下矣。”据估计，3 号坑将出土 8000 多件陶俑。那些穿窄袖战袍外套，披挂齐腰短甲，脚登紧带兽皮鞋，头戴防风帽的是“机警骑兵”。俑坑中的马，系典型的河西走廊马，该马身高 1.5 米，长 2 米，分为头、颈、躯干和腿四部分。腿为实心，躯干中空，分段烧制，再组合在一起。马的两耳竖立，体型健壮优美，足见秦人不愧为养马世族。几乎每个俑的衣襟上都刻有工匠的姓名，这完全符合“物勒工名，以考其诚”[①] 的制度。

秦兵马俑是借庞大的军队来显示秦始皇灭六国、建立统一帝国雄心壮志的。兵俑手执短兵器、长兵器和远射兵器，如剑、钺、吴钩、矛、盾、弓等。这些兵器主要是用铜和锡做成的，经分析，里面还含有其他 13 种稀有金属。为防止兵器生锈，秦人在兵器表面涂有一层铬盐氧化物，起到了良好的防锈保护作用。这种镀铬技术在国外直到 20 世纪 30 年代才发明出来，而我国在 2000 多年前工匠就已开始在兵器上镀铬，实在令人赞叹。[②] 1980 年 12 月在秦始皇陵西侧 20 米处，发掘出土了两乘大型彩绘铜车马，按照发现的顺序，被编为“1 号铜车马”和“2 号铜车马”。当时皆被埋在 7 米深的坑里，外面用一个木椁装着。出土时因木椁腐朽土层塌陷，两辆铜车马均残破严重。其中，2 号铜车马已碎成 1555 片，经过考古工作者和各方面专家两年半时间的修复，“2 号铜车马”于 1983 年 10 月 1 日正式对外展出；“1 号铜车马”也于 1988 年正式对外展出。这两乘车都是四马单辕呈前后纵向排列，前面的 1 号车应为古代的“高车”、二号车叫“安车”，分为前御室和后乘室，两室之间隔以车墙。赶车的人坐在“前御室”，主人坐在“后乘室”。乘室前面及左右两侧有三个车窗，后面留门，门窗都可以灵活启闭，窗上的小孔可以调节空气，从内可以向外望，车上有椭圆形伞状车盖。此车通体施以白色为底色的彩绘。2 号车配有 1500 余件金银构件和饰物，显得华丽富贵。它可能是供秦始皇灵魂出游时乘坐的。1 号车上配备有弓弩、箭头、盾牌，驾车者带有官帽，说明

---

① 有关资料来源于秦兵马俑陈列馆提供的文字资料以及导游的解说词。

② 参见惠焕章等编著：《500 景点游遍陕西》，54 页，西安，陕西旅游出版社，2001。

此车是用来保护后面2号车安全的。这两乘车的车、马、人，都是仿照真车、真马、真人，按比例缩小1/2制成的，仅安车上金银饰物就有1720件，重达7公斤。两车都是典型的御车，单辕、双轮、驾4马，长分别为2.25米和3.17米，高1米多。每一辆车都由3000多个复杂零部件组合而成，其中，既有每匹重达230公斤的铜马，也有重不足克的零部件。1号车重1061公斤，2号车重1241公斤。[①] 铜车马是我国时代最早、驾具最全、级别最高、制作最精的青铜器珍品，也是世界考古发现的最大青铜器。它的出土为考证秦代冶金技术、车辆结构、工艺造型等提供了极为珍贵的实物资料。据说秦始皇开始想用4000童男童女为其殉葬，他降旨令李斯承办此事。李斯未敢马上执行此令，他惧怕自己将来死无葬身之地。于是李斯向秦始皇建议：制作与真人真马一样大小的兵马俑守护其亡灵，以壮声威。闻此秦始皇重新降旨，让李斯征集全国的能工巧匠，以他的8000御林军为原型制作陶俑。这些俑必须手握实战兵器，按实战队形排列，秦始皇再三嘱咐李斯此事万不能让御林军知道。因为秦朝民间流传一个说法，如果一个人被别人复制，其魂也就被勾走了。工匠们纷纷去寻找御林军中自己的亲戚、朋友、老乡、熟人，仔细观察其容貌特征并默记于心；回去后工匠们用模压、塑捏、刻画、贴条等手法制成陶俑，然后放到窑里烧制。然而第一批放进去的陶俑全都被烧炸了，工匠们百思不解其中原因。后来一个工匠为发泄对监工的仇恨，把制好的监工陶俑的头去掉，将其四肢“削”去，用手“掏净”其内脏再放到窑里分段烧，这一次竟没有炸窑。于是他们便把头和四肢再装在俑身上，一个活生生的监工出炉了。由此工匠们开始了大规模的制俑工程，“8000御林军俑”就是这样被造出来的。这些俑相貌各异，有的沉稳刚毅，有的英勇果敢，有的慈善含笑。它们全部都是根据秦始皇御林军中的将士们制作的。因此，在8000“地下御林军”中，绝对找不到两个相貌、形体相同的俑。他们一个个气度不凡，最重的有300多公斤，最轻的

---

① 参见《中国世界遗产年鉴》编纂委员会编：《中国世界遗产年鉴2004》，135页，北京，中华书局，2004。

也有 100 多公斤，身高从 1.7～1.9 米不等；陶马高 1.5 米左右，身长 2 米左右。[①] 我国陶俑最早出现于战国时期，但那时制作的陶俑体形较小、火候低、制作粗率。秦兵马俑不仅形体高大，而且制作精细，造型准确，工艺水平极高。

二

秦始皇陵及兵马俑是“全国重点文物保护单位”。秦陵地宫保存相当完好，抗震性能很强，直到现在也没有进水。2001 年 12 月，秦始皇兵马俑坑被确定为秦始皇帝陵公园的重要组成部分，由陵外城延伸 200 米设立保护区，建设“遗址公园”。[②] 备受关注的“陕西最值得外国人去的 10 个地方”，经过报名、筛选、投票和组委会最终认定，在最终入选的 10 个景区中，以秦文化为特色的有“秦始皇兵马俑博物馆”和“秦阿房宫”；以唐文化为特色的是“华清池风景区”、“法门寺博物馆”以及新崛起的著名主题公园“大唐芙蓉园”；以优美自然的景观入选的有“华山”、“太白山”以及“黄河壶口瀑布”；以建筑、文化见长的有“西安钟鼓楼”和“碑林博物馆”。在这十大景区中，既有风光秀美、极具地域特色的自然景观，也有历史悠久、民俗风情浓郁的人文景观，可谓各有千秋、互有不同，但都能反映陕西乃至中国特有的传统文化和地理特点。秦始皇陵是我国古代王陵墓中规模最大、保存最好的陵园，1961 年秦始皇陵被国务院公布为“全国重点文物保护单位”。

秦始皇兵马俑是中国人的骄傲。秦始皇兵马俑这座巨大的地下博物馆，被学术界誉为“中国 20 世纪考古的伟大发现”。秦始皇陵及兵马俑以其自身具有的普遍价值，构成了世界文化遗产的重要组成部分。它既符合入选世界遗产的第一项标准：表现出人类创造才能和智能的

---

① 有关资料来源于秦兵马俑陈列馆提供的文字资料以及导游的解说词。

② 参见《中国文化遗产年鉴》编辑委员会编：《中国文化遗产年鉴 2006》，64 页，北京，文物出版社，2006。

杰作；又符合入选世界遗产的第三项标准：目前存在着或者已消失或者还存在有少量证据、带有独特色彩的传统文化和传统文明；也符合入选世界遗产的第四项标准：显现了人类历史发展中的某一重要阶段的建筑风格或者表现了建筑物与建筑技术结合的完美性，或者与所置身的景观相宜相称的东西。同时还符合入选世界遗产的第六项标准：能够引起人们的共鸣，并且具有生动鲜明的传统、思想、信仰、艺术作品，或者是与文学作品有着直接的或者有着实质联系的东西。1987年12月11日联合国教科文组织将秦始皇陵（包括兵马俑坑）列入《世界遗产名录》。世界遗产委员会对秦始皇陵及兵马俑的总体评价是："毫无疑问，如果不是1974年被发现，这座考古遗址上的成千件陶俑将依旧沉睡于地下。秦始皇，这个第一个统一中国的皇帝，殁于公元前210年，葬于陵墓的中心。在他陵墓的周围环绕着那些著名的陶俑。结构复杂的秦始皇陵是仿照其生前的都城——咸阳的格局而设计和建造的。那些略小于人形的陶俑形态各异，连同他们的战马、战车和武器，成为现实主义的完美杰作，同时也保留了极高的历史价值。"① 秦始皇兵马俑博物馆开馆20多年来，已接待国内外观众近5000万人次。另外，兵马俑还到世界上20多个国家和地区的60多个城市展出，累计观众近1000万人次。兵马俑以它雄浑的气势、丰富多彩的文化内涵，给人们以知识和美的享受。

对秦始皇兵马俑依法实施科学保护。2005年6月香港《南华早报》刊发了一条令人揪心的消息：由于遭受严重的空气污染，享誉海内外的西安秦始皇兵马俑正在缓慢风化。这些在地下埋藏了两千多年的老古董开始地面生活后，出现"水土不服"的症状。由于暴露于空气之中，兵马俑一直面对氧化、水侵的威胁。有科学家把一张光洁白纸放到兵马俑博物馆内。24小时后它已满布炭微粒，甚至变得灰黑，正是这些污染物令兵马俑失去了光泽。专家们预言，按照目前的速度发展下去，最终兵马俑的鼻子和发型都有可能消失殆尽，双臂也有可

① 《中国世界遗产年鉴》编纂委员会编：《中国世界遗产年鉴2004》，135页，北京，中华书局，2004。

能从身体上脱落。中国社会科学院研究员、环境专家曹俊吉（音译）忧心忡忡地说："如果现在还不采取任何措施加以保护，那么在100年内秦始皇兵马俑将会遭到严重腐蚀。届时，兵马俑坑看上去与煤田没有什么两样，将没有任何美学价值。"[①] "除了空气污染外，兵马俑还曾被40多种真菌吞噬过。有报道说，在兵马俑中有1400件染上真菌。这些兵马俑经受住了两千多年的战乱纷争、地震灾害，但是在出土后的20多年里却受到展览馆内的气温和湿度变化的影响而染上了真菌。""秦兵马俑博物馆2号坑在发掘之初，就曾经发生过泥土上生长出霉菌的事情，文物保护专家用了一个夏天进行人工喷药才将霉菌完全消除。"[②] 尽管这些报道可能有夸大其词之嫌，但它毕竟给了我们一个警醒。譬如，"记者在1号坑看到，几百件修复的兵马俑都是灰秃秃的，最初发掘时身上斑斓的彩绘都已经脱落殆尽。" "兵马俑发掘出来后，只能眼睁睁地看着身上漂亮的颜色在几分钟内消失。"[③] 这的确是一个被证实了的、无可辩驳的事实。国际知名空气质量专家朱迪斯·周和约翰·瓦特森，也曾在陕西省研究污染对兵马俑的影响。据瓦特森的分析，许多污染源可能来自于每年大约150万的博物馆参观旅客。在今后几年时间里，科学研究人员将通过对秦俑博物馆室内大气污染进行连续观测，提出控制治理对策，最终从目前的"抢救性保护"转变成"预防性保护"。从2004年9月开始，研究人员已定期把秦始皇兵马俑内的空气样本送到香港、内华达和西安，以便确认空气传播对兵马俑造成的威胁程度，尽量把空气污染降低到最低程度。当地政府和管理部门正在对遗址保护、隔梁加固、彩绘保护、霉菌防治温湿度监控等方面采取切实有效的措施，现已取得初步成效。

---

① 冯国：《秦俑坑将变"煤坑"是危言耸听》，载《新华每日电讯》，2005年7月24日第5版。

② 有关资料见综合报道《秦始皇兵马俑染菌，专家称百年内将毁》，载《西部时报》，2005年7月15日第9版。

③ 李彪、桑秦：《"兵马俑变煤坑"出笼始末》，载《西部时报》，2005年7月29日第3版。

河北承德避暑山庄及周围寺庙文化景观

一

河北承德避暑山庄又称“热河行宫”、“承德离宫”，位于河北省东部燕山深处，距离北京市230公里，距省会城市石家庄540公里，它介于北纬40°11′~42°40′，东经115°55′~119°15′之间，北靠内蒙古自治区，东与辽宁省接壤，西邻张家口市，西南与北京市、天津市毗邻，东南与秦皇岛市、唐山市相连，东西横距280公里，南北纵距268公里。1948年设立承德市，现辖区总面积39 548平方公里，市区总人口45万。[①] 承德地处冀北山区，属燕山沉降带与内蒙古高原过渡地带。地势西北高、东南低，城市中心海拔320~350米，分为“冀北山地”和“坝上高原”两个自然区域。境内河流较多，主要有滦河、潮河、辽河、大凌河4个水系。人均占有水资源量是全省平均水平的3.9倍。承德属于暖温带向寒温带过渡、半湿润半干旱、大陆性季风型气候，四季分明光照充足，雨热同季，夏季凉爽，昼夜温差大。年平均降雨量560毫米，最高气温在30℃左右，最低气温在23℃左右，年平均气温在8.8℃左右，7月份平均气温比北京低2℃；全年有一半时间处于静风状态，因而承德素有“紫塞明珠”之美称。[②] 早在五千

① 参见张武冰、亚淑兰主编：《新编实用中国地图册》，17页，北京，中国地图出版社，2006。

② 参见小小编著：《中国南方北方游》（北方卷），36页，北京，中国电影出版社，2005。

多年前，中华民族的三大祖先黄帝、炎帝、蚩尤，曾在河北由征战到融合，开创了中华文明史。春秋战国时期，河北地属“燕国”和“赵国”，故有“燕赵”之称。元、明、清三朝定都北京，河北成为拱卫京师的畿辅重地，悠久的历史形成了深厚的文化积淀。河北旅游资源丰富，现有省级以上文物保护单位670处。其中，国家级88处，还有国家级历史文化名城5座、风景名胜区7个，承德避暑山庄和外八庙、清东陵、清西陵等，被联合国教科文组织确定为世界文化遗产。在避暑山庄东北5公里的山岭上，耸立着一座挺拔的山峰，峰的形状上粗下细，犹如洗衣棒槌，俗称“棒槌山”。棒槌山山峰高约59.42米，棒槌高38.29米，据测算总重量为16 205吨，已经有300万年以上的历史。早在1500年以前，北魏地理学家郦道元已把“石槌”（即“棒槌山”）载入了《水经注》一书。[①] “棒槌”半腰有棵桑树，高3米，直径30厘米，树龄约有300年。此外，秦皇岛的山海关、老龙头、角山长城、唐山的潘家口水下长城、承德的金山陵长城、保定古莲池、直隶总督署、满城汉墓、正定隆兴寺、赵县赵州桥、邯郸黄粱梦吕仙祠、武灵丛台、响堂山石窟、涉县娲皇宫等，也都享誉海内外。

承德避暑山庄原为清代皇帝避暑和从事各种政治活动的地方。承德由于地处内蒙古高原与华北大平原的过渡地带，因而城市坐落在冀北低山丘陵的一个断陷盆地里。承德市四周群山环抱，犹如一道天然屏障，阻挡了冬季来自内蒙古高原的寒风，全年一半多的时间处于静风状态。夏季避暑山庄里的森林绿地和开阔的湖面，有效地改变了这里的小气候，盛暑时节清凉宜人，为我国北方内陆景色秀丽的避暑胜地。清朝初年，承德为热河上营，只是一个小小的村庄。康熙皇帝在“北巡”途中，发现了这片地势良好、气候宜人、风景优美的地方，加之它又是满清皇帝家乡的门户，可以俯视关内、外控蒙古各部，于是康熙皇帝选定在这里建行宫。自康熙四十二年（公元1703年）开始在此大兴土木，疏浚湖泊、修路建宫，至康熙五十二年（公元1713

---

① 参见小小编著：《中国南方北方游》（北方卷），41页，北京，中国电影出版社，2005。

年)，建成“康熙36景”以及建好“避暑山庄”的围墙。康熙五十年(公元1711年)，康熙皇帝将自己亲笔题写的“避暑山庄”鎏金铜匾，挂在了澹泊敬诚殿前的二宫门门楣之上，从此“避暑山庄”正式建立在武列河畔。雍正朝代暂停对“避暑山庄”的修建。从乾隆六年（公元1741年）到乾隆五十五年（公元1790年），又继续修建直至全部竣工，最终建成了避暑山庄新增加的“乾隆36景”和“山庄外八庙”。这座皇家园林规模壮观、别具一格，为后人留下了珍贵的古代园林建筑杰作。避暑山庄占地564万平方米，相当于颐和园的2倍，比北京北海大8倍，围绕起伏的山势，在山庄周围筑有高3米、宽1.5米、长达10公里的宫墙。墙上筑有垛口，可供巡逻和作战使用，因而有“小长城”之称。[①] 避暑山庄是清朝皇帝为了实现安抚、团结中国边疆地区和边疆少数民族，巩固国家统一而修建的一座“夏宫”，它的政治作用远远超出了“避暑”的需求。譬如，康熙、乾隆以及以后几代皇帝，每年约有五六个月的时间在承德避暑山庄度过。清前期重要的政治、军事、民族和外交等国家大事，都曾经在这里处理，许多少数民族王公及外国使节也在这里受到接见。因此，承德避暑山庄成为我国当时仅次于北京的第二个政治中心。它不仅有丰富的文化内涵，同时是中国统一的、多民族国家巩固和发展的象征，更是一部研究中国18世纪历史的教科书和珍贵历史文化遗产的博物馆。[②] 这里发生的一系列重要的事件、重要遗迹和重要文物，均成为我国这个统一的、多民族国家最后形成的历史见证。

承德避暑山庄及周围寺庙是我国现存最大的古典皇家园林。避暑山庄不同于其他的皇家园林，它继承和发展了中国古典园林“以人为之美入自然，符合自然而又超越自然”的传统造园思想[③]，按照地形地貌特征进行选址和总体设计，完全借助于自然地势，因山就水顺其

① 参见小小编著：《中国南方北方游》（北方卷），36页，北京，中国电影出版社，2005。

② 参见《中国世界遗产年鉴》编纂委员会编：《中国世界遗产年鉴2004》，138页，北京，中华书局，2004。

③ 同②，139页。

自然，同时融南北造园艺术精华于一身。它在总体规划布局和园林建筑设计方面，充分利用了原有的自然山水的景观特点和有利的条件，吸取了唐、宋、明历代造园的优秀传统和江南园林的创作经验，把园林艺术与技术水准推向了空前的高度，它是中国园林史上一个辉煌的里程碑，是中国古典园林艺术的杰作，享有“中国地理形貌之缩影”和“中国古典园林之最高范例”的盛誉。在避暑山庄这座皇帝的夏宫内，共有亭榭 90 余座、堤桥 29 座、碑刻摩崖 25 处、大小叠石假山 120 多组、宫门 9 座，殿阁楼台、寺观庵庙等建筑 120 组，其中有史称康熙、乾隆“72 景”的景观。避暑山庄藏品丰富、品种多样，现举办有“避暑山庄概况”、“八旗文物典章”、“御用瓷器、挂屏、钟表、玻璃器皿以及各种工艺品”等多项专题陈列。避暑山庄整体又分为“宫殿区”和“苑景区”两部分，其中，“苑景区”又由湖州区、平原区和山峦区组成。“宫殿区”位于山庄的南部是山庄的主体，它包括正宫、松鹤斋、万壑松风、东宫 4 组建筑，是清帝处理朝政和生活起居的地方，占地 10 公顷。这些宫殿以北方民居形式为主，全为青砖素瓦、古朴淡雅，布局力求对称严谨，包围在参天的古松之中别具一格。“热河行宫”是避暑山庄的初名。正宫是依古代宫廷体制建造，由九进院落组成的清帝行宫，既有皇宫的威严，又以简朴淡雅区别于京、沈故宫。“澹泊敬诚殿”整个为楠木结构（俗称“楠木殿”），它是避暑山庄的正殿，各种隆重的大典多在这里举行，面积为 583 平方米。“澹泊”二字，源于《易经》和诸葛亮《诫子书》。《易经》说：“不烦不扰，澹泊不失。”《诫子书》说：“澹泊以明志，宁静以致远。”都是告诫人们要平静淡泊的意思。①“烟波致爽殿”是皇帝的寝宫，嘉庆和咸丰两个皇帝最后就死在这里。寝宫的东西各有一个小院（称为东、西所）是后妃居住的地方，慈禧曾住在西边的小院里。正宫东面是一组八进院落的“松鹤斋”，供皇太后居住。“万鹤松风”在松鹤斋北面，建于康熙四十七年（公元 1708 年），由万鹤松风、鉴始斋、静

① 参见小小编著：《中国南方北方游》（北方卷），37 页，北京，中国电影出版社，2005。

佳室、“蓬阆咸映”和“颐和书屋”等组成。① 它是宫殿区兴建最早的一组建筑，皇帝一般在这里读书、批阅奏章。松鹤斋东面原是东宫一组建筑，因1945年大火的缘故，现已不复存在。“湖州区”在宫殿区北面占地58公顷，其中水面26公顷，主要以山庄诸泉为水源，人工开凿而成。原有“九湖十岛”，现“九湖”尚有七湖，即镜湖、银湖、上湖、下湖、澄湖、如意湖、长湖；“十岛”今存八岛，即文园岛、清舒山馆岛、月色江声岛、如意洲、戒得堂岛、金山岛、青莲岛、环碧岛。这里的亭榭楼阁既博采江南园林之长，又匠心独具，有的仿镇江金山寺，有的仿苏州文园狮子林，仿嘉兴南湖烟雨楼，仿杭州苏堤，置身湖州区一派江南风光。澄湖东北隅的热河泉水温较高，冬不结冰（8℃），秋季荷花经久不谢，有“山庄荷花伴菊眠”之说。湖州区以北是平原区，占地64公顷。“万树园”在平原区东部，松榆槐柳、葱郁苍翠、麋鹿出没，富于山野之趣。试马埭在“万树园”的西边，是很大的一个赛马场，绿草如茵具有草原风光。当年清帝曾与少数民族王公在此野宴，观看摔跤、骑射等，晚上还要放焰火。平原区北部的“永佑寺”，有一座九层六角舍利塔，高65米，是仿南京报恩寺塔和杭州六和塔建造的。平原区的西部仿照宁波“天一阁”建“文津阁”，外观两层实际三层，中间有一暗层为藏书库，曾珍藏《古今图书集成》和《四库全书》，共收藏书3503种，79 337卷，363万册。“文津阁”于乾隆三十九年（1774年）建成，乾隆亲自题写扁额。② 山峦区在避暑山庄的西部，占地422公顷，约占山庄面积的4/5。这里有连绵起伏的山峦，最高点海拔510米，与平原区高差180米。自北而南有松云峡、梨树峪、松林峪、榛子峪等4条幽静深邃的峡谷。过去山上建筑有40多处，4个高峰上原有“锤峰落照”、“四面云山”、“南山积雪”和“北枕双峰”4亭。居高临下，从不同角度可以观赏山庄全景风光，又可借景园外远眺奇峰怪石和外八庙建筑群。总之，这座

---

① 同①，37页，北京。

② 参见小小编著：《中国南方北方游》（北方卷），37页，北京，中国电影出版社，2005。

历经89年并集中了全国人力、物力建成的夏宫，是帝王苑囿和皇家寺庙建筑经验的结晶，成为与私园并称的中国两大园林体系中帝王宫苑体系的典范之作，实现了“宫”与“苑”形式上的完美结合和“理朝听政”与“游息娱乐”功能上的高度统一。[①]

承德避暑山庄的东面和北面山麓上星罗棋布的寺庙群就是著名的外八庙。避暑山庄之外寺庙群众星捧月环绕山庄，它象征着民族团结和中央集权。“承德外八庙”原有寺庙12座，分布在避暑山庄东北面山麓的台地上，面积达47.2万平方米。每处寺庙都像一座座丰碑，记载着清朝统一和民族团结的历史。因此，便有“一座喇嘛庙，胜抵十万兵”之说。[②] 现存的“外八庙”的名称，分别为溥仁寺、溥善寺(已毁)、普宁寺、安远庙、普乐寺、普陀宗乘之庙、殊像寺、须弥福寿之庙。外八庙以汉式宫殿建筑为基调，吸收了蒙、藏、维等民族建筑艺术特征，创造了中国统一、多样的寺庙建筑风格。

(1) 溥仁寺建于康熙五十二年（公元1713年），是现存唯一康熙时期兴建的寺庙，也是外八庙中建造年代最早的寺庙。这一年是康熙皇帝（玄烨）的60寿辰，“众蒙古部落，咸圣阙廷，奉行朝贺，不谋同辞，具疏陈恳，愿建刹宇，为朕祝厘”，借寓施仁政于远荒之意，取名“溥仁”。“溥仁寺”的兴建是清廷在平定了准噶尔部噶尔丹的叛乱之后，康熙皇帝为了巩固边疆，加强对厄鲁特、喀尔喀等蒙古地区的行政管理，加强中央政府与蒙古各部的联系。具体措施如庙内碑文所说：“念热河之地，为中外之交，朕驻跸清暑，岁以为常，而诸溥仁寺慈云普阴殿藩来，瞻礼亦便。”故此在各蒙古王公贵族前来祝寿之际，以蒙古王公为康熙帝“万寿节”祝福为由兴建此庙。溥仁寺占地面积32 500平方米，有建筑15座，新中国成立前多已毁坏。现已将各殿和庙宇全部恢复原状，整个建筑为纯汉族形式，最后一组院落用来专供无量寿佛，具有明显的祝寿特点，无论从建筑的布局，寺内

---

① 参见《中国世界遗产年鉴》编纂委员会编：《中国世界遗产年鉴2004》，139页，北京，中华书局，2004。

② 同①，138页，北京。

的佛教艺术品及碑刻文物，对进一步研究清朝的政治、经济、佛教艺术的发展，都有很高的历史价值。

（2）溥善寺建于康熙五十二年（公元 1713 年），是康熙皇帝 60 寿辰时，应蒙古各部首领祝寿所请而建。溥善寺系中原佛教显宗建筑风格，主要建筑有山门、钟楼、鼓楼、天王殿、佛楼及配殿，占地面积 27 500 平方米，庙内供奉的无量寿佛做工极为精湛。其中，佛楼一层设有宝座，是皇帝接受诵经祝寿的地方，另设坛座供喇嘛讲经；佛楼二层收藏经卷。现仅存部分基址和两棵古松，建筑毁于 20 世纪 20 年代汤玉麟统治热河的时期。

（3）普宁寺俗称“大佛寺”，其名具有祝愿“普天之下永远安宁”之意。它是乾隆二十年（公元 1755 年），下令“依西藏三摩耶庙之式”修建的（3 年建成），占地 23 000 平方米。“普宁寺”的主体建筑是宏伟的大乘之阁，阁高 36. 75 米，阁顶由一大四小五个攒尖金顶构成一个金刚宝塔形式。阁内供一尊高达 22. 28 米、腰围 15 米，使用木材 120 立方米，重约 110 吨的“千手千眼观音”雕像，它是目前世界上最高大的金漆木雕佛像。[①] 大乘之阁最高的一层屋顶，是由 4 个小屋顶簇拥着一个大屋顶造型奇特。普宁寺巧借自然因山就势，丰富了寺庙建筑布局的传统方式。寺内嶙峋的山石、苍翠的古松，犹如天然画屏，烘托着金碧辉煌的殿阁，气宇轩昂，蔚为壮观，显示出君临天下的皇家风范。普宁寺已成为中国北方最大的藏传佛教活动场所，也是举世文明的旅游胜地。

（4）安远庙建于乾隆二十九年（公元 1764 年），其建筑形式是仿新疆伊犁河畔的“固尔扎庙”（又称“伊犁庙”、“方亭子”）修建的，占地 26 000 平方米。[②] 乾隆二十二年（公元 1757 年），由于当时阿睦尔撒纳的叛乱，达什达瓦寡妻冲破阻挠历尽千辛万苦，举部投归清廷。乾隆皇帝为了安抚达什达瓦部落，将他们迁徙到承德定居，并在驻地

---

① 参见刘耀编：《中国绝色风景》，12 页，北京，中国长安出版社，2006。

② 参见小小编著：《中国南方北方游》（北方卷），39 页，北京，中国电影出版社，2005。

山冈上建安远庙，寓意安定远方、团结边疆各民族，巩固北部边防维护国家统一。安远庙落成后，不仅成为达什达瓦部众进行宗教活动的场所，也是清王朝用来团结边疆各少数民族的政治活动场所。安远庙占地26 000平方米，其建筑布局整齐对称，中轴线分明，以山门、碑亭、普渡殿、后山门为主体建筑，主殿为普渡殿，殿顶全部覆盖黑色琉璃瓦，形式独特，具有蒙古喇嘛寺庙中传统的都纲（讲经堂）法式，在三层的殿堂内遍绘佛教故事壁画。

（5）普乐寺建于乾隆三十一年（公元1766年），占地面积24000平方米，[①] 建筑布局和形式分前后两部分：前半部采用汉族寺庙传统的“伽蓝七堂”形式布局；后半部主体建筑“旭光阁”，是仿照北京天坛祈年殿设计的，呈伞形圆顶，铺黄琉璃瓦，因此俗称“圆亭子”，它无论在科学上、艺术上都有很高的价值。“普乐寺”的修建主要是供来避暑山庄朝觐清帝的哈萨克、维吾尔、柯尔克孜等西北各少数民族王公贵族瞻礼之用，是清廷利用宗教政策团结边疆少数民族，加强其封建统治的活动场所。乾隆皇帝题名“普乐”，是采用范仲淹《岳阳楼记》中的名句，有“普天同乐”之意。

（6）公元1770年是乾隆皇帝的60寿辰，次年又是其母的80寿辰。为接待齐集承德祝贺的蒙古、新疆、青海、西藏各族王公首领，从乾隆三十二年（公元1767年）起用4年时间，建成了外八庙中规模最大的“普陀宗乘之庙”。这座庙占地22万平方米，是仿照拉萨的布达拉宫建造的，位于山庄北面的丘陵上共有40多座建筑，依山势变化布置主次分明、高低错落有致。庙后部矗起一座高约64米、宽约60米的大红台，台上殿顶和亭顶为镀金铜瓦极其宏伟壮丽，它是外八庙中规模最大的一座庙宇。此庙落成时，从伏尔加河流域率众返回祖国的土尔扈特部首领渥巴锡，来承德朝见乾隆皇帝。为了纪念土尔扈特蒙古回归祖国的英雄壮举，乾隆皇帝亲笔御书了《土尔扈特全部归顺记》和《优恤土尔扈特部众记》，刻巨石立碑于庙内。

---

① 参见小小编著：《中国南方北方游》（北方卷），38页，北京，中国电影出版社，2005。

（7）殊像寺即文殊菩萨，此寺俗称“乾隆家庙”。“殊像寺”建于乾隆三十九年（公元1774年），占地面积23 000平方米。公元1761年，乾隆帝同他母亲钮钴禄氏去山西五台山朝拜进香时，见五台山殊像寺塑有文殊菩萨，回到北京后特在香山静宜园仿殊像寺建“宝相寺”以供奉文殊菩萨。后在公元1774年夏季，又于避暑山庄以北普陀宗乘之庙以西，按照五台山殊像寺、香山宝相寺形制造了承德殊像寺。此庙布局完全按照汉族传统佛寺制，规整严谨。在庙后布以涵洞假山，山颠上原建八角亭“宝相寺”，两侧又有精致、小巧的僧房院落，使整组建筑极富园林气氛。作为皇家御用寺庙，寺内主要设满族喇嘛，从事翻译满文大藏经的工作。

（8）须弥福寿之庙远景“须弥福寿”，是藏语“扎什伦布”的汉译即吉祥的须弥山。此庙建于乾隆四十五年（公元1780年），占地面积37 900平方米，建筑布局依山就势分前后两部分，它吸取了汉藏民族的建筑艺术风格。[①] 乾隆四十五年（公元1780年），西藏政教首领六世班禅长途跋涉2万余里，从西藏日喀则来到承德庆祝乾隆70寿辰，乾隆皇帝对此极为重视，认为这是清王朝“吉祥盛世”的象征，令仿六世班禅在后藏居住的扎什伦布寺形制建造了此庙，供班禅讲经和居住。这座庙在山庄之北，自山脚顺山势向山上延伸，气势宏伟，主体为三层高的大红台，中央是一座28.8米高的庄严殿，殿顶用鎏金铜瓦铺盖，四脊有八条金龙腾跃欲飞，建造时耗用黄金达1.5万多两。

综观从溥仁寺到须弥福寿之庙67年的建庙史，就是一部清朝前期这个统一的、多民族国家进一步巩固与发展的历史，外八庙就是记载这部历史的纪念碑。

二

承德是一座风景秀丽迷人、名胜古迹荟萃、四季气候皆宜的旅游

---

① 参见小小编著：《中国南方北方游》（北方卷），40页，北京，中国电影出版社，2005。

名城。由于宗教文化基于崇拜、信仰和感知，所以，承德避暑山庄及周围寺庙的修建不单始于审美目的，主要还是出于崇拜和崇拜过程中必须的生活建筑。这些建筑作为审美形态，也多与山水相得益彰、和谐统一。传统风景建筑美的原因，主要是建筑功能属性与建筑形制、尺度相统一。主持营建的高僧、名道及赞助营建的地方官多是一代高层次文化人士，他们重视营建风水术，精益守道，在佛寺道观和庙宇选址时，特别注意推敲与山水环境的关系。在风景名胜区景区内建筑的情况较为普遍，既有遗留的历史古建也有新增的景区建筑。很多风景名胜区因为景区建筑而闻名或者因之而知名度更高。但是也有不少此类风景区随着旅游业的迅速发展，景区建筑超容量与环境不协调，建设性的破坏屡见不鲜，使风景区失去了原有的魅力。多年来，许多专家和风景区工作人员都做出了极大的努力，强调景区建筑要与环境融为一体，尽量给游人以接近、感受大自然的机会，尤其是以自然为主的风景名胜区，更应当做到“点缀得宜，不掩其胜”。对于那些与风景区格格不入的务必慎重对待，必要时应当极力阻止。承德避暑山庄及外八庙之所以闻名于世，就因为它是康乾盛世历史文化的遗存，因而承德才因之而发展成为中国北方著名的风景旅游城市。1961 年国务院公布“避暑山庄及外八庙”为“全国重点文物保护单位”；1982 年国务院将承德避暑山庄及外八庙列为第一批“国家重点风景名胜区”；1982 年国务院公布承德为“国家历史文化名城”。除此之外，承德还是中国十大风景名胜之一、中国旅游胜地四十佳之一、首批中国优秀旅游城市之一、全国十个文明旅游景区示范点之一、国家甲类开放城市。为了更好地推动全国风景名胜区行业工作的开展，经各省、自治区、直辖市建设厅（委、局）风景名胜区协会推荐，并经中国风景名胜区协会第三届四次常务理事会议审议通过，决定授予北京石花洞风景名胜区管理委员会等 67 个单位为“优秀会员单位”称号，河北承德避暑山庄及外八庙风景名胜管理处为获此殊荣单位之一。这不仅证明承德市在风景名胜区保护与管理方面的较高水平，更充分地体现了承德市在风景名胜区宣传、规划、建设、保护、管理等方面取得的积极成果。根据《风景名胜区规划规范》（GB50298—1999）中的术语定义：风景名胜区指风景资源集中、环境优美、具有一定规模和游览条件，可供人们游览欣赏、休憩娱乐或者进行科学文化活动的地域，承德市现已形成国家级、省级和县（市）级风景名胜区相结合的体系。

承德避暑山庄及周围寺庙是被联合国教科文组织列入《世界遗产名录》的保护单位。承德在历史上是个“庙城”，有名庙宇百余座，尤其是清朝皇家在承德兴建的寺庙群遍布避暑山庄周围。“华严三圣”汇聚，“三宝”喇嘛传承，佛祖故事连壁，罗汉跻身殿堂，承德可以称得上是一座佛教的宫殿、佛门圣地。1993 年初，承德避暑山庄及外八庙正式向联合国教科文组织提交申请，申报世界文化遗产。同年 5 月 31 日，联合国教科文组织派出专家团对承德市避暑山庄及外八庙进行了专题考察。在巴黎举行的世界遗产委员会主席团会议上，承德避暑山庄及周围寺庙获无条件通过。在 1994 年泰国曼谷召开的文化遗产工作会议上，又经过《保护世界自然文化遗产公约》缔约国代表及专家的最后讨论和表决，承德避暑山庄和外八庙被正式批准为世界文化遗产。承德避暑山庄和周围寺庙的英文名称为：The Mountain Resort and its Outlying Temples，Chengde。根据文化遗产遴选标准 C（II）(IV)，承德避暑山庄及周围寺庙被列入《世界遗产名录》（编号：200—011)。世界遗产委员会对承德避暑山庄及周围寺庙的评价是：“承德避暑山庄，是清王朝的夏季行宫，位于河北省境内，修建于公元 1703 年到 1792 年。它是由众多的宫殿以及其他处理政务、举行仪式的建筑构成的一个庞大的建筑群。建筑风格各异的庙宇和皇家园林同周围的湖泊、牧场和森林巧妙地融为一体。避暑山庄不仅具有极高的美学研究价值，而且还保留着中国封建社会发展末期的罕见的历史遗迹。”① 承德避暑山庄及周围寺庙“继承和发展了中国古典园林‘以人为美入自然，符合自然而又超越自然’的传统造园思想，按地形地貌特征选址和设计，完全借助自然地势，因山就水，顺其自然，融南

---

① 《中国世界遗产年鉴》编纂委员会编：《中国世界遗产年鉴 2004》，139 页，北京，中华书局，2004。

北造园艺术的精华于一身。是中国园林史上一个辉煌的里程碑，是中国古典园林艺术的杰作。享有‘中国地理形貌之缩影”和“中国古典园林之最高范例’的盛誉”①。

依法保护承德避暑山庄及周围寺庙的世界文化遗产。自承德避暑山庄及周围寺庙被定为世界文化遗产后，对承德避暑山庄及周围寺庙的保护逐步进入了法制的轨道。2003 年 7 月 18，日河北省第十届人民代表大会常务委员会第四次会议通过了《承德避暑山庄及周围寺庙保护管理条例》②，为依法保护和管理承德避暑山庄及周围寺庙提供了强有力的法制保障和手段。（1）严格依法管理。依据国家和地方法规，河北省人民政府制定、国家建设部批准了《承德避暑山庄外八庙风景名胜区总体规划》、承德市人民政府制定了《承德市综合整治与生态规划》等具体实施措施和目标。（2）加强科学管理。承德市所制定的规划、实施方案等，均邀请有关科研单位和专家评论审定。譬如，邀请中国城市设计院、中国环境科学院、英国利物浦大学等参加论证。（3）坚持“抢救为主，保护第一”的原则，在实施两个十年整修规划的基础上制定中长期整修规划，有计划地开展修复工作。采取国家投资、地方筹资、社会各界集资等多渠道筹集资金，加快整修步伐，并且积极创造条件建立“中国避暑山庄及周边寺庙保护基金会”。（4）加强风景名胜区规划。以河北省人民政府制定的“保护范围和建设控制地带”为依据，以“近限远迁”为原则，在重点保护区内的违规建筑、临时设施限期拆迁；一般保护区内不得建设与保护文物有碍的构筑和设施，历史遗留的限制其发展；建设控制地带内，控制新建筑的形式、体量；外围保护带内的建筑都必须考虑向景区的过渡性。（5）搞好大气、水系综合治理和植被恢复。继续扩大集中供热面积，建立城市烟尘控制区；大幅度减少大气污染。采取水系治理和植被恢复相结合，划定水源保护区并且继续修建第三道橡胶坝，在大力植被种草

---

① 《中国文化遗产年鉴》编辑委员会编：《中国文化遗产年鉴 2006》，66 页，北京，文物出版社，2006。

② 《承德避暑山庄及周围寺庙保护管理条例》，见《中国世界遗产年鉴》编纂委员会编：《中国世界遗产年鉴 2004》，348 ~ 351 页，北京，中华书局，2004。

的同时减少水土流失。（6）增强国民遗产保护意识。广泛宣称《中华人民共和国文物保护法》和《承德避暑山庄及周围寺庙保护管理条例》等有关法律法规，使当地居民和旅游者树立爱护文化遗产意识，以保护国家和世界文化遗产为己任。

山东曲阜孔庙、孔林、孔府文化景观

一

曲阜位于山东省西南部，地处东经116°58′，北纬35°36′之间，东靠沂蒙，南临淮海，西与兖州接壤，北依泰山。公元前11世纪即春秋战国时期，曲阜是鲁国的都城，也是儒家学派始祖、春秋末期著名思想家孔子的故乡，他曾在此著书讲学。孔子（公元前551—前479年），是中国儒家学派的创始人。孔子提出“仁”的学说，要求统治者能体察民情，反对“苛政”。他兴办私学，主张“因材施教”，故有“弟子三千，七十二贤人”之说。孟子说，“孔子集古圣先贤谓之大成”①，创立了“重仁尚礼”的儒家学说②，把中国文化推向了一个新的高峰。相传孔子曾整理《诗》、《书》等古代文献，并以鲁国历史材料整理成《春秋》；他的弟子将他的言行整理成《论语》一书。曲阜之所以享誉全球，就因为它与孔子的名字紧密相连。“南方多山、多水、多才子，北方一天、一地、一圣人。”③ 足见山东曲阜在国人心目

---

① 唐玉福：《孔子纪闻》，161页，北京，远方出版社，2002。

② 20世纪末期人们又开始探讨东方儒家文化问题，认为孔子的思想是解决和谐问题的良方。1988年1月全世界75位诺贝尔奖获得者在法国巴黎开会时发表宣言说：“如果人类想要在21世纪生活下去，必须回到2500年前，去吸收孔夫子的智慧。”见《中国文化报》2006年9月11日，第3版。

③ 张雪松：《礼失求诸于野——对近年祭孔活动的一点儿感想》，载《中国民族报》，2006年5月30日第7版。

中的崇高地位。孔子是中国古代伟大的思想家、政治家、教育家，杰出的世界文化巨人。诺贝尔奖获得者建议：“人类要生存下去，就必须回到2500年前，去汲取孔子的智慧。”① 自汉代以后，历代皇帝都提倡尊孔读经，对孔子也不断地追谥加封，同时扩大祠庙，孔庙规模越修越大。在两千多年漫长的历史长河中，儒家文化逐渐成为中国的正统文化，并影响到东亚和东南亚各国，成为整个东方文化的基石。曲阜的孔庙、孔林、孔府合称为“三孔”，它是包括孔子及其后裔的宗庙、墓地和宅邸在内，占地总面积约3500余亩，拥有近千间建筑的庞大建筑群。② 孔庙、孔林、孔府建筑群凝聚了历代建筑的精华，极具建筑艺术之美。同时，在建筑的布局、规划和装饰等方面，也反映出儒家思想的精髓。

“孔庙”是历朝历代奉祀孔子的庙宇。孔庙位于曲阜市南门内，“曲阜孔庙”是祭祀孔子的“本庙”，是分布在中国、朝鲜、日本、越南、印度尼西亚、新加坡、美国等国家两千多座孔子庙的先河和范本；曲阜孔庙是我国著名的一处古代建筑群和石刻艺术宝库。著名建筑学家梁思成先生说过：“曲阜孔庙的建筑，实在是一处最有趣的，也许可以说是世界上唯一的孤例。”③ 孔庙是中国使用时间最长的庙宇之一，是现存最为著名的古建筑群之一，是中国现存规模仅次于故宫的古建筑群，也是世界上“最古老的博物馆”。孔子死后第二年，即周敬王四十二年（公元前478年），鲁哀公命祭祀孔子，将孔子故宅的3间小屋改建为“孔庙”，内陈设孔子的衣冠礼器，“岁时奉祀”。此后历代帝王不断加封孔子并扩建庙宇，到清代雍正下令大修，才扩建成现有的规模。据资料记载，在两千多年时间内，孔庙曾进行过100多次维修和扩建。④ 现存的曲阜孔庙是明弘治十六年（公元1503年）形成的规模：占地面积14万多平方米，南北长1300多米，东西宽114

---

① 孔祥林：《大哉孔子》，载《中华遗产》，2004年创刊号第19页。

② 有关资料见《文化艺术的宝库——孔庙、孔林、孔府》，载《西部时报》，2005年12月2日第12版。

③ 参见可列：《孔庙》，载《中华遗产》，2004年创刊号第24页。

④ 参见可列：《孔庙》，载《中华遗产》，2004年创刊号第24页。

米；有金、元、明、清建筑100多座、466间、门坊54座，完全仿皇宫之制，前后分九进庭院，前为神道，两侧栽植桧柏，庙的主体纵向轴线贯穿整座建筑，左右对称，布局严谨气势宏伟。[①] 孔庙的主要建筑有金元碑亭、明代奎文阁、杏坛、德侔天地坊等、清代重建的大成殿、寝殿等。孔庙前三进院落布置导向性建筑物如门或者牌坊。第四进院有一座三重檐的高阁即“奎文阁”，藏有历代皇帝赏赐的图书。“奎文阁”原名叫“藏书楼”，始建于北宋天禧年间（公元1018年），金代明昌二年（公元1191年）重建，更改为现今名“奎文阁”。明代弘治十三年（公元1500年）扩建，使此阁变为三层。这座木结构的建筑物，面宽7间（25.70米），进深宽5间（23.50米），高27.90米，三层飞檐、四层斗拱，占地1800多平方米。[②] “奎文阁”是全国四大砖木结构殿堂（故宫太和殿、北京太庙、十三陵长陵）之一。奎文阁为当年祭孔的主要场所，殿内正中供有孔子塑像。殿前10根石柱是用整块巨石透雕二龙戏珠，作升腾状；造型生动工艺精湛，是石雕艺术中的珍品。第四进以后的庭院建筑雄伟，黄瓦、红墙、绿树交相辉映，既喻示出孔子思想的博大高深，也喻示孔子的丰功伟绩。供奉儒家贤达的东西两庑分别长166米，又喻示了儒家思想的源远流长。游览孔庙应着重游览中轴线上的奎文阁、13碑亭、杏坛、大成殿及其两庑的历代碑刻。这里保存的汉碑居全国数量之最，历代碑刻亦不乏珍品，其碑刻之多仅次于“西安碑林”。所以，它有我国“第二碑林”之称。孔庙存有历代（公元前149—1949年）碑刻1044块，有封建皇帝追谥、加封、祭祀孔子和修建孔庙的记录；也有帝王将相、文人学士谒庙的诗文题记；文字有汉文、蒙古文、八思巴文、满文；书体有真、草、隶、篆等，是研究封建社会政治、经济、文化、艺术的珍贵史料。碑刻中有汉碑和汉代刻字20余块，是中国保存汉代碑刻最多的地方。乙瑛碑、礼器碑、孔器碑、史晨碑是汉隶的代表作，张猛龙碑、

---

① 参见可列：《孔庙》，《中华遗产》2004年创刊号第24页；小小编著：《中国南方北方游》（北方卷），107页，北京，中国电影出版社，2005。

② 参见罗哲文等：《中国名祠》，37～38页，天津，百花文艺出版社，2006。

贾使君碑是魏体的楷模。此外，还有孙师范、米芾、党怀英、赵孟頫、张起岩、李东阳、董其昌、翁方钢等人的书法，元好问、郭子敬等人的题名等。总之，孔庙碑刻是中国古代书法的艺术宝库。孔庙还有著名的石刻艺术品，如汉画像石、明清雕镌石柱和明刻圣迹图等。汉画像石有 90 余块[①]，题材丰富广泛，既有人们社会生活的记录，也有历史故事、神话传说的反映。“大成殿”是孔庙的正殿，也是孔庙的核心。“大成殿”原名“文宣王殿”、“宣圣殿”，宋崇宁三年（公元 1104 年），徽宗赵佶取《孟子》“孔子之谓集大成”语义，下诏更名为“大成殿”。根据文献资料记载，大成殿建于宋天禧二年（公元 1018 年），明弘治十三年（公元 1500 年）因大成殿被雷火烧毁，随之迅速重建。清雍正二年（公元 1724 年），它再次被雷火击毁，皇家特许按照皇宫大殿形式设计重新建造。[②] 大成殿高约 32 米，东西长 54 米，南北宽 34 米，坐落在 1836 平方米的殿基上。双重飞檐正中的竖匾上，刻着清雍正皇帝御书“大成殿”三个贴金大字。大成殿共 9 间，廊下还有 28 根雕龙石柱，石柱都用整块石材雕成，柱高 6 米，径长 0. 8 米。前廊下的 10 根石柱用深浮雕的手法雕成双龙对舞，衬以云朵、山石、波涛，造型优美生动，是罕见的艺术瑰宝，它是全庙最高的主体建筑，也是我国三大古殿之一。[③] 第七进院落中有“杏坛”，杏坛位于大成殿前甬道正中，宋天圣二年（公元 1024 年）初建，明隆庆三年（公元 1569 年）扩建，杏坛是孔子晚年讲学的地方，后人在此建亭植杏。大成殿内正中悬挂着“至圣先师”的横匾，神龛内供孔子脱胎塑像，像高 3. 35 米。左右有颜子、曾子、子思和孟子塑像，史称“四配”。两侧又有塑像 12 尊（又称“十二哲”），他们是闵损、冉耕、冉雍、宰予、端木赐、冉求、仲由、言偃、卜商、颛孙师、有若

---

① 有关资料见《文化艺术的宝库——孔庙、孔林、孔府》，载《西部时报》，2005 年 12 月 2 日第 12 版。

② 参见罗哲文等:《中国名祠》，39 页，天津，百花文艺出版社，2006。

③ 参见小小编著:《中国南方北方游》（北方卷），108 页，北京，中国电影出版社，2005。

和朱熹。上述16位学者是儒家学派公认的正宗继承人。[①] 杏坛旁有一株古桧，称“先师手植桧”。杏坛周围朱栏，四面歇山，十字结脊，二层黄瓦飞檐，双重半拱。亭内细雕藻井，彩绘金色盘龙，其中还有清乾隆“杏坛赞”御碑。亭前的石香炉高约1米，形制古朴，记载为金代遗物。孔庙最后一座殿堂是“圣迹殿”，存放以孔子的经历和故事为题材雕成的连环画石刻图。孔庙东路有“诗礼堂”，它是当年康熙帝南巡专程赴曲阜谒孔时，特意在此聆听孔子后裔孔尚任弘扬孔子学说的场所。孔子故宅在诗礼堂之后，这里是孔庙中最古老的地方，也是当年孔子居住之处。旁边有古井一口，据传系孔子的“饮水井”，井台四周有雕花石栏。有趣的是井栏出入口的两根石柱竟是响石，击之有金属之声。整个建筑群规模宏大、布局严整，集我国古代建筑、雕刻、书法、绘画之大成。两千多年来，曲阜孔庙屡毁屡修从未废弃，由孔子的一座私人住宅，发展成为规模形制与帝王宫殿相媲美的庞大建筑群，延时之久、记载之丰，可以说是人类建筑史上绝无仅有的孤例。根据现有资料记载，在1911年以前，重大的维修活动有60次，其他经常性的维修就无法计算了。[②]“孔子文化节”于每年的大祭——农历八月二十七（即孔子诞生日）在孔庙举行，后来又改为公历9月28日。[③] 2006年“国际孔子文化节”定于9月20日在孔子的故乡山东曲阜举行，其主题是“弘扬优秀传统文化、加强两岸文化交流、促进开放合作发展”。在此期间还举办“孔子教育奖”首届颁奖活动、“两岸孔子文化交流周”大型文化交流活动。[④] “孔庙”与“北京故宫”和“河北承德避暑山庄”，并称为中国三大古建筑群是当之无愧的。

---

① 参见小小编著：《中国南方北方游》（北方卷），109页，北京，中国电影出版社，2005。

② 《中国世界遗产年鉴》编纂委员会编：《中国世界遗产年鉴2004》，141页，北京，中华书局，2004。

③ 参见小小编著：《中国南方北方游》（北方卷），107页，北京，中国电影出版社，2005。

④ 文京：《五粮液被定为孔子文化节祭祀酒》，载《中国文化报》2006年9月2日，第2版。

“孔林”又称“宣圣林”、“至圣林”，是埋葬孔子及其后裔家族成员的专用墓地。进入“孔林”要经过1200米的墓道，然后穿过石牌坊、石桥、甬道，才能到达孔子墓前。孔林位于曲阜城北的泗河南岸1.5公里处，占地200公顷，周围砖砌林墙长达7公里。现有坟墓10万余座，墓碑4003通，“林门”及“享殿”古建筑116间，历代“石像生”及“石仪”85对。孔林内柏桧夹道，有古树4200余株，林道尽头为“至圣林”木构牌坊，这是孔林的大门。[①] 由此往北的“二林门”亦称“观楼”，是一座城堡式的建筑，四周筑墙，墙高3米多。林墙内有一条河，即著名的圣水——洙水河。洙水桥北不远处为享殿，是祭孔时摆香坛的地方。殿前有翁仲、望柱、文豹和角端等石兽。享殿之后的正中大墓为孔子坟地，墓前有巨碑篆刻“大成至圣文宣王墓”，坟墓封土高6.2米。墓东为其子“泗水侯”孔鲤墓；前为其孙“沂国述圣公”孔伋（子思）墓。据传此种特殊墓穴布局，称之为“携子抱孙”。[②] 孔子墓前东侧有三亭，是宋真宗、清圣祖和清高宗来此祭孔时停留之处，称作“驻跸亭”。孔林中除孔子墓外，气派较大、墓饰规格也高的，要数第72代孙孔宪培妻子的墓——于氏坊。墓前高大的木质牌坊上书“容音褒德”。这位于氏夫人原来是乾隆皇帝的女儿，因当时满汉不通婚，皇帝便将女儿过继给一品大臣于敏中，又以于女名义下嫁给衍圣公，故称于氏坊。孔林里还有一位名人之墓，就是清代戏剧家孔尚任，他因著《桃花扇》而名盛一时。他的墓穴位于内圈外侧的东北角。墓碑上刻有“奉直大夫广东清吏司员外郎东塘先生之墓”。孔尚任曾为康熙皇帝导游孔庙和孔林，由于他学识渊博，讲解生动而深得皇帝的赏识。在孔林中有的墓前还存有石雕的华表、石人、石兽，这些都是依照墓中人当时被封爵位的品级设置的，是目前世界上延时最久、面积最大的氏族墓地。孔子父母的墓地“梁公林”位于曲阜城东13公里，孟子父母的合葬地孟母林位于曲阜城南

---

① 参见唐佳：《孔林》，载《中华遗产》，2004年创刊号第36页。

② 参见小小编著：《中国南方北方游》（北方卷），111页，北京，中国电影出版社，2005。

13公里。孔子卒于鲁哀公十七年（公元前479年）四月乙丑，葬鲁城北的泗河南岸。[1] 其后代从冢而葬，形成今天的孔林。从子贡为孔子庐墓植树起，孔林内古树已达万余株。自汉代以后，历代统治者对孔林重修、增修过13次。孔林前后延续使用了约2500年，共计有孔氏子孙墓10余万座。孔林内墓冢累累，碑碣如林，石仪成群，古木参天。除汉碑移入孔庙外，地面上还有宋、金、元、明、清、民国等时代墓碑和谒陵题记刻石等4000余块，保存着宋、明、清各代石人、石马、石羊、石狮、望柱、供桌和神道坊等石仪近千件。[2] 为表彰儒家思想、满足祭祀需要，还建有门、坊、享殿、碑亭等60余座明清建筑。孔林埋葬孔子长孙已至第76代，旁系子孙已至79代，从周至今全无间断。[3] 作为一个家族墓地在世界上是没有先例的，它是儒家思想在漫长的中国封建社会里所居统治地位的产物。孔林丰富的地上文物对于研究我国墓葬制度的沿革以及研究我国古代政治、经济、文化、风俗、书法、艺术等都具有很高的价值。郭沫若曾经说过："这是一个很好的自然博物馆，也是孔氏家族的一部编年史。"中国历代帝王、文人和史学家对孔子非常崇敬，在他的家乡，当时鲁国国都兴建起大型的孔庙，修建了孔子后代子孙居住的孔府和他的墓地——孔林。"孔林"是目前世界上延时最久、面积最大的氏族墓地，国家每年都拨专款维修。

"孔府"（又称"衍圣公府"）天下第一家，它是孔子嫡长孙世袭衍圣公的衙署。孔府与孔庙为邻，是中国仅次于明清（公元1368—1911年）皇帝宫室的最大府邸。孔子名丘，字仲尼，春秋末期鲁国（今山东曲阜东南）人氏。自孔子到第八代孙孔谦，孔氏宗族人丁不旺，八代单传。东汉前期，住曲阜者约20户。[4] 孔府是在孔子故宅的

---

① 孔子于鲁哀公十七年（公元前479年）去世，汉司马迁的《史记·孔子世家》记载的"葬鲁城北泗上"，就是现在孔林所处的位置。

② 参见《中国世界遗产年鉴》编纂委员会编：《中国世界遗产年鉴2004》，140页，北京，中华书局，2004。

③ 参见唐佳：《孔林》，载《中华遗产》，2004年创刊号第36页。

④ 参见赵君：《孔府天下第一家》，载《中华遗产》，2004年创刊号第48页。

基础上建造起来的。孔府外有钟鼓楼，每当祭祀孔子的时候就会钟鼓齐鸣。孔府是中国贵族最古老的府邸，他是孔子历代嫡孙居住的私宅，明朝时就具备了今天的规模，现在孔府仍保持着清末、民国初年的陈设。孔府位于曲阜东华门大街1号孔庙的东侧，占地240亩，有厅、堂、楼、轩等各式建筑463间，分为中、东、西三路。东路为家庙、西路为学院、中路为主体建筑。[①] 东路一贯堂为次子所居，居中为尊，体现了宗子的尊贵地位和宗子与非宗子等级与地位的差别。中路以内宅为界，前为官衙，设三堂六厅（大堂、二堂、三堂，管勾厅、百户厅、知印厅、掌书厅、典籍厅、司乐厅），后为内宅是孔氏宗子衍圣公居住的地方，设前上房、前堂楼、后堂楼等5间。最后是孔府的花园，它是历代衍圣公及其家属游赏之所。大堂是衍圣公的公堂，内有八宝暖阁、虎皮大圈椅、红漆公案，公案上有公府大印、令旗令箭、惊堂木、文房四宝等，两侧是仪仗，气势森严可畏。72代衍圣公孔令贻的住宅和房内陈设保存完整。府内所藏历史文物十分丰富，其中，最著名的为“商周十器”（亦称“十供”），原为宫廷所藏青铜礼器，清高宗于乾隆三十六年（公元1771年）赏赐孔府。府内还珍藏有明清文书档案，它是孔府400多年各种活动的实录，共有6万多件，是中国数量最多、时代最久的私家档案。[②] “诗礼堂”位于孔子故宅内，建于明弘治年间。明弘治时为纪念孔子教育儿子孔鲤学《诗》学《礼》命名“诗礼堂”，“不学诗，无以言。不学礼，无以立”[③]。当年孔庙祭孔时，此为礼生演礼的地方。孔府始建于宋金时期（公元12—13世纪），明洪武十年（公元1377年）建府于今址。孔子嫡孙一向以“礼门义路家规矩”相标榜，格守“诗礼传家”的祖训；建筑也受到儒家礼仪的制约，留下儒家宗法制度与伦理观念的烙印。据传孔子九代孙鲋为了避免秦始皇焚书，而将《书》、《礼》、《论语》、《孝经》

---

① 参见小小编著：《中国南方北方游》（北方卷），111页，北京，中国电影出版社，2005。

② 参见《中国世界遗产年鉴》编纂委员会编：《中国世界遗产年鉴2004》，140页，北京，中华书局，2004。

③ 唐福玉编：《孔子故里名胜门坊匾联题集》，46页，山东省地图出版社，2003。

等藏入墙壁内层，西汉景帝时被发现，孔宅故井旁的“鲁壁”即为纪念此事而建。“鲁壁”位于孔庙东路，始建于宋代，单檐3间，金代重建，两侧加廊。① 孔府沿用中国传统的前堂后寝制度，前堂部分有官衙（衙署大堂用于接受皇帝颁发的圣旨或者处理家族内事务）、东学、西学，是一个对外活动的场所。后寝部分有内宅、花厅、一贯堂、是家族生活的场所。官衙和住宅建在一起，是一座典型的封建贵族庄园。建筑功能分区明确、排列井然有序。建筑群设计遵循“礼教与宗法”原则，把一系列使用功能不同的建筑物，有主次、有次序地进行排列。建筑物的名字也打着儒家思想的印记，“一贯堂”、“忠恕堂”、“安怀堂”等，既赞扬孔子的忠恕思想和使人安乐的政治理想，又显示孔子嫡孙努力仿效的决心；“东学”、“西学”，既赞扬孔子创学设教的功绩，又表明孔子嫡孙继承诗礼传家、好学重教传统的态度。孔府后院还有一座幽雅清新的花园，布局别具匠心，可称园林佳作，也是园宅结合的范例。孔府所藏的大量历史档案、传世文物、历代服饰和用具等都极其珍贵。孔府是仅次于明、清皇帝宫室的最大府邸，也是中国现存规模最大、保存最好、最为典型的官衙与宅第合一的建筑群。

二

曲阜既是历史与文化交融的影像，又是人与自然和谐的风光。曲阜境内地下水属淮河流域南四河水系，共有大小河流14条，主要有泗河、沂河、蓼河、险河4条河流。泗、沂两条主干河流，自东向西横贯全境。河流总长度246公里，年平均径流量18 044万立方米，年平均径流深201毫米，年平均实际可利用水资源总量23 087万立方米。全市有水库塘坝264座，总库容15 507万立方米。其中，水库62座，主要有尼山水库、河夹店水库、梨园水库、胡二东水库、白塔水库、吴村水库、韦家庄水库等。曲阜属于暖温带季风性大陆气候，四季分

① 参见小小编著：《中国南方北方游》（北方卷），109页，北京，中国电影出版社，2005。

明，降水较为丰沛，具有多春旱、夏季多雨、秋季干旱、冬季干冷少雪的气候特点。常年平均气温 13.6℃，常年降雨量 666.3 毫米，常年无霜期 199 天，年平均风速 2.4 米/秒。从资源类型来看，曲阜的资源大体可分为三种：一是以“三孔”为代表的文物资源，包括孔庙、孔府、孔林、孔子故宅、颜庙、周公庙、少昊陵、孟母林、梁公林、夫子洞、尼山孔庙、九龙山汉墓群等。其中，“三孔”被联合国教科文组织列入《世界遗产名录》，孔子故居被中宣部公布为全国百个“爱国主义教育示范基地”。二是以尼山、石门山、九仙山为代表的自然资源，其中，尼山、石门山是“国家级森林公园”。三是围绕孔子与孔子文化开发建设的一批主题公园，包括孔子六艺城、论语碑苑、孔子研究院、孔子精华苑及鲁国盛世华夏文化城等。经过多年的开发与发展，曲阜已成为交通便利、环境优美、秩序良好、接待设施功能齐全的旅游城市，“东方圣城”的形象日趋鲜明。联合国教科文组织总干事马约尔、法国总统密特郎、北爱尔兰总统希勒里、越南民主共和国主席胡志明、柬埔寨国家元首西哈努克、新加坡总理李光耀和吴作栋、美国国务卿舒尔茨等，都专程到山东曲阜瞻仰孔子遗迹。① 1952 年 10 月 28 日，毛泽东主席参观了孔庙、孔府、孔林后发表了重要讲话；1959 年刘少奇主席参观了“三孔”后，还专门借了孔家的家谱看过 3 天；1992 年 7 月 29 日江泽民总书记参观了“三孔”后，写下了“建设文化名城，繁荣曲阜经济”的题词。② 1961 年曲阜孔庙被国务院列为“全国重点文物保护单位”；1982 年曲阜被评为“全国首批历史文化名城”；1991 年被国家旅游局评为中国旅游胜地 40 佳；1994 年孔庙、孔府、孔林列入世界文化遗产；1997 年国家旅游局又把曲阜确定为全国 35 个王牌旅游城市之一；1998 年 12 月曲阜被命名为第一批中国优秀旅游城市；2000 年孔庙、孔府、孔林被评为首批国家 4A 级旅游景区；2004 年被评为全国文物工作先进市。

---

① 参见《中国世界遗产年鉴》编纂委员会编：《中国世界遗产年鉴 2004》，141 页，北京，中华书局，2004。

② 唐玉福著：《孔子纪闻》，143 页、146 页，北京，远方出版社，2002。

必须依据世界遗产的规定保护曲阜孔庙、孔林、孔府。曲阜孔庙、孔林、孔府是中国历代纪念孔子、推崇儒学的表征，它以丰富的文化积淀、悠久的历史、宏大的规模、丰富的文物珍藏以及科学的艺术价值而著称，在中国历史和世界东方文化中上有着显著的地位。曲阜孔庙、孔林、孔府的英文名称为：Temple and Cemetery of Confucius and the Kong Family Mansion in Qufu。根据世界文化遗产遴选标准 C（I）（IV）（VI）的规定，1994 年 12 月曲阜孔庙、孔林、孔府入选《世界遗产名录》（编号：200—012）。世界遗产委员会对孔庙、孔林、孔府的评价是："孔子是公元前 6 世纪—前 5 世纪中国春秋时期伟大的哲学家、政治家和教育家。孔夫子的庙宇、墓地和府邸位于山东省的曲阜。孔庙是公元前 478 年为纪念孔夫子而兴建的，千百年来屡毁屡建，到今天已经发展成超过 100 座殿堂的建筑群。孔林里不仅容纳了孔夫子的坟墓，而且在他的后裔中，有超过 10 万人也葬在这里。当初小小的孔宅如今已经扩建成一个庞大、显赫的府邸，整个宅院包括了 152 座殿堂。曲阜的古建筑群之所以具有独特的艺术和历史特色，应归功于两千多年来中国历代帝王对孔夫子的大力推崇。"① 曲阜是古代东夷族部落居住中心，大汶口文化和龙山文化主要地区，亦是周代东方的礼乐之邦。作为孔子的故乡曲阜，素以历史悠久、文化发达、文物丰富及古建筑雄伟称誉世界。全市现有文物保护单位 300 多处，重点文物保护单位 112 处。其中，国家重点文物保护单位 4 处，省级 12 处，"三孔"（孔府、孔庙、孔林）是最为著名的。自 1994 年曲阜孔庙、孔府、孔林入选《世界遗产名录》后，来曲阜参观游览的人越来越多。为此，当地政府制定了《曲阜市文物保护管理办法》、《"三孔"世界遗产保护管理条例》，并邀请专家制定了孔庙、孔林、孔府古建筑维修与保护管理规划，加强对古建筑的维修和保养，加固支撑古树名木，开展病虫害防治，对"三孔"的碑刻进行拍照、测量、拓印，建立完善的古迹档案，完成对古建筑数字化测绘等。

---

① 《中国文化遗产年鉴》编辑委员会编：《中国文化遗产年鉴 2006》，67 页，北京，文物出版社，2006。

对破坏曲阜孔庙、孔林、孔府的违法违规行为予以严厉制裁。曲阜“三孔”管理部门为了以新面貌迎接“中国孔子国际旅游股份有限公司”成立，对孔府、孔庙、孔林进行全面卫生大扫除，买来升降机、水管、水桶等工具，错误地对文物用水管从上至下直接喷冲，或者以其他工具直接擦拭。据曲阜文物管理委员会的报告称，在旅游公司租赁的景区内，古建筑均有不同程度的油漆彩绘脱漆现象。其中孔庙最为严重，损害严重的有大中门、同文门、奎文阁两侧掖门、东西庑、大成殿、寝宫等。孔府内重光门“恩赐重光”匾的金箔全部脱落，前后堂楼走廊的天花板已露出部分原木底。颜庙内复圣殿内部分彩绘脱落，天花顶损坏较为严重。据目击者证实，孔庙大成殿后檐打扫时，地上落了一层油漆彩绘片。文管会在庑廊下拾零到散落的漆片、彩绘和金箔等物，大者直径竟接近5厘米。由于用水管直接冲洗，使孔庙、孔府建筑木质内大面积渗水，造成的漆层拱起，还将会进一步脱落，其潜在危害不可估量。此外，由于展室内大量用水擦洗，致使室内湿度增大，对室内陈列的文物安全也造成威胁，现孔府内部分字画已有起皮现象。曲阜文管会在调换展室文物时，发现大成殿部分铜豆、簋等器物内有较多积水。曾子、子思神龛前的青铜供器内，至2000年12月19日检查时仍有积水。孔庙内大多数石碑也用水冲刷过，一旦石隔内渗水，遇冷结冰后，石碑将会裂缝断开。尽管后补采取了许多科学措施，但碑亭中有些石碑的鱼脚和碑文也被冲掉，大成殿雇请外边的农民利用升降梯从上往下冲刷，仍把孔子像冲坏了。像曲阜“三孔”这样的世界遗产，不论是谁管理、谁使用，关键是都要认真研究和尊重文物保护工作自身的规律，严格按照国家法律和国际公约的规定办事。世界遗产不仅仅是一流的文物古迹，不仅仅是响亮的名声以及由此而来的旅游经济效益。世界遗产也意味着全人类共同的财富，意味着一流的管理水平和保护措施。通过加入世界遗产这一活动，使更多的人能够认识文化遗产的价值，分享文化遗产带给人类的益处，参与保护文化遗产的行动。

山西云冈石窟文化景观

一

山西云冈石窟距今已有1500多年的历史。“云冈石窟”地处山西省大同市区西16公里处的武周山麓，位于东经113°20′，北纬40°6′。大同市在5世纪初是北魏的都城（当时称为“平城”），时间跨度长达96年，是我国历史文化名城之一。时至5世纪末，北魏迁都洛阳之前，这里一直是中国北方封建统治的中心和军事重镇，并且是辽代“五京”之一的“西京”。现在这里是新中国的能源重化工基地，尤其盛产煤炭，素有“煤都”之称。“云冈石窟”始建于北魏文成帝和平初年（公元460年），兴盛于5世纪60年代至90年代，延续至6世纪20年代，前后用了约60年的时间，才基本上完成了这个浩大的艺术工程。① 云冈石窟是一个刻在石头上的王朝，一部北魏王朝的断代史（珍藏着北魏王朝的历史）；它更是一部鲜卑民族的文化史，因为它浓缩了鲜卑民族的珍贵文化。迁都洛阳后的公元500年，北魏开始开凿“洛阳的龙门石窟”。但是鲜卑贵族认为，那些基本上汉化了的佛像，已经不再属于鲜卑人了，于是尚留存在平城的鲜卑贵族们，继续以自己的能力极力营造鲜卑人自己的精神家园——“云冈石窟”。公元523年北魏发生“六镇起义”，533年鲜卑人政权——北魏王朝灭亡；隋唐

① 参见李振湘：《世界遗产中国行》，76页，北京，民族出版社，2004。

以后作为民族的鲜卑不复存在。[①]

云冈石窟是追溯古代中西文化交流和人民友好往来的实物佐证，也是早期佛教艺术大规模落根我国中原地区的杰出代表。云冈石窟依山而凿，绵延东西约1公里的两道峡谷，将整个石窟分为东、中、西三区：东区洞窟较少，只有第1～4窟4个窟；中区为第5～13窟9个窟；西区石窟数目最多，除了第14～20窟7个大窟外，还有位于第20窟以西的第21～53窟32个小窟。在现存的53个主要洞窟中，共有大小窟龛252个，佛雕51 000多尊（雕像大至十几米高，小至几厘米高），石雕面积达18 000余平方米，是中原地区现今规模最大的石窟造像群。它们有的居中坐立，或者击鼓或者敲钟，或者手持短笛或者载歌载舞，或者怀抱琵琶，形态、神采动人。在这些佛像、飞天以及供养人面目、身上、衣纹上，留有古代劳动人民的智慧与艰辛。云冈石窟是我国最大的石窟之一，它与敦煌千佛洞、洛阳龙门石窟并称为中国三大石窟艺术宝库，堪称5世纪后半叶中国佛教雕刻艺术的“陈列馆”。[②] 北魏著名地理学家郦道元在《水经注》中，记载了当年云冈石窟的壮景：“凿石开山，因岩结构，真容巨壮，世法所稀，山堂水殿，烟寺相望，林渊锦镜，缀目所眺。”[③] 现存的整个云冈石窟群题材，基本上是佛像和佛教故事，石窟内的佛龛，像蜂窝密布，大、中、小窟疏密有致地嵌贴在云冈半山腰。东部的石窟多以造塔为主（又称“塔洞”）；中部石窟每个都分前后两室，主佛居中，洞壁及洞顶布满浮雕；西部石窟以中小窟和补刻的小龛为多，修建的时代也略晚，大多是北魏迁都洛阳后的作品。整座石窟气魄宏大，外观庄严，雕工细腻，主题突出。石窟的内壁、外壁、佛光、藻井等，都刻有成群的“飞天”，非常生动活泼。石窟群中雕塑的各种宗教人物，形象神态各异，栩栩如生，展示了佛教徒所幻想的极乐世界。在雕造技法上，它

---

① 参见柳林独客：《云冈石窟：刻在石头上的王朝》，载《中国民族报》，2006年10月10日第7版。

② 参见《中国世界遗产年鉴》编纂委员会编：《中国世界遗产年鉴2004》，199页，北京，中华书局，2004。

③ 李振湘：《世界遗产中国行》，76页，北京，民族出版社，2004。

继承和发展了我国秦汉时期艺术的优良传统，也吸取和融合了印度犍陀罗艺术及波斯莫陀罗石窟艺术的精华，创建出云冈独特的艺术风格，在我国雕塑史上留下了重要的一页。

云冈石窟是世界佛教石窟艺术第二次繁荣期的最佳作品。公元398年，北魏从今天的内蒙古林格尔迁移到平城后，定佛教为国教并且推广到民间。文成帝之前的太武帝时期，信仰道教压制佛教，尤其是太武帝听信司徒崔浩的建议，焚毁佛寺佛塔、强迫僧人还俗，造成了佛教史上的“太武灭法”事件。文成帝继位后，第一件大事就是“恢复佛法”。文成帝和平年间（公元460—465年），云冈石窟开始大规模营造，到孝明帝正光五年（公元524年）建成，前后计60多年。起初由著名的高僧昙曜主持（昙曜是著名的凉州禅师），他奉北魏文成帝旨意主持开凿，“于京城西武州塞，凿山石壁，开窟五所”。现存的编号为第16~20窟，就是著名的“昙曜五窟”。其他洞窟大部分凿于太和十八年（公元494年）北魏迁洛阳之前。[①] 在这最早的5窟中，第16窟为平面呈椭圆形，正中主像为释迦牟尼像，高13.5米，立于莲花座上，周边墙壁上雕有千佛和佛龛。第17窟主像是三世佛，正中为交弥勒坐像，高15.6米；东、西两壁各雕佛龛，东为坐像、西为立像。明窗东侧的北魏太和十三年（公元489年）佛龛，是后来补刻的。第18窟主像也是三世佛，正中是身披千佛袈裟的释迦牟尼佛，高15.5米。东壁上部的弟子群，雕刻技法十分熟练，堪称杰作。第19窟主像还是三世像，窟中的释迦牟尼坐像高16.8米，是云冈石窟中的第二大佛像。窟外东西凿出两个耳洞，各雕一身8米的坐像。第20窟窟前大约在辽代以前已崩塌，主佛像是云冈石窟的代表作，释迦牟尼正中端然坐立，体态丰满，面相丰腴，长耳垂肩，既庄重威严，又面带慈祥。主佛右肩袈裟平披，左肩斜披至胸前。主佛头束高髻，佛像之眉高挑细长，双目炯炯有神。大佛嘴角微微上翘，似笑非笑，显得深沉而含蓄。头部稍稍前倾，目光下视，使人感到和蔼亲切。“昙曜

① 参见《中国世界遗产年鉴》编纂委员会编：《中国世界遗产年鉴2004》，199页，北京，中华书局，2004。

五窟”形制基本相同，平面呈马蹄形或者椭圆形，穹窿顶、前开拱门，门上方开明窗，高达15米以上，但是其形式却近似僧人修禅所居的草庐。窟内主像形体高大，占据了绝大部分空间，两侧各有一佛侍立或者倚坐，合为“三世佛”，但是主从相差悬殊。主像背后雕饰华丽的舟形背光直达窟顶中央，壁间遍刻千佛，有的还刻有贴壁雕的菩萨、罗汉等形象。尽管这5个石窟在设计和布局上存在着和谐统一性，但它们的造型却各有特点。这些雕像和花纹带有明显的古印度犍陀罗艺术的风格，是其随佛教传播入中国后，与宗教感淡漠的中国文化结合而成的世俗性艺术产物。雕凿这些佛像的直接目的就是以佛为皇帝祈福，体现出神权和皇权的合一。然而在创作中，雕塑匠师们并不仅仅局限于表现出“皇帝即佛”的政治意图，而是根据自己的生活感受，参照佛经中关于佛的描写，力求雕刻出崇高圣洁的理想典型。

第1、2窟为双窟（称为“塔洞”），位于云冈石窟东端。第1窟中央雕出两层方形塔柱，后壁立像为弥勒，四壁佛像大多风化剥蚀，南壁窟门两侧雕维摩、文殊，东壁后下部的佛本生故事浮雕保存较完整；第2窟中央为一方形三层塔柱，每层四面刻出三间楼阁式佛龛，窟内壁面还雕出五层小塔，它们是研究北魏建筑的形象资料。

第3窟为云冈石窟中规模最大的洞窟。前面断壁高约25米，中上部凿有12个长方形石孔，传为昙曜译经楼。窟分前后两室，前室上部中间凿出一个弥勒窟室，左右凿出一对三层方塔；后室南面西侧雕刻有面貌圆润、肌肉丰满、花冠精细、衣纹流畅的三尊造像，本尊坐佛高约10米，两菩萨立像各高6.2米。从这三像的风格和雕刻手法看，一般认为是初唐（7世纪）时雕刻的。

第4窟的中央雕有一长方形立柱，南北两面各雕6个佛像，东西各雕3个佛像。南壁窟门上方有北魏正光纪年（公元520—525年）铭记，这是云冈石窟现存最晚的铭记。①

---

① 编号为第1~4窟的雕刻情况，是根据笔者的现场考察记录和存于山西云冈石窟文物研究所的《云冈石窟解说词》综合写作的。

第5、6窟两窟内容富丽瑰奇，是云冈艺术的精华。① 根据历史文物记载，窟前五间四层木结构阁楼是清代顺治八年（公元1651年）修建。② 第5窟窟檐面阔9.1米，进深5.2米。第5窟为“大像窟”，形制与云冈早期洞窟相同，平面为马蹄形、穹隆顶，北壁置隧道为诵经道。主要造像题材是“三世佛”（即过去、现在、来世佛），主尊释迦牟尼坐像高达17米，横宽15.8米，脚长4.65米，是云冈石窟最高的造像。佛像形态端庄，体现了中原文化传统的表现手法。但其脸部形象：额宽、鼻高、眼大而唇薄，却具有外域佛教文化的某些特征。第5窟有多达39个附洞，每个附洞的雕刻艺术品都极为珍贵。譬如，编号为5～11的洞窟，该窟位于主洞明窗西侧第一层，尖拱式外壁，窟楣中雕坐佛。窟内东西宽1.3米，南北进深0.9米，上下高2.1米，东西北壁各开大龛，北壁坐佛褒衣博带，衣摆皱褶繁缛而下垂至地面（这种造像风格在云冈以后开凿的石窟中常可见到），面容清秀，显得异常俊美。窟内雕刻很有特色：一是窟顶平格内雕刻了演奏埙、筚篥、排箫、横笛、毛员鼓、羯鼓的8个飞天乐伎，它们身材修长，飘带翻飞，是云冈乐伎雕刻的精品之一；二是南壁窟门两侧对称雕刻了“逾城出家”和“乘象投胎”的佛传故事画面；三是保存完好的地面团莲雕刻。由于该窟距地面较高（约为6米），很少有人践踏窟内地面，成为云冈石窟唯一完整保存的北魏洞窟地面的团莲雕刻。编号5～12的洞窟，此洞窟位于主洞明窗东侧第二层，是一个雕凿在外壁的佛龛。此龛的佛像头高45厘米，肉髻高耸，长眉细目，鼻梁高直，两翼分明，嘴角两侧上翘，笑容微微显露，身体前倾，晗首俯视蕴藏了极大的智慧与宽容。此为云冈石窟的晚期造像，其雕刻成就异常突出，绝非在一朝一夕发挥一个艺术家的才能所能完成的，它意味着前人的努

---

① 参见小小编著：《中国南方北方游》（北方卷），128页，北京，中国电影出版社，2005。

② 第5窟清代木结构窟檐一层西侧，存有清代顺治八年（公元1651年）700余字的“重修云冈大石佛阁碑记”石碑。东侧存有清代康熙三十七年（公元1698年）600余字的“重修云冈寺记”石碑。窟檐外东侧存有清代咸丰十一年（公元1861年）1300余字的“重修大佛寺碑记”石碑，西侧还存有蒙文石碑一块。

力，是以更早期的艺术家艰辛的尝试为前提的。第6窟是云冈石窟雕刻中设计最精细、雕刻最华丽、内容最丰富、造像最多的精华洞窟“塔庙窟”。[①] 第6窟窟檐面阔9.55米，进深7~8米，在形体上略比第5窟高大。高达15米的中心塔柱上雕有大小石佛3000余尊，东西两壁刻有著名的“佛传图”，形象地描绘了释迦牟尼从诞生到成佛的故事（即佛传故事画面37幅），展示了释迦牟尼从诞生到成佛的经历，它们是北魏时期石窟寺佛本行故事中的珍品。中心塔柱分上下两层，上层“四方佛”褒衣博带气宇轩昂；四角各雕立体方形九层塔，每层三龛三佛层层出檐；下层四面开出大型双重佛像龛，豪华别致，龛龛不同：南面雕释迦牟尼坐佛像；西面雕阿弥陀佛倚坐佛像；北面雕“释迦、多宝”二佛并坐像；东面雕交脚弥勒菩萨像。窟顶中心塔柱四周的32个平方格虽有风化，但是依然可见骑孔雀、狮、虎、长尾马、狐、龟等动物的人物，此乃八部护法中的“诸天骑乘”。这些画面不仅宣传了佛教经论中对护法八部的详细描写，也使洞窟艺术雕刻更加丰富多彩。北壁下层置一平台高出地面1.2米，以两根千佛柱支撑，撑开一个宽13.8米，高7米的大型佛像龛，内置三世佛，主题思想明确，形体突出高大，虽然风化严重，但其设计精神犹在。该窟壁面东北隅因山体渗水严重而多有风化，南壁和西壁则保存较好，显现了北魏雕刻艺术之精妙，南壁窟门与明窗间列龛两排，上排为8个圆拱龛，下排为8个帷幕龛，龛内均置坐佛，齐整有序，威严肃穆。在南壁上层东西两侧，各雕有高浮雕大象负驮须眉座5层瓦顶出檐佛塔，设计巧妙，雕刻精美，是云冈石窟佛塔雕刻的精品，也是中国传统建筑艺术与印度佛教艺术相结合的典范。两窟外壁分别开有大型明窗和窟门，两窟中央耸立由“龟趺”驮起的巨大丰碑，东西两侧对称为9层高塔，窟前宽度达30余米，是一组前庭宽大平坦的双窟。

第7、8窟为一组双窟，两窟窟前有三层木构窟檐。其中，第7窟

---

① 第6窟木结构窟檐内存有明代泰昌元年（公元1620年）700余字的“游石佛寺记”。窟檐外西侧存有清代乾隆三十四年（公元1769年）1000余字的“重修云冈石佛寺碑记”石碑和光绪二年（公元1876年）蒙古文碑记，东侧存有清代同治十二年（公元1873年）800余字的“重修庙宇碑记”石碑。

分前后室，后室北壁主像是三世佛，东、西、南三壁布置了人生故事浮雕和表现佛传故事的佛龛。窟顶平棋飞天和南壁门拱上部的6个供养天人，雕刻十分精美。第8窟四壁雕像风化严重。门拱西侧刻有五头六臂乘孔雀的鸠摩罗天，东侧刻有摩琉首罗天，雕刻技巧与造型都较成熟、这种题材在云冈石窟是罕见的特例。①

第9、10窟为一组双窟，第9窟分前后室，前室南壁凿成八角列柱，后室窟门上凿明窗；前室东西壁雕出3间仿木构建筑的佛龛，壁面满刻佛像、飞天；后室北壁主像是释迦牟尼佛。第10窟也分前后室，其后室门拱内外两面有精雕的图案花纹，结构严谨。

第11～13窟为一组石窟。第11窟正中凿出方柱，四面各雕上下龛。东壁上部有北魏太和七年（公元483年）造像题记，是研究云冈石窟开凿历史的重要资料。第12窟前室正面凿成3间仿木构建筑的窟檐，东西壁也雕出3间仿木构建筑的佛龛，窟顶雕有伎乐天，手持排箫、琶邑、笛、鼓等乐器。第13窟南壁上层的7佛立像和东壁下层的供养天人，是这个窟中的精品。

二

必须按照保护世界文化遗产公约的要求保护云冈石窟。云冈石窟不仅是我国古代雕刻艺术的瑰宝，也是世界著名的大型石窟群之一，艺术家们把它比喻成“东方的罗马石雕”。云冈石窟的英文名称为：Yungang Grottoes。根据世界文化遗产遴选标准，云冈石窟符合标准中的4条：（1）云冈石窟的大规模佛像雕塑群是中国早期佛教石窟艺术的杰作；（2）云冈石窟的艺术创作是5世纪以来南亚和中亚的佛教宗教艺术同中国传统文化成功融合的范例，而佛教在中国的兴盛则是和皇家统治阶级的推崇密不可分的；（3）云冈石窟生动地体现了佛陀在中国所代表的力量和忍耐；（4）云冈石窟是中国现存最早、最大的石

① 编号为第7～13窟的雕刻情况同编号为第1～4窟一样，是根据笔者的现场考察记录和存于山西云冈石窟文物研究所的《云冈石窟解说词》综合写作的。

雕佛像群，气势恢弘，风格硬朗流畅。联合国教科文组织世界遗产委员会第25次会议，于2001年12月13日在芬兰赫尔辛基举行，会议以无记名投票的方式，通过了将云冈石窟列入世界文化遗产名录的议案。2002年4月6日联合国教科文组织正式授予云冈石窟“世界遗产证书”，标志着这座历经千年岁月风尘的古石窟，从此正式列入《世界遗产名录》。世界遗产委员会对云冈石窟的评价是：云冈石窟位于山西省大同市西郊，现存洞窟252座和石像51000尊，代表了中国古代5世纪到6世纪时期高超的佛教艺术成就。云冈有5个著名的石窟，是由一个名叫昙曜的人主持修建的，整体布局严整，风格和谐统一，是中国佛教艺术发展史的第一次高峰。“云冈石窟是在相对短的时间内（公元460—525年）雕刻完成的、中国佛教艺术第一个繁荣时期的最杰出的作品；是南亚、中亚地区和中国文化有机结合的产物；是第一个由皇家主持开凿的石窟，反映了当时的政治背景。同时云冈石窟雕刻也具有鲜明的中国特色和地方特征，对中国后期佛教石窟艺术发展产生了深远的影响。”① 因此，对云冈石窟的维修保护必须严格遵守“不改变原状”的原则，尽最大可能保存文化遗产的真实性。当地政府采取了传统手法与现代科学技术相结合的办法，在窟龛岩体加固中，以支护、锚杆加固等工程方法，对裂缝进行化学灌浆粘接处理。在水害治理方面，采取堵截、引导、铺设防水层等方法。在污染治理方面，采取环境绿化、修建保护窟檐、消除污染源的方法进行综合治理。2005年7月30日云冈石窟防水工程设计方案通过专家组评审。

必须按照全国重点文物保护的要求保护云冈石窟。1500多年来，云冈石窟由于受到风化、水蚀和地震的影响毁损较为严重，新中国成立前也曾遭到人为的破坏。据不完全统计，被盗往海外的佛头、佛像竟达1400多个，斧凿遗痕至今犹存。新中国成立以来，各级政府对云冈石窟多次进行大规模的维修工程，使古老的艺术宝库得到了妥善的保护。1961年国务院公布云冈石窟为第一批“全国重点文物保护单

① 《中国世界遗产年鉴》编纂委员会编：《中国世界遗产年鉴2004》，201页，北京，中华书局，2004。

位”，1964年中央文化部批准划定云冈石窟保护范围，包括重点保护区、安全保护区与地下安全线（因大同是我国主要煤产地之一，故针对地下采煤活动而专设）三部分。1989年国家土地管理部门勘查确权，颁发国土使用证，同时安装了保护范围界桩。2007年5月成为国家首批5A级旅游景区。尽管困扰大同云冈石窟多年的煤粉尘问题基本得到控制，但近年来它一直受到酸雨的侵蚀。山西省环境监理总队执法人员在对云冈石窟风景名胜区及周边环境污染问题进行检查时发现，距石窟以南约800米处，有一片堆煤场，再往远处矸石山上浓烟滚滚。毗邻云冈景区的堆煤场与矸石山均属大同煤矿集团晋华宫矿。矿区内原煤无序堆放，无有效喷淋装置，二次扬尘污染严重，直接影响景区的环境和观瞻。矸石山虽经覆土处理，但矸石自燃未得到有效控制，矿区的40多个锅炉遍布各个角落，造成有害气体大量排放，极易导致酸雨形成。针对晋华宫矿的违法事实和其独特的地理位置，检查人员当即责令该矿立即停止环境违法行为，责成大同环保局按照环保法律、法规依法予以严肃查处，并提出整改要求，限期解决矿区原煤无序堆放和矸石山自燃问题。① 依据国际古迹遗址理事会第15届大会在西安通过的《西安宣言》，为了减少粉尘对石窟文物的损害，重视文物周边环境保护的建议，2005年国家拨款2.6亿，将109国道云冈段改线。② 针对近年来大气污染严重的问题，云冈石窟文物研究所与美国盖蒂保护研究所和德国吉森大学应用地学研究所合作，共同研究攻克云冈石窟受大气污染的难题。建立了全自动的气象站，对云冈石窟的小气候进行科学监测；对大气环境质量进行密切监测；对石雕表面颜料及盐份进行分析研究；对洞窟顶部进行防水研究；对防风化材料在云冈石窟进行应用试验研究等。他们的研究已经取得了较丰富的成果，尤其是获取了大量可靠的科学数据，初步摸清了石窟气候变化的规律，找到了影响石雕保存的主要原因，为云冈石窟文物保护措

---

① 有关资料见《山西日报》2002年7月25日第2版。

② 参见李韵：《〈西安宣言〉重视文物周边环境》，载《光明日报》，2005年11月11日第5版。

施的制定和实施提供了科学依据。

必须依法维护和管理云冈石窟。新中国成立后，中央和地方各级政府投资维修云冈石窟，并且成立专门机构实施保护管理工作。1952年成立“大同市文物管理委员会”，下设大同市古迹保养所，1953年更名为“山西云冈古迹保养所”，1957年5月更名为“山西云冈文物保管所”，1989年9月大同市人民政府批准更名为“山西云冈石窟文物研究所”。对云冈石窟的保护和管理，严格按照国家的有关法律法规执行。所依据的主要法律有《中华人民共和国宪法》、《中华人民共和国刑法》、《中华人民共和国文物保护法》、《中华人民共和国环境保护法》、《中华人民共和国城市规划法》。所依据的法规主要有《中华人民共和国文物保护法实施细则》、《山西省文物保护实施细则》、《山西省实施〈中华人民共和国文物保护法〉办法》和《大同市云冈石窟保护管理条例》。1995年8月制定了《云冈石窟发展规划》，在原来保护范围的基础上增加了绝对保护区，扩大了原重点保护区，安全保护区更名为建设控制地带，其中增设了环境控制区。这样就使得绝对保护区、重点保护区、建设控制地带以及地下安全线形成“上、中、下立体交叉保护与近、中、远多层保护体系”。① 《云冈石窟发展规划》中的绝对保护区、重点保护区、建设控制地带与环境控制区，属于世界遗产保护概念中的“缓冲区”。在维修保护方面，主要进行了危岩加固、窟龛修缮以及兴建保护设施、安装洞窟护栏、整修台阶等。云冈石窟文物研究所自成立以来一贯重视环境治理工作；政府于1987年成立绿化队，在保护范围内做了大量绿化工作，使窟区绿化面积占到总面积的50%以上。1997年以来，大同市人民政府又提出绿化云冈峪的任务，发动全市民众在包括云冈石窟缓冲区在内的较大范围内进行大规模的植树造林，现已初见成效。2000年大同市人民政府还成立了云冈石窟环境整治组，依法拆迁了保护区内与文物环境风貌不相协调的建筑物和构筑物，维护了云冈石窟保护区的整体安全和环境优美。

---

① 参见《中国世界遗产年鉴》编纂委员会编：《中国世界遗产年鉴2004》，201页，北京，中华书局，2004。

山西五台山名胜文化景观

一

五台山位于山西省忻州地区五台县境内，属太行山脉，跨越忻州地区的五台县、繁峙县、代县、原平县、定襄县，周边长达500余里。五台山的中心区是五台县的台怀镇，距五台县城90公里、忻州市160公里、山西省会太原市240公里。[①] 五台山层峦叠嶂峰岭交错，大自然为其造就了许多独特的自然景观。人们平常难得一见的奇峰灵崖，在这里比比皆是，著名者达50余处。其中，“写字崖”用水洒湿以后拿手帕仔细拭擦，崖面就会显示出类似篆、隶体的字迹，水干则字隐。有人曾揭去表皮石层，结果下层仍能擦出字来；不仅层层有字，而且字字不同。据五台山僧人介绍，此地曾发现过“天之三宝日月星，地之三宝水火风，人之三宝精气神”的联句。清泉碧池满山镶嵌，历史上誉为有灵气者竟达20余处。其中，“跃鱼石窟”位在山崖径有尺许，[②] 每年清明节前后窟中便有鱼随流水拥挤而出，甚至于破身暴鳃，至农历五六月后方止。其鱼大者过斤、小尾数两，多为鲤鱼和鲫鱼，味道特美。佛洞、妙石得名者也有30余处。其中，“牛心石”状如牛肝，传说牛魔王皈依佛教修成正果后，其妻罗刹女情丝难断追赶到此。

---

① 参见王锴深主编：《山西导游》，110页，太原，山西科学技术出版社，1999。

② 参见班彦钦：《专家把脉开方五台山为申报“世界遗产”做准备》，载《山西日报》，2004年9月7日。

牛魔王剖腹自杀以明心迹，随后化作此石。据说刮削石粉食之，可疗心疾。清代康熙皇帝巡幸五台山，从臣敬请凿取。康熙皇帝御笔“岁月”二字，意思是告诫人们，石头尽管大，但岁月无情，游人任意凿取，必损自然名胜。《清凉山志》曾这样描述五台山的风土人情：“清凉山者，乃文殊大士之化字也。……雄据雁代，磅礴数州，在四关之中，周五百余里。左邻恒岳，秀出千峰；右瞰滹沱，长流一带；北陵紫塞，遏万里之烟尘；南拥中原，为大国之屏蔽。山之形势，难以尽言。五峰中立，千障环开。曲屈窈窕，锁千道之长溪。叠翠回岚，幕百重之峻岭。岿巍敦厚，他山莫比，故有大人状焉。其间，鸣泉历历，万壑奔飞。嘉木森森，千峦弥布。幽涵神物，蓄泄云龙。萦纡盘踞，无非梵行之栖。隐显环匝，尽是真人之宅。虽寒风劲冽，瑞草争芳。积雪夏飞，名花竞发。白云凝布，在万里之澄江。杲日将升，见一陂之大海。此其常境也。”① 五台山的奇秀风光被陕西省人民政府确定为旅游“龙头”，被国家旅游局确定为全国 35 张“王牌”景点之一。第一批公布的“国家级风景名胜区”，曾获得国家文明委和建设部授予的“全国文明风景旅游区示范点”称号，并被国家旅游局评定为“4A级风景旅游区”。

五台山由东、西、南、北、中五峰组成。最早因崇山峻岭中突兀这五峰，因而称之为“五峰山”。宗教活动在“五峰山”盛行之后，发现“五峰耸出，顶无林木，有如垒土之台”，故依据中国历史上“台”的发展演变过程，将“五峰山”改名为“五台山”。另外，五台山还有“清凉山”、“紫府山”、“圆光山”、“白云山”、“雁门山”、“灵鹫山”、“五顶山”、“五龙山”等寓意深刻的别名，或据史实或依经籍，或源自传说无不情趣盎然。五台山的五座主峰，又是以 5 个不同方位命名的，分别称为东台、西台、南台、北台、中台。其中，东台“望海峰”、西台“挂月峰”始终如此。其余 3 台在历史上都曾发生过名称嬗变，如北台最早定名为“大黄尖山”，后改为“叶斗峰”；中台最早定名为“叶斗峰”，后改为“翠岩峰”；南台最早定名为“翠

---

① 张商英、苏西坡：《续清凉传》，载《五台山》，2008（2）。

岩峰”，继而改为“古南台”，最后定名为“锦绣峰”。五台山五座主峰的东台、北台、西台、中台为一列山脉，唯南台独立为峰。[①] 五台山的山石多为片麻岩、大理岩、石英岩，强度较大不易剥蚀。东台望海峰海拔2795米，顶周长1.5公里，顶端鳌脊上有隋朝创建、元朝重建，明嘉靖年间（公元1522—1566年）重修的“望海寺”，寺内供石雕聪明文殊菩萨，近年来又新铸聪明文殊铜像。尤其是新建的“九品莲花殿”，直径21米，高23米，实在新颖美观。[②] 伫立台顶可见云雾在群山中弥漫，露出点点山尖，其情景有如海上浮舟。云海时而平静轻柔如绢，时而上下翻腾云浪滚滚。云海上的峰尖时隐时现，像是在急浪中漂游。登顶观日出能见一轮红日跃出云海，犹如红绫煞是壮观。南台的“锦绣峰”海拔2485米，顶周长1公里。台顶端有隋朝创建、宋代重建、明成化年间（公元1465—1487年）再修的“普济寺”。寺中有明万历（公元1573年）和清康熙（公元1662年）年间修缮的碑记，寺内3间前殿供奉“脱纱弥勒佛”，正殿5间为文殊殿，殿前有文殊画像碑。后3间石窑洞中，供“一佛二菩萨”石雕佛像，均系宋代制造的遗物。西台“挂月峰”海拔2773米，顶周长1公里，台顶的山形远望犹如一只开屏的孔雀，明月西沉时远望犹如悬镜倒挂而得名。顶端有隋朝建筑的“法雷寺”（意思是“佛法如雷”），寺内供奉文殊菩萨像。法雷寺于明清、民国年间多次修缮并扩建石窑洞数间。在唐开成五年（公元840年），西台有武则天置的无级圆形铁塔1座。北台“叶斗峰”海拔3058米，号称“华北第一峰”、“华北屋脊”，[③] 顶周长2公里，山颠呈马鞍型，佛教喻其状为一身双头的共鸣鸟，顶端建有“灵应寺”。民间有“躺在北台顶，伸手摸星星”之说。[④] 中台“翠岩峰”海拔2894米，台顶周长2.5公里，台顶端有建于隋朝、重修于唐朝，明弘治年间（公元1488—1505年）玉禅师重建、正德七年（公元1512年）再建，并由明武宗敕门额的“演教寺”。

---

① 参见侯志华：《五台山的由来》，载《中国民族报》，2008年4月29日第7版。

② 参见温福如等：《读懂五台山》，15页，西安，陕西人民出版社，2004。

③ 王锚深主编：《山西导游》，110～111页，山西科学技术出版社，1999。

④ 温福如等：《读懂五台山》，27页，西安，陕西人民出版社，2004。

五台山优美的自然景观历史悠久。五台山是地球上最早露出水面的陆地之一，它的孕育可以追溯到太古代的26亿年以前①，到“震旦纪”时期又经历了著名的“五台隆起”运动，形成了华北地区雄浑壮伟的山地。第四纪时期冰川覆盖了五台山，至今留下了弥足珍贵的冰缘地貌。五台山地层完整丰富，特别是前寒武系地层发育典型，已经成为全国研究对比的重点地区。五台山境内的绝大部分地层组段，都是以本地区的山、水、村、镇命名的，充分显示了其在地学位置中的重要作用。五台山大陆性气候比较明显，冬季漫长而严寒，春季干旱而多风，夏季温和而湿润，秋季凉爽而多雨，最低处海拔仅624米，最高处海拔达3061米，为华北的最高峰。全年平均气温在－5℃～10℃之间，降水量400～500毫米，无霜期为90～150天。五台山最奇妙的自然景观，莫过于“圆光”② 射游人之影。天上的彩虹一般多发生在降雨以后呈弧形，五台山即使天不下雨，也会出现彩虹且呈圆环状，有时圆环可达到内外两圈。更为奇特的是在“七彩圆环”中，会出现各种景观，或飞禽，或跑兽，或殿堂，或佛像，甚至是观察者自己。这种由物理、地理、气象诸条件综合巧汇成的自然景观，壮丽神秘，历来被宗教界视为“镇山之宝”。五台山是一个博大的天然植物园，植物品种多达600余种，其中仅优质牧草近400余种，形成了得天独厚的天然牧场，造就了历史悠久的“六月骡马大会”③。有观赏价值的花卉植物200多种。据说唐代女皇武则天探家省亲闻听佛地花异，曾从五台山移植了许多名贵花草栽种在御花园内。有记载的药用植物达150余种，其中，台参、黄芪、黄连等药材质量上乘，名闻中外。菌类植物如台顶香蘑，既是珍贵药品，又是食用佳肴，历史上被钦定

① 温福如等：《读懂五台山》，3页，西安，陕西人民出版社，2004。

② “圆光”是佛、菩萨及诸圣神头后的光圈，表示佛法的威仪。“圆光”内或画莲花、卷草、石榴、团花、半团花或几何纹样等，每层边饰绕着“圆光”作装饰，特点是对称、连续、均齐、平衡，有严整的格律而又不失其活泼。

③ “六月骡马大会”由来已久，是当地最有名的“古庙会”，早在隋唐时期就已粗具规模，清代达到高峰。举办地就在五台山所在的台怀镇，历时1个月到40天，会上的主要交易品是大牲畜。

为“朝廷贡品”，现已成为馈赠亲友的上乘礼物。夏秋之际的五台山，更是百花盛开万紫千红。譬如，五台山的“金莲花”别称“旱地金莲”、“旱荷花”，属于旱金莲种一年生草本植物，性喜温暖潮湿。通常生长在五台山向阳的山坡、草地、林下。植株高一般在 50 ~ 70 厘米之间，其茎蔓生中空，叶型似荷叶而小。一般 6 月开花、7 月谢落，花呈金黄色、有清香味。金莲花之嫩梢、花蕾及新鲜种子，可取作辛辣之调味品，其叶可作拼盘配色之用。花、茎、叶均可入药，有清热、凉血、消炎之功效。佛教崇尚莲花，将莲花视为“教花”。五台山地处北方高寒区域，喜温畏寒的荷花一般难于生存。五台山因地制宜故将旱地莲花，视作五台山佛教的象征、誉为吉祥物。而在五台山的山阴古洞中，又可以欣赏到“千年冰”、“万年雪”，真可谓“敷演清凉，四时风雪飘飞，幻出银装世界；恢宏极乐，六月莲花始开，翻成金色乾坤”①。因而五台山又是久负盛名的避暑胜地。每年农历六、七月，三伏骄阳炎炎、燥热难耐之时，五台山却气候清凉，爽快宜人。时有清风徐徐拂人面颊，蓝天上白云从头上飘过，时不时洒一阵碎雨，随即复又阳光灿烂，令人满目清新。盛夏白昼气温适中，早晚还略显些凉意。在这清凉圣境里避暑调养，置身山中松亭亭、泉淙淙、云山雾海沉浮中，楼阁姿容秀；古刹晨暮天香飘，佛寺早晚金钟鸣，确实是一件称心惬意的快事。五台山“三步一趣典”、“五步一掌故”，既到处有景致，又到处隐伏着神奇的秘密。尽管它没有华山的险、黄山的奇，却有庐山的云雾和云海，更有在华山、黄山都看不到的奇景“佛光”。登临五个台顶，可让我们领略到一年四季：东台观春日、南台看夏花、西台赏秋月、北台戏冬雪、中台问天际。五台山的美是神奇的传说与诗情画意交织的美，这里的每一尊雕像、每一件文物，几乎都有一个动人的传说，一草一木都洋溢着美妙的诗情画意，到五台山游览就好像是在神话交织的梦幻中徜徉，真是“此景只因天上有，岂

① 五台山的一幅古对联。

知身在妙高峰”①。

五台山位列我国四大佛教名山之首。五台山与浙江普陀山、安徽九华山、四川峨眉山并称为“四大佛教名山”，分别是文殊、观音、地藏、普贤四位菩萨的道场，五台山以其悠久的历史文化和规模宏大的寺庙建筑群位列四大佛教名山之首。五台山所有寺院分为“青庙”和“黄庙”两种，“青庙”住和尚，“黄庙”（藏传佛教寺院）住喇嘛。五台山寺庙的数量在北齐时号称 200 余座，盛唐时号称 360 座（唐大中年间可查到有名者 64 座），有僧尼 3000 余人。② 宋嘉祐年间（公元 1056—1065 年）可查到有名者 72 座，明万历三十一年（公元 1603 年）碑刻 90 座，其中大寺 12 座，五顶寺庙 5 座，诸山中小寺 39 座，诸山丛林静寺 34 座。清初续修《清凉山志》时收集寺庙 104 座，其中五座台顶以内的寺庙称“台内寺庙”有 68 座；五座台顶以外的寺庙称“台外寺庙”有 36 座。清末五台山诸寺中有 10 大“青庙”，10 大“黄庙”之称。清代“菩萨顶寺”禅堂斋房甚多，如殿院、方丈院、客堂院、茶房院、库房院、买卖院、马房院、长寿院、十八间楼院等几十所殿院，从南至北占地约长 0. 5 公里。据历史文献记载，清代嘉庆皇帝在朝拜五台山时，菩萨顶寺有喇嘛 561 人，最盛时菩萨顶寺“内住 3000 喇嘛”。平时分成几百个“门子（伙食单位）”食宿，只有在举办重大的佛事活动时才集体用餐。全山青、黄二庙中为首者称 5 大去处，共计有“青庙”3 座（显通寺、塔院寺、殊像寺）；“黄庙”2 座（菩萨顶、罗睺寺）。据 1956 年对五台山的全面调查，发现有寺庙 124 处，其中“青庙”99 座，“黄庙”25 座。现存寺庙 43 处，其中台内 37 处，台外 7 处。“菩萨顶寺”是传说中的文殊菩萨居住处，为五台山黄庙之首。从北魏孝文帝在山内建立避暑胜地开始，隋炀帝、宋太宗、元英宗、清圣祖、清高宗等都曾驾幸五台山。翻开五台山各

① 出自金元好问的诗：“山云吞吐翠微中，淡绿深青凝万丛；此景只因天上有，岂知身在妙高峰。”元好问（公元 1190—1257 年）字裕之，号遗山，太原秀容（今山西省忻县）人，金代著名诗人、史学家。见《山西五台山旅游区》，载《中国民族报》，2007 年 5 月 22 日第 4 版。

② 王锱深主编：《山西导游》，111 页，山西科学技术出版社，1999。

大寺庙史册，第一页上总是赫然书写着“敕建”二字。达官显贵纷纷效仿，文人墨客挥笔吐情，佛门常会“龙门客”，禅林时集翰林人，正是五台山历史的真实写照。这不仅是大自然的杰作，也是佛祖点化的结果，怪不得人们说“五台归来不看庙”①。

五台山为“文殊菩萨”的演教圣地。古往今来帝王崇建，高僧懿行不可胜数，中外佛教信徒和游人纷至沓来，朝山礼佛和参观游览。《大华严经》云：“东北方有处名清凉山，从昔以来，诸菩萨众于中止住，现有菩萨名文殊师利，与其眷属一万人俱，常在其中而演说法。”《宝藏陀罗尼经》也称：“佛告金刚密迹主言：‘我灭度后于前赡部洲东北方，有国名大震那，其国中有山号为五顶。文殊师利童子游行居住，为诸众生于中说法。’”② 这里的“大震那”或“震旦国”皆指“中国”。释迦牟尼是佛教的创始人，出生于公元前7—6世纪古印度的迦毗罗卫国（今尼泊尔境内）。释迦牟尼姓乔答摩，名悉达多，成道后称为“佛陀”，略称为“佛”，意思就是觉悟者。因其家系释迦族，一般称他为“释迦牟尼”，意思就是“释迦族的圣者”。释迦牟尼是王子，曾娶妻生子后出家苦修，成道后旅行古印度各地传布他的教义。据经典所载，佛说东北方有山曰“五顶”释迦佛的左胁侍③，专司“智慧”的文殊菩萨于中。因此，五台山作为佛教圣地也就名扬海内外。据多种古籍记载，五台山在东汉永平年间（公元58—75年）就有寺庙建筑。相传汉明帝刘庄夜梦金人端坐祥云，从西天飘然而来，知是有佛感应，随即派大臣蔡暗、秦景等人向西寻访拜求佛法。蔡秦等人在大月氏得到佛经佛像，并巧遇正在当地传教的天竺国（今印度）高僧摄摩腾和竺法兰，即相邀同至中国。东汉永平十年（公元67年），梵僧汉使以白马驮载经卷和佛像到洛阳。汉明帝一见释迦牟尼佛像果如梦中所见，遂敕令修建“洛阳白马寺”，请高僧摄摩腾、竺

① 蒋元明：《八方风物——五台归来不看庙》，载《福建日报》，2001年10月22日第C4版。

② 温福如等：《读懂五台山》，1～2页，西安，陕西人民出版社，2004。

③ “胁侍菩萨”是修行层次最高的菩萨，其修行觉悟仅次于佛陀或等同于佛陀。在没有成佛前，常在佛陀的身边，协助佛陀弘扬佛法，教化众生。

法兰在中国传播佛教。永平十一年（公元68年），二高僧来到清凉圣境五台山，见五座台顶拱围台怀腹地，其山形地貌与释迦牟尼佛的修行地“灵鹫山”不分伯仲，返回洛阳后即奏请汉明帝在五台山修建寺院。于是汉明帝颁旨，在五台山修建“大孚灵鹫寺”（“大孚”是“弘信”的意思），寺名曰“灵鹫”。[①] 寺院占地面积120亩（8公顷），各种建筑400多间，排列于中轴线上的有7座高大建筑。大雄宝殿重顶飞檐巍峨宽大，占地约670平方米，为五台山殿宇之最，木雕彩绘肃穆堂皇。[②] 所以，洛阳的“白马寺”与五台山的“大孚灵鹫寺”为我国最早创建的寺院。“大孚灵鹫寺”就是现今的“显通寺”前身。到南北朝时期，五台山已建寺200多处。“周武灭法”时期，五台山和其他地方一样，寺庙毁灭情况严重。隋初复建寺庙，在佛教极盛的唐代，五台山寺院多达360余处。唐武宗“会昌灭佛”[③]，五台山佛教随入中落寺庙减少。宋、辽、金、元各代尽管对寺庙屡有修建，但由于战乱毁坏未能尽数复原。到了明代佛教再兴，五台山重修和新建寺、庙、院、庵多达百余处。清代以来，随着藏传佛教传入五台山，出现了青、黄二庙各具特色，汉、藏、蒙古、满各族僧众和睦相处的佛地风貌。新中国成立以来，党和国家十分重视对宗教历史文物的保护，先后拨出大量资金维修和翻修寺庙。僧人也“以庙养庙”，用布施钱币补塑圣像，重修殿堂整饬寺宇。北齐时，五台山就成为北方地区研

---

① 王锚深主编：《山西导游》，111页，山西科学技术出版社，1999。

② 王锚深主编：《山西导游》，122～123页，山西科学技术出版社，1999。

③ “会昌灭佛”是指唐武宗会昌年间的一次废佛运动。唐代后期，由于佛教寺院土地不输课税，僧侣免除赋役，佛教寺院经济过分扩张，损害了国库收入，与普通地主也存在着矛盾。唐武宗崇信道教深恶佛教，会昌年间又因讨伐泽潞，财政急需，在道士赵归真的鼓动和李德裕的支持下，于会昌五年（公元845年）四月，下令清查天下寺院及僧侣人数。五月又命令长安、洛阳左右街各留二寺，每寺僧各30人。天下诸郡各留一寺，寺分三等，上寺20人、中寺10人、下寺5人。八月令天下诸寺限期拆毁；囊括天下寺4600余所，兰若（私立的僧居）40 000所。拆下来的寺院材料用来修缮政府廨驿，金银佛像上缴国库，铁像用来铸造农器，铜像及钟、磬用来铸钱。没收寺产良田数千万顷，奴婢15万人。僧尼迫令还俗者共260 500人，释放供寺院役使的良人50万以上。政府从废佛运动中得到大量财物、土地和纳税户。

习《华严经》的中心，唐代高僧澄观①则将《华严经》发展到巅峰，曾为七帝之师，被敕封为“教授和尚”、“清凉国师”等，尊为“华严宗四祖”。“华严宗”的真正兴旺就是澄观时期，《华严经》中叙述文殊菩萨的说法道场在东北方的清凉山。五台山不仅位于唐都长安的东北方，也在佛教发源地古印度的东北方。山内气候“岁积坚冰，夏仍飞雪”，曾无炎暑，与《华严经》所说吻合。凡此种种，五台山佛教便请文殊菩萨东来定居，改“五台山”为“清凉山”。于是“清凉山”遂成为文殊菩萨携带家眷游行居住、演教说法的道场，五台山自此也被尊为“金色世界”、“清凉净地”。

五台山历来是名僧荟萃的风水宝地。据史料记载，东晋高僧慧远诞生在五台山东麓的原平县；北魏时期的昙鸾、灵辩、令休、法聪、嘉福；北齐时的刘谦之；隋代的惠龙、解脱；唐代的道宣、窥基、慧祥、澄观、法照、鉴真；宋代的慧悟、成觉、善慧；金代的苏陀室利、慧洪、法冲；元代的八思巴、胆巴、真觉、了性、弘教、海云大士；明代的大宝法王、妙峰、憨山、紫柏、镇澄、释达也失、如馨律师等，这些中国佛教史上的名师巨匠或出生于本地，或在山内居住多年，或终身修持山寺，皆对五台山佛教的兴盛做出了杰出的贡献，甚至对中国佛教的发展产生了巨大作用。五台山在中国佛教中的显赫位置，也使得不少国外佛教信徒慕名而来。譬如，在盛唐时期，五台山就成了国外信徒留学听经的高等学府；唐以后国外高僧仍然不断朝拜巡礼五台山。五台山佛教以其旺盛的生命力，不断地向国外扩散影响。再譬

---

① 华严宗四祖澄观，越州山阴人，字大休。11岁时依止宝林寺霈禅师出家，20岁以后开始习律，也学三论。大历年间曾研习《大乘起信论》、《涅槃经》、《华严经》；唐大历十年（公元775年）前往苏州，跟随湛然学习天台《摩诃止观》、《法华经》、《维摩经》等；又拜谒牛头山惟忠、径山道钦等人，学究南宗禅法；复参见慧云，学北宗禅法兼通吠陀、五明、秘咒仪轨、经传子史之学，尤其重视法藏的华严教学。大历十一年（公元776年），澄观大师登上山西五台山参访文殊的灵迹，又往四川峨眉山亲睹普贤菩萨的圣容，因此豁然大悟。随即返居五台山大华严寺，寺主贤林和尚请澄观讲说《华严经》。他的著作颇丰，有《大方广佛华严经疏》六十卷、《随疏演义钞》九十卷、《华严经纲要》三卷、《五蕴观》、《三圣圆融观门》等30多种传世。

如，唐贞观年间（公元627—649年），新罗王国的高僧慈藏①到五台山参学，回国后在朝鲜半岛开辟了五台山。以中台的真如院为中心积极宣扬文殊信仰，使中国五台山的文殊信仰在朝鲜半岛开花结果。日本国从奈良时代，就受到了五台山佛教的影响，圣武天皇效仿中国武则天赐额五台山大华严寺的圣举，也曾将大华严寺的匾额挂在日本国东大寺的南大门上。日本国高僧圆仁《入唐求法巡礼打记》，对五台山佛教就有详细的描述。宋太宗太平兴国年间（公元976—983年），日本国南部东大寺的高僧来到中国朝拜五台山。回国后计划将“爱岩山”改称“五台山”，效仿中国五台山中最古老的“大清凉寺”，创建“日本国大清凉寺”，可惜宏愿未现人先圆寂。其弟子请求朝廷恩准将原来栖霞寺内的释迦堂改称为清凉寺，后成为集天下信仰的名刹。中国五台山古刹形体及精神被移植到日本，可以说是五台山信仰普及东亚地区的标志。五台山寺院组织分“子孙”与“十方”两种。“子孙庙”接受小沙弥，按师祖、师傅、徒弟、徒孙序列排位，一个寺庙内分成多个家族。寺庙除共有财产之外，每个家族还可以有私产如房舍、金银等，师傅圆寂后徒弟可析分遗产。“子孙庙”严格规定，本寺职事必须由本寺僧人担任，家族拍卖私产必须售给本寺其他家族。五台山大部分寺庙属于“子孙庙”。也正因如此，五台山佛教才得以保持着长盛不衰的基本组织形式。“十方庙”不准剃度，僧人一律按平辈称呼。云游僧人进寺挂了档，就是寺庙中的当然一员，只要遵守戒规且具有相当能力，即可担任重要职事。五台山出名的“十方庙”有狮子窝、清凉桥、碧山寺、十方堂等，其中以“碧山寺”的名声影响

① “慈藏”为新罗善德女王时代的名僧。俗姓金，幼名善宗郎。生卒年及乡贯均不详。自幼神志澄睿，文思丰盈。尝周览经史百家，夙怀出世之志。由于父母双亡，体悟无常之理，故辞妻子，舍宅第田园以创建元宁寺，且独入林壑苦修。唐贞观十年（公元636年）师先访五台山，礼拜文殊塑像，虔诚祈祷7日，以冥感而梦大士摩顶传授四句梵偈，既醒未解其义。天明后有异僧前来为其解惑，并以释尊之袈裟及舍利等物付嘱之。师后入京师，唐太宗敕住胜光别院，频加宠遇。其后更往终南云际寺东崿定居3年禅观弥精，灵应日增。著有《四分律羯磨私记》一卷、《十诵律木叉记》一卷、《出观行法》及《诸经戒疏》等书，树立戒律思想体系，师亦成为新罗戒律之祖。此外其著述中另有《阿弥陀经疏》及《阿弥陀经义记》等书，对净土信仰亦有宣扬之功。

最大。

五台山是中国古代建筑物的稀世宝库。在我国保存下来的寺庙木结构古建筑中，最早的是唐代遗物。五台山“南禅寺大殿”与“佛光寺东大殿”，就是唐代木结构建筑的鼻祖与典范。唐代以后的宋、辽、金、元、明、清直到民国年间，均在五台山留下了典型的木结构大型建筑物。唐代建筑的特点是庄重、朴实，宋代建筑的特点是柔和、绚丽，辽金年代的建筑则大胆减柱，元代的建筑体现粗犷自然，明代建筑规矩谨严，清代建筑豪华精巧，民国时期的建筑细腻繁杂。五台山寺庙木结构古建筑历史沿革连续性强，建筑规模宏伟，细部构件精细，样式繁多，手法典型，在全国绝无仅有。可以毫不夸张地说，五台山遗存下来的各个历史时期的典型建筑，本身就是一部篇幅浩繁的中国古代寺庙木结构建筑史。五台山遗留下来的众多佛塔宝刹，从使用建筑材料上看，有砖塔、石塔、琉璃塔、木塔、铁塔、铜塔、银塔、玉塔、水晶塔等。从建筑形制上看，有车堵波式塔、密檐式塔、楼阁式塔、亭阁式塔、金刚宝座式塔、组合式塔。从建筑性质上看，有“佛塔”与“墓塔”之分，然佛塔又分为舍利塔、灵迹塔及一般的供奉塔，墓塔中可分为高增墓塔与一般性纪念塔。从建筑年代上看，最早的是北魏石塔，以后各个时期均有，最迟的是近年来为五台山圆寂高僧修建的舍利塔。从建筑规模上看，大者高达56.4米，刺破苍穹，欲与天公试比高；小者仅0.05米，精巧玲珑。① 再从全国现存佛塔价值角度考察，圆果寺的元建阿育王塔，塔院寺的释迦文佛舍利宝塔，显通寺的组合式铜塔及《华严经》字塔，均属稀世珍品可独领风骚。然而五台山的塔沿革之久，数量之多，用材之广，形制之全，性质之繁，都是全国同类地区所罕见的。据有关部门对其中37座寺庙的实际调查，五台山的佛像达到17 445尊②。据权威估计，五台山的实有佛像恐怕会成倍于这一数字。在使用材料与制作方面，归纳起来大体可以分为8种类型：泥塑（含“悬塑”与“模拓”），金属铸造（有铁、

① 见《山西五台山旅游区》，载《中国民族报》，2007年5月22日第4版。
② 有关数据见《寻佛觅景：心静自然凉》，载《珠江商报》，2006年7月11日。

铜、鎏金、金），石刻（含玉雕，可分为全雕、浮雕、摩崖石刻）以及木雕，烧瓷，拓纱，刺绣，画像（含壁画、轴画、经卷插图树叶画）。最早的佛像为南北朝时期的遗物，犍陀罗艺术手法明显；多数佛像为泥塑，自唐至今连续不断，形成了独特、完整的沿革体系。最罕见的是明代著名画家丁云鹏在菩提树叶上彩绘的“十八罗汉图”，共12幅，单数绘单，双数绘双，工笔重彩，共成一册。总之，五台山佛像原料不同、工艺有别、时代手法各异，整个作品姹紫嫣红、斑驳陆离，将五台山充实成一座罕见的佛像艺术宝库。五台山寺内寺外保存下来的钟、鼓、钵、板、碑、碣、幢、匾、牌、联、诗、文等，数量浩繁，其中不少都是国家珍贵的历史文物。

二

五台山的标志性建筑是“大白塔”。这座大白塔坐落在塔院寺内，按照佛家正统说法是“佛舍利塔”。据传释迦牟尼佛圆寂之后，其“佛体”烧就84 000个舍利子，印度阿育王用五金七宝铸成84 000座塔，分布在整个大千世界，内藏1个舍利子，五台山这座大白塔为中国19座舍利塔之一。现存的塔院寺建于明万历七年（公元1579年），坐北朝南，占地15 625平方米，平面呈正方形，分为“殿堂院”、“禅堂院”和“发塔院”三部分。与天王殿相对的大殿，就是一般寺院都称谓的“大雄宝殿”，而在这里却叫“大慈延寿宝殿”，目的是为了同大白塔保持一致。①“大慈延寿宝殿”是寺院举行大型佛事活动的主要场所。大殿四周有石雕的回廊环护，前面则与券棚重檐式的献殿连为一体，雕梁画栋金碧辉煌，内供释迦、弥陀、弥勒三世佛。在这座极为庄严的大雄宝殿里，藏传佛教的大活佛达赖、班禅，在朝拜五台山时都曾在这里讲经说法。同时全国人大常务委员会副委员长班禅额尔德尼却吉坚赞生前于1980年参拜五台山时，也曾在菩萨顶寺大雄宝殿

① 参见王锴深主编：《山西导游》，124～125页，太原，山西科学技术出版社，1999。

讲经说法。① 大慈延寿宝殿的后面就是“大白塔”，此塔在东汉明帝时（公元58—75年）就立于五台山。大白塔由须弥座、塔身、塔刹构成，通高56.4米，其中铜质塔刹高4.43米，塔身高54.37米，须弥座高1.5米，周长126米，是我国最高的覆钵式塔。塔身四周遍挂246个风铃，铃随风响悠然成韵，成为五台山清凉圣地的“第一胜景”。②“文殊殿”是供奉传说中的文殊菩萨真容的大殿，重建于清代，阔三楹，进深二架，单檐庑殿顶，殿顶覆盖琉璃黄瓦，历经几百个寒暑，色泽依然如新。大殿的殿脊正中，置有金碧辉煌的鎏金法轮。大殿四周围副阶周匝、石雕回廊环护，把殿堂烘托得更加富丽堂皇，殿内佛坛上供奉文殊驾驭狻猊彩色泥塑像，东西两侧的佛坛上则供十八罗汉塑像。汉地佛教徒前来朝拜时，一般是供奉、焚香和跪拜；而蒙古族、藏族佛教徒前来朝拜时，则行“五体投地礼”，即头和四肢同时趴在地上十分恭敬和虔诚。殿内有藏族佛教徒供奉的藏画12幅，画面用赤金和五彩石质颜料工笔画成，是藏画中的精品。在等级森严的封建社会里，只有皇家建筑才能覆盖黄琉璃瓦。为了表示对文殊菩萨的崇拜，康熙二十二年（公元1684年）春，康熙皇帝敕命“改覆钵寺大殿琉璃黄瓦”。为了保护这座具有特殊地位的寺庙，康熙二十三年（公元1685年）三月，康熙皇帝又敕命“于菩萨顶前后门设宫永镇，把总（正七品武官）1员，马兵10名，步兵30名，守护香火供器”③。五台山的“黄教”从清康熙以后才逐渐扩展起来，均属于密宗。从清代直至新中国成立前，札萨克大喇嘛为五台山黄教主要教主并以教兼政④；

---

① 见2007年版《五台山导游词》。

② 温福如等：《读懂五台山》，59～61页，西安，陕西人民出版社，2004。

③ 见2007年版《五台山导游词》。

④ 清代将蒙古族住区分设为若干旗，每旗旗长称为札萨克，由蒙古的王、贝勒、贝子、公、台吉等贵族充任，管理一旗的军事、行政和司法，受理藩院和将军、都统监督。下设协理台吉2人或4人助理旗务，官属有管旗章京、副章京、参领、左领和骁骑校等。清朝统治者在内札萨克郭尔罗斯等13旗首封札萨克，在清代比较权威的文献《大清会典》、《大清会典事例》、《大清一统志》、《理藩院则例》和《皇朝文献通考》、《钦定外港务蒙古回部王公表传》、《蒙古游牧记》中的记载互有歧异，并且进一步依据有关材料，确定了13旗的首封札萨克。

民国初年（公元1912年）有十九世章嘉①活佛居住五台山镇海寺，此时的镇海寺是统管北京、西宁、五台山等地黄教的衙门，国民党政府并给予“大国师”的名称。

显通寺是五台山众多寺庙寺中最大、最古、格局最完整的一座。寺内的“七处九会殿”是明万历三十四年（公元1606年），神宗命妙峰法师用磨砖砌成的一座华严道场。寺宇的规模为五台山“五大禅处”和“十大青庙”之首。东汉永平年间（公元58—75年）始建（原名“大孚灵鹫寺”），后魏孝文帝再建命名“花园寺”，唐太宗重修又命名“华严寺”，明太祖朱元璋重修后赐额“大显通寺”，后来历经扩建修葺形成今日规模，现为全国重点文物保护单位。显通寺占地4.37万平方米，各种建筑400余间，中轴线殿宇有7座，由南至北依次为观音殿、文殊殿、大佛殿、无量殿、千钵殿、铜殿和藏经殿。②这些殿宇皆造型略异，各具特色，保存完好。观音殿又名“南殿”，门额为乾隆皇帝御笔“霞表天成”横匾，殿中间供奉着观音观菩萨像，左右供奉着文殊和普贤菩萨像，所以又称“三大主殿”。殿内两侧放满了经架，架上置有明正德五年（公元1510年）的《大藏经》3210本，为镇殿之宝，故此殿又称“藏经殿”。“大文殊殿”是显通寺的第二重大殿，重建于清乾隆十一年（公元1746年），系木结构建筑五开间，后置重檐抱厦，建造宏伟雍容。显通寺大文殊殿内供着7尊文殊菩萨像：正中的为大智文殊；前面的五位从左至右，依次为西台狮子文殊、南台智慧文殊、中台孺童文殊、北台无垢文殊、东台聪明文殊；大智文殊后面是甘露文殊。此外，文殊像前有护法神韦驮像，两侧有十八罗汉像。“大雄宝殿”是显通寺的第三重大殿，殿内供着

---

① 章嘉（1890—1957年），藏族，生于青海，原名罗桑班殿丹毕蓉梅，光绪二十五（公元1899年）封号“灌顶普善广慈”，民国后袁世凯再次封号“下加列宏济光明”。在永嘉县学教谕任上，编成《永嘉县志》，之后又被温州路檄令续编《平阳州志》、《瑞安州志》；至大三年（公元1310年）与永嘉夏开先合纂《温州路志》20卷；继而又编修了《永宁志》。自翰林院回乡后，编纂《东瓯志》，还曾应台州总管赵凤仪的邀聘，取临海陈耆卿、林逢吉纂的旧志，重编为《台州郡志》。

② 参见温福如等：《读懂五台山》，41～42页，西安，陕西人民出版社，2004。

三世佛像：中为释迦牟尼佛，西为阿弥陀佛，东为药师佛；两旁有十八罗汉像；背后有观音、文殊、普贤三尊菩萨像。文殊殿前有两座八角碑亭，碑亭里各立一通汉白玉石碑，石碑高不足8尺，宽2尺半，立于康熙四十六年（公元1707年）七月十九日。左边的石碑上有文字，系康熙御笔“显通寺碑文”。立碑就是为了刻字记事，而右边的碑上却偏偏没有字，也许康熙是效仿秦始皇、武则天立“无字碑”，无论如何，后人一般戏称为“无字碑”。[①] 大佛殿重建于清光绪二十五年（公元1899年），系木结构建筑，占地888.6平方米，构筑为“明七暗三”，周有108根木柱，是五台山最大的一座大雄宝殿。大雄宝殿是显通寺的主殿，是举办盛大佛事活动的场所。殿内正前方的横梁上高悬康熙御笔“真如权应”的木匾，下面条幅横悬，两旁锦幡垂挂。殿台上并列主佛三尊，中间是释迦牟尼佛，东面是药师佛，西面是阿弥陀佛，殿墙两侧的十八罗汉均为明、清雕塑。佛前的地面十分宽敞，经案上佛灯高照、宝鼎焚香，摆着各色供果，敬有美丽的鲜花。东面的经案头还摆着鼓、磬、铛、木鱼等佛家乐器。不仅本寺僧人在这座殿内做早晚功课，每逢大的佛事活动日，即由五台山佛教协会主持，各寺庙的僧尼都要身披袈裟，汇集到这里举行礼佛仪式。中轴线上的第四座殿堂为砖结构的洁白、肃穆的“无量殿”，建于明万历三十四年（公元1606年），又名“七处九会殿”。面宽28.2米（7间），进深（16.2米，4间），总高20.3米，因殿内供大光明无量佛（毗卢佛）大铜像，取佛法无量之意，故称为“无量殿”。又因为建筑全部用青砖砌垒雕刻而成，无梁、无柱结构奇特，俗称“无梁殿”。正面每层7个拱洞门，檐下用砖雕刻成斗拱椽飞等构件。中部三件为枕头券，两边厢为横向竖券，左右山墙为拱脚，各间之间用券拱式门洞联络，顶部为穹窿顶，上部藻井镂刻富。“无量殿”规模宏大结构严谨雕刻精湛，为五台山明代砖结构建筑的杰出代表作。因为释迦牟尼成佛之后讲解《华严经》，在7个地方讲了9次才讲完。为纪念佛祖的这项佛事活动，殿前正面每层都辟有7个阁洞。殿内正中供奉着卢舍那

---

① 参见温福如等：《读懂五台山》，44页，西安，陕西人民出版社，2004。

佛，背后供着大肚弥勒佛。铜殿是全国罕见的文物，殿高8.3米、宽4.7米、深4.5米，是明万历三十四年（公元1606年）集全国13省布施、用铜十万斤铸成的。殿内四壁上铸有小佛万尊，金光闪闪、灼灼照人，号称“万佛”，室内中央供奉着高3尺的铜像。铜殿的每面每页隔扇由一个省布施铸造，其文诗之美工艺之精，确实是让人震惊。铜殿柱额枋和隔扇上下皆铸有各种彩画图案和花卉鸟兽，如“玉兔拜月”、“丹凤朝阳”、“二龙戏珠”等①，非常精致。这座铜殿优美的造型，完美的结构，生动的图案，充分显示了我国古代高超的铸造技艺。

罗睺寺为五台山五大禅处之一。“罗睺寺”又称“落佛寺”，位于五台山台怀镇显通寺东隅，创建于唐代，历史可以追溯到北魏。太和五年（公元481年）孝文帝策马到此，下令环绕“灵鹫峰”增建12院，“罗睺寺”就属于这12院中的“善住阁院”。明弘治五年（公元1492年）重建，清代曾多次重修并改名为“罗睺寺”，由原来的“青庙”改为“黄庙”。罗睺寺高墙大院，院内有卵石小径，幽深古老。门前有一对雕刻精致、造型粗犷的唐刻石狮子，是五台山地区罕见的珍品。寺内现存有天王殿、文殊殿、大佛殿、藏经阁、厢房、配殿、廊屋和禅院。后殿中心装有远近闻名的“开花现佛”，那是一套木构装置系统的圆形佛坛，坛上中心装有一朵3米多高的莲花，四尊佛像坐于莲花瓣中，地下圆盘转动操纵花瓣开合，花瓣中四尊坐佛随花瓣之开合而或隐或显，成为寺内一大奇观。据佛教经典记载，释伽牟尼出家前曾娶妻生子，儿子取名“罗睺罗”。罗睺罗15岁出家成为释迦牟尼的十大弟子之一。“罗睺寺”是为纪念释迦牟尼的儿子罗睺罗而建的，占地面积15 725平方米，计有殿堂楼房110余间。② 山门左侧丈余高的藏式砖塔叫文殊塔，塔上雕有文殊像。殿宇内的主要塑像有明显的藏传佛教教风格。山门内的第一座殿是天王殿，四尊天王塑像，完全是按藏传佛教《度量经》的规定塑建的，和其他青庙（和尚庙）大殿的四大天王形象略有不同。第二座殿名叫文殊殿，殿内的文殊菩

---

① 参见温福如等：《读懂五台山》，49～50页，西安，陕西人民出版社，2004。

② 参见王锚深主编：《山西导游》，128～129页，太原，山西科学技术出版社，1999。

萨塑像更不同，这里的文殊菩萨骑坐的狮子卧在莲台上，文殊菩萨面色不是金色的而是白色的，肩膀两边还添了伸出的肩花，肩花上一边放着智慧剑，一边放着经书。这是喇嘛庙文殊菩萨塑像的典型特征。第三座大佛殿里供有四方极乐世界、东方琉璃世界、人间婆娑世界的三世佛以及八大供养菩萨。

碧山寺是台怀中心区以北最大的一座寺院。“碧山寺”创建于北魏孝文帝时期（公元 471—499 年），明英宗天顺年间（公元 1457—1464 年）重修，称之为“普济寺”。由于此庙地处“北台叶斗峰”之下，故又名“北山寺”；因寺周边群峰凝碧，又称“碧山寺”（清乾隆年间改为“碧山寺”），现在的全称是“碧山十方普济禅寺”。占地面积 24 亩，建筑宏伟，古朴典雅。寺区林荫蔽日，寺前流水潺潺，景色绝佳。古人曾有诗赞曰：“落日碧山寺，萧然古涧边。白云生翠巘，明日下寒泉。”① 凡是出家僧尼和居士信徒到这里一律免费食宿，任何人无权逐客。启程时如果缺少路费，寺中还得周济盘缠，碧山寺这种“广济十方僧人”的做法，为人们所乐道和赞赏。因此，人们亦称碧山寺为“广济茅蓬”（“茅蓬”是寺院的谦称）。碧山寺主要建筑有木牌楼、天王殿、毗卢殿（又称“雷音宝殿”）、戒堂殿、藏经殿等。“戒堂殿”内的戒坛长 5.1 米、宽 5 米、高 1.2 米，是五台山唯一的一座戒坛，北魏名僧法聪②曾在这里讲《四分律》。大殿两旁排列的十八罗汉都是一色金身，系由特殊工艺制成统称“漆沙罗汉”。塑制时先做好沙模，再在外面用沙布、胶层层粘贴，成型后再把内面的沙掏空。采用漆沙工艺制成的罗汉体轻而坚固，适合于远途运送驾迁。藏经殿存有雍正年间刊印的三藏经全部，计 7500 余卷。出于对碧山寺“广济十方僧人”精神的赞助，国内外佛教徒给碧山寺捐献了许多财物。其中，最珍贵的当数“缅甸玉佛”和“华严经字塔”。“缅甸玉佛”现安置在寺中的戒坛殿中；“华严经字塔”长 5.1 米、宽 1.1 米，是一幅写

---

① 王锱深主编：《山西导游》，135 页，太原，山西科学技术出版社，1999。

② 法聪（公元 468—559 年）南北朝时代僧人。南阳新野人，俗姓梅。8 岁出家，25 岁游学，行至襄阳伞盖山白马泉，因爱其幽雅，遂结庐居之。

在白绫子上的佛经字塔。悬挂起来一看宛如一座七级玲珑宝塔，飞檐风铃，犹如工笔画成，近前细看，方知是由绿豆大的楷书毛笔字组成。全塔恰好写成了一部《华严经》，计 80 卷 600 043 个字，是康熙年间由苏州居士许德兴沐浴焚香用了 12 年时间书写而成的。[①] 这幅“华严经字塔”现陈列在显通寺的后高殿内。[②] 释迦牟尼佛后有高大弥勒佛像，弥勒佛不是盘腿打坐而是双腿自然下垂，脚蹬地下称为“当未下生弥勒尊佛”。“碧山寺”是国务院公布的“全国重点寺观”。山门前彩色牌坊上的对联写道：“敷演清凉，四时瑞雪常飘，幻出银妆世界；恢宏极乐，六月莲花始放，翻成金色乾坤。”[③] 对联词美、字好意更佳，可以说是对碧山寺奇特、瑰丽自然风光的绝妙写照。

南禅寺是具有 1200 多年历史的古寺。“南禅寺”重建于唐建中三年（公元 782 年），坐北朝南，占地面积 4158 平方米，寺内建有山门（观音殿），东西配殿（菩萨殿和龙王殿）和大殿。大殿为我国现存最古老的一座唐代木结构建筑，也是亚洲最古老的木结构建筑。寺中唐代雕塑精湛，堪称唐代雕塑艺术的珍品，具有重要的历史地位和艺术价值。唐代是中国建筑的发展高峰，也是佛教建筑兴盛的时代，但留存至今的唐代木结构建筑只有 4 座，规模较大的为南禅寺和佛光寺都在五台山。寺院除主体建筑大佛殿 3 间是唐代原物外，其余建筑均为明代和清代所建。唐建大佛殿为南禅寺主殿，外观秀丽，形体俊美、古朴。方整的基台几乎占了整个院落的一半，3 间正殿高大雄伟、单檐灰瓦歇山顶，全殿由台基、屋架、屋顶三部分组成，共用檐柱 12 根，殿内没有天花板也没有柱子，梁架制作极为简练，墙身不负载重量只起隔挡的作用。屋顶重量主要是通过梁架和檐墙上的柱子支撑。四周各柱柱头微向内倾，与横梁构成斜角；四根角柱稍高，与层层叠架、层层伸出的斗拱构成“翘起”，屋脊两端装饰着鸱吻。正殿重建于唐建中三年（公元 782 年），殿内的一根大平梁上面，保存有不十

① 参见温福如等：《读懂五台山》，199 页，西安，陕西人民出版社，2004。
② 王锴深主编：《山西导游》，135～136 页，太原，山西科学技术出版社，1999。
③ 王锴深主编：《山西导游》，136 页，太原，山西科学技术出版社，1999。

分明显的墨迹："因旧名（时）大唐建中三年……重建殿法显等谨志"，它是此殿重建年代的佐证。殿内 17 尊唐塑佛像仍然保持原貌，都是原汁原味的唐代珍品。殿内有一座佛坛，长 8.4 米，宽 6.3 米，高 0.7 米。塑像分布在佛坛上，整个佛像群以释迦牟尼佛为中心，是一个动静结合、各具形态、生动活泼的场面，也是一个尊卑有序、各尽其职、和谐协调的环境。佛坐莲台慈光四射，尊贵而端庄，严肃而安详，似在讲经说法。骑狮子的文殊、坐像的普贤菩萨分列两旁，带着侍从和教民赶来恭听。大弟子阿难和迦叶分立两旁，凝神注目显得虔诚而恭谨；胁侍菩萨戴璎珞亭亭玉立，容貌健美，心似有思；护法天王威武健壮，一边张目观察外界，一边侧耳倾听圣言。其余的仰望童子、撩蛮、佛霖等 15 尊塑像布满佛坛。这些塑像姿态自然而若动，表情逼真似有神，丰满优美，夸张适度，衣纹简练准确、和谐流畅，一个个栩栩如生，同敦煌莫高窟唐代塑像如出一辙，给人以实感和动感。寺内须弥座下有唐代砖雕、石塔与石狮。佛坛四周壶门和叠梁上，雕刻着精美的花纹、花边和莲瓣，是五台山保存的唐代砖雕艺术的杰作。南禅寺内还有 3 只石狮和一座石塔，也是唐代遗存。石狮一只高 78 厘米，另两只高 45 厘米。两块角石每方 33 厘米，一块上雕一只卧狮，另一块上为两狮子合面之状极为生动。石塔底方 16 厘米、高 51 厘米，共分 5 层总高 51 厘米，第一层四周刻满佛教故事，四角各有一座小塔。第二层每面正中雕刻佛像一尊，两侧各分上下两层，每层雕刻佛像 2 尊。3 ~5 层每层各面均雕刻佛像 3 尊。① 南禅寺于 1961 年被定为全国重点文物保护单位。

黛螺顶古寺名"叫佛顶庵"，亦名"大螺顶"、"青峰"。寺庙始建于明成化年间（公元 1465—1487 年），万历年间重修。清乾隆十五年（公元 1750 年）改名为"大螺顶"，寺内有乾隆十五年御制的"大螺顶碑记"。至乾隆五十一年（公元 1786 年）才更名为"黛螺顶"。据说乾隆皇帝到五台山，屡次欲登台顶进香拜佛，皆被风雨所阻，乾隆对黛螺顶的青云和尚说："五年后朕再来时，既要登台顶，还要拜五

① 参见安建华：《心灵的朝圣》，3 页，西安，陕西人民出版社，2003。

方文殊，你替朕办这件事。”到了第5年，青云果然想出办法：模仿五个台顶的五方文殊，即东台顶的聪明文殊、西台顶的狮子吼文殊、南台顶的智慧文殊、北台顶的无垢文殊、中台顶的孺童文殊，合塑于黛螺顶的正殿（此殿又称“五文殊殿”），登上黛螺顶就等于登上五个台顶，进正殿朝拜就等于朝拜了五个台顶的五方文殊。[①] 乾隆于五十一年（公元1786年）三月来此殿进香，朝拜五方文殊之后，亲笔题诗一首：“峦炯谷抱自重重，螺顶左邻据别峰；云栈屈盘历霄汉，花宫独涌现芙蓉。窗间东海初升日，阶下千年不老松，供养五台文殊像，阇梨凝未识真宗。”[②] 这首诗后来被刻在“黛螺顶碑记”的背后，此后朝山僧侣到此寺正殿参拜，即可代替朝谒五座台顶，省去许多路程。但登五座台顶朝拜文殊菩萨叫“大朝台”，登“黛螺顶”朝拜五方文殊菩萨则叫“小朝台”，俗有“不登黛螺顶，不算台山客”之说。要到“黛螺顶”必登大智路，大智路青石辅成，全程共计1080个台阶。登上大智路烦恼顿消，登顶之后就能够看到黛螺顶的牌楼、石狮和山门。黛螺顶坐东朝西，寺宇不大，占地3600平方米，内有殿堂僧舍48间。中轴线上由西向东依次有天王殿、旃檩殿、五文殊殿、大雄宝殿。天王殿面宽3间，单檐硬山顶，内塑四大天王。旃檩殿坐落在六角台基上，边长为10米，上部为六角重檐攒尖顶，内供释迦牟尼即旃檩佛。五文殊殿面宽5间，单檐歇山顶，四出廊，无斗拱，内供五方文殊。大雄宝殿面宽5间，19.2米，进深9.6米，单檐硬山顶，五脊六兽，前出廊，内供铜铸释迦牟尼佛、阿弥陀佛、药师佛和帝释天、大梵天、迦叶、阿难，两边为十八罗汉彩塑。

五台山跻身于世界文化遗产保护之列。1997年1月21日山西省第八届人民代表大会常务委员会第二十六次会议通过《山西省五台山风景名胜区环境保护条例》，为保护五台山风景名胜区自然景观和历史文化遗产，防治环境污染，促进旅游事业的发展，根据《中华人民共和国环境保护法》及其他有关法律、法规，特制定保护条例。明确

① 参见安建华：《心灵的朝圣》，13页，西安，陕西人民出版社，2003。

② 王锚深主编：《山西导游》，134页，太原，山西科学技术出版社，1999。

规定在五台山风景名胜区内，不得进行对景点环境有损害的一切生产、开发、建设活动；未经省规划行政主管部门批准，不得新建宾馆、招待所；商业网点及其他旅游服务设施的建设必须符合规划要求。在五台山风景名胜区内，禁止毁林毁草、开山取石、挖土采沙、开矿冶炼、建炉锻烧、改变水系等污染和破坏环境的活动。2006 年 9 月 28 日又通过了《加强保护五台山风景名胜区和汾河、沁河、桑干河源区的决定》，这是陕西省立法让佛教圣地回归“清静幽雅”的重大举措。2002 年 11 月 4 日山西省人民政府批准集“佛教交流、旅游观光、进香朝拜、解读佛学、祭拜亡灵”为一体的佛教文化旅游综合性项目，项目总规划用地 3000 亩，分两期开发，首期规划占地 1500 亩，建筑面积 232 000 平方米，投资约 15 亿元，为五台山申报世界遗产做好准备。五台山项目由十大标志性建筑群组成，在设计理念和建筑风格上紧紧围绕和谐、和睦、和平的宗旨，充分体现四大原则：（1）汉语系佛教（汉传佛教）、藏语系佛教（藏传佛教）、巴利语系佛教（南传上座部佛教）三大流派建筑特色和五台山文殊菩萨道场建筑风格和谐融合的原则。（2）现代社会文明进步的原则，即把当今最先进的文化、科技、雕塑、艺术、设计、规划、工艺、材料等，贯穿在项目的每一个建筑内容和细节上，使它们相互交融、相得益彰。（3）绿化建设和保护生态环境的原则，通过绿化环保的建设，让世人亲身体验人与自然的和谐，体现中华优秀传统文化中“天人合一”的思想精髓。（4）体现“今日之精品，明日之文物”的设计和建设原则，在项目规划设计与建设过程中，力求做到“经典上有依据、历史上有传承、方案上有特色、艺术上有创新、功能上有感应。”五台山项目建设内容拟由山门，五台山和平大道，中国五台山国际佛事中心功德堂（内含誓约石、功德碑），世界佛教交流中心，释迦牟尼佛坛城，五台山世界和平塔，五台山智慧广场以及金色宝殿（大文殊像）、得度桥、世界和平功德园十大标志性建筑群组成。2005 年 5 月五台山风景区政府邀请北京颐和园、北京大学、清华大学、中科院植物所、山西省文物局、山西大学、山西省社科院、山西省地质研究所、山西省规划设计院等“申遗”专家，召开申报世界自然和文化遗产资源评审会议。专家认为，五台山自然与文化资源突出体现在独特的地质结构遗迹、稀有的冰缘冰川地貌景观、珍贵的物种和生物资源、影响深远的佛教文化、灿烂辉煌的艺术成就与恢宏壮观的寺庙古建筑群方面，完全有条件申报世界双遗产。在2005年底国家建设部举行的评审会上，有关专家对五台山的自然和文化资源价值给予充分肯定，五台山凭借其独特的自然遗产和文化遗产，与安徽九华山、贵州黄果树风景名胜区等是12处全国著名风景名胜景区一同列入首批中国国家自然遗产、国家自然与文化双遗产预备名录之中。2009年6月26日在西班牙塞维利亚举行的第33届世界遗产大会上，世界遗产委员会否决了五台山作为世界自然遗产的价值。但是，经联合国教科文组织世界遗产委员会批准，被正式列入《世界遗产名录》，成为世界遗产。世界遗产委员会一致认为："五台山符合世界遗产相关标准，遗产保存和保护管理状况良好，具有高度的真实性，决定将其作为文化景观列入《世界遗产名录》。"①

---

① 有关资料见《五台山列入世界文化遗产目前中国已有38处世界遗产》，载《北京晨报》，2009年6月27日第A4版。

山西平遥古城文化景观

一

平遥古城位于山西省中部，距省城太原市西南100公里左右，地处东经112°11′，北纬37°14′。早在新石器时代，人类就在这里繁衍生息，相传帝尧初封于陶，故“平遥”史称“古陶”、“平陶”；虞舜时属并州；大禹治水后属冀州；春秋时属晋；战国时属赵。平遥境内的“中都”，春秋时期是晋国古邑，战国时属赵；秦汉时属太原郡（秦始置平陶县，西汉置中都县和京陵县）；西晋时属太原国；北魏时鲜卑拓跋部统一北方，为避北魏太武帝拓跋焘的名讳，遂改“平陶”为“平遥”。[①] 自公元前221年秦朝实行“郡县制”以来，平遥城一直是县治所在地并延续至今，这是我国最基层的一级城市。平遥人杰地灵，哺育了许多杰出人物，历史上载有西晋文学家孙楚、东晋史学家孙盛、著名玄言诗人孙绰。当代也涌现出了许多神州栋梁，学界名流。有经济学家李予昂、著名外交家郝德青、著名历史学家侯外庐、著名画家李琦、著名文学研究专家王瑶、著名作曲家巩志伟、歌唱家郭兰英和阎维文、著名晋剧表演艺术家程玉英、著名工艺美术大师薛生金等。[②] 这些杰出人物的丰功伟绩，构成了平遥古城厚重历史文化的重要组成部分。在20世纪山西平遥商业繁荣，门类齐全，票号、钱庄、当铺、

---

① 参见晋中市史志研究院编：《平遥古城志》，3页，北京，中华书局，2002。

② 同①，9～10页，北京。

中药店、绸缎庄、杂货铺以至扇子、灯笼、戏装铺等，遍布于平遥的大街小巷。越护城河，穿拱形城门，登上古城楼，只见城角楼四立，射击孔与瞭望洞环布；城外四野开阔，南北无阻；下楼只见青砖白瓦，飞檐翘角，古风古貌依然，因而许多古装戏都在此地拍摄外景，连布景都不需要用。

平遥古城古时是军事防御重地。据中国历史记载，明代初年，太祖皇帝朱元璋就定下了“高筑墙、广积粮、缓称王”的国策。其中的“高筑墙”就是要建造各县、州、府的城墙，使其高大、坚固，便于防守，以抵御北方各民族的武装南侵和内战。[①] 因此，平遥古城四周的城墙高大深厚，城门内外设置重重防御工事。后来又发展为中国早期金融行业在山西的中心。目前全县境内拥有“平遥古城墙”、“双林寺”、“镇国寺”等全国重点文物保护单位3个，省级重点文物保护单位6处，县级文物保护单位90处。古城共有6座城门，南北各一，东西各二，每座城门均为重门瓮城，瓮城顶建重檐木构城楼，城墙四隅筑有角楼。乌龟乃长生之物，在古人心目中自然如同神灵一样圣洁。因而平遥素有“龟城”[②] 之称：南门曰“迎熏门”，被视为龟城之首，面向中都河，有“龟前戏水，山水朝阳”之意。城外过去还有两眼水井，喻为龟之双目；北门曰“拱极门”，为龟尾，地势最低，城内积水都从这里排出；东城墙上东门曰“太和门”，下东门曰“亲翰门”；西城墙上西门曰“永定门”，下西门曰“凤仪门”。东西4门，平行对称谓之龟的4条腿。上西门、下西门和上东门三座城门均向南而开，形似三条向前屈伸的龟腿，唯有下东门瓮城的外城门径直向东而开。“龟”象征着吉祥，据说是古人建城时恐怕“吉祥”爬走，便将“龟”的左后腿使劲拉直，并绳索拴在距城10公里的麓台塔上。平遥的古城墙寄托着人们祈盼国泰民安、风调雨顺的美好愿望。平遥古城自有筑城活动以来，在漫长的发展过程中，保留的文化遗存数量多、密度高、跨度时间长，被誉为“中国古建筑宝库”的山西省范围内的一个“文

① 参见李振湘：《世界遗产中国行》，88页，北京，民族出版社，2004。

② 晋中市史志研究院编：《平遥古城志》，4页，北京，中华书局，2002。

物大县”。平遥古城1986年被国务院公布为第二批“国家历史文化名城”，1988年1月13日被列为“全国重点文物保护单位”，1997年12月3日被联合国教科文组织列入《世界遗产名录》。

平遥是中国古代商业中著名的“晋商”发源地之一。“票号”是银行的前身，清道光三年（公元1823年），平遥古城在西裕成颜料铺的基础上，诞生了全国第一家票号“日升昌”。18世纪初，山西平遥、介休、祁县等县的商人，有许多在北京开设各种商店，每年终给老家捎钱时一般都由镖局押运，运费高又不安全。在北京西裕成颜料庄的雷履泰和一些商人商定，将钱交给北京的西裕成，再到平遥的西裕成取兑现金。后来同乡们都觉得这种办法很方便，请求拨兑的人越来越多，并且同意出一些汇费。担任过分号经理的商界巨子雷履泰就与东家李大全商议，将西裕成改名“日升昌”（道光三年正月初一正式挂牌）专营汇兑业务。① “日升昌”从经营安全着想，设置密押“晋、兖、青、徐、扬、荆、豫、梁、雍”九州名，分别代表1～9常用数码；将位数万、千、百、十、两、钱等，分别编为“世事多更变，诸务宜预防”五言诗；总号与分号之间都编五言诗代表暗号。② 在管理上通常由东家或者股东聘请大掌柜（总经理）全权管理，大掌柜在票号内拥有至高无上的权力，无论人事或者业务统统由其一人定夺，可以说是现代企业制度中财产所有权与经营权分离的雏形。时至清朝末年，山西的票号增加到32家，平遥的“票号”就有22家，占全国先后成立的51家票号的43.14%③；平遥为“总号”，分号遍及全国各大城市，包办全国公私汇兑。3年之后，“日升昌”在山东、河南、辽宁、江苏等省先后设立分支机构。19世纪40年代，它的业务更进一步扩展到日本、新加坡、俄罗斯等国家，分号总计400多个，号称“汇通天下”。可以说“日升昌”票号是中国第一家现代银行的雏形，它的创立在我国近代金融史上具有划时代的意义。现在平遥还保留着

① 参见王夷典：《日升昌票号》，5～6页，太原，山西经济出版社，1998。

② 参见王夷典：《日升昌票号》，17页，太原，山西经济出版社，1998。

③ 晋中市史志研究院编：《平遥古城志》，202页，北京，中华书局，2002。

雷履泰故居和日升昌、百川通票号的旧址。百川通旧址位于南大街109号，坐西向东，宅院建筑精良，现为“家私博物馆”；日升昌票号旧址在古城内西大街38号。号址坐南朝北，由中、西院和东跨院组成，总占地面积1963.6平方米，院内拥有单体建筑25座，计屋舍100余间①。日升昌票号旧址整修于晚清咸丰年间。三进院落临街面阔5间，中间为通道，两边是铺面，上面建楼，存放财物。前院东西两边各有柜房两间，中院东西各建客房3间，正面为中厅，南阔3间为汇兑业务的重要场地；中厅上面建有楼房以存放物品。紧靠中厅南檐接出半坡顶平房3间，中部为走道，东西两边为小套间。后院南有正厅5间，东西两面各有客房3间。整个院落布局建筑考究，墙高宅深，由于职业原因对安全极为慎重、严密，所有认为不安全的地方都架设有铁丝天网，网上系有响铃。临街铺面五合坚实大门一关，可谓万无一失。“日升昌”的创立标志着中国近代性质的新型金融业，在中国封建社会后期的商业和金融肌体中自然生成。咸丰、同治年间为极盛时期；到了清末民初，先进的银行逐渐兴起，票号逐步被取代。

二

镇国寺、双林寺与古城墙并称为“平遥三宝”，它们共同构成了平遥古城世界文化遗产。

镇国寺是平遥古城世界文化遗产的重要组成部分。“镇国寺”位于平遥县城东北15公里的郝洞村，距太原市85公里，总面积13328平方米。该寺古称“京城寺”，现存殿宇十余座，天王殿、万佛殿、三佛楼立于中轴线上，配殿有观音、地藏等殿。其中，万佛大殿建于北汉天会七年（公元963年）；由于寺庙破败，到清嘉庆二十年（公元1815年）照原样重修万佛殿。② 万佛殿是一座具有唐代风格的古代

① 参见晋中市史志研究院编：《平遥古城志》，140页、135页，北京，中华书局，2002。

② 参见小小编著：《中国南方北方游》（北方卷），120页，北京，中国电影出版社，2005。

建筑，距今已经有1000多年的历史。[1] 该殿近正方形，屋顶庞大，出檐深远，但由于屋顶采取了举折，屋角反翘，使沉重庞大的屋顶呈现出轻巧活泼的建筑艺术形象。整个外观给人一种雄伟壮观、气势非凡的感觉，这其中“斗拱”起了决定性的作用。殿内梁架结构，纵横构件，联结牢固，使万佛殿整个形体，达到了建筑艺术美感的特殊效果；显示出我国古代建筑科学的非凡技能，成为我国建筑史上的不朽佳作，目前是中国排名第3位的古老木结构建筑。殿内设“佛坛”，坛上塑有一佛、二弟子、四菩萨、二天王、二供养童子彩塑共11尊，是除敦煌之外国内仅存的五代彩塑，加之元、明时期的壁画柔和、流畅和美学价值高，使之更属珍贵文物。[2] 此外，三佛楼“释迦牟尼佛传故事”壁画是明代作品。寺内现存的20余块碑碣，其中“半截碑”是一珍宝，残碑高84厘米、宽58厘米，厚36厘米，碑刻行书，字存19行、476字。经考此碑是北汉刘崇之孙刘继钦的墓志铭，其价值有三：补充了历史资料的不足，解决了历史上的分歧，具有较高的文物价值。

双林寺也是平遥古城世界遗产的重要组成部分。“双林寺”位于平遥古城西南7公里的桥头村，距太原市97公里，总面积15609平方米。双林寺原名“中都寺”，北宋时纪念佛祖释迦牟尼“双林入灭”之说，改为“双林寺”。双林寺建于北齐武平二年（公元571年），历代多有修葺，现在保存下来的多为明、清建筑。整座建筑群坐北朝南，占地14 000平方米，东为禅院、经房；西为庙群，由风格迥异的10座殿堂组成前后三进院落。唐槐、宋碑、明钟、壁画交相辉映，构成一方胜境。寺内现存殿宇10座，有天王、释迦、大雄、佛母殿和观音、地藏、千佛、菩萨等殿，共有大小彩塑2052个，保存比较完好的有1566尊。[3] 建筑与彩塑大部为明代作品。1500余尊作品全部由木胎泥塑而成，它们继承了我国唐、宋、金、元彩塑的优良传统，被专家

---

① 参见《中国文化遗产年鉴》编辑委员会编：《中国文化遗产年鉴2006》，71页，北京，文物出版社，2006。

② 参见晋中市史志研究院编：《平遥古城志》，110页，北京，中华书局，2002。

③ 参见小小编著：《中国南方北方游》（北方卷），119页，北京，中国电影出版社，2005。

誉为“东方彩塑艺术宝库”。雕塑内容有佛、菩萨、天王、神将，也有凡间各种世俗人物。其中，武圣殿正中坐像关羽悬而不掉，保存至今；罗汉殿内“哑罗汉”嘴巴紧闭，怒目圆睁，怅然若失的眼神冷视着世界，把一尊性格耿直的哑罗汉着急但又无奈刹那之间的形象雕塑了出来。菩萨殿千手观音仪容端庄而典雅，神态温柔而又安祥。每支胳膊塑造得圆润丰满，跟身体的比例恰到好处，毫无生硬、造作之感，达到雕塑艺术中和谐、完美的境界。千佛殿“韦驮”像整个造型，特别是腰部的塑造非常夸张，达到一种人体所不能及的程度，却丝毫没有造作别扭之感。相反给人一种强大的力度和动势，这是由一条从头到脚贯穿于全身的“S”形曲线所表现出来的。双林寺彩塑题材是佛教内容，古代艺术大师冲破宗教的限制，把神秘的佛国人物赋予人的特性，达到一种形神兼备、神人交融的境界！双林寺于1965年被列为“山西省重点文物保护单位”；1979年归文物部门直接管理并正式对外开放；1988年被国务院公布为第三批“国家重点文物保护单位”。1990年10月20日联合国人类居住中心专家杰伊·穆尔为双林寺题词“世界珍宝”；1992年8月联合国人类居住中心再次派专家考察双林寺时，美国学者巴克莱·琼斯题词为“真正的、独一无二的珍宝”。1997年双林寺作为平遥古城的重要组成部分列入了《世界遗产名录》。①

平遥古城墙是“平遥古城世界遗产”的主体部分。平遥古城原为夯土城垣，外周青砖砌裹，顶部铺砖排水，城墙四角，各建角楼，东南角还建有奎星楼一座。西周宣王时期（公元前827—前782年），为西周大将尹吉甫驻军于此而建，迄今已有2800余年的历史。现在保存的古城墙是明洪武三年（公元1370年）为防御外族南扰，在原西周旧城埂的基础上扩建为今天的砖石城墙，明、清两代对城墙都有补修，但基本上还是明初的形制和构造。城为方形，墙高10米左右，墙厚3～6米，周长6.4公里，外表全部砖砌，墙上筑的垛口，墙外有护城河，深广各4米；城周辟门六道，东西各二，南北各一；墙上设有

---

① 参见晋中市史志研究院编：《平遥古城志》，101页，北京，中华书局，2002。

3000 个垛口、72 座敌楼，据说象征孔子 3000 弟子及 72 贤人。[①] 城墙历经了 600 余年的风雨沧桑，至今仍雄风犹存。以后景德、正德、嘉靖、隆庆和万历各代又进行过 10 次大的补修和修葺，包括更新城楼、增设敌台。清康熙四十三年（公元 1703 年），因皇帝西巡路经平遥而筑了四面大城楼，使城池更加壮观。平遥城墙总周长 6163 米，墙高约 12 米，把面积约 2.25 平方公里的平遥县城，一隔为两个风格迥异的世界。城墙以内街道、铺面、市楼保留明清形制，城墙以外称为“新城”。古城主要街道是“十”字型，城内有大小街巷 100 多条，商店沿街而立，基本上是 17—19 世纪的建筑；铺面结实高大，檐下绘有彩画，房梁上刻有彩雕，古色古香。铺面后的居民宅位于小街巷内还是原来的历史形态，全是青砖灰瓦的四合院，轴线明确，左右对称。古城内现保存着 3997 处传统四合院民居，大多都有百年以上的历史，其中有 400 处保存相当完好。[②] 城内现存 6 大寺庙建筑群和县衙署、市楼等，历代古建筑均是原来的实物。平遥古城是中国古代民居建筑荟萃中心之一，它集中体现了公元 14—19 世纪前后，汉民族的历史文化特色。它有三种基本的建筑形式：一种是木结构砖瓦房，一种是砖窑洞加木廊外檐，再一种是下层为砖窑洞，上层为木房的二层楼。一个宅院中全部筑成窑洞式者或是木构砖瓦者的情形很少，往往是两种建筑形式同时共存。平遥民居多为严谨的四合院，有明确的轴线，沿中轴线方向由几进院落连缀而成，尤以二进院或者三进院兼东西式偏院为多。院落中间多以矮墙、垂花门分隔。后院正房多为下层砖窑洞上层木结构的两层楼式。所有民宅的墙壁全用白灰砌砖，粉墙黛瓦，正好衬托了市楼、庙宇建筑群和县衙等建筑的绚丽色彩。精巧的木雕、砖雕和石雕配以浓重乡土气息的剪纸窗花，维妙维肖、栩栩如生，是迄今汉民族地区保存最完整的古代居民群落，具有北方民居建筑的风格和特点。平遥古城众多的文化遗存，不仅代表了中国古代城市在不同

---

① 晋中市史志研究院编：《平遥古城志》，4 页，北京，中华书局，2002。

② 《中国文化遗产年鉴》编辑委员会编：《中国文化遗产年鉴 2006》，71 页，北京，文物出版社，2006。

历史时期的建筑形式、施工方法和用材标准，也反映了中国古代不同民族、不同地域的艺术进步和美学成就。平遥古城是我国境内现存最为完整的明清古城，是中国汉民族中原地区古县城的典型代表，也是研究中国政治、经济、文化、军事、建筑、艺术等方面历史发展的活标本。

平遥古城的内部空间布局体现了古代城市传统的对称布局特点，贯穿了我国古代的封建礼制思想。旧时的平遥城是票号、富商汇集地，严谨而不呆板的住宅布局，精美、古朴的建筑工艺，都反映了清代的建筑艺术水平和民族特色。古城以南大街为轴线，以市楼居中，按左城隍（城隍庙）、右衙署（县衙）、左文（文庙）、右武（武庙）、东观（清虚观、道教）、西寺（集福寺已不存，佛教）的对称式结构布局。这种布局集中体现了古代县城的礼序程式，反映了当时“人神共治”和“三教合一”的思想文化，标志着明清时期纯熟的营造技术和精湛的建筑艺术成就。城内的文庙大成殿距今近850年，为国内稀有的古建筑。平遥城内有大量的清朝末年民居、寺庙建筑、街道铺面等，与古城墙共同组成完整的平遥古城。南大街、东大街、西大街、城隍庙街、衙门街，构成“干”字型商业街，商业店铺、票号等布于两侧。横跨在南大街上的市楼高18.5米，为重檐三滴水歇山顶，它既是传说中平遥古城“风水”所在，又是全城的制高点。诚如平遥文物局副局长李树盛在接受采访时所说：“平遥古城墙设计严谨，工艺精细，形体完整，既有完善的防御功能，又有传统的文化内涵，可以说是国内现存最完整的一座明清时期中国古代城墙的原型。”

平遥古城系联合国教科文组织颁布的“世界文化遗产”。平遥是一座保存完整的具有2700多年历史的名城。平遥古城是由完整的城墙、街道、寺庙、民居组成的一个庞大的古建筑群，城墙是我国现存最完整的明清县城，可以说是我国古代城市的原型。古城池总面积2.25平方公里，至今还居住着4.2万城市居民，基本保持了明清时期（公元1368—1911年）的历史风貌。平遥古城的英文名称为：Ancient

City of Ping Yao,[①] 平遥古城符合《公约》所列6项文化遗产的标准和真实性标准，同时也符合有关城市建筑群列入的基本要求。因此，根据文化遗产遴选标准（II）（III）（IV），于1997年12月3日被联合国教科文组织世界遗产委员会第21次会议通过正式被列入《世界遗产名录》（编号：200—018）。目前这个县城的城墙、街道、民居、店铺等建筑，基本上保持着原有的古城格局。民居是由青砖墙和灰瓦屋顶组成，二进或者三进式的四合院，轴线分明、房舍对称、单坡屋面，外观封闭。院落之间多用矮墙和垂花门楼分开。居住房屋一种是木结构砖瓦房；一种是砖窑洞加木廊外檐房屋；还有一种是下层为砖窑洞，上层为木装饰的三开间或五开间楼房。房屋外观十分讲究，饰以精美的木雕、砖雕、石雕，华丽的彩绘、照壁、石狮等。现存四合院有3797处，其中保存完好的有400多处。整个民居有分有合浑然一体，充分体现了中国明清时期高超的建筑艺术水平。1997年联合国教科文组织特派专家田中淡考察平遥古城时欣然题词“平遥古城甲天下”。联合国世界遗产委员会主席团对平遥古城的评价是：“平遥古城符合世界遗产标准的（II）（III）（IV），推荐列入《世界遗产名录》。平遥古城是中国境内保存最为完整的一座古代县城，是中国汉民族城市在明清时期的杰出范例，在中国历史的发展中为人们展示了一幅非同寻常的文化、社会、经济及宗教发展的完整画卷。”[②] 凡到过平遥古城的人都认为，走进平遥就如同走进一座大型的历史博物馆。

三

疏于检测和维护导致平遥古城墙三次突然垮塌。平遥古城墙过去一直以“保护完整”而著称，然而近年来却多次发生坍塌。其中最为严重的一次发生在2004年10月17日下午2时30分左右，古城墙南

---

① 《中国世界遗产年鉴》编纂委员会编：《中国世界遗产年鉴2004》，158页，北京，中华书局，2004。

② 《中国世界遗产年鉴》编纂委员会编：《中国世界遗产年鉴2004》，159页，北京，中华书局，2004；李振湘：《世界遗产中国行》，86页，北京，民族出版社，2004。

门瓮城外侧东部有一段长17.3米、厚3米（城墙总厚度5米）、高10米的外墙体突然垮塌，上千块有百年历史的青色城砖纷纷落地。① 尤其令人尴尬的是时隔不到1年，2005年9月22日古城西城墙内侧裸露的夯土层发生大面积脱落，城墙最高处的女儿墙坍塌了7.4米，城墙内侧土层脱落厚度34厘米。平遥县文物专家和建筑专家对周长达6000多米的古城墙进行了全面“会诊”，结果发现在固若金汤的城墙之上，墙皮剥落、风化、裂缝等现象随处可见，特别是在南城墙附近，多处较大的裂痕出现在墙体上，在52处“病患”墙体中，26处随时有坍塌的可能。到2006年元宵节前夕，再次发现该处城墙上出现了一条长5米、宽1.5厘米的裂缝，由于没有及时进行维修，3月5日古城墙西门内侧一块面积约3米×4米、厚度近20厘米的夯土层墙皮忽然下滑，造成墙顶部分砖块坍塌，所幸没有造成人员伤亡。② 笔者沿着城墙周围走上一圈还发现，城墙周围垃圾遍地，特别是在南城墙外侧臭味扑鼻，城墙上掉落下的青砖与垃圾将城墙包围。每年到夏天七八月份的时候，城墙的墙根就泡在雨水和居民家倒出的污水里。③ 导游曾告诉我们，按照平遥当地风俗，每到土地爷的“生日”，平遥人都要在古城墙上挖洞取土回家祭奠，当地人称为“谢土”。因而平遥古城的“完整”，其实是一个“模糊的存在”，所谓“完整”就是古城没有被拆除。作为世界文化遗产的平遥古城墙，在不到3年的时间内连续发生3次坍塌，此事迅速引起全国公众对享誉海内外的平遥古城的热切关注，遭遇了全国传媒和民众此起彼伏的一片质疑声。

保护平遥古城是平遥人义不容辞的神圣使命。平遥古城是一个完整的建筑群体和特殊的社会群体，对它的保护与管理远远超过了遗产本身。平遥县政府明确表示，一定要汲取“古城墙三次垮塌”的教

---

① 参见游雪晴：《我国文化遗产预警系统缺失》，载《科技日报》，2004年10月23日第1版。

② 参见赵志疆：《平遥古城能耐几回塌》，载《中国文化报》，2006年3月13日第1版。

③ 参见原碧霞：《平遥古城墙连接坍塌，文化遗产叹息无人听》，载《西部时报》，2005年10月25日第9版。

训，站在对人类、对历史负责的高度，严格遵循有效保护、统一管理、科学规划、永续利用的方针，责无旁贷地把遗产保护的各项措施扎扎实实地落到实处。(1) 理顺体制，建立一种科学完善的保护体系。尤其是建立专家咨询制度，聘请国内外专家学者组成遗产保护顾问团，定期对遗产保护进行论证、研讨和监督咨询；积极协调有关部门制定完善平遥古城保护详细规划、旅游产业发展规划和古城消防安全建设规划，尽快付诸实施；根据古城保护形势的变化，积极争取省人大重新修改平遥古城保护条例，对古城保护的管理体制、实施主体、部门职责及处罚措施等进行具体明确，确保世界遗产保护的法治化；科学化和规范化。(2) 加大投入，全方位加快古城保护进程。按照“取之于世界遗产、用之于世界遗产”的原则，设立古城保护专项基金，通过政府投入、社会捐助、国际援助、银行贷款等多种形式，筹集保护资金，加快推进古城全面保护，走出一条“保护—开发—发展—保护”的良性循环之路。(3) 采取综合施措，有效解决古城消防安全问题。按照政府统一组织，居民个人出资的办法，结合城市供电管网改造，对居民个人用电线路进行更新规范；对古城内外文物古迹按规定要求全部配备各种防火设施，配设专职安全保卫人员；建立文物保护预警系统，提高遗产保护的科技含量，全方位构筑古城保护的安全屏障，确保平遥古城的绝对安全。(4) 注重发掘，竭力传承与弘扬古城文化。依托现有文化研究机构，更深层次地对古城文化进行专门研究整理，创作不同体裁的文学作品，制作出版不同类型的文化书籍与宣传光盘，建设古城文化艺术活动基地，打造文化产业布展内容，统一规范导游队伍的“讲解词”，用最直接的言语沟通，把古城文化内涵传播给中外游客，聘请国内外文化名人策划富有地方特色的民俗文化活动项目，提高游客的参与度。(5) 强化管理，创设遗产保护的良好环境。加快遗产保护专业队伍建设，实行持证上岗和资质认证制度，规范广大市民行为，实行经营项目准入制度，有计划地对古城内经营项目进行重新调整与定位，严防人工化、商业化、城镇化倾向，致力创造古城文明、健康、和谐、开放的社会环境。

必须依法保护平遥古城世界遗产。保护世界遗产当务之急是要吸取国外经验，因地制宜地制定出符合国情的遗产保护法规，将世界遗产保护纳入法制化轨道。早在1984年9月29日平遥县人民政府就发布了《关于贯彻全国人民代表大会常务委员会公布的〈中华人民共和国文物保护法〉的通告》，明确规定："平遥城池是全国少有的城池之一。凡在城墙保护范围内的一切建筑、污染物，一律限期搬迁或撤除。为保护古城风貌，任何单位或个人不准在古城区改建、拆除和重建其他建筑物。"① 同年平遥县人民政府还印发了《贯彻文物保护法，打击文物犯罪活动的布告》。为确保《山西省平遥古城保护条例》的实施，保护平遥古城完整的历史风貌，1995年平遥县人民政府又发布了《平遥县城市建设用地规划管理办法》、《平遥县建筑管理办法》、《平遥县管线管理办法》、《平遥县违法建设处理办法》和《平遥县县城规划内村民建房管理办法》5个行政规章。平遥古城被列入《世界遗产名录》后，1998年平遥县人民政府又制定了《平遥古城环境保护综合治理若干规定》，把综合治理古城环境，确定为古城保护重点项目，并作出了《关于古城环境综合治理的实施方案》。1998年11月30日，山西省第九届人民代表大会常务委员会第六次会议正式通过《山西省平遥古城保护条例》，1999年4月1日起实施。② 保护平遥古城是全人类的共同责任。世界遗产基金会（GHF）承诺出资124万美元用于平遥古城的保护与开发。应世界遗产基金会邀请，山西省文物局和有关单位组成考察团赴美国、加拿大考察文物保护和开发利用，期间与世界遗产基金会初步达成了由世界遗产基金会出资援助平遥阿古城保护与开发的九点计划。世界遗产基金会是全球性的非盈利性文物保护组织，总部设在美国加利福尼亚，其主要职责是保护全球面临威胁的世界遗产。世界遗产基金会执行主任杰夫·摩根表示，平遥古城是世界遗产基金会在中国优先关注的目标，世界遗产基金会愿尽力在文物和旅游等方面提供专业知识和资金上的支持。世界遗产城市组织（OWHC）秘书长当尼斯·利卡德先生表示，要与平遥加强世界遗产保护的交流，欢迎平遥尽早加入世界遗产城市组织。

---

① 晋中市史志研究院编：《平遥古城志》，334页，北京，中华书局，2002。

② 参见晋中市史志研究院编：《平遥古城志》，454~460页，北京，中华书局，2002。

山西乔家大院文化景观

一

乔家大院在距太原市 54 公里的祁县乔家堡村，“乔家大院”集中地反映了晋中地区的民俗事象，在国内外享有盛名。“在中堂”是乔氏家族第三代乔致庸的堂名。在中堂只是祁县乔家堡村乔氏家族的一个分支，乔氏家族尚有德兴堂、宁守堂、大吉堂、进修堂以及保元堂、保和堂等许多支派。然而，在中堂却是乔家人口众多、财势最雄厚的一支。“堂”字的本来意义是指高大雄伟的建筑物，多指房屋而言，古代往往“堂”、“殿”并称。《礼·礼器》曰：“天子之堂九尺，诸侯七尺，大夫五尺，士三尺。”自唐代开始专以帝王所居为“殿”，“堂”为民间所用。“堂名”作为家族的代称究竟起源于何时，目前似乎没有统一的定论。但是大量证据表明，清代嘉庆以后，起堂名之风盛极一时，如晋中平川，特别是祁县、太谷、平遥一带，中等以上的家庭都有自己的堂名。“堂名”的含义大多与主人及其家庭成员情况有关，如 5 个儿子称“五福”，3 个兄弟称“三多”等，乔氏家族的堂名也是如此。乔贵发的 3 个儿子，长门乔全德生 1 子，取名致祥（取“长发其祥，唯有德者居之”之意），堂名定为“德兴堂”；二门乔全义生 1 子，取名致远（取“宁静以致远”之意），堂名定为“宁守堂”；三门乔全美生 2 子，长子乔致广因早逝未定堂名，次子名取名致庸（取“不偏不倚，执两用中”之意），堂名定为“在中堂”。这就是乔氏家族最早的3个堂名。①“在中堂”主人乔致庸生有6个儿子、11个孙子，据山西省保晋矿务公司股东花名册的记载，乔氏家族竟有100多个堂名。

乔家大院是乔家“在中堂”（商业资本家乔致庸）的宅院。乔氏家族有文字记载的第一代创业人名叫乔贵发，年轻时只身“走西口”闯荡世界，在内蒙古包头城中苦心经营小商铺，积蓄资财，终于在包头城中发展起一家最大的商号“复盛公”，店铺、居宅达到1000多间。仅1919—1927年间，包头有钱庄21家，其中由山西人开的有18家，每年所做汇兑款项总额达2000万元以上。“复盛公”是一个著名的商业字号，过去在内蒙古包头工商界和居民中，一直有“先有复盛公，后有包头城”之说。②“复盛公”的“复字号”，历经二百多年一直到1953年春天关闭。“复盛公”是乔姓以“在中堂”、“大吉堂”、“进修堂”、“德兴堂”的名义，秦姓以“三余堂”的名义，共同投资白银3万两，就广盛公（由乔贵发在包头开设）的铺底改组而成的，共计14个财股，17个身份股（即“人力股”）。③ 乔家发家后，开始在老家祁县乔家堡村修建宅院。现存的乔家大院，是乔氏家族经数次扩建而成的。乔家认为，乔家的发达是“恪守中庸之道”的结果，于是把这幢宅院定名为“在中堂”，以与乔致庸的堂名一致。“在中堂”家规很严，主要有：“一不准纳妾；二不准虐仆；三不准嫖妓；四不准吸毒；五不准赌博；六不准酗酒。”④ 在那样的年代、那样的家族，立下这样严格的家规且弟子们都能够遵照执行，这在封建社会确实是难能可贵的。家族子弟大都受到中等以上的教育，到第7代兄弟20多人中，有12名大学生，获博士学位者2人、硕士3人，多人从事教授、翻译、工程设计等事业。⑤ 乔致庸活了89岁，历经嘉靖、道光、

① 安锦才：《乔家大院》，6～9页，太原，山西经济出版社，1999。
② 穆雯瑛主编：《晋商史料研究》，175页，山西人民出版社，2001。
③ 安锦才：《乔家大院》，13页，太原，山西经济出版社，1999。
④ 安锦才：《乔家大院》，30页，太原，山西经济出版社，1999。
⑤ 安锦才：《乔家大院》，34页，太原，山西经济出版社，1999。

咸丰、同治、光绪5个朝代，人称“亮财主”。[①] 他青年时中秀才，后弃儒经商，讲信誉、重实效、用人才，事业获得大发展。“在中堂”兴旺时期曾“捐钱买官”，乔致庸本人是“二品补用道”，分省后补，赏戴花翎。子孙亦如此，男封“大夫”，女封“宜人”，几乎人人都是“官”。当时乔氏三代共有60余口人，佣仆250多人，还有私塾教师、账房职员等。乔氏一家的吃穿用度，极尽豪华奢侈。[②] 天下没有不散的宴席，1938年9月日本侵略军打进入祁县，乔氏一家为躲避战火举家离去，到京、津一带避难。从此人去宅空，留下了这座大院。乔家从发迹到衰落，一共传了7代。乔家大院大门坐西向东为拱形门洞，上有高大的顶楼，顶楼正中悬挂着山西巡抚受慈禧太后面谕而赠送的匾额，上书“福种琅环”四个大字[③]。黑漆大门上镶嵌着铜板对联一付：“子孙贤，族将大；兄弟睦，家之肥。”字里行间透露出乔在中堂主人的希望和追求，也许正是遵循这样的治家之道，乔在中堂经过连续几代人的努力，达到了后来人丁兴旺、家资万贯的辉煌。相传这幅铜板对联是清总理兼北洋大臣李鸿章所赠[④]。大门顶端正中嵌青石一块，上书“古风”。雄健的笔力同这两个字所代表的承接古代质朴生活作风的本意，相得益彰，耐人寻味。大门对面的掩壁上刻有砖雕“百寿图”，一字一个样，字字有风采。掩壁两旁是清朝大臣左宗棠题赠的一副意味深长的篆体楹联：“损人欲以复天理，蓄道德而能文章。”楹额是“履和”。额头有匾，上书“仁周义溥”四字为李鸿章所题。祠堂里原陈列着木刻精雕的三层祖先牌位，这同作为巨商大贾的

---

① 清光绪年间，左宗棠在平定完西北后，朝廷调他回京任军机大臣，凯旋归来的路上，左宗棠由官道顺便绕道专程拜访乔家。左宗棠下轿后握住乔致庸的手说：“亮大哥，久仰了。”后人即称乔致庸为“亮财主”。

② 王锴深主编：《山西导游》，220页，太原，山西科学技术出版社，1999。

③ “福种琅环”即琅环福地，是传说中神仙的洞府。福种即种福之意，一般是皇帝赐匾才用“福种”二字，把匾赐给乔家，意即把“福”播种在乔家“在中堂”。这块匾是八国联军进犯北京、朝中发生庚子事变，慈禧出逃西安，途经山西乔家时，乔家“在中堂”捐赠白银10万两，当时，山西巡抚丁某受慈禧面谕为褒奖乔家而赠送的。乔家除捐赠白银外，还趁慈禧路居几日，倾其美肴，大加奉献。故后来得此赠赐，实在是隆恩浩大，这块匾保存完好，至今悬于乔家在中堂大门之上。

④ 安锦才：《乔家大院》，47页，太原，山西经济出版社，1999。

乔家所秉承的“和为贵”的中庸之道是很相宜的。

乔家大院是我国目前保存最完整的规模较大的民居建筑之一。乔家大院依照传统的叫法，北面3个大院从东往西依次叫老院、西北院、书房院；南面3个大院依次为东南院、西南院、新院。南北6个大院的称谓，表现了乔家大院中各个院落的建筑顺序。乔家大院占地8724.8平方米，建筑面积3870平方米，由6幢大院内套19个小院共313间房屋组成。[①] 乔家大院四周是十几米高的青砖墙，上有女儿墙式垛口，四角有挺拔的角楼，既安全牢固，又显得威严气派。院与院相衔，屋与屋相接，鳞次栉比的悬山顶、歇山顶、硬山顶、券棚顶及平面顶上，都有通道与院墙相连。大院中间是一条巷道，一头是大门，另一头是祠堂。巷道两侧各有3个大门，共6个院落，每个院子又有两三进小院子。院中有院，院内有园。四合院、穿心院、偏正套院、过庭院，其门窗、檩檐、阶石、栏杆等，无不造型精巧，匠心独具。从进正院门到上面正房，需连登3次台阶，它不但预示着“连升三级”和“平步青云”的吉祥之意，也是建筑层次结构的科学安排。这是一座雄伟壮观的建筑群体，从高空俯视院落的整体布局，恰似一个象征大吉大利的双“喜”型布局，城堡式建筑；即使是房顶上的140余个烟囱也都各有特异。全院亭台楼阁，雕梁画栋，堆金立粉；院内砖雕俯仰可观，脊雕、壁雕、屏雕、栏雕均以人物典故、花卉鸟兽、琴棋书画为题材，各具风采。各院房顶上都有走道相通，用于巡更护院。纵观全院，从外面看威严高大，整齐端庄；进院里看富丽堂皇，井然有序，显示了我国北方封建大家庭的居住格局。整个大院布局严谨，建筑考究。规范而有变化，不但有整体美感，而且在局部建筑上各有特色。乔家大院设计之精巧，工艺之精细，充分体现了我国清代民居建筑的独特风格，显示了我国古代劳动人民高超的建筑艺术水平，具有相当高的观赏、科研和历史价值，确实是一座无与伦比的艺术宝

---

① 安锦才：《乔家大院》，1页，太原，山西经济出版社，1999。

库。难怪有人在参观后感叹地说："皇家有故宫，民宅有乔家大院。"①

乔家大院始建于清乾隆二十年（公元1756年），以后又有两次扩建、一次增修。第一次扩建约在清同治年间，由乔致庸主持。乔致庸当家后为光大门庭，继续大兴土木、广交官吏，显赫一时。他在老院西侧隔小巷置买了一大片宅基地，又盖了一座楼房院，也是"里五外三"，形成两楼对峙，主楼为悬山顶露明柱结构。通天棂门，门楼的卡口是南极星骑鹿和百子图木雕。上有阳台走廊，前沿有砖雕扶栏，正中为葡萄百子图，往东是奎龙和喜鹊儿登海；西面为鹭丝戏莲花和麻雀戏菊花，最上面为木雕，刻有"奎龙博古图"。站在阳台上可观全院，由于两楼院隔小巷并列且南北楼翘起，故叫做"双元宝"式。明楼竣工后，乔致庸又在与两楼隔街相望的地方，建筑了两个"横五竖五"的四合斗院，使四座院落正好位于街巷交叉的四角，奠定了后来连成一体的格局。第二次扩建为光绪中晚期，由乔景仪、乔景俨经手。最后一次增修，是在民国十年（公元1921年）左右，由乔映霞、乔映奎分别完成。到民国初，"在中堂"由乔致庸之后代乔映霞主持。乔映奎是"在中堂"的第7代最后一名掌舵人，曾任祁县东部36村联村协会董事长。光绪中晚期地方治安不稳，乔家的景仪、景俨为了保护自身的安危，费了不少周折，花了很多银两，买下了当时街巷的占用权。乔家取得占用权后把巷口堵了，小巷建成西北院和西南院的侧院；东面堵了街口修建了大门；西面建了祠堂；北面两楼院外又扩建成两个外跨院，新建两个芜廊大门。跨院间有栅栏通过，并以拱形大门顶为过桥，把南北院互相连接起来，形成城堡式的建筑群。民国初年乔家人口增多，住房显得不足，因而又购买地皮向西扩张延伸。民国十年后，乔映霞、乔映奎又在紧靠西南院建起新院，格局和东南院相似。但窗户全部刻上大格玻璃，西洋式装饰，采光效果也很好，显然在式样上有了改观，院内迎门掩壁雕刻也十分细致。与此同时，西北院也由乔映霞设计改建，把和老院相通的外院之敞廊堵塞，连同原

① 参见小小编著：《中国南方北方游》（北方卷），118页，北京，中国电影出版社，2005。

来的灶房改建为客厅。他们还在客厅旁建了浴室，修了“洋茅厕”，增添了异国风情。靠西北院原来有一小院为乔家的家塾，故把此院叫做“书房院”。分家后乔健打算建内花园，从太谷县一个破落大户家买回了全套假山。正待兴建时“七七事变”爆发，日军侵华迫使其工程停止。从始建到最后形成现在的格局，中间虽然跨越了2个世纪，却始终保持了建筑风格的浑然天成。

乔家大院既是建筑艺术的宝库，也是民俗学的殿堂。乔家大院体现的是晋商宅第的“青砖文明”，精美的雕刻，青砖对缝的高超工艺，高耸的院墙，平如大理石的地面，无不显示出一种富贵的气派。乔家大院的建筑艺术主要反映在如下几个方面：

第一，砖雕艺术。乔家大院的砖雕工艺题材极为广泛，有壁雕、脊雕、屏雕、扶栏雕。譬如，一院大门上雕有四个狮子，即“四狮（时）吐云”。马头上雕有“和合二仙”，抬着金银财宝。卡圆上雕有兰花，掩壁上为“龟背翰锦”，是传统的装饰纹样，为六边形骨架组成的连续几何图形，因它像龟的背纹而得名。古时以龟甲作为占卜的工具，视能兆吉凶。古书《述异记》云：“龟千年生毛，寿五千年谓之神龟，万年为灵龟。”以龟为长寿的一种灵物，用作图案以示吉祥延年。进了一院大门，对面有一大型砖雕土地祠，雕有松树、桐树和蹬于太湖石山上的九鹿，喻示“九路通顺”。立柱上有四个狮子滚绣球；一院偏院南房墙上有五个扶栏雕，中间为葡萄百子图，表示蔓长多子和富贵不断头，其余四个格子为“博古图”。一院正院马头上雕有四季花卉；二进院马头上为四果及“暗八仙”，“暗八仙”也是传统装饰纹样的一种，是以古代传说中八位神仙所执的器物而组成图案。相传汉钟离轻摇小扇乐陶然，常执小扇；吕洞宾剑显灵光魑魅惊，常背一剑；张果老鱼鼓敲起有梵音，常执鱼鼓；曹国舅玉板和声万籁清，常执玉板；铁拐李葫芦中岂只存五福，常带葫芦；韩湘子紫箫吹度千满静，常执一箫；蓝彩和花篮内蓄无凡品，常携花篮；何仙姑手执荷花不染尘，常执荷花。因只采用他们所执器物，不画仙人，故称“暗八仙”，含有吉祥之意，明清时代采用较多。

第二，木雕艺术。乔家大院还有随处可见的精致的板绘工艺和巧夺天工的木雕艺术，雕刻的艺术品，个个都有其民俗寓意。譬如，每个院的正门上都雕有各种不同的人物，如一院正门为滚檩门楼，有垂柱麻叶，垂柱上月梁斗子，卡风云子，十三个头的旱斗子，当中有柱斗子、角斗子、混斗子，还有 9 只乌鸦，可称一等的好工艺。二进门和一门一样，为菊花卡口，窗上有旱纹，中间为草龙旋板。三门的木雕卡口为葡萄百子图。二院正门木雕有八骏马及福禄寿三星图，又叫“三星高照图”。二院二进门木雕有花博古和财神喜神。花博古是杂画的一种，北宋大观宋徽宗命人编绘宣和殿所藏古物，成定为“博古图”。后人将图画在器物上，形成装饰的工艺品，泛称“博古”。如“博古图”加上花卉、果品作为点缀而完成画幅的叫“花博古”。正房门楼为南极仙骑鹿和百子图。其他木雕还有天官赐福、日升月垣、麒麟送子、招财进宝、福禄寿三星及和合二仙等。“和合二仙”亦称“和合二圣”，是一种民间神话故事画题。明代田汝成《西湖游览志余》中说：“宋随杭城以腊月祀万回哥哥，其像蓬头笑面，身穿绿衣，左手擎鼓，右手执棒，云是‘和合之神’。祀之可使人在万里之外亦能回家，故曰万回。”后分为二神，称“和合二仙”。二仙亦蓬头笑面，一持荷花，一捧圆合，取“和谐合好”之意。旧时一般在婚礼时悬挂厅堂，以示吉利。此外，柱头上的木雕也是多种多样。如八骏、松竹、葡萄，表示蔓长多子、挺拔、健壮；芙蓉、桂花、万年青，表示万年富贵；过厅的木夹扇上刻有大型浮雕“四季花卉”、“八仙献寿”，即传统装饰纹之一。“八仙献寿”，是传说中的汉钟离、张果老、韩湘子、李铁拐、吕洞宾、曹国舅、蓝彩和、何仙姑八仙赴会瑶池，为西王母祝寿，以此组成的画面纹样，造形优美，栩栩如生，全院现存有木雕艺术品足有 300 余件，无一雷同。①

第三，石雕艺术。乔家大院中的石雕工艺尽管比较少见，却是十分精细。现存石狮 15 个，石狮形态各异，有的憨态可掬，有的怒目张眉。② 石狮雕刻的刀纹如新，锋芒犹在，表现得机警、威武、活跃。

① 安锦才：《乔家大院》，44 页，太原，山西经济出版社，1999。
② 安锦才：《乔家大院》，45 页，太原，山西经济出版社，1999。

其顾盼自豪的头部，提起全身的神气，表现狮子的雄壮、英武而不失真，给人以健康、活跃，富有生命力的感觉。还有阴纹线刻，如五院门蹲石狮底座为“金狮白象”，中为“马上封猴（侯）”、“燕山教子”、“辈辈封侯”。南房柱石底垫为“渔樵耕读”、“麻姑献寿”等。六院门蹲石狮石基上有“出将入相”，“神荼郁垒”（相传古代以神荼[①]、郁垒为门神，可以御凶邪避鬼魅），“得胜返朝”等线刻，图像清晰，故事引人，线条流畅，形象逼真。

第四，彩绘艺术。乔家大院所有房间的屋檐下部都有真金彩绘，内容以人物故事为主，除“燕山教子”、“麻姑献寿”、“满床笏”、“渔樵耕读”外，还有花草虫鸟以及铁道、火车、车站、钟表等多种多样图案。这些图案堆金立粉绘画各有别致，所用金箔纯度很高，尽管经长期风吹日晒，至今仍是光彩熠熠。立粉工艺十分细致，须一层干后再上一层，这样层层堆制，直到把一件饰物逼真的浮雕制成为止，最后涂金。涂金是用人头上的油污贴上去的，因其太薄，必须挑选晴朗无风的天气才能进行操作，可见完成一件图案作品是相当费劲、费时的；还有线条勾金、敷底上色，都是天然石色。因此，可保持经久不褪，色泽鲜艳。[②]

第五，牌匾艺术。乔家大院各个门庭所悬的牌匾很多，内有 4 块最有价值。其中，有 3 块牌匾是乔家的，也是值得乔家自豪和感到荣幸的。那就是光绪四年由李鸿章亲自书写的“仁周义溥”，山西巡抚丁宝铨受慈禧太后面谕送的“福种琅环”以及民国十六年（公元 1927 年）祁县昌源河东 36 村送给乔映奎的“身备六行”。前两块表明乔家在某个时期对官府的捐助，又经朝廷大员题词推崇，因此倍加荣耀光彩。后一块也从一个侧面反映了乔家的一些善举和对人处事的态度和方法。另外一块价值更高，那就是傅山亲笔题写的“丹枫阁”匾（现存展于乔家第四院的东房内）。“丹枫阁”建成后，傅山为其亲笔题了

① 相传远古时候，神荼与郁垒为一对兄弟，兄弟俩都擅长捉鬼，如有恶鬼出来骚扰百姓，神荼与郁垒俩便其擒伏，并将其捆绑喂老虎。后来人们为了驱凶，在门上画神荼、郁垒及老虎的像，亦有驱鬼避邪之效果，而流传至今。

② 政协山西省祁县委员会、山西省祁县民俗博物馆：《乔家大院》，1995 年编印。

匾，同时戴廷栻写了“丹枫阁记”，傅山又在后面加了“跋”。一匾二记三跋，语句令人费解。细分析，戴廷栻《丹枫阁记》的大意是：公元1660年9月他做了一梦，梦见和几个穿古代服饰的人在城外同行。忽然发生了一场大的变动，回头看时已无平坦之路可行，前面是悬崖峭壁，崖上长满枫树和青松，中间还有一小阁，匾上写得“丹枫”二字。他醒后就按梦中的式样建筑了“丹枫阁”。其实，戴廷栻梦见穿古装的人出行是对故国的怀念，发生了一场大变动是指政局变化。《丹枫阁记》的真正含义是：国家灭亡，国难当头，创建“丹枫阁”，以寄托亡明之痛。傅山在《丹枫阁记》后写的《跋》中所言：“丹”是指读书的中心，“枫”是戴廷栻的字，“阁”是戴廷栻读书的地方。故把“阁”命为“枫”，把“丹”字写在前面以示醒目。“丹”表示红色，又表示忠心；“枫”既表示气节，又表示红色，都充盈着对明朝朱家的怀念思想。此外，还有各院的门匾，如“彤云绕”、“慎俭德”、“书田历世”、“读书滋味长”、“百年树人”、“惟怀永图”、“为善最乐”、“居之安”、“治福多”、“建乃家”、“静观轩”、“梯云筛月”等，都有其一定的具体寓意。①

二

乔家大院是清末华北民居建筑的典型、“华北第一民俗博物馆”。该博物馆后来又改名为“祁县民俗博物馆”，是一所以清末民初汉民族生活习俗为主要内容的大型博物馆。乔家大院1965年被列为省级文物保护单位，1985年在此筹建“祁县民俗博物馆”，1986年11月1日正式对外开放。乔家大院第一院和第二院为乔家历史和乔家珍品两个专题陈列；后四院主要陈展民间工艺、衣食住行、岁时节日、婚丧嫁娶、农商习俗等9大部分共42个展室，2000余件展品，仅古字画一项就达500件，而且多为唐、五代、宋、元、明、清不同风格、不同时代的名作珍品，较系统地反映了明清时期山西晋中一带的民间风俗。

---

① 政协山西省祁县委员会，山西省祁县民俗博物馆：《乔家大院》，1995年编印。

因此，祁县民俗博物馆开馆十多年来，已经先后接待游客650万人次。其中，有党和国家领导人江泽民、乔石、刘华清、尉健行、李铁映等；有专家学者费孝通、胡绳、贾芝、罗哲文、乌丙安等；有香港、台湾、日本、新加坡、美国、德国、法国、俄罗斯等50多个地区和国家的友好参观团体；1995年被定评为“山西省十佳旅游景点”之一，并且被山西省人民政府命名为“爱国主义教育基地”。2001年6月乔家大院又被国务院列入“国家重点文物保护单位”。

电影《乔家大院》捧红了真实的乔家大院。过去曾有《昌晋源票号》等50多部电影、电视剧到乔家大院拍摄、选景。其中，1990年初由张艺谋执导、巩俐主演、红极一时的电影《大红灯笼高高挂》，就是在乔家大院拍摄的。早在20世纪80年代中期，乔家大院就开始接待电视剧《上党战役》的拍摄，然后是《杨家将》、《狄公案》等，较近的有《亮剑》、《乔家大院》（2005年拍摄），已经有40多部影视剧把乔家大院列入剧终字幕的鸣谢名单之中。2006年2月15日晚，被誉为2006年中央台视台情感大戏的《乔家大院》，在中央电视台黄金时间开播，从此乔家大院更是名闻遐迩。根据央视索福瑞调查显示，《乔家大院》在北京的平均收视率为9.95%、武汉为9.03%、天津为8.54%。《乔家大院》塑造了一个完美的晋商形象，观众对这一形象的喜爱转化为对乔家大院的兴趣。①《乔家大院》之所以吸引人，不仅在于重现了乔致庸仁、义、礼、智、信的儒商风格以及中国早期商业资本运营中晋商的伟大贡献，也不仅在于以浓墨重彩描绘的爱情、婚姻和商战纠葛，更在于《乔家大院》的戏里戏外，为人们提供了厚重有趣且有丰富历史价值的信息。如当国家边境危难急需马匹粮草时，由两位高官代表朝廷向乔家借贷并亲笔写下了战争结束后保证如数归还的“具结书”。堂堂大朝廷对借乔家的250万两军需银赖账，反而把跪在皇宫前讨债的债权人乔致庸关进大牢。另外，懿贵妃向咸丰出主意，要缓解国库空虚可以花钱捐官，乔致庸的第一个反应就是实话实说：“这不是卖官鬻爵吗？”诸多的典型事例揭示了反动腐朽的专制

① 《〈乔家大院〉捧火乔家大院》，载《中国文化报》，2006年3月17日第4版。

者与广大的士、农、工、商是势不两立的。乔家大院确实是中国近代史上的一处具有极大历史价值的见证实物，更是对青少年进行爱国主义、人道主义教育看得见的生动教材。[①]

乔家大院给当地政府带来了巨大的经济效益。乔家大院平时日接待游人已达万人，自从中央电视台播出电视连续剧《乔家大院》后，游人日增至3万多人。乔家大院办公室主任孟希旺每天都要接近百个电话，大部分都是全国各地旅行社打来的。乔家大院对签约旅行社有优惠，10人以上的团体打“9.5折”、20人以上的打“8.5折”、30人以上“打8折”，所以，旅行社都希望跟乔家大院签订长期合同。2006年春节以来，已经有200多家旅行社和乔家大院签约。譬如，2006年“五一”黄金周期间，乔家大院每天接待游人达5万人，每天的门票收入就超过80万元。一组数据表明，乔家大院5月1日接待游客5万人次，占最大日接待量的125%；5月2日接待游客8.5万人次，超过了核定最大日接待量；5月3日接待游客7.5万人次；5月4日接待游客8万人次；5月5日接待游客6.2万人次；5月6日接待游客3.6万人次。乔家大院原本预计够用1年的30万张门票，在“五一”节前就已销售一空，为了方便游客又连夜赶印了50万张这样的新门票。靠当地政府旅游管理部门已难以维持秩序，接待能力也不堪重负，乔家大院被迫启动应急方案：全面限流并求助部队来援助维持秩序。5月1日当天就有100名武警出现在山西祁县乔家大院，游人完全靠部队控制和指挥，分批分批地进出。难怪当地政府部门开玩笑地说：“乔家大院的这一切，都是央视大片《乔家大院》惹的祸。”[②] 截至5月6日，乔家大院总计接待游客数38.8万人次，实现旅游总收入1500多万元，创历史最高纪录，投诉举报较往年反而下降，实现了“零”投诉。早在3月下旬，祁县工商局就设立了“祁县工商局乔家大院景区投诉举报台”，对乔家大院景区实行定点、定向、定员、定

① 《〈乔家大院〉戏里戏外》，载《社会科学报》，2006年7月13日第8版。

② 有关部门资料见《乔家大院昨收入150多万》，《新京报》2006年5月3日；5月4日央视新闻联播；《中国经营报》2006年6月19日。

标准服务，4 月 28 日又进一步充实景区值班力量，两组巡查队相互策应，一组人员从早到晚穿梭于市场，主要监管商户的经营行为和商品质量；另一组则负责受理投诉举报，局领导轮流现场督查。期间他们还在景区商户中完善了市场诚信管理办法，开展了诚信个体户评比活动，这些都潜移默化的影响周围的商户，从而保证了游客不受商户欺诈、假冒商品坑人的侵扰。乔家大院不但取得了一定的社会效益和经济效益，同时也获得了各级主管部门的大力支持和好评。

必须按照全国重点文物保护法规的规定保护乔家大院。《中华人民共和国文物保护法》、《文物保护法实施条例》和一系列部门规章、规范性文件，为乔家大院的依法保护提供了坚实的基础。1990 年乔家大院就获得国家级文物先进单位称号和省级文物系统文明单位称号。对当地政府而言，这不只是一种荣誉，更是一份责任。乔家大院也不只是山西省祁县的民俗博物馆，而是全国乃至世界的宝贵文化遗产。必须按照全国重点文物保护法规的规定对乔家大院依法实施保护。国家文物局 2005 年 7 月 21 日颁布的《全国重点文物保护单位保护规划编制审批办法》第 2 ~ 5 条规定："本办法的适用范围为全国重点文物保护单位保护规划的编制和审批。""文物保护单位保护规划是实施文物单位保护工作的法律依据，是各级人民政府指导、管理文物保护单位保护工作的基本手段。""文物保护单位保护规划应当纳入所在地的国民经济和社会发展规划、城乡建设发展规划，应当与相关的生态保护、环境治理、土地利用等各类专门性规划相衔接。"① 乔家大院的保护规划必须坚持"保护为主、抢救第一、合理利用、加强管理"的文物管理方针，正确处理好文物保护与经济发展的关系、文物保护与合理利用的关系，促进乔家大院文物保护事业的可持续发展，使乔家大院的文物保护和环境保护都获得切实的保障。

---

① 《全国重点文物保护单位保护规划编制审批办法》，见《中国文化遗产年鉴》编辑委员会编：《中国文化遗产年鉴 2006》，424 页，北京，文物出版社，2006。

河南开封古城文化景观

一

开封古城墙见证了封建王朝在开封城的兴盛与衰亡。“开封古城墙”是河南省保存下来规模最大的一处城垣建筑，现存的古城墙是清代的建筑遗存，一百多年来它历经了兵火与水患的侵袭，迄今仍基本完好。最早的城池可以追溯到战国时期，公元前365年，魏惠王把国都从山西安邑迁到河南开封，在开封修筑了“大梁城”。当时的大梁城共有12个城门，其中，东门为“夷门”，西门为“高门”。公元前225年秦始皇兴兵灭魏，秦国大将王贲引鸿沟之水灌城，大梁城化为一片废墟。此后开封由国都沦为县城，从此用“浚仪县”之名取代“大梁”达700余年之久。后赵时期，“浚仪”由“县治”升格为“郡治”。又过了200余年，东魏改“浚仪”为“梁州”，开封再次升格成为“州城”（州治所在地）。此后的40多年间东魏被北齐取代，北齐又被北周所灭。公元576年，北周占领“梁州”，因梁州城濒临汴水，故改“梁州”为“汴州”。唐建中二年（公元781年），宣武军节度使李勉将治所由商丘迁移到汴州，将汴河圈入城中，并对汴州城进行了一次大的扩建，从而奠定了后来开封古城的基础。[①] 到五代时期，周世宗柴荣于显德二年（公元955年），登上内城朱雀门，命殿前都点检赵匡胤跑马圈城，马一口气跑了24公里又355米，周世宗以马跑的

① 参见雪汀：《开封城墙咏叹调》，载《人民日报》，2006年7月18日第15版。

范围定为外城墙的范围，令人运来汜水的虎牢土筑成坚固的外城。[①] 宋太祖赵匡胤于建隆三年（公元 962 年）夺得皇位，建立大宋王朝并定都开封城。

开封古城墙是权力的象征和维护权力的工具。“广皇城东北隅，命有司画洛阳宫殿，按图修之，皇居始壮丽矣。”宋开宝元年（公元 968 年），赵匡胤又下令重修京城，将全城建成皇城、内城和外城三重城墙，城墙气势雄伟、设防严密。“欲广宫城，诏殿前指挥使刘延翰等经度之”，企图用城墙将官署民居分开，“以居民多不欲徙遂罢”。因而北宋都城开封，未能承袭隋唐长安和洛阳城用城。于是才有了整个一条街都是市场，商贩摆摊数量众多，甚至一度挤占了官员上朝的御路；于是才有了妙笔生花的《东京梦华录》和湖光山色的《梦粱录》，才有了荟萃都城风貌的历史画卷《清明上河图》。[②] 金朝末年（公元 1234 年），为了抵抗当时的蒙古兵来袭又扩建内城，守城年余最终被蒙古兵攻破。明朝初年（公元 1368 年），开封外墙倒塌只剩下墙基，因范围太大只好集中力量加固内城。明代以前的城墙除皇城为砖筑之外，其他城墙全部为土筑，只有城楼和城门是用砖砌的。明代在金代城墙的基础上，将全部城墙改用砖包砌，修成后的城墙长 10 公里又 316 米，高 11.66 米，宽 7 米。同时辟有 5 个城门：南为“南薰门”，北为“安远门”，西为“大梁门”，东北为“仁和门”（又称“曹门”），东南为“丽景门”（又称“宋门”）。城门上建有城楼，4 个城角各建一座角楼，整个城墙非常壮观。明朝末年，开封城遭到黄河水淹没，只露出城垛。清康熙元年（公元 1662 年），在明城废墟上重建新城，各城门营建一如旧制。清道光二十一年（公元 1841 年），一场大洪水浸城 8 个月，城墙严重损坏，城外沙泥淤积垫高，旧城已无法再用。遂于第二年（公元 1842 年）重新修筑开封城墙，这就是遗存到现在的开封古城墙。[③] 各城门因战乱已荡然无存，1929 年在城

① 参见刘会敏：《开封城墙：光影变幻尽咏叹》，载《党的生活》，2008（10）。

② 参见刘会敏：《开封城墙：光影变幻尽咏叹》，载《党的生活》，2008（10）。

③ 《郑州晚报》记者：《保护开封古城墙的民间力量》，载《郑州晚报》，2004 年 12 月 10 日。

墙上开辟一个小南门。如今保留下来的开封城墙，就是道光时期城墙的面貌，直到1996年才开始又一次大修，恢复了“大梁门”及“城楼”，同时对大梁门两侧1000余米墙体进行了整修。城墙周长实测为14.15公里，高11.33米，底宽6.66米，上宽5米多；女儿墙（城墙上凹凸形的矮墙）高2米，内外用大青砖夹砌，每块青砖平均重3.6公斤，宽23厘米，长45厘米，厚12厘米，全城共有炮台81个，城墙四角各有一座角楼。城外有宽16.66米、深3.33米的护城河环绕。[①]“护城河”在宋朝时曾与南北大运河相连，《清明上河图》正是描绘了作为水运枢纽的京都气派。由于黄河数次改道、自宋以后大运河不再经过开封，护城河渐渐消失在人口日益膨胀的城区之中。直到20世纪70年代末，开封还残留着星星点点的运河水城的遗迹，那就是散落在护城河附近以及城墙内外的大大小小的湖泊。开封城墙一次次修筑的痕迹，一如它的历史已埋没在脚下一层层的黄土中，修葺过的部分墙体，让人多少感到有些安慰。开封城墙是仅次于南京城墙的国内第二大城墙，比西安的古城墙长0.65公里，[②]它见证了开封千年的历史。

开封古城是中国七朝古都之一。开封位于豫东平原，总面积6444平方公里，总人口451.6万，西距省会郑州70公里。开封建城的历史已有2700多年。早在春秋时期，郑庄公（公元前743—前701年）为向中原拓展，在今城南朱仙镇附近的古城村构筑城邑，取名“启封”。由于启封地区盛产粮食，郑国国君庄公在城内建造一座储粮仓库，因此“启封”城又称为“仓城”。西汉时期汉景帝刘启因避讳，改“启封”为“开封”，从此便有了“开封”的称谓。[③]开封城在春秋时为“仪邑”。整个开封城被古老的城墙包围着，古老的城墙透出开封悠久历史的韵味。1982年国务院首批公布开封为“国家历史文化名城”。开封在北宋时期作为宋都东京城，不仅是全国政治、经济、文化的中心，而且是国际性的大都会。开封境内现存文物古迹众多，其中，有

---

① 刘会敏：《开封城墙：光影变幻尽咏叹》，载《党的生活》，2008（10）。

② 《郑州晚报》记者：《保护开封古城墙的民间力量》，《郑州晚报》2004年12月10日。

③ 郭煜、郭铉著：《河南河北行之书》，49页，广州，广东旅游出版社，2004。

国家重点文物保护单位7处、河南省重点文物保护单位27处。开封已全面启动“宋都古城复建工程”，其中对古城墙的保护修复工作已先期进行，有关部门本着“修旧如旧”的原则，对这座古城墙的建筑分期分段进行修复，以重现“千年古城墙”的历史风貌。从1994年开始，开封市人民政府就着手对古城墙进行整修。在修复过程中，古建筑学家按照史料记载的城墙建筑规则，对古城墙维修进行了精心设计。施工人员采取传统砌筑手法施工，用城砖白灰砌筑，采取“牙龈造做法”，将缺损的外墙砖体修补至出檐的砖层，城墙女墙、垛墙均按规范修复。到1997年，开封市动员社会各界群策群力修复古城墙，其标志性工程——大梁门巍然屹立在城墙的西端。特别是古城墙的大梁门、北门、小南门，全部恢复了历史名称并更换了新门匾。在已经修复的北墙外侧、南墙西段外侧，陆续建成了环城公园的一部分。经过整修，昔日颓毁的残垣已不复见，初步再现了历史上壮观的雄姿。“繁塔”是开封现存最古老的建筑。“繁塔”始建于宋开宝七年（公元974年），它曾是一座9层、80余米高的巨型佛塔，因岁月沧桑至明代仅剩下3层。后人在大塔上仿损毁的6层缩建为6级小塔，成为如今独特绮丽、别有风趣的造型。该塔通高31.67米，底面积501.6平方米。[①]“繁塔”为六角形楼阁式仿木青砖建筑，每层檐部由斗拱承托，一层两个塔心室，彼此不通；二层两个通道，四个佛洞；三层仅西北一个通道，前后两个佛洞。塔道变幻莫测，从北门进塔，经东西两侧的塔道攀登，去二层佛洞或上塔顶，须沿着外壁塔檐盘旋而行。“繁塔”全身内外遍嵌佛砖，一砖一佛，既有释迦、弥勒、阿弥陀佛，也有菩萨、罗汉、乐伎等近7000块108种，千姿百态形象生动，充分显示了宋代艺术家雕刻模制的超人技艺。[②] 经规划部门批准，新扩建的繁塔景区，总面积由原来仅为2670平方米，扩大到52183.3平方米。此外，开封具有“城下城”之说，历史上流传的“开封城摞城，地下

① 参见罗亚蒙等编著:《中国名城》，180～181页，天津，百花文艺出版社，2003。
② 参见郭煜、郭铉著:《河南河北行之书》，广州，广东旅游出版社，63页，2004。

压了几道城”的民谚，已经被大量发现的遗址、遗迹所证实。[①]“城摞城”景观立体展现工程已接近尾声。开封古城是“国家级文物保护单位”，2000年开封市被国家旅游局授予“中国优秀旅游城市”桂冠。2005年10月25日国家文物保护研究所、省文物局、西安文物维护修复中心以及河南大学的专家会聚一堂，为《开封市古城墙保护规划》“把脉”。按照《开封市古城墙保护规划》，城墙保护范围两侧各50米内，建筑高度限10米。景观视野保护区分为“高视点保护区”和“低视点保护区”。“高视点保护区”是指游客站在城墙上向外观看城市重点景观时，在这个视野范围内不允许有高大的建筑物；如站在北边的城墙上应当能看到“龙亭”，这个视线范围内不能有高于龙亭或挡住龙亭视线的建筑物。“低视点保护区”是指游客站在地面上观赏城墙时，在一定范围内不允许有高大建筑物阻挡视线。按照宋都古城复建计划，在开封古城范围内的龙亭湖、包公湖、清明上河园、铁塔公园等著名风景区，古城的中轴线中山路沿线，刘家胡同、双龙巷附近的传统街区，以鼓楼街为中心的金融商贸区等，各种文物古迹和文化设施均将进一步得到修缮和保护。

二

世代忠良的杨家府邸天波杨府（又名“清风无佞天波滴水楼”）。它坐落在风景秀丽的杨家湖北岸，是宋太宗为纪念北宋爱国名将杨业（又名继业）敕建的。宋太宗赐金钱500万，敕开封城天波门金水河边，修建“清风无佞天波滴水楼”一座，占地面积3.3公顷，亲笔御书“天波杨府”匾额。[②]“天波杨府”由“杨家府衙”、“演兵场”和“杨家花园”三部分组成。其建筑规格按当时正一品武官级别修建，与杨业受封太尉和大同节度使的官职相一致。“天波杨府”正中的院

---

① 参见小小编著：《中国南方北方游》（北方卷），75页，北京，中国电影出版社，2005。

② 河南旅游局提供：《天波杨府导游词》。

落是杨府的主体建筑，现“天波杨府”大门上的匾额由杨家后代杨成武书写。大门后的照壁古朴典雅，两侧分别建有钟楼、鼓楼，过厅后面是高大的天波楼。中院为杨府官邸部分，有大门、照壁、过厅、天波楼、配殿、后殿等，殿内有歌颂杨家将忠心报国的大型群雕和祭祀杨家将的“孝严祠”。西院是“杨家花园”，内有亭、台、楼、榭、廊、山水、曲桥，一派江南园林风光。东院校场是骑马射箭、操兵练武的场所。所有这些建筑物，在抗日战争时期均被战火毁坏，现在见到的杨家府邸，系1992年仿宋风格复建，再现了宋代建筑的古朴典雅和江南景观之秀美。[①] 馆内陈列有宋代兵器、杨家枪谱、歌颂杨家将忠心报国的大型彩塑，以及被历代皇帝册封过的杨家众将彩塑。杨业的祖先是麟州（今陕西神木县北）人，到杨业时迁往太原，其父杨信是五代时抗辽的著名将领，曾镇守过河曲（今山西河曲）和麟州。杨业是五代末年割据太原一带北汉政权的将领。由于他勇敢善战，人称“杨无敌”。北汉统治者刘继元替他改名“刘继业”。[②] 在北汉时期杨业做过建雄节度使，镇守今山西代县。由于契丹的侵扰经常发生武装冲突，北宋政权建立后，杨业一度劝说刘继元归附宋朝，共同抵抗契丹，刘继元没有答应。979年，宋太宗赵匡胤围攻太原，北汉割据政权垮台，杨业恢复原姓并成为北宋王朝的一名将军。尽管时年50多岁，宋太宗仍委派他为代州（今山西代县）刺史。杨家世世代代是忠良，杨业更是赤胆忠心、精忠报国。尤其是他清正刚直的秉性，不善巧言献媚的性格，深得宋太宗的喜爱。杨业为国捐躯后，天波府改为杨家的家庙，名曰“孝严寺”。杨家满门忠烈，曾大战“金沙滩”力保大宋江山，是北宋的柱石之臣，可惜终被奸人所害。流传于民间的“四郎探母”、“十二寡妇征西”等故事都和杨家将有关。因而七朝古都开封自北宋以来，素有“文包武杨”的美称。著名文学家欧阳修曾赞颂杨业、杨延昭“父子皆名将，其智勇号称无敌，至今天下之士至于里八

① 河南旅游局提供：《天波杨府导游词》。
② 资料来源于2007年7月1日百家讲坛：《天波府文化》。

野竖，皆能道之”。[①] 为褒扬杨家诸将，宋太宗曾下御旨，凡“经天波府门时，文官落轿，武官下马”，以示对杨家世代抗辽报国的敬仰之意。

铁面无私的清官祠堂包公祠。包拯（999—1062 年）北宋大臣，字希仁，庐州合肥（今安徽合肥）人，天圣进士。包拯历任知县、知府、按察御史、枢密副使等职，并出使过契丹，后封为“龙图阁大学士”。包拯是北宋时期很有名望的直臣官吏，在人们的心目中他是清官的代表，老百姓称之为“包青天”。[②] 他的政绩和特点，可归纳为执法严明、铁面无私；关心民苦、为民请命；谏言改革、兴利除弊；严惩贪污、廉洁清正。包拯去世后，皇帝停朝一日以示哀悼，并赐谥号“孝肃公”。“孝”表示包拯是个极孝顺的人；“肃”是表示严肃，开封有“包公笑比黄河清”之说。历史上包拯的父母中年得此独子，视为掌上明珠，抚养成人。少年包拯聪明好学，20 岁就满腹经纶，心怀报国之志，家人望包拯通过科举考试步入仕途，但包拯遵循一则古训“父母在，不远游”。26 岁包拯与董氏完婚，心安理得留下贤惠夫人照料父母赶赴京城参加考试。28 岁时包拯考中进士，被派去做知县。自古忠孝难于两全，因父母年迈不能远行，包拯毅然辞官不做，决定先尽孝后尽忠，回到家乡侍奉双亲。36 岁时父母双亡，包拯又守孝 3 年；39 岁时包拯才开始做官出任知县。包拯对其后代子孙也非常严格，临终时写下了这样一则家训告诫后代子孙，意思是如果我包家的后世子孙有为官的，谁敢胡作非为、贪赃枉法，那就绝不能让他踏进家门，即使人死了也不能埋在祖坟山。包拯在他 39 岁出来做官时曾写下一首“五言诗”，这也是历代保存下来的唯一的一首包拯的诗作：“清心为治本，直道是身谋。秀干终成栋，精钢不作钩。仓充鼠雀喜，草尽狐兔愁。史册有遗训，无贻来者羞。”[③] 这首诗是包拯的“言志诗”。祠里有一块宋代保存下来的石碑，上面刻着“开封府尹题名

---

① 欧阳修：《供备库副使杨君墓志铭》。

② 参见吴海林、李延沛编：《中国历史人物辞典》，280～281 页，哈尔滨，黑龙江人民出版社，1983。

③ 春江：《包拯千年之谜》，“内容提要”中国青年出版社，2008。

记”。“开封府尹”是一个重要的职务，因为开封是京城、朝廷所在地，所以，皇帝一向都派自己信任的人去担任。在这块石碑上刻有宋代183位开封知府的名字，比较有名的人除包拯之外，还有欧阳修、寇准和范仲淹等。新修的“包公祠”就是为纪念中国历史上这位著名清官包拯而建的祠堂，1987年“包公祠”落成。包公祠占地1公顷，由大殿、二殿、东西配殿、半壁廊、碑亭组成，风格古朴庄严肃穆。祠内陈展有3米多高、重达2.5吨的包公铜像，[①] 龙、虎、狗三口铜铡，包公断案群塑，《开封府题名记碑》、包公正史演义等文物史料。“包公的故事”在中国可谓妇孺皆知，传统戏曲曲目中的《铡美案》等，都生动描述了这位清官是如何不畏强权，执法如山的。包拯在北宋时期曾任开封府尹，一生为官清廉，其功德为后人世代传颂。包公祠边上有一片美丽的湖泊，名叫“包公湖”。

大相国寺（原名“建国寺”）是中国极具盛名的佛教寺院。“大相国寺”始建于北齐天保六年（公元555年）。唐代延和元年（公元712年），唐睿宗因纪念其由相王登上皇位，赐名“大相国寺”。[②] 北宋时期的相国寺距今已有1400多年的历史，它深得皇家尊崇多次扩建，占地达500余亩，辖64个禅、律院，养僧1000余人，是京城最大的寺院和全国佛教活动中心，现在是全国十大名寺之一。《水浒传》里描写的“鲁智深倒拔垂杨柳”的故事，就发生在其所辖之地。“大相国寺”后因战祸水患而损毁，清康熙十年（公元1671年）重修。遗存下来的有天王殿、大雄宝殿、八角琉璃殿、藏经楼、千手千眼佛等殿宇古迹。1992年8月恢复佛事活动，复建钟楼、鼓楼等建筑。整座寺院布局严谨，巍峨壮观，2002年被评定为国家4A级旅游景点。

“朱仙镇岳飞庙”也极具盛名。岳飞庙建于明成化十四年（公元1479年），与汤阴、武昌和杭州岳飞庙，统称为“中国四大岳飞庙”，享誉中外。朱仙镇岳飞庙为坐北朝南三进院落，外廊呈长方形，整个

---

① 郭煜、郭铉：《河南河北行之书》，62页，广州，广东旅游出版社，2004；小小编著：《中国南方北方游》（北方卷），78页，北京，中国电影出版社，2005。

② 罗亚蒙等编著：《中国名城》，178页，天津，百花文艺出版社，2003。

殿堂恢宏庄严，碑亭林立，刻绘塑铸，丰富多彩。据《祥符县志》引明成化碑记："集岳庙始建于鄂，再建杭，三建于汤阴，今建于梁城南之朱仙镇。在鄂者王开国地；王冤白时，已建于杭者王墓存焉；在汤阴者王田之邦；而朱仙镇者王之功于杭者王墓存焉；在汤阴者王者也。"朱仙镇岳飞庙曾吸引了于谦、乾隆皇帝、杨成武、朱穆之、胡耀邦等历史名人到此瞻仰留墨。[①] 此庙经明清多次整修和重建，1987年开封人民政府又拨专款整修，该庙占地12 320平方米，由山、铁铸跪像、碑廊、拜殿、正殿、寝殿和岳飞及家人等彩绘塑像组成。

"开封犹太教教堂"也颇具盛名，它是犹太人定居中国后，建立的唯一有遗址可寻的犹太教教堂。早在北宋时期，首都东京就居住着来宋朝经商的犹太人，南宋隆兴元年（公元1163年）建立了这座教堂。该教堂于19世纪中期毁弃，幸亏法籍神父孟正庆曾为该教堂绘了两张图，一为教堂的全景，一为教堂的内观，使这个在开封存在约700年之久的犹太教教堂的面貌得以保存下来。据该图可知，教堂的东西长130米，南北宽50米，大门后有一座牌楼，上有康熙御书"敬天祝国"匾额。主要大厅名"一赐乐业殿"，左右分别立有"康熙二年碑"和"弘治碑"。大厅后面为"天堂"，原藏有多部经卷，后多被欧美传教士掠走。

三

中国长卷绘画国宝《清明上河图》。《清明上河图》是北宋风俗画作品，传世名作、一级国宝。作者张择端字正道，东武（今山东诸城）人，宋徽宗时为宫廷画家。少年时他到京城汴梁游学，后习绘画，尤喜画舟车、市桥、郭径，自成一家。《清明上河图》是张择端的代表作[②]，曾经为北宋宣和内府所收藏。绢本、淡设色，高24.8厘

---

① 清顺治帝年间（公元1644年）刻本《祥符县志》。参见郭煜、郭铉：《河南河北行之书》，65页，广州，广东旅游出版社，2004。

② 吴海林、李延沛编：《中国历史人物辞典》，303页，哈尔滨，黑龙江人民出版社，1983。

米，长528.7厘米，原作现藏北京故宫博物院。《清明上河图》以精致的工笔，记录了北宋末叶、徽宗时代首都汴京郊区和城内汴河两岸的建筑及民生。描绘了清明时节，北宋京城汴梁以及汴河两岸的繁华景象和自然风光。作品以长卷形式，采用散点透视的构图法，将繁杂的景物纳入统一而富于变化的画面中，画中人物500多，衣着不同，神情各异，其间穿插各种活动并注重戏剧性，构图疏密有致，重视节奏感和韵律的变化，笔墨章法都很巧妙。画中还有牲畜96头，房屋122座，舟船25艘，既有巨商富贾，也有街头小贩，既有城楼虹桥，也有行舟路人，就连算卦先生也能看得到。专家们甚至还发现了店铺中的算盘。“算盘”这个世界上最古老的计算器在《清明上河图》中出现，这在目前发现的古代图文资料中尚属第一次。“清明上河园”位于开封城西北隅，东与龙亭风景区毗邻，是以北宋张择端的名画《清明上河图》为蓝本，集中再现了原《清明上河图》中风物景观的一座大型宋代民俗风情游乐园。它占地面积510亩，其中水面120亩，总建筑面积1万平方米。仿照原图设驿站、民俗风情、特色食街、宋文化展示、花鸟鱼虫、繁华京城、休闲购物和综合服务等8个功能区，并设有校场、虹桥、民俗、宋都等4个文化区。游览清明上河园可以跨虹桥、登上善门，游鸿福寺，浏览文绣院，下榻古驿站，就餐孙羊正店。[①] 展阅《清明上河图》，我们发现一造型优美的木顶虹桥。据专家研究，《清明上河图》的虹桥是著名的木拱桥，始建于宋仁宗皇祐二年（公元1050年），为当时北宋京城的水陆交通运转畅通发挥了巨大的作用，后毁于战火。现存的这座拱桥，是仿照原图建造的。重建的这座虹桥于1998年建成，桥跨径25米，高5米，跨度比为1∶5，桥的两边设有4根望柱和4根9米高的立柱，顶部有一圆盘，虹桥飞架在汴河之上。据史书记载，汴河始于战国的魏，通于隋，畅于宋，上起河洛，下至淮泗，直通长江，为北宋南北贯通的大动脉。当时各地所产的粮食、所收的赋税、各种奇珍异果，都是沿着这条河运送到京城的。虹桥景观的主要建筑有城门楼、虹桥、街景、店铺、河道、

---

① 有关资料见《清明上河园把开封推向世界》，载《河南商报》，2008年9月1日。

码头、船坊等。园区按《清明上河图》的原始布局，集中展现了诸如酒楼、茶肆、当铺；汴绣、官瓷、年画制作；民间游艺、杂要、盘鼓表演；神课算命、彩博、斗鸡等当年的京都风情。游客可换着宋装手持宋币，尽情感受古人的生活习俗和情趣。“清明上河园”为国家 4A 级风景名胜区。

举世闻名的中国翰园碑林。“中国翰园碑林”在古城开封龙亭公园的西侧，占地 10150 平方米、可树 3500 块碑的中国翰园碑林，创建于 1985 年 8 月。翰园碑林的碑刻以书法艺术为主，集诗、书、画、印之大成，是一座融碑刻艺术和古典园林建筑艺术为一体的艺术宝库。它以不同的表现内容和表现对象，分设中心碑廊、现代碑廊，宋代碑廊、历代帝王名臣碑廊、绘画碑廊、篆刻碑廊、硬笔书法碑廊、少数民族文字书法碑廊、中年书法碑廊、国际友谊碑廊、名人题词和名人书法碑廊等，真乃是书法荟萃、琳琅满目。碑林已有刻碑 2400 余块，成为中国历史上第一座树碑数量最多、观赏效果最好的碑林。碑林的创始人李公涛先生决心把翰园碑林建成一座文化高品位、园林高层次，中国碑林第一流，长期享有“世界之最称号”的大型文化旅游胜地。胡锦涛主席在视察中国翰园碑林时称赞李公涛先生：“为弘扬民族文化，艰苦奋斗，无私奉献。”韩国前总统金泳三专程造访李公涛先生，并挥毫题词：“东方文化艺术宝库”①。以历代书法碑廊为例，从殷商的甲骨文开始到清末，刻有历代书法名家的墨宝，这是按朝代顺序镶嵌的。殷商甲骨文是刻画在龟甲、兽骨上的文字，它出现在距今 3000 年前的“殷商时代”。甲骨文是中国书法艺术的源头，公元 1898 年在河南安阳小屯村殷墟先后出土 15 万片以上，约 5000 余字，研究甲骨文已成为一门学问。金文是殷商时代镌刻在各种青铜器上的文字，古代称铜为金，所以称为“金文”。秦代是我国书法史上承先启后、诸体出新的开创性时期，李斯独创小篆体，他书写的《泰山琅琊》、《权量诏版》等，字体修长，横成列、竖成行，为后来的方块汉字奠定了

① 屈春山：《中国翰园碑林创建者：“文化愚公”李公涛》，《河南日报》2004 年 5 月 13 日。

基础。汉代是中国书法的奠基时期。秦代程邈整理的隶书逐渐发展定型，成为汉代占统治地位的书体，行书、草书、楷书都是从隶书中演变出来的。至此汉字各种书体均已具备，为书法艺术的发展铺平了道路。魏晋南北朝是书法艺术的高峰时期，钟繇、王羲之的崛起，使中国的书法艺术达到了一个前所未有的高度。王羲之的《兰亭序》，被誉为“天下第一行书”①，在唐代视为国宝。唐太宗李世民将它作为殉葬品埋入昭陵，留传后世的是它的摹拟本。王羲之和他的第七子王献之，并称为书法“二王”，其书法艺术对后世影响极大。唐代是中国书法艺术的鼎盛时期，颜真卿、柳公权、欧阳询等，都是这个时期的书法大家。张旭被称为“草圣”，他和怀素并称为“颠张狂素”②。宋代书法艺术是一个变革创新的时期，苏轼、黄庭坚、米芾、蔡襄为宋代的四大家，苏轼的《寒食诗帖》，被称为“天下第三行书”。明代的书法大家唐伯虎、沈周、文微明、仇英，被称为“明四家”。清代是中国“书道中兴”时期，出现了王铎、傅山、邓石如、郑板桥、赵之谦、康有为等众多的书法名家，“扬州八怪”之一郑板桥书写的“难得糊涂”、“吃亏是福”，在世上影响极大。

名垂千古的禹王台。“禹王台公园”坐落在开封市东南隅，占地面积400亩，是一个古典园林式公园。园林布局是一个以名胜古迹“古吹台”为主景，以五大植物园，即樱花园、牡丹园、芳春园、石榴园、科普园为主体的文化、休憩公园。禹王台公园内苍松翠柏，古树参天，奇树佳卉，花团锦簇，亭廊楼阁，风光旖旎。著名的古迹禹王台兀峙于高台之上，师旷祠，三贤祠，禹王庙，水德祠，碧霞元君祠，清帝康熙、乾隆展馆等古建筑群体登临其间，令人游目骋怀而心

---

① 《兰亭序》是王羲之为这个诗集写的序文手稿，在中国文学史上占有一定的地位。全文共28行324字，章法、结构、笔法都很完美。王羲之的行书在当时独树一帜，后人评道“右军字体，古法一变。其雄秀之气，出于天然，故古今以为师法”。

② 张旭字伯高，吴郡（江苏苏州）人。初仕为常熟尉，后官至金吾长史，世称“张长史”。工诗书，晓精楷法，以草书最为知名。时与李白诗，裴文剑舞称“三绝”。其书得之于二王又独创新意，书迹有《郎官石记》、《草书右诗四帖》等。

旷神怡。据史料记载，春秋时期晋国有一位双目失明的音乐家名叫师旷[①]，他的音乐造诣高深，是晋平公驾下的一名乐师，他经常在这座高台上弹奏乐器，人们为了纪念师旷，就把这座高台称之为“古吹台”。师旷音乐技艺非常全面，能够弹奏各种乐器。《史记·乐书》中载有师旷给晋平公弹琴，引来玄鹤起舞，天地动容的描绘。[②]《淮南子·原道训》中载有“师旷之聪，合八风之调”[③]。他还是一个出色的作曲家，据说古曲极品《阳春白雪》，就是师旷所作留传下来的。“古吹台”经西汉梁孝王扩建并改为“梁园”。从明清至今“梁园雪齐”、“吹台秋雨”，被誉为著名的“汴梁八景”之一；1955 年河南省人民政府将其辟为公园，其间经历了 2500 余年，成为中原最古老、延续时间最长的园林。明代嘉靖元年（公元 1522 年）由于黄河泛滥成灾，人们饱经水患，谈水色变，为了纪念历史上治水有功的大禹，故改“古吹台”为“禹王台”。[④]“禹王殿”是“古吹台”之上的主体建筑，里面所立大禹塑像原来是一座 8 尺高铜像，铜像在 1927 年被毁，现在的塑像是 1981 年 7 月浙江美术学院的艺术家按照大禹陵的塑像原样制作的，像高 5 米。殿内东西两侧是大幅仿汉代的砖雕壁画，内容是“大禹治水图”和治水完工以后的“庆功图”。殿内后墙壁上 4 块石刻为大禹碑原碑，是清光绪二十三年（公元 1897 年）河南巡抚刘树棠刻制的，其碑文的主要内容是歌颂大禹治水的丰功伟绩。“水德祠”始建于明代正德年间（公元 1506 年），奉祀自战国时期至清代的 38 位治水有功者，各立牌位。改建后的“水德祠”内新增雕塑三尊，中间的一位是战国时期魏国的史起，东边的一位是元代的贾鲁，西边的一位是清代民族英雄林则徐。“水德祠”中所供奉的 38 位治水有功者，大多数都是我国历史上的水利学家，曾经对治理水患做出过贡献的人。

---

① 师旷（公元前 572—532 年），字子野，晋国著名音乐家，主乐大师（今山西洪洞）人（当时地位最高的音乐家名字前常冠以“师”字）。师旷生而无目，故自称盲臣，又称瞑臣。为晋大夫，亦称“晋野”。

② 参见（汉）司马迁：《史记》，167 页，长沙，岳麓书社，1988。

③ （汉）刘安等撰：《淮南子》，5 页，华龄出版社，2002。

④ 郭煜、郭铉著：《河南河北行之书》，63 页，广州，广东旅游出版社，2004。

东西两侧排放着38位治水有功者的牌位，其中，包括战国时期的2位、汉代7位、明代7位、清代7位，“水德祠”充分反映了开封人对治水有功者的颂祷和怀念。每年的“东京禹王大庙会”，就是“古吹台”历史传统文化中的一绝，距今已有千年历史。

铁塔是开封非常重要的历史文物。“铁塔”建于北宋太平兴国七年（公元982年），至今已有1000多年的历史，前身为一座木塔，后毁于雷击。北宋皇祐元年（公元1049年）重建，成为我国古代琉璃砖塔建设中的精品。铁塔享有“天下第一塔”的美称，1961年我国首批公布铁塔为国家重点保护文物之一。“铁塔”为八角13层，高55.08米。因此地为“开宝寺”，故称“开宝寺塔”。又因该塔通身砌的都是褐色琉璃砖，酷似铁柱，因而自元代民间便称其为“铁塔”，它以卓绝的建筑艺术及宏伟秀丽的身姿驰名中外。“铁塔”设计之精巧，采用28种标准砖及中国传统的木式结构形式，塔砖饰以飞天麒麟、伎乐等50余种图案，砖与砖之间如同斧凿，有榫有槽，垒砌严密合缝。建成900多年来历经战火、水患、地震等灾害的侵害，[①] 至今仍然巍然屹立，实为游人和建筑专家叹为观止。铁塔公园为1986年为供奉北宋文物“接引佛”而建，公园占地面积51.24公顷。“接引佛”为北宋时期的文物，铜体大佛高5.14米，重12吨。[②] 慈眉善目，法相端庄，两耳垂肩，胸前铸刻着象征吉祥的符号，身着饰有山水云朵的各类花纹、工整华丽的袈裟，左手横胸，右手下垂，足踏莲花，大佛金粉饰身，遍体华光，乃北宋铸造工艺中的精品。“接引殿”为重檐歇山式建筑，殿前石师雄踞，鼎香缭绕；殿周24根大柱抱殿而矗；大殿台基上有青石栏杆拦护，妙趣横生的96只小狮子环绕排开。今天的铁塔公园内有接引殿、何公轩等殿堂楼阁和回廊别院，园内林木茂盛，幽静典雅。

---

① 罗亚蒙等编著：《中国名城》，179～180页，天津，百花文艺出版社，2003。

② 参见小小编著：《中国南方北方游》（北方卷），76页，北京，中国电影出版社，2005。

河南洛阳龙门石窟文化景观

一

洛阳是我国历史上“九朝古都”的所在地。洛阳位于河南省西北部，地处洛水之北，东距郑州173公里，是我国著名的历史文化名城和8大古都之一。公元前11世纪建城，1949年设市。它具有得天独厚的地理位置，因而是历代帝王定都的首选之地。素称“九朝古都”的洛阳，实际上先后有13个朝代在此建都，共经历了96个帝王。洛阳作为都城前后历时1500多年，是中国8大古都中建都时间最早、经历朝代最多、历史最悠久的古都。[①]早在公元前770年，洛阳就已是东周王朝的国都。当时由于旧都“镐京”残破不堪，周平王决定东迁洛阳，东周成为在洛阳正式建都的第一个王朝。洛阳作为当时全国的政治、经济和文化中心，农业、手工业、商业以及思想文化都达到了相当发达的程度。东周灭亡后，洛阳也随之消沉了多年。尽管刘邦曾在西汉初年定都洛阳3个月，但是很快就迁都长安。直到公元25年光武帝刘秀建立东汉，再次定都洛阳。在经历了几百年的尘封之后，洛阳重新大放异彩。当时的洛阳以经济繁荣、文化发达、城市规模宏伟而著称于世。东汉末年，董卓在洛阳纵火焚烧皇宫，使一代繁华都城尽成废墟。公元220年，曹丕代汉建立魏国，再次定都洛阳；以后西

---

① 参见小小编著：《中国南方北方游》（北方卷），71页，北京，中国电影出版社，2005；《新编实用中国地图册》，58页，北京，中国地图出版社，2006。

晋和北魏也相继在洛阳建都。公元604年隋炀帝杨广弑父自立迁都洛阳，在洛阳故城西18里大兴土木，又开凿了南北大运河，使洛阳成为全国水陆交通的枢纽。公元690年武则天改唐为周，把洛阳定为“周都”。其后共有6个皇帝移都洛阳，这段时期是洛阳历史上的鼎盛时期，宫殿建筑宏伟壮丽，城内的大型官仓承担着为京都储存或者转运粮食的重任，手工业技艺获得了很大的发展，著名的唐三彩陶器就是这一时期的代表作。唐朝“安史之乱”后，洛阳再次遭到严重破坏。五代时，后梁、后唐等朝代也在洛阳建都。洛阳龙门山系熊耳山之分支，由西向东到龙门突然断裂，分成东西两山，巍然对峙，伊水中流，形成一座天然石阙。因此，自春秋战国以来，这里就获得了一个形象化的称谓“伊阙”。隋炀帝定都洛阳，因宫城城门正对伊阙，加之古代帝王又以真龙天子自居，故此洛阳得名“龙门”并沿用至今。

洛阳龙门国家级风景名胜区位于河南省洛阳市南郊12公里处的伊河两岸，东经112°28′，北纬34°33′，为我国三大石窟之一。[①]“龙门石窟”开凿于北魏孝文帝时（公元471—477年），嗣后历经西魏、东魏、北齐、隋、唐、五代、宋、明诸朝，断续营造达400余年，迄今已有1500多年的历史。窟龛密如蜂巢，艺术丰富精美，展现着不同历史时期的雕刻艺术风格，反映了我国劳动人民卓越的创造才华和石刻技术水平。北魏王朝提倡“佛教”，故佛教艺术也很兴盛。魏文帝时，在山西大同的武周山上建造了大规模的石窟群——云冈石窟。孝文帝从“代京”（山西大同）迁都洛阳后，便在伊水两岸的崖壁上开始营造石窟（称“龙门石窟”）。龙门石窟南北长达1公里，龙门东西山上有石窟1300多个，现存窟龛2345个，造像100 000余尊，佛塔80余座，题记和碑刻3600多品，佛像97 000余尊，形成了举世闻名的石雕艺术宝库。[②]现存伊河两岸山崖峭壁间的这些窟龛和造像，多数为北魏和盛唐两时期的雕刻作品。龙门石窟又是古代封建政权凌驾于佛

---

① 参见《新编实用中国地图册》，58页，北京，中国地图出版社，2006。

② 参见《中国文化遗产年鉴》编辑委员会：《中国文化遗产年鉴2006》，78页，北京，文物出版社，2006。

教之上的宗教艺术品，由于魏、唐两代皇室的参与，形成了龙门石窟皇家风范的重要特色，许多窟龛或者造像的兴废变迁，都与当时的政治形势变化有着密切的关系。由于石窟雕刻恢弘壮观、博大精深的艺术气象感染着祈求人生幸福的芸芸众生，以佛教造像为主体的龙门地区，便吸引着众多善男信女慕其名望的留连。龙门石窟这些洋溢着信仰情感的文化遗产，其极具异域格调的外在形态和充斥着人文意识的内在涵养，是古代社会广大人民对现实世界充满祈求意愿的物质折射，是中华民族向往美好生活的精神追求和成效卓绝的创造力，为我们今天研究古代社会生活、雕刻史提供了珍贵资料。“龙门山色”自古即为“洛阳八景”之首。北魏以来这里松柏苍翠，寺院林立，到唐代就有 10 寺极具盛名。山脚处泉水汩汩，伊水碧波荡漾，唐代时行船往来穿梭其中。精美的雕像与青山绿水交相辉映，形成了旖旎葱茏、钟灵毓秀的龙门山色。中国古代历史上曾有许多文人墨客、帝王将相、高僧大德徜徉于此，赋诗吟诵。龙门石窟中最具有代表性的佳作，是建于北魏时期的古阳洞、宾阳洞、莲花洞、药方洞以及建于唐代的看经寺、万佛洞、奉先寺等。

古阳洞集中了北魏迁都洛阳初期的一批皇室贵族和宫廷大臣的造像，典型地反映出北魏王朝举国崇佛的历史情态。“古阳洞”是龙门西山南端保存最完整的一个洞窟，也是龙门山上开凿最早的一个洞窟，该洞进深 13.5 米，宽 9 米，高 11 米。北魏太和十七年（公元 493 年）迁都洛阳，孝文帝开始在龙门为其祖母冯太后开窟造像祈福做功德，王公大臣、贵族、官僚、武官将相相继在窟内造像，形成了古阳洞内最早的一批造像，从而开始皇家营造龙门的“第一斧”、“第一凿”。古阳洞是利用天然溶洞扩凿而成的。正壁主佛为 4.8 米高的释迦牟尼，坐于方形台座上，面相长圆较为瘦削，头顶还塑了一个发冠，发冠本身是道的产物，这是在清朝“八国联军”侵略中国，慈禧太后逃亡西安回北京途中路过龙门时留下的，所以，当地也有人称古阳洞为“老君洞”。主佛两侧的菩萨上身微微后倾，头戴宝冠，面容清秀，上身袒露，身着长裙，造型厚重，比例匀称，表情庄重文静，姿态优美，是北魏石刻艺术的代表作。北侧墙壁上排列了三层大型佛龛，最上面一排造像与云冈石窟有着一脉相承的联系，形体较显浑厚。北壁最上部的佛龛雕凿于北魏景明三年（公元502年），现在只能看到佛龛残损的身躯，佛头高32厘米，被人盗走。最下部的一排佛龛，造像风格表现出雍容大度的特点，也许是唐代早期的作品。不同时期的造像集中在同一洞窟里，说明了古阳洞雕凿时间之长，绵延朝代之久。龙门石窟中有许多碑刻题记，经过历朝的推崇到清代中期，人们从这2800多块题记中，精选出了20块有代表性的作品，称为“龙门二十品”，古阳洞就占19品。①“龙门二十品”是魏碑书法的杰出代表，以“龙门二十品”为代表的魏碑体，字形端正大方，魄力雄强，气象浑穆，上承汉隶，下开唐楷，在我国的书法艺术上占有重要地位，被视为国宝。历史上书法家发现了碑刻题记的价值，把雕像视为工匠的艺术；西方研究中国艺术史的专家，对北魏石雕给予了极高的评价，认为“魏的雕刻代表了人类宗教艺术的一个高峰”②。

宾阳三洞因统一规划、有计划开凿且并排布局而得名。“宾阳三洞”位于洛阳市龙门山北部，其“中洞”于北魏景明元年（公元500年）开凿直到公元523年停工，历时长达24年还未完工，史书记载用工多达80多万③。北魏孝文帝迁都洛阳后，实行了意义重大、比较彻底的“汉化”改革，历史上称为“孝文改制”。由最高统治者实行的政治上的改革，必然对当时皇家贵族发动开凿的佛教石窟造像有一定影响。宾阳中洞是北魏宣武帝为其父母孝文帝及文昭皇太后祈福做功德而开凿的。洞中三壁造三世佛，从南向北依次为过去世燃灯佛、现在世释迦牟尼和未来世弥勒佛。宾阳中洞的窟顶是穹窿形，好像蒙古包的顶部，地面雕刻着大型莲花，周边是莲花花瓣、水波纹和其他装饰图案，如同鲜艳美丽的地毯。洞内有大佛像11尊，主佛释迦牟尼造像手法，已和北魏鲜卑族拓拔部固有的粗犷、敦厚之风有所不同。它吸收了中原地区汉民族文化的成分和当时南朝所流行的“清瘦俊逸”

---

① 参见小小编著：《中国南方北方游》（北方卷），72页，北京，中国电影出版社，2005。

② 此评价为作者实地考察时，导游员的解说词的内容。

③ 刘耀编著：《中国绝色风景》，208页，北京，中国长安出版社，2006。

的风尚，形成了迁都洛阳后，佛教造像“秀骨清像”的艺术形式。主佛体态修长，面容清瘦，眉目疏朗，嘴角上翘，表情温和，神采飘逸。服饰已脱去了云冈石窟中双领下垂式袈裟和偏袒右肩式袈裟，改为中原地区褒衣博带的形式，衣裙下部雕作羊肠纹拖在基座前部，一层一层折叠着。这种雕造风格成为北魏时期佛教艺术中国化、民族化的造像特色，这种造像手法与现实生活中的人物形象接近了许多，正是孝文帝改制在龙门石窟造像上的反映。中洞窟门内前壁两侧下层各有一幅大型浮雕，北为孝文帝及侍从礼佛图，南为文昭皇太后及嫔妃礼佛图。这两幅作品精美绝伦，20 世纪 30 年代被盗凿而去，现分别藏美国纽约大都会博物馆和堪萨斯州纳尔逊艺术博物馆。“南洞”和“北洞”始刻于北魏，至唐初时完成。所以，在造像艺术上承北魏刚健之遗风，下开盛唐活泼、生动之气象。主尊像阿弥陀佛面部丰润，嘴唇厚大，衣纹自然、流畅。这一期间的宝座都呈方形直角，到了盛唐才趋向于莲花束腰须弥座的形式。宾阳中洞雕刻完整，富丽堂皇，是北魏迁都洛阳后最有代表性的洞窟。洞内龛像密布，其中唐太宗贞观年间的题记达 19 处，为中国石窟中贞观题记最多的一个石窟。众多的造像、题记为研究初唐的石窟造像艺术提供了珍贵的文字资料。

莲花洞窟因洞顶有一朵保存完好、直径达 3 米多的高浮雕的大莲花而得名。莲花洞位于洛阳龙门山西部，建于北魏晚期，洞深 9.6 米，宽 6.15 米，高 6.10 米。① 洞内造一佛二弟子，为释迦牟尼带领两个弟子游说讲经之像。洞内主佛释迦牟尼立像高 5.1 米，面部和两手都已损毁。主佛采用高浮雕手法，两侧的弟子迦叶、阿难用浮雕手法，对比鲜明。迦叶身披厚重的袈裟，手持锡杖，胸部肋骨暴露，细腻地表现出这位佛教继承人经过艰辛岁月、长途跋涉的形象。他右手拄着的锡杖上带有 9 个响环，震地有声，据说是佛教中一种法器。二弟子的头像于 20 世纪 30 年代被盗凿，现存于法国吉美博物馆。窟顶莲花周围环绕着飞天，她们手捧供果和其他的器皿，显得飘逸、洒脱，在

---

① 参见小小编著：《中国南方北方游》（北方卷），72 页，北京，中国电影出版社，2005。

《妙法莲花经》里曾有这样的记载："飞天"是佛教中的香因神，说是诸天伎乐，百千万神于虚空中一时俱作，雨众天华，表现了佛教中飞天和伎乐人营造出欢乐和谐的场面。洞窟南壁左上部层层排列了几层小型佛像，据说这是龙门石窟最小的佛像，高度仅有2厘米，五官清晰，刻画细腻。南壁壁面上排列了许多佛龛，龛楣装饰有各自不同的特点：有帷帐式的，有的是火焰纹，有表现文殊与维摩诘对坐辩法的故事，还有礼佛图的形象。在龛楣细部，有伎乐人、飞天，有莲花化生出来的菩萨；有线刻的，也有浅浮雕的。外侧是一些伎乐人飘飞过来，荡起的衣裙好像莲花的枝蔓一样，表现了一种绿柳丝绦万千条的景象。这个小龛楣是火焰纹的造型，它的火焰向内收，到中间再向上形成火苗的苗头，火焰纹之上南北两侧各一组众生听法像，这个浮雕表现了文殊菩萨和维摩诘辩法的情景。它的上部是帷幕，帷幕是中国民俗画常有的表现形式，在这里我们看到外来的佛教文化与中国本土文化的结合，成为有中国特色的佛雕艺术形式。窟外门楣为火焰纹，中间刻有一个兽形铺首，雕工精湛。左上方有明代河南巡抚赵岩题"伊阙"二字，因而莲花洞窟又称"伊阙洞"。

药方洞因窟门两侧刻有古代药方而得名。"药方洞"开凿于公元六世纪的北魏晚期，经东魏和北齐直至唐初仍有雕刻。因此，在雕刻艺术上呈现不同时代的多种艺术风格。洞内主佛、二弟子、二菩萨和洞外二力士及窟门八角束腰莲花柱均为北齐所雕造。该洞是龙门石窟中具有北齐造像风格的唯一大型石窟。北齐时期的雕像头部硕大，身躯如柱，给人以臃肿、笨拙的感觉。洞口过道两侧石壁上刻有药方近140个，治疗40种疾病。① 治疗方法主要是药物治疗和针灸治疗。涉及科别有内科、外科、妇科、儿科、五官科、皮肤科、神经科、肿瘤科、泌尿科等。所用药物多是我国农村常见的植物药、动物药和矿物药。制剂方法有丸、散、膏、汤等。药方洞石刻药方刻于唐代初年，是我国现存最早的石刻药方，它记录了我国古代医药的成就，在研究我国医药学上有重要价值，属于医学宝库中的瑰宝。

---

① 参见刘耀编著：《中国绝色风景》，209页，北京，中国长安出版社，2006。

看经寺是龙门东山最大的一个石窟，整个窟室的平面设计基本上呈方形，与同一时期其他洞窟最大的不同是该窟正壁上没有主像，而是在洞窟地面中央建坛，上置佛像供人拜佛。据考证该窟为禅宗开凿，洞窟造型为禅宗僧人打坐礼佛的禅堂。窟内墙壁上部有一些不规则的零星造像，在北、东、南三壁下部雕有唐代最精美的一组 29 尊浮雕罗汉像。释迦牟尼去世之后，将传法的任务交给了迦叶，迦叶寂灭后交给了阿难，之后传莫田地，再传商那阿修，最后至 29 组菩提达摩。菩提达摩是北魏时期自天竺来中国的僧人，被后代的佛教禅宗奉为第 29 代传人。看经寺这 29 尊传法的罗汉，恰好与《历代法宝记》所载西土 29 祖先相吻合。窟内现有 26 尊罗汉像保存完好，每尊罗汉像高约 1.8 米，与真人等高，神态各异，性格刻划入微，有饱经风霜而又睿智的、执著而又聪慧的、慈祥善良的、凶猛严厉的、诙谐幽默的、严肃认真的，无不栩栩如生，是龙门石窟中现存最完整的一组罗汉群像雕刻。

万佛洞因洞内窟壁上雕刻有 15 000 尊小佛像而得名。窟顶莲花周围刻有“大唐永隆元年十一月三十日成，大监姚神表，内道场运禅师一万千尊像龛”的题记，证明这个洞窟完工于公元 680 年 11 月 30 日，主持修造者是大监姚神表和内道场的智运禅师。该洞高 5.8 米、深 6.5 米、宽 5.9 米，方形平顶，主佛阿弥陀佛高 4 米，端坐丁莲花须弥座上，目不斜视，稳重沉静。主佛阿弥陀佛的造像手法体现了唐代盛行的以丰腴为美的审美时尚，表现出一种雍容大度、仪态轩昂的造像风格。人物波状的发纹、丰满圆润的脸部轮廓、垂肩的双耳、宽厚的双肩、简洁流畅的衣纹，表明盛唐的雕刻技艺在这一时期已经达到了成熟的阶段。主佛端坐于仰覆莲束腰须弥宝座上，在宝座束腰部位雕刻了 4 位金刚托重力士，他们的肌肉突出，富于动态，与主佛的静态形成一动一静的鲜明比照。南北两壁雕刻的 15 000 多尊高约 4 厘米的小佛，把整个万佛洞装点成西方佛国中佛祖弘扬佛法、众生虔诚聆听的场面；在窟顶碑刻题记的外侧是凌空飘舞的飞天。每侧墙壁下部各有 6 位伎乐人，手持空篌、法锣、羯鼓，一方面为研究唐代音乐提供了史料；另一方面，它们与窟顶飞天上下呼应，营造了一种西天极乐世界里的歌舞升平、万人成佛的场景。窟门外南壁上部刻有一观音菩萨，面部丰润、体态健美，左手提净瓶，右臂向上弯曲持佛尘搭于右肩，显得含蓄端庄，是唐刻观音菩萨的杰作。

龙门石窟的重点洞窟是奉先寺。“奉先寺”原名“大卢舍那像龛”，位于洛阳市龙门山南端，规模宏大、气势磅礴、雕像精美、技艺精湛，是龙门石窟开凿规模最大的摩崖像龛，也是龙门石窟唐代雕刻艺术中最有代表性的作品。据唐开元十年（公元 722 年）刻就的《河洛上都龙门之阳大卢舍那像龛记》记载，奉先寺为唐高宗所创，皇后武则天曾于咸亨三年（公元 672 年）捐助脂粉钱两万贯，亲自率朝臣参加了卢舍那佛的“开光”仪式；工程于上元二年（公元 675 年）完工。它是龙门石窟中规模最大的露天大龛，是唐代雕塑艺术的杰作。佛龛南北宽 36 米、东西深 41 米，雕有 11 尊佛像。主尊“大卢舍那佛”坐像，通高 17.14 米，头高 4 米，耳长 1.9 米，[①] 面相丰满圆润、方额广颐、眉若弯月，双目俯视、炯炯有神；略作微笑，两耳长垂，衣纹简练，灵活而又含蓄的眼睛显得更加秀美，整尊造像给人一种庄严典雅、肃穆宁静之感。左侧迦叶身首虽残，但是仍显出一位饱经风霜的老僧形象；右侧阿难浓眉细眼、年轻睿智、虔诚大方、充满自信，宛如一聪慧少年形象。二菩萨衣饰华丽，端庄而矜持的表情，天王严肃威武而硕壮有力的神情，力士坚毅勇猛而又暴躁的性格以及那无所谓惧倾力承托的地鬼，无不形神兼备、惟妙惟肖。其雕凿规模、艺术设计、人物塑造、雕像造型方面的成就，反映了唐代艺术家的高超技艺、审美时尚、美学理念和唐代美术所达到高度艺术水平。[②]

二

洛阳是国务院首批公布的国家级重点风景名胜区。龙门石窟是中

① 刘耀编著：《中国绝色风景》，208 页，北京，中国长安出版社，2006。

② 参见《中国世界遗产年鉴》编纂委员会编：《中国世界遗产年鉴 2004》，182 页，北京，中华书局，2004。

华民族的文化瑰宝，也是全人类的珍贵文化遗产，中国政府高度重视龙门石窟的保护工作。龙门石窟1500年来没有遭到人为和自然灾害的重大破坏，因而时至今日大部分窟龛造像及装饰艺术等保存完好，基本保持了原来的规模和风格面貌，是我国众多佛教石窟群中保存较好和最具代表性的石窟之一。1953年4月18日中央人民政府文化部批准成立了“龙门文物管理所”；1961年3月4日龙门石窟（含白居易墓）被国务院公布为第一批“全国重点文物保护单位”；1982年2月15日被国务院公布为全国第一批“国家风景名胜区”。1990年3月3日成立“龙门石窟研究所”，2002年3月15日洛阳市成立政府直属的龙门石窟文物保护区风景名胜区管理局（“龙门石窟研究院”），为龙门石窟的文物抢救、保护、规划、修缮、开放和学术研究做出了突出的成绩。自20世纪60年代初开始，中央文物保护专家会同北京地质学院对龙门石窟进行了地质勘察，并整理出龙门石窟完整的地质调查报告和图册，成为龙门石窟开展科学保护的基础。1965年建立了“龙门气象站”，对重要洞窟进行观测记录。为保证龙门石窟的长久安全，自20世纪70年代以来，文物保护专家开始对威胁石窟安全的三大病害——“围岩崩塌”、“洞窟漏水”、“雕刻品风化”展开技术攻关。1971—1977年，中央和省内文物保护专家联合对龙门石窟奉先寺和宾阳三洞、潜溪寺等洞窟的造像，采用以丙酮和糠醛稀释的环氧树脂对围岩裂隙灌浆加固，并结合圆钢锚杆加固的方法，较成功地解决了石窟围岩崩塌的病害。这是中国第一个大型石窟维修加固工程。其后对裂隙、渗水等也进行了加固维修，并为一些洞窟建造了雨棚，完善了连接洞窟的梯道和栈道。2005年三部委首次联合对参与创建的景区进行评选和命名，全国共有22处景区参与了此次“全国文明风景旅游区”的评选。2006年1月11日，中央文明办、建设部、国家旅游局联合授予洛阳龙门风景名胜区、北京颐和园等11个景区“全国文明风景旅游区”称号，同时还向焦作云台山风、开封龙亭湖、北京天坛公园等49个景区授予“全国创建文明风景旅游区工作先进单位”称号。1999年洛阳市人民政府投资近2亿元，对龙门石窟周围环境进行了大规模治理改造。2002年3月成立了龙门石窟风景区管理局，对石窟、香山寺、白居易墓实行统一管理，并筹措资金近 1 亿元，在龙门石窟南北架设了 2 座公路大桥，拓宽了景区内南部河道，修复了香山寺古建筑设施。自 2003 年 4 月开始景区实行封闭式管理，使石窟、寺院、墓园形成合为一体的旅游景观。随着近几年旅游环境的不断改善，旅游市场的不断开拓，龙门石窟面貌一新，经济效益逐年增长。譬如，2002 年龙门石窟年收入达 3500 万元，全年接待游客人数达 85 万人次。

龙门石窟是受联合国教科文组织保护的世界文化遗产。1982 年《中华人民共和国文物保护法》颁布实施 2 年后，洛阳市人大常委会讨论通过了《洛阳市文物保护法实施细则》，1999 年 5 月 30 日河南省人大常委会批准了《龙门石窟保护条例》，第一次以立法的方式对龙门石窟实施全面保护。同年 8 月 3 日，龙门镇魏湾村党支部、村委会率领村民拆除该村的一家洗车场，砸下了拆除不协调建筑的“第一锤”；15 日夜龙门石窟保护区中最大的不协调建筑“中华龙宫”，随着一声巨大的爆破声倒下。黄河水利委员会自筹资金数十万元对影响景观的水文观测站进行了改建。在整个治理工程中，共拆除不协调建筑近 18 万平方米，清运河道淤沙及垃圾 50 余万立方米，拆除改造线缆 4 万多米，植树 2 万多棵，新增绿化面积 302 亩，新铺条石、彩砖地面 1. 3 万平方米。洛阳市还在龙门石窟周围修建了保护围墙、电子巡更系统和闭路电视监控系统。综合治理使龙门石窟保护区内出现了道路平整宽敞、树木郁郁葱葱、水面碧波荡漾、面貌焕然一新的喜人局面。2000 年 1 月 24 日龙门石窟顺利通过联合国教科文组织的考察评估。11 月 30 日经联合国教科文组织第 24 届世界遗产委员会会议审议，根据世界遗产标准的第 I、II、III、IV 和 VI 条标准，龙门石窟列入《世界遗产名录》。世界遗产委员会对龙门石窟的评价是：“龙门石窟是人类艺术创造力的杰出代表。龙门石窟完美地展现了石雕这一古老的艺术形式的魅力，而石雕在亚洲地区的文化发展中处于重要地位。龙门石窟是中国唐朝高度发达的文化水平和社会形态的缩影。”在政府有关部门的大力支持下，2005 年 10 月 22 日，龙门石窟因被盗而流失到海外80余年的7件文物获得回归。[①] 文化遗产是人类社会发展的历史见证，是人类文明的重要载体。龙门石窟文化遗产体现着中华民族独特的思维方式和文化价值，是中华民族的根基和历史的纪念碑。因此，在洛阳地区的一切开发、利用和管理工作，都必须把“龙门石窟世界遗产”的保护放在第一位，应当以遗产的保护和保存为前提，要以有利于世界遗产的保护和保存为根本。一定要克服为了一时的经济效益而忽视对遗产保护和保存的短视行为，坚决杜绝先污染、后治理，先破坏、后建设，不讲科学盲目蛮干的情况发生。

必须依法管理龙门石窟风景区的名胜古迹。据洛阳龙门石窟研究院有关专家介绍，洛阳龙门石窟尽管得到了中国政府及当地人民的精心保护，但由于自然及人为因素，雕刻品的崩塌、洞窟漏水、石刻风化、雕刻品表面油烟等，一直没能根除。自洛阳龙门石窟被联合国教科文组织第二十四届世界遗产委员会确定为世界文化遗产并列入《世界遗产名录》后，对龙门石窟保护修缮就一直是联合国教科文组织的一项议题。2001年11月联合国教科文组织对龙门石窟的首次保护工程得到实施，该项目总投资为125万美元；2004年8月中国和意大利合作文物保护修复培训项目将实习基地定在洛阳，中国和意大利的文物专家联手对龙门石窟的两个洞窟进行了抢救维修保护；联合国教科文组织援助洛阳龙门石窟二期保护项目的签字仪式于2005年11月10日在洛阳举行，国家文物局局长张文彬、联合国教科文组织代表青岛泰之先生代表双方签字，此举标志着联合国教科文组织龙门石窟二期保护修复工程正式启动，龙门石窟将迎来新一轮较大规模和科学的抢救性保护维修。在一期工程中，龙门石窟完成了地形图测绘和地质调查，进行了石窟环境和洞窟病害观测，查清了3个实验洞窟的主要病害。二期工程除了建立龙门石窟环境病害数据资料库外，还要进行实验洞窟的防渗漏灌浆试验，从中选择出最适宜龙门石窟的防渗漏材料，

---

① 参见顾立林：《全心呵护龙门石窟文物》，载《中国民族报》，2005年11月1日第5版；《中国文化遗产年鉴》编辑委员会：《中国文化遗产年鉴2006》，78页，北京，文物出版社，2006。

实施防护维修工程，其中防渗工程列为第二期工程的重点。洛阳市严格遵守《保护世界文化和自然遗产公约》，制定了《龙门石窟区规划》、《洛阳市龙门石窟保护管理条例》和《龙门石窟研究院2002—2020年发展规划》，决心依法管理和保护好这份不可多得的世界遗产。

河南洛阳牡丹文化景观

一

洛阳是仅次于西安的一座历史古城。早在隋唐盛世时期，洛阳就是世界上最繁华的大都市之一。洛阳地处黄河中游的伊落盆地，这里群山环绕，土地肥沃，气候四季分明，物产富饶。再加上地理形势十分险要，东有虎牢关、西有函谷关，实属易守难攻的兵家必争之地，也自然成为历代帝王建都筑城的理想场所。洛阳城的兴起，距今已有4000多年的历史。古人称洛阳是“河山拱戴，形胜甲于天下”①。《史记·周本纪》载周公论洛阳曰：“此天下之中，四方入贡道里均。”②因而洛阳素以“九朝古都”闻名中外，所谓“九朝”通常有两种说法：一是指在这里建立的王朝众多，二是说这里曾有9个王朝。第一种说法不确切，第二种说法不符合历史事实。据有关史料记载，实际上有13个王朝在此建都。诚如《洛阳古都赋》所云：“控驭八极，堡垒四固，中华文明之本原，炎黄发祥之渊薮，毓秀之灵，膏腴之属。蓊郁丹露，清泉白雾，青岩沁水，紫霞彩幕。洛水潋滟之波，邙山苍翠之覆；凝虹霁于风前，散霭云于雨疏。虽流风布霜，俯侵植物，而暖阳融雪，烊化草木。盖以浩气鹏举，冲霄乎敢借天宫之煌，聊做人间之都也矣！”“若夫斯地悠久，上及远古，考究发掘，轩辕追溯。青

① 王学荣、郑德玲：《古都振兴事请君看洛阳》，载《大陆桥视野》，2005（6）。

② （汉）司马迁著：《史记》，25页，长沙，岳麓书社，1988。

要之山，黄帝密都；偃师之亳，帝喾诏出。《竹书纪年》[1]，巾帛纪录，太康居之斟鄩，羿、桀继之至复。夏青铜于二里，见紫陶于遗筑，有宫阙之宏伟，并台基之夯土，想技艺之发达，竟偌大之铜铸，掘水井之汲水，能工艺之制骨。俟夫商汤为王，继西亳而京都，嗣延续而承古。”[2]

洛阳是中华民族文化的发祥地之一。我们通常所说的中华民族文化，是指在当今中国版图范围内，以汉民族为主体的多民族共同创造的文化。大量考古发现和古代文献记载表明，“华夏文化”是汉文化、中华民族文化的“母体文化”。华夏文化主要源自中国古代早期国家“夏商文化”及其更为久远的“河南龙山文化”。多年来的考古发现与研究已经证实，河南“龙山文化”是“夏文化”形成的直接源头。河洛地区是河南龙山文化的重要分布地区。仅就这一点而言，河洛地区可以说是夏文化、华夏文化的发源地及其形成、发展的核心地区，也可以说是后来汉文化、中华民族文化的发源地。譬如，“周易八卦”在此发祥；老子在此著《道德经》；孔子问礼[3]至此；“三班”[4]在此修成《汉书》；司马光在此编成《资治通鉴》；张衡在此发明浑天仪、地动仪等；虞初的《周说》、陈寿的《三国志》、许慎的《说文解字》、欧阳修的《新唐书》等鸿篇巨制，无一不得益于洛阳这块沃土。东汉的“洛阳太学”[5]学生逾 3 万人，创当时的世界之最；晋人左思的

---

① 《竹书纪年》是战国时期魏国的官修史书，记载夏、商、西周、春秋时的晋国，战国时的魏国直到魏襄王二十年（公元前 299 年）的历史，在西晋时期发掘得到。由于是写在竹简上，并且采用的是编年体，所以被人们称之为《竹书纪年》。

② 金学孟：《洛阳古都赋》，2006 年 12 月 24 日。笔者在参观洛阳博物馆时，获得《洛阳古都赋》打印稿。

③ （汉）司马迁所著的《史记·孔子世家》，就记载了孔子曾问礼于老聃一事。此外《史记·老子韩非列传》、《礼记·曾子问》、《庄了》中的《知北游》、《天道》、《天运》等篇均记载有“孔子问礼于老聃”。

④ “三班”指班彪、班固、班昭三人。班超是著名史学家班彪的幼子，其长兄班固、妹妹班昭也是著名的史学家。

⑤ “洛阳太学”自西汉至北朝历经数百年，它是屹立在世界东方的第一所国立中央大学，对后世产生了深远的影响，在中国教育史上堪称奇葩。

《三都赋》[①] 名声之噪，曾使得“洛阳纸贵”；曹操、曹植、曹丕三父子，程颢、程颐二兄弟，建安七子[②]，竹林七贤[③]，金谷二十四友[④]等，无不在此留下享誉九州的名篇。再譬如，唐代大诗人杜甫、白居易、李贺、刘禹锡等，或生于此、长于此，或游历于此、终老于此，留下了诸多千古绝唱。洛阳有着深厚的古文化底蕴。以“河图洛书”[⑤] 为代表的“河洛文化”，曾被奉为“人根之祖”、“人文之祖”；东周礼乐，成为古代社会的重要典章制度。“道学”创始于此，“佛学”首传于此，“理学”光大于此；“魏晋文学”也是在此兴盛。作为长期辉煌鼎盛的古都和经济、文化中心，历史给洛阳留下了诸多弥足珍贵的都城遗址、寺庙、石窟、墓葬碑碣等丰厚灿烂的文化遗产。再譬如，龙门山的东山，古代名叫“香山”，山上有座“香山寺”。唐代大诗人白居易晚年在洛阳做官，退休之后就隐居在香山寺中，同一群朋友在香山组织了一个“香山九老诗社”，并且把各人的姓名、年龄、相貌一一刻在石头上，名为“九老图”，大家经常在一起饮酒赋诗，十分有趣。公元846年白居易死于香山，他的子孙依据遗嘱，将他埋葬在香山北端的琵琶峰顶，墓前立有石碑，碑上刻有“唐少傅白公之墓”，

---

① 《三都赋》是晋朝时期左思的作品。它们分别是《吴都赋》、《魏都赋》和《蜀都赋》。历时10年所作，一时被传为经典。

② “建安七子”指东汉末建安时期曹氏父子之外的7位著名诗人。他们分别是孔融、陈琳、王粲、徐干、阮瑀、应玚、刘桢。“七子”之称始于曹丕所著《典论·论文》：“今之文人，鲁国孔融文举，广陵陈琳孔璋，山阳王粲仲宣，北海徐干伟长，陈留阮瑀元瑜，汝南应玚德琏，东平刘桢公干。期七子者，于学无所遗，于辞无所假，咸以自骋骥录于千里，仰齐足而并驰。”

③ “竹林七贤”是指晋代的7位名士，即阮籍、嵇康、山涛、刘伶、阮咸、向秀和王戎。

④ “金谷二十四友”是一个文学社团。这个社团几乎垄断了西晋文坛所有的“泰斗级”人物，如左思、潘岳、刘琨、陆机等。这些人的名字即使称不上如雷贯耳，至少也能令听者为之一振。

⑤ “河图”与“洛书”是中国古代流传下来的两幅神秘图案，历来被认为是河洛文化的滥觞，中华文明的源头，被誉为“宇宙魔方”。相传上古伏羲氏时，洛阳东北孟津县境内的黄河中浮出龙马，背负“河图”献给伏羲。伏羲依此而演成八卦，后为《周易》来源。又相传大禹时，洛阳西洛宁县洛河中浮出神龟，背驮“洛书”献给大禹。大禹依此治水成功，遂划天下为九州。又依此定九章大法，治理社会，流传下来收入《尚书》中，名《洪范》。《易·系辞上》说的“河出图，洛出书，圣人则之”，就是指这两件事。

还种了19株柏树和1棵枣树。洛阳境内现有国家级文物保护单位7处，省级53处，市县级650处。沿洛河排列的夏、商、周、汉魏、隋、唐五大都城遗址举世罕见，洛阳成为国务院首批公布的“国家历史文化名城”。

牡丹素有“花中之王”的美称。天工开物、造化天成。牡丹的出现是一种客观存在，人们用“国色天香”来形容牡丹，实在是恰到好处。当年著名画家程修己[①]善画牡丹，其笔下牡丹栩栩如生，甚得文宗喜爱。据说有一次文宗亲自看程修己作画，顺便问程：“如今京城写牡丹诗的人甚多，不知谁的诗句最佳?”程修己略作思索回答曰：“中书舍人李正封有两句诗：‘国色朝酣酒，天香夜染衣。’”文宗拍案叫绝：“好个‘国色朝酣酒，天香夜染衣’！牡丹真称得起国色天香!”从此牡丹“国色天香”便家喻户晓。据《事物纪原》载，武则天在一个隆冬大雪纷飞的日子饮酒赋诗。她乘酒兴醉笔写下诏书：“明朝游上苑，火速报春知，花须连夜发，莫待晓风吹。”[②]百花慑于此命，一夜之间绽开齐放，唯有牡丹抗旨不开。武则天勃然大怒，遂将牡丹贬至洛阳。刚强不屈的牡丹一到洛阳就昂首怒放，这更激怒了武后，她便下令烧死牡丹。枝干尽管被烧焦，但到第二年春天，牡丹花反而花开更盛。靖康年间金军攻破北宋京城洛阳，牡丹从此衰落。这个故事当然纯属虚构，此诗确实真有，它系武则天于公元691年所作，并收录在《全唐诗》中。明朝小说家冯梦龙则把这一故事写得栩栩如生。舒元舆《牡丹赋》的前面几句说：“古人言花者，牡丹未尝与焉。盖遁乎深山，自幽而芳。不为贵重所知，花则何遇焉？天后之乡，西河也，精舍下有牡丹，其花特异，天后叹上苑之有阙，因命移植焉。由此，京国牡丹日月渐盛。”[③]这就是说，武则天把自己家乡的牡丹移植

---

① 程修己生于唐贞元二十年（公元804年），卒于咸通四年（863年），广平郡（即洛州）人。他对晚唐宫廷画的发展、周昉画派艺术的发展起了积极作用。《唐朝名画录》说：“高云、卫宪、程伯仪，并师周昉，尽造其妙。冠于当时。”

② （唐）武则天：《腊日宣诏幸上苑》。

③ （唐）舒元舆（791—835年），浙江婺州东阳人，唐元和八年（公元813年）进士。初仕即以干练知名。所著《牡丹赋》一篇，时称其工，一日文宗绕栏微吟，为之泣下。

于洛阳，“自唐则天已后，洛阳牡丹始盛”。[①] 这自然是古人的公论。其实武则天写此诗，也并非真的要牡丹花开，而只是借此事树其天子的权威罢了。洛阳牡丹的发扬光大者，当推唐玄宗李隆基。唐开元五年（公元717年）唐玄宗迁都洛阳，此后20年在洛阳度过11年。隋、唐以降，扛起“洛阳牡丹大旗”的当属宋朝一拨儿皇帝。宋太祖赵匡胤、宋太宗赵匡义兄弟俩皆出生于洛阳，当上皇帝后自然偏爱故乡，尽管都在汴梁，但置洛阳为“西京”。加上皇帝贵族、幕僚大臣多出自洛阳，故洛阳繁华并不亚于“东京”。宋大兴土木建筑宫城、皇城，同时令民间大修宅第园林，使得洛阳成为“中国园林之母”，而所有园林无一不栽培牡丹。在中国名花之中牡丹花朵硕大，花容艳丽雍容华贵，实在是超逸群芳。据有关史料记载，宋代的洛阳牡丹有一百多个品种，而且有不少属于名贵品种，其中的“姚黄”、“魏紫”，都被誉为牡丹的“王”和“后”，尤为人们所喜爱。欧阳修在《洛阳牡丹记》一书中说：“洛阳之俗，大抵好花。”[②] 意思是说，洛阳的民风民俗就是“喜欢花”。洛阳的野生牡丹，主要是白色的“杨山牡丹”和“紫斑牡丹”。经过人工培植后，唐代出现了“黑色牡丹”（“军容紫”），宋代出现了“黄色牡丹”（“姚黄”等）、“绿色牡丹”（“欧家碧”）、“紫色牡丹”（“左花”等）和“复色牡丹”（“添色红”）。唐代洛阳人宋单父因种植牡丹有“幻世之绝技”，被尊为“花师”[③]；欧阳修记述洛阳有位人称“门园子”的牡丹接花高手，复姓东门，他秋天接花，春天开花付钱，一株达五千钱，可见“牡丹经济”从宋代就肇始了。[④]“欧家碧”的创始人是洛阳的欧姓人家，欧家人用秘方制药埋于牡丹根下，牡丹花开就成浅碧色，“欧家碧”成为供奉朝廷的

---

① （北宋）欧阳修撰：《洛阳牡丹记》，花释名第二。《宋史·艺文志》以《牡丹谱》著录，而不称《洛阳牡丹记》。

② （北宋）欧阳修：《洛阳牡丹记》，风俗记第三。

③ （唐）宋单父，字仲儒，洛阳人，唐代著名的牡丹栽培专家，柳宗元在《龙城录》中称他：“善吟诗，亦能种艺术。凡牡丹变色千种，红白斗色，人不能知其术。”他为牡丹的培育和发展做出了非常伟大的贡献，堪称世界上最早的园艺大师。

④ 任双玲：《洛阳地脉花最宜，牡丹尤为天下奇——一座城和一种花的文化解读》，载《大河报》，2008年4月23日。

珍品。

牡丹是传递爱情之花。唐玄宗、杨贵妃与牡丹的故事甚多，最著名的莫过于“沉香亭赏牡丹”，“天子呼来不上船”① 的李白醉写《清平调词三首》。据《杨妃外传》载，唐开元初年（公元713年），唐玄宗、杨贵妃等到沉香亭赏牡丹。遂命翰林学士李白进诗。李白援笔道：“云想衣裳花想容，春风拂槛露华浓。若非群玉山头见，会向瑶台月下逢。一枝红艳露凝香，云雨巫山枉断肠。借问汉宫谁得似？可怜飞燕倚新妆。名花倾国两相欢，常得君王带笑看。解释春风无限恨，沉香亭北倚栏干。”② 据说在这次赏花诗酒会上，唐玄宗亲自抚琴奏乐，李白要高力士为自己脱靴，而洛阳花师宋单父亦在场一一介绍花品，其中就有出自洛阳的姚黄。《姚黄传》载：姚黄花出，众人惊叹美色，谓“此皇王之胄，奇种也”。遂进御沉香亭，玄宗赏花大悦，“所谓‘解释春风无限恨，沉香亭北倚栏干’，盖实录云”。《诗经·郑风》中早有记载：“洧之外，洵吁且乐。维士与女，伊其相谑，赠之以芍药。”此诗中的“芍药”即“牡丹”。因为在秦汉以前，“牡丹初无名，故依芍药以为名”。朱熹在《诗集传》中已道明，此诗写的是“三月上巳之辰”，“郑国之俗”③。郑国与周朝王城洛阳相邻，乃河洛之地也。“三月上巳”，即阳历4月中旬，正是牡丹盛开之时。因此现在看此诗，河洛男女相赠牡丹以示爱情，不亚于今天赠之“999朵玫瑰”。爱情之花也表现在《洛神赋图》上。洛神原本指伏羲的女儿宓妃，她守护着洛河，百姓们在洛阳东关专门建了一座“宓妃庙”，用以拜祭洛神。可是到了三国时代，洛神的故事又因曹植变了调。相传曹植与美女甄氏相爱，却被哥哥曹丕抢先娶走甄氏。曹操死后曹丕做了皇帝，他听信郭贵妃谗言，赐甄后死。某年曹植沿洛河去他的封地，忽见甄后轻如云霓似的来到他身边，向他吐露一颗爱慕的心。曹植被感动得泪溢双腮，写下一篇仙女凡人相处的《感甄赋》。后来曹丕听说此事，

① （唐）杜甫：《饮中八仙歌》，《唐诗鉴赏辞典》，433页，1983。
② 吴丈蜀主编：《历代诗词曲佳句名篇大全》，150页，长江文艺出版社，1992。
③ （宋）朱熹：《诗集传》，《文选》卷四十六，李善注《三月三日曲水诗序》。

派人索取《感甄赋》。曹植心中慌惧，改《感甄赋》为《洛神赋》。洛神的故事婉约动人，“出水洛神”也成了牡丹的芳名。唐玄宗与杨贵妃的爱情故事千古流传，维系他们爱情的也是牡丹。据说杨贵妃爱往头上插花，在《长恨歌》舞台上，每当杨贵妃出场必是头簪牡丹花。苏轼在《吉祥寺赏牡丹》一诗中写道：“人老簪花不自羞，花应羞上老人头。醉归扶路人应笑，十里珠帘半上钩。”① 也就是说，当时人无分老幼喜爱簪花者不少，爱美之心人皆有之。“洛阳八大景”园林就占去了两景。宋代名士邵雍说：“人间佳节惟寒食，天下名园重洛阳。”② 洛阳牡丹的兴盛与洛阳园林的兴盛密切相关，因有“名园”而种“名花”，因有名花而名园添色。司马光云：“欲问天下兴废事，请君只看洛阳城。”《洛阳名园记》的作者、宋代名士李格非则进一步发挥道：“天下之治乱，候于洛阳之盛衰；洛阳之盛衰，候于园圃之兴废。”③ 此言实在深刻。

牡丹文化是中华民族文化的独特组成部分。“牡丹文化”不但以文字、音像、绘画的形式表现出来，而且还有大量的是以“无形的”、“口头的”或者“展览的”形式表现出来。譬如，秦汉时牡丹以其药用而载入《神农本草经》，此后便形成了包括药物学、植物学、园艺学、地理学、历史学、文学、艺术、戏剧、民俗学等多种学科在内的牡丹文化。南北朝时北齐画家杨子华画牡丹，使牡丹进入了绘画园地。隋炀帝建都洛阳后，将牡丹移于西苑（今涧西区一带）之内，牡丹自此进入园林。唐代则将牡丹看成了国运昌隆的标志，种植、观赏牡丹竟成为一种社会习尚。唐代以洛阳为东都，宫廷寺观、富豪宅院以及民间种植牡丹已经十分普遍。唐代许多诗人留下了无数歌咏牡丹的佳

---

① （北宋）苏轼：《吉祥寺赏牡丹》，见吴丈蜀主编：《历代诗词曲佳句名篇大全》，53页，长江文艺出版社，1992。

② （北宋）邵雍：《春游吟》，见吴丈蜀主编：《历代诗词曲佳句名篇大全》，56页，长江文艺出版社，1992。

③ 转引自徐晓帆：《天下名园重洛阳》，载《洛阳晚报》，2006年4月17日。

篇妙辞。如《杜阳杂俎》载“唐高宗宴群臣赏双头牡丹”①，《酉阳杂俎》载“穆宗皇帝殿前种千叶牡丹，花始开香气袭人。”“东都尊贤坊田令宅，中门内有紫牡丹成树，发花千朵。”② 唐代诗人辈出，据说收在《全唐诗》中就有牡丹诗500余首。这些诗描绘牡丹花姿、记述牡丹风俗、抒发赏花人感受各领风骚。诚如白居易所云：“戏蝶双舞看日久，残莺一声春日长。花开花落二十日，一城之人皆若狂。”③宋代比起唐代对牡丹的研究有了长足进步，出版了一批研究牡丹的专著。如欧阳修的《洛阳牡丹记》、周师厚的《洛阳牡丹记》和《洛阳花木记》、张峋的《洛阳花谱》，等等。其中，欧阳修写道：“牡丹出丹州、延州，东出青州，南亦出越州，而出洛阳者，今为天下第一。洛阳所谓丹州红、延州红、青州红者，皆彼土之尤杰者，然来洛阳才得备众花之一种，列第不出三已下，不能独立与洛阳敌。”④ “谢灵运言永嘉竹间水际多牡丹，今越花不及洛阳甚远。”⑤ 由此“洛阳牡丹甲天下”便流传开来。“洛阳文物”有着别的地方文物无法相比拟的牡丹图谱，其中建筑雕刻、墓室壁画尤为突出。再譬如，洛阳的龙门石窟、关林、山陕会馆、潞泽会馆、吕祖庵等地，都有精美的牡丹雕刻。洛阳地区宋元时期绘有牡丹的壁画共有7块，其中，不乏牡丹山石图和牡丹仕女图上乘精品。其他如石刻、陶器、瓷器、铜镜的纹饰等，也都有称绝的牡丹。在中国古代的戏曲里，如果演员的服饰上没有牡丹图案，那是难以想象的一件事情。新中国成立后，洛阳十分重视牡丹种植的恢复和发展工作，建立了“牡丹花园”和“牡丹花坛”，并于1982年正式命名牡丹为市花。现在“洛阳牡丹花会”已成为洛阳的知名品牌。每逢花会，龙门、白马寺、关林、天子驾六博物馆等景点以及各

---

① （唐）苏鹗著：《杜阳杂俎》，见徐晓帆、刘翔：《牡丹品名故事》，载《洛阳晚报》，2008年4月25日。

② （唐）段成式：《酉阳杂俎》，见邵如林：《帝城芳花魅力洛阳（之三）》，载《中国旅游报》，2009年1月24日。

③ （唐）白居易：《牡丹芳》。

④ （北宋）欧阳修撰：《洛阳牡丹记》，花品叙第一。

⑤ （北宋）欧阳修撰：《洛阳牡丹记》，花释名第二。

公园、牡丹园游人如织，宾馆、饭店旅客爆满，为此还专门增发了到洛阳的“牡丹专列”和飞机班次。各种活动此起彼伏，洛阳牡丹灯会、牡丹书市、全球华人顶尖歌手演唱的庆典晚会以及洛阳大型歌舞《河洛风》、武皇十万宫廷乐舞等，均成为必不可少的保留节目。诚如《墨庄漫录》所载：“西京牡丹闻于天下，花盛时，太守作万花会，宴集之所，以花为屏帐，至于梁栋柱拱，悉心竹筒贮水，簪花钉挂，举目皆花也。”① 这里所描述的“万花会”，也许就是现代洛阳牡丹花会的源头。

二

牡丹在中国大约有1500年的栽培历史。王应麟曾着力渲染过牡丹的规模栽培，他说：“隋帝辟地二百里为西苑，诏天下进花卉，易州进二十箱牡丹，有赤页红、革呈红、飞来红、袁家红、醉颜红、云红、天外红、颤风娇等。”② 这也许就是洛阳牡丹人工栽培的初始阶段。因为没有发现其他的相关史料记载，牡丹专家们大多倾向于把“隋炀帝建西苑”，作为中国牡丹栽培史的源头。自唐代以来牡丹之盛莫过于洛阳，并以“洛阳牡丹甲天下”③ 的美名流传于世。北宋诗人欧阳修曾赋诗称赞洛阳牡丹：“洛阳地脉花最宜，牡丹尤为天下奇。”④ 南宋战乱时，洛阳1000余座名园被毁，牡丹西迁四川彭州；至明代安徽的亳州牡丹盛极一时；至清代山东曹州（菏泽）又兴起；如今洛阳牡丹再度声名鹊跃。洛阳牡丹不仅遍布祖国各地，而且意、德、法、日、美、荷、澳等国家，都有洛阳牡丹的身影。为了充分利用和保护中国牡丹种质资源，洛阳市牡丹研究所自1984年开始，对牡丹种植资源进行立项研究；对洛阳地区野生资源进行了详细普查，并调查了云南、

---

① （北宋）张邦基：《墨庄漫录》卷九。

② （南宋）王应麟：《海山记》（有时称之为《海记》）。

③ 见《羊城晚报》1998年4月25日。

④ 任双玲：《洛阳地脉花最宜，牡丹尤为天下奇——一座城和一种花的文化解读》，载《大河报》，2008年4月23日。

甘肃、江苏、安徽、山东、四川、河南、陕西、山西、湖北等地牡丹野生资源和栽培资源，同时对一些好的品种进行了引种。通过对从安徽、四川等地引进的栽培品种资源的研究，发现这些品种在洛阳生长良好，适宜大量繁殖。中国是牡丹的故乡，洛阳又是中国牡丹的发祥地。2004 年 4 月河南省地质调查院和洛阳市地矿局还公布了一项科研成果，经过对 560 平方公里土壤的考察研究，发现洛阳一带土壤的各种微量元素，特别是锰、铜、锌、钼元素明显高出其他地区。其中，锰的有效态含量是其他地区平均含量的 20 多倍。这些微量元素能够有效地促进植物细胞生长，促进叶绿素、糖类、酶类的合成及花蕾的形成。洛阳土壤微量元素含量之所以如此丰富，是因为在伊洛流域广泛分布着古老的火山岩，经过亿万年的风化、冲积，形成了洛阳适宜农作物种植尤其是花卉种植的特色。由此可见，“种植好牡丹，必取洛阳土”①，这一民间谚语千真万确。公元 724 年中国牡丹传入日本，1330—1850 年引入法国，1656 年荷兰开始引种，1789 年英国引进中国牡丹并培育出 100 多个园艺品种，美国在 1826—1830 年开始引进。为了掌握牡丹切实可行的盆栽技术，使牡丹便于销售并进入千家万户，洛阳市西苑公园、王城公园和牡丹公园于 1983—1985 年联合进行了牡丹盆栽的技术研究，总结出牡丹盆栽的培养土配比以及日常管理的技术措施，筛选出了适于牡丹盆栽的品种。“盆景”是中国园林艺术中的一支奇葩，牡丹盆景则更能体现其富丽堂皇，花大色艳的独有特色。目前洛阳市牡丹种植总面积 1.6 万亩，总株数 4000 余万株，牡丹品种总量达到 1200 多个，参与商品牡丹开发的牡丹企业 40 多个，催花牡丹基地 30 余个，催花牡丹面积 6000 余亩，牡丹生产专用日光温室 200 多个。年产商品牡丹种苗 1000 万株，牡丹催花种苗 100 万株，年产催花牡丹 22 万盆。在牡丹系列产品方面，洛阳市已开发出以牡丹为特色的各种产品，有千枚个性化邮票、牡丹化妆品、牡丹精油、牡丹茶、牡丹饼、牡丹宴、牡丹香熏、牡丹服饰等 10 余种。从市区到邙山、白

---

① 朱晓娟：《牡丹缘何恋洛阳独特“地脉”护花神》，载《新民晚报》，2004 年 4 月 20 日。

云山基本上实现了牡丹自然花期的次第开放，花期可以从4月1日延长到5月中旬。洛阳国际牡丹园地处邙山之巅，占地380余亩，以洛阳牡丹精品为中心，汇聚国内外牡丹名优品种500多个，花期长达月余，是洛阳精品牡丹园之一。同时也是洛阳市区内花期最长、开花最晚的牡丹园。[①] 在这里牡丹9大色系齐全，名优珍稀品种荟萃。有花王“姚黄”、花后“魏紫”、绿牡丹“豆绿”、黑牡丹“烟笼紫”、复色花“二乔”、三倍体牡丹“首案红”等珍稀品种，金黄色的牡丹“金阁”、“海黄”、“金岛”，墨红色的“中国龙”等色彩斑斓，鲜红的“火炼金丹”、“红宝石”、“太阳”、“芳纪”等耀眼夺目，充分展示出洛阳牡丹雍容华贵、艳冠群芳的特点。

牡丹花具有极高的经济价值。大量的研究成果证实牡丹全身都是宝，花、种、根、粉都有着很高的经济价值。花瓣可食用，其味鲜美。据有关史料记载，牡丹花的食用始于宋代，到明清时期人们已经有了较为完美的原料配方和制作方法。如“牡丹花瓣，汤焯可，蜜浸可，肉汁烩亦可。”[②] 其意是无论滑炒、勾芡，还是清炖，牡丹花瓣和花粉可制作保健食品和饮料，又是调配高级化妆品的重要原料。菜谱中就有牡丹花银耳汤、牡丹花溜鱼片、牡丹花里脊丝和牡丹花瓣酒。这些以牡丹花为主的菜肴，不仅味美清爽细嫩，而且都有食疗的作用。近年来洛阳不断开发以牡丹为特色的产品，如牡丹酒、牡丹系列化妆品、牡丹精油、牡丹保健茶系列产品以及牡丹月饼、牡丹饺子、牡丹滋补靓汤等一系列新型牡丹食品。洛阳市已经申请获得牡丹精深加工方面的国家专利20余项，为牡丹研究成果的转化提供了强有力的技术保障。再譬如，牡丹的根皮是清热化瘀功效极高的良药。牡丹以根皮入药，药名为“丹皮”，具有清热凉血、活血化瘀的功效，用于热病发斑、吐血、衄血、阑尾炎初起，血瘀经闭、跌打损伤、痛肿疮疖，其牡丹酚具有抗炎、镇痛、降压、抑茵和解痉等作用。据研究成果披露：

---

① 任双玲：《洛阳地脉花最宜，牡丹尤为天下奇——一座城和一种花的文化解读》，载《大河报》，2008年4月23日。

② （清）顾仲：《养小录》。

“丹皮”还有13种人体必需的氨基酸和抗癌物质。古时候对“芍药”和“牡丹”的区分并不十分清楚。如郑樵认为“牡丹初无名，依芍药得名，故其初曰木芍药。”① 芍药仅此一名而已，而牡丹名称甚多，如木芍药、鹿韭、鼠姑、牝牡等等不一而足。欧阳修在《洛阳牡丹记》中说：“牡丹初不载文字，唯以药载本草，然于花中不为高第。大抵丹、延已西及褒斜道中尤多，与荆棘无异，土人皆取以为薪。”② 这即是说牡丹最初不过是野花，老百姓都拿它当柴火烧。人们真正关注牡丹，是因为发现了牡丹的药用价值。自古有巢氏架木为巢，使人们有了家的概念；燧人氏钻木取火，使人们告别了茹毛饮血；伏羲氏渔猎狩耕，使人们懂得怎样生存；神农氏尝百草，使人们懂得如何与自然抗争；而牡丹“唯以药载本草”，自《神农本草经》、《黄帝内经》后屡见不鲜。《本草纲目》解释：“牡丹以色丹者为佳，虽结籽而根生苗，故谓之牡丹。”《神农本草经》将其列为中品。李时珍在《本草纲目》中曰：“牡丹以色丹者为佳。”丹皮的使用量很大，国内每年的需要量在250万公斤左右，年出口量约为50万公斤。

① （南宋）郑樵：《通志》。郑樵（1104—1162年），字渔仲，兴化军莆田（福建莆田）人，世称夹漈先生。他著述等身，但流传不多，仅有《夹漈遗稿》、《尔雅注》、《诗辨妄》、《六经奥论》和《通志》等。

② （北宋）欧阳修撰：《洛阳牡丹记》，花释名第二。

河南嵩山名胜文化景观

一

嵩山古称“外方山”。“嵩山”的主体在登封市境内，东邻河南省省会城市郑州，西邻中国著名古都洛阳。嵩山属于伏牛山脉，东西绵延近100公里，位于北纬34°23′～34°33′，东经112°53′～113°11′，海拔高度350～1512米。言及中国的名山大川，首推“三山五岳”。自古以来，中国的“三山”者，即神仙居住的地方。《史记·秦始皇本纪》载：“齐人徐市（又名徐福）等上书，言海中有三神山，名曰蓬莱、方丈、瀛洲，仙人居住也。”① 也就是苏东坡所谓“东方云海空复空，群山出没空明中”② 的“仙迹”。我国史称的“三山”，分别为喜马拉雅山、昆仑山、天山；“五岳”则是“五大名山”的总称，即东岳泰山、西岳华山、北岳恒山、中岳嵩山和南岳衡山。它们是封建帝王仰天功而封禅祭祀的地方，更是封建帝王“受命于天”，定鼎中原的象征。“五岳”劈地摩天，气冠群伦。尽管五岳不是我国最高峻的山岭，但它们都高耸在平原或盆地之上，因而显得格外险峻。《诗经》就载有“泰山岩岩，鲁邦所瞻”、“嵩高维岳，骏极于天”③ 的诗句。由此可见，“五岳”在古人心目中的崇高地位。登封历史悠久，早在5000

---

① （汉）司马迁：《史记》，59页，长沙，岳麓书社，1988。

② （北宋）苏东坡：《海市》。

③ （春秋）孔子：《诗经·大雅篇》。

多年前，夏朝曾在此建都阳城。西汉元封元年（公元前110年），正式设立嵩阳县。嵩山自周平王年间（公元前770—719年）东迁洛阳后，以左岱（泰山）右华（华山），嵩山位于中央为由，钦定嵩山为“中岳”。唐朝武则天在“天册万岁”元年（公元695年）封禅嵩山时，改“中岳”为“神岳”；北宋后又恢复“中岳嵩山”的称谓。嵩山山体从东至西横卧蜿蜒，故有“华山如立，中岳如卧”[①]之说。嵩山之顶名曰“峻极”，海拔1512米，素有“嵩高峻极”和“峻极于天”之说。站在峰顶端远眺，北可望黄河之雄，南可观山川之秀。嵩山风景秀美，自古天下奥。清乾隆皇帝就在游嵩山时诗云：“自古山川修，太少无穷奥。”[②] 史书对伏羲和黄帝在伏牛山的活动有诸多记载。如《孟子》说：“禹避舜之子于阳城”，“益避禹之子于箕山之阴。”[③]“箕阴”即阳城，在现嵩山南麓。《大记》云：“伯益旧政，就国于箕山之阴，是箕山为益封国也”[④]。舜帝墓在嵩山之马峪川，启母墓在嵩阳书院之左，许由、巢父墓均在箕山之颠。“尧舜遗风”、“尧天舜日”之语流传至今。《庄子》曰：“尧让天下，许由遂逃箕山，洗耳于颍水。”[⑤] 现还留有“挂瓢崖”、“洗耳泉”，据说许由在山泉之下正在为牛饮水之际，大尧与之商谈禅天下，许由听说此事，马上把饮牛喝水的瓢挂在山崖上，把自己的耳朵用此水洗了洗以示去其污秽之言，逃入深山老林去了。这件事情几乎嵩山脚下童叟皆知。据古书《竹书纪年》和《世本》记载，舜十五年命禹主[⑥]祭嵩山，舜禅位于禹后，“禹居阳城”。夏代自禹至桀共传17王、14世，历时432年，尽

---

① 源于《五岳真形图》。见（晋）葛洪：《抱朴子·遐览》：“道书之重者，莫过于三皇文，五岳真形图也。古人仙官至人尊秘此道，非有仙名者不可授也。”

② 刘耀编著：《中国绝色风景》，211页，北京，中国长安出版社，2006。

③ 《孟子·万章上》（第六章）。

④ 《大戴·礼记》。

⑤ （战国）《庄子》。庄子（约前369—前286年），名周，字子休，战国时代宋国蒙（今安徽省蒙城县）人。著名的思想家、哲学家、文学家，是道家学派的代表人物、老子哲学思想的继承者和发展者、先秦庄子学派的创始人。

⑥ 《山海经》的一部分为《禹本纪》。按王充《论衡—别通》所说叫做“禹主行水，益主记异物，海外山表，无所不至，以所见闻作《山海经》”。

管这些王都自阳城数度迁址，但始终没有离开嵩山周围。大禹治水“三过家门而不入”的故事，至今在嵩山乃至全国广为流传。“嵩山”被誉为我国“历史发展的博物馆”，历代曾多次兴建庙宇、书院；帝王禅祭、文人骚客讲学、高僧名道传教，在嵩山留下了众多的历史遗迹。现存有文物史迹1127处，其中有全国重点文物保护单位13处，省级13处，地、市（县）级123处。1982年嵩山被国务院公布为第一批44个“国家重点风景名胜区”之一；1990年被林业部公布为“国家十大森林公园”之一，景区总面积达151.38平方公里；2001年6月被国土资源部批准为“国家地质公园”；2004年2月13日被联合国教科文组织公布为“首批世界地质公园”。① 2010年8月1日第34届世界遗产大会审议通过，将河南嵩山列入世界文化遗产。

嵩山主要由“太室”、“少室”两座名山组成。

著名的嵩山太室山。太室山的最高峰即嵩顶，又名峻极峰、御碑峰，海拔1494米，自古就有“嵩高维岳，峻极于天”的说法②。登上“峻极峰”顶，环顾周边36峰拱围嵩高峻极，确实千姿百态、气象万千。怪不得唐代诗人白居易在诗中赞美说：“若言尹是嵩山主，三十六峰应笑人。”③ 宋代诗人楼异也曾写《少室山三十六峰赋》，盛赞奇峰美景。嵩山为炎黄祖源、三代都地。夏禹浚九河以分洪荒，周公测天地以建圣制。嵩山留下了覆盖中华民族经济、文化、艺术、宗教、科技全方位博大精深的历史文化遗产。佛、道、儒三教荟萃，天、地、人竞相生辉，山、寺、貌互补争艳。使古老的嵩山处处闪烁着深奥而又奇妙的熠熠光辉。人们都说嵩山的“太室”如龙眠、“少室”似凤舞，“36峰”峰峰有名、峰峰有典，层峦迭嶂、雄浑奇秀，林壑优美，寺庙林立，古迹星罗棋布。而且有奇特的地质地貌，太古代、元古代、

---

① 刘同伟、娄慧立：《登封美名扬嵩山天下傲》，载《光明日报》，2004年3月13日第B4版；刘恪：《中岳嵩山建筑天堂》，载《中国国土资源报》，2009年8月7日第9版。

② 马玉鹏：《谒嵩阳书院》，《中国文物报》2009年2月27日，第4版。

③ （唐）白居易：《与诸道同游二室至九龙潭》，《全唐诗》第451卷，第68首。全诗为：“喜逢二室游仙子，厌作三川守土臣。举手摩挲潭上石，开襟斗薮府中尘。他日终为独往客，今朝未是自由身。若言尹是嵩山主，三十六峰应笑人。”

古生代、中生代、新生代地层汇聚一处，成为世界上独一无二的地质“五世同堂”的“天然地质博物馆”。① 其地质构造有时仅一线之分，上下岩层就相差几亿年。从山脚到山顶，跨越的就是地球的历史，有时“一步即跨越数亿年”，这种感觉在别的地方是难于寻找的。“太室”36 峰中有一个峰称“万岁峰”，其来历是汉武帝登嵩山时，随从官员在这里三呼“万岁”之声，回荡山谷、此起彼伏，部下吹捧说是“山呼万岁”（史称“嵩呼”）。汉武帝心潮澎湃，龙心大悦，遂赐此峰为“万岁峰”。唐朝武则天是我国历史上著名的女皇，她曾几次到嵩山禅祭游览并加封“中岳”。武后天册元年（公元 695 年），命人在嵩山“峻极峰”建筑“登封坛”，次年又一次登上“峻极峰”加封“中岳”，在坛的东南面立碑一通，碑文内容是武则天的自我歌功颂德，碑名为“大周升中述志碑”。为了纪念武则天登嵩山封中岳这一盛大典礼，公元 696 年武则天诏令天下，改“嵩阳县”为“登封县”。②

著名的嵩山少室山。少室山又名季室山，主峰为连天峰，海拔 1512.4 米，是整个嵩山山脉的最高点。因金末宣宗（公元 1213—1223 年）曾屯兵“少室山”山顶抵抗元兵进犯，故又称之为“御寨山”。少室山的景色以峰奇、路险、石怪、景秀而著称天下，山中群峰争艳、千奇百异，有的拔地而起，有的逶迤连绵，有的像猛虎蹲坐，有的似雄狮起舞，有的若巨龙睡眠，有的如乌龟爬行，峰峦参差、峡谷纵横，3000 米栈道穿梭山腰，山道弯弯宛若丝带逶迤在崇山峻岭中。抬头从山南朝北望，一组山峰互相叠压，状如“千叶睡莲”，因而自唐代起就有“少室若莲”之说，因而名其为“九顶莲花山”。少室山的南面很像古人戴的“忠靖冠”，所以，宋代又称其为“冠子山”。少室山东

---

① 新华社 2001 年 12 月 4 日发布新闻：2001 年 3 月由国家土地资源部命名的“嵩山国家地质公园”位于河南省登封市北郊嵩山山系，在不足 20 平方公里范围内，保存着距今 23 亿年、18.5 亿年、5.7 亿年的三次前寒武纪造陆和造地运动所形成的典型地质构造形态遗址，完整展露着被地质学界称作“五代同堂”的太古代、元古代、古生代、中生代、新生代五个地质历史时期的沉淀和构造，加上独特的盆、岭地貌及丰富的内生和外生矿产资源，被地质学界誉为“天然地质博物馆”。

② 参见赵德润：《登封：历史文化宝藏》，载《光明日报》，2007 年 5 月 27 日。

侧山峰参差错落，人们依其山的姿势名之为“石榴嘴”。站在少林寺朝南望，少室山高峰之下，自西向东并列着5座小峰，人们又依其山的形态顺次称之为棋、鼓、剑、印、钟。在剑峰西侧有一巨石如削，如雨过天晴之际光洁耀眼好似白雪，遥望此景引人入胜，被称为“少室晴雪”。[①] 少室东侧有一道盘绕弯曲的峡谷，名曰“玉皇沟”，东口叫“吸风口”，峡窄谷深令人望而生畏。西口叫“小寨口”，可直通山顶大寨“东天门”。东天门下面有条东门壕，当地称之为“响潭沟”。“响潭沟”壁如刀削，沟宽不过10余米，深却有数百丈，谷内经常云雾弥漫，袅袅白云在峡谷中奔腾翻滚，如风浪呼啸奔腾谷外，当地人称其为“喷雾口”。峡谷中心有一巨石状如猴子，飘浮云上若隐若现、惟妙惟肖，名曰“猴子观云海”。[②] 从此处望下看云雾缭绕，上看一线天、老虎嘴、擎天柱等怪石林立。山顶海拔1200米处有个“三皇寨”，寨中的“盘古洞”供奉着中华民族的三位先祖——黄帝轩辕氏、伏羲氏和炎帝神农氏。“三皇寨”以供奉天皇、地皇、人皇而闻名。[③] 寨顶边还有5平方公里绝少有人涉足的原始森林，林茂花繁、山泉潺潺，可谓“风景这边独好”。只是登攀艰难，486级的“好汉坡”石阶，让人上气不接下气；走上架在两山之间的吊桥——“连天索道”如履薄冰，难免战战兢兢、心惊肉跳；而傍依绝壁、下临深渊的“三皇栈道”也是险象环生，500多米的崎岖山路令人精疲力竭。上到山顶极目远望，“一览众山小”的壮志豪情油然而生。

石碑是嵩山分布较广的珍贵历史文物。现存于嵩阳书院西南草坪上高达9米、宽2.04米、厚1.05米的《大唐嵩阳观纪圣德感应之颂》[④]，为嵩山所有石碑中最大的一块，碑体宏伟、结构紧凑。此碑由

---

① 见《浙江日报》2003年1月10日。

② 罗和顺、张淼：《嵩山三皇寨风景名胜区特邀郑州日报校园记者游历采风》，《郑州日报》2007年8月1日。

③ 参见刘同伟、娄慧立：《登封美名扬嵩山天下傲》，载《光明日报》，2004年3月13日第B4版。

④ 参见小小编著：《中国南方北方游》（北方卷），69页，北京，中国电影出版社，2005。

碑首、碑身和碑座三部分组成。碑首分三层：上层为素面的束腰带座宝珠，各有一只卷尾石狮位于宝珠两旁。石狮前爪把持宝珠，后脚盘蹬于宝珠的基座上，嘴唇吻于宝珠甚称奇妙。这种装饰不仅使碑首不至于显得单调，而且起着平衡碑顶重心的实际功效，使碑身牢固稳当。碑首的中层比上、下层和碑身都要宽大，四面较碑身突出60厘米，从上往下逐渐收缩并略带弧形，上边有大朵云气图案的浮雕。碑首的第三层上下平直，正面中间篆刻额文，额文的两边有浮雕双龙飞舞，两侧是浮雕的麒麟。这种碑首较盘龙式或半圆顶的碑首要别致得多，象征着升腾的云气和天上的巨龙。碑身的碑文由李林甫撰写，字体为徐浩①八分古隶楷书，字态工整，刚柔适度，堪称一绝。欧阳永叔和游人的题记，则撰于碑的背面和两侧。碑座为长方形，四面有石刻，前后各3幅，两侧各2幅，共10幅；每个石刻内有一尊浮雕武士像，一手高举扬舞，一手抓住动物，有鱼、有蟾、有蛇，尽管形象不一，但都鼓目凸腹，开档丁字步或作对阵欲斗姿势。该碑雕刻于唐天宝三年(公元744年)，石质坚硬细腻，雕工极为精致，是我国唐碑的优秀代表作之一。据说在唐朝“嵩阳书院”古称“嵩阳观”，住着一位名叫孙太冲的老道士，道号“嵩阳真人”。他终日上山刨药炼取仙丹，为人治病疗效很好，为此方圆百里的人都来“嵩阳观”取药治病。后来孙太冲就成了嵩山地区一位德高望重的道人。一次唐玄宗李隆基身染重病久治不愈，听说孙太冲炼的仙丹很灵验，就派大臣到“嵩阳观”讨取仙丹，玄宗皇帝吃了仙丹疾病果然痊愈了。为了纪念这件事，唐玄宗派了一个监工大臣到嵩阳观立碑铭志，从各地挑选诸多能工巧匠。开工时，领班的石匠问监工大臣：“碑做多高？多宽？多厚？啥式样?”监工大臣随口答道：“碑越高越好，碑首要戴个帽，由嵩阳县(登封县原名)知县监办，限工期100天完成。”数百名工匠按照监工大臣的旨意做了81天，谁知因为碑太大，做好后却无法立起来。碑身

---

① （唐）徐浩（703—782年），中国唐代书法家。字季海，越州（今浙江省绍兴市）人。少举明经，肃宗时，授中书舍人，四方诏令，多由徐浩所书。后进国子祭酒，历任工部侍郎、吏部侍郎、集贤殿学士，封会稽郡公。著有《论书》（又称《法书论》）。徐浩擅长八分、行、草书，尤精于楷书。他的书法曾得到父亲徐峤的传授，风格圆劲肥厚，自成一家。

终于立起来后，又由于碑身太高，“帽”怎么也戴不上。监工大臣为了催促尽快地戴上碑帽，一连杀了3个县令和6个领工头目，但碑帽仍然无法戴上。最后监工大臣亲自到碑前，对石匠下令说：“再限你们3天，要不把碑帽戴上，就把你们统统杀掉。”说罢袖子一甩，两眼一瞪扬长而去。全体石匠一个个愁眉苦脸束手无策。正在这个无可奈何之际，忽然从东南方向来了一个老头，走到碑前这边瞅瞅、那边看看，笑眯眯的一言不发。有一个石匠对老人说：“哪里来的师傅？你还是快些走吧！免得在这里跟着我们带灾。”老头回答说：“我也是一个手艺人，走到哪里、吃到哪里、做到哪里，管他什么带灾不带灾，我这半辈子入土的人了，还怕个啥，还不是过一天少一天，啥时候土圆脖子，也就算完事。”那位老人说罢转眼就不见了。“土圆脖子”四个字提醒了众位石匠。于是工匠们就抬了大量的黄土，圆到石碑脖子的根儿，大家顺着土坡把碑帽滚了上去，安到了碑身顶上，然后再将黄土移走。据传那个老头就是鲁班。从此“鲁班智立唐碑”的故事，就在嵩山观一带传播开了。[①] 在天王殿后大雄宝殿前的院落内，立有许多重要的名碑及碑楼。如唐代的《皇唐嵩岳少林寺碑》，元代的《圣旨碑》，明代的《重建初祖殿记碑》、《幻休禅师行实碑》、《道公禅师行实碑》，清代的《重修千佛殿碑》、《乾隆诗碑》等。钟楼前有砖砌碑楼一座，碑楼系1928年火灾后增建，以前碑是独立的。今碑楼内置有两通重要的古碑。其中，南边的一通为唐代《皇唐嵩岳少林寺碑》。该碑记述了自北魏太和二十年（公元496年）至唐开元十六年（公元728年）230余年间，有关少林寺从初创到兴盛，不同时期政治、经济、军事、建筑、宗教、文化等方面的重大事件，不少内容可弥补正史不足，是研究唐代朝廷同少林寺密切关系不可多得的“石刻文件”。碑楼北边的那通“明碑”，正面为嘉靖四十四年（公元1566

① 参见《河南登封景点故事》，载《大河报》，2006年11月7日。

年）三月立，由朱载堉[①]书篆的《钦依住持少林寺曹洞正宗第二十四世当代傅法小山禅师行实》碑；碑的背面为同年同月刻立的《混元三教九流图赞》，图中绘释、道、儒三教代表人物释迦牟尼、老子和孔子的组合像。此碑表达了这一时期“三教合流”的思想倾向。碑楼以北另有一碑亭基址，其上立有清乾隆十五年（公元1750年）刻立的《乾隆御书诗碑》一通。此碑址上原建有平面方形、重檐攒尖顶木结构碑亭一座。建筑造型较为考究，上层顶部略呈盝顶形，四脊上部微微拱起，屋面用宝瓶、花脊、垂兽等装饰。可惜已毁于兵火，所幸的是《乾隆御书诗碑》尚保存完好。

二

少林寺史称天下第一名刹。少林寺位于登封市西北15公里处的少室山北麓五乳峰下，始建于北魏太和十九年（公元495年），历经九朝，距今1500多年的历史。少林寺为禅宗祖庭和少林武术的发祥地，文物古迹众多，享誉海内外，素有“天下第一名刹”[②] 之美誉。少林寺因少室山下环境清幽，周围俱是密密匝匝的树林，故而得名少林寺。公元527年印度僧人菩提达摩在此首创禅宗，史称少林寺为“祖庭”。少林寺主体建筑由山门经天王殿、大雄宝殿、藏经阁、方丈室、达摩亭、千佛殿组成，占地约3万多平方米。隋唐时期达到极盛，聚集僧徒2500余人，其中有些和尚是护寺武僧；寺内建筑达5000余间，至清朝末年仍保存有6进院落规模。北魏太和十九年（公元495年），孝

① （明）朱载堉（1536—1611年），字伯勤，号句曲山人。生于怀庆府河内县（今沁阳市），系明太祖朱元璋九世孙，仁宗帝的第六代孙，郑藩王族嫡世，明代著名的律学家、历学家、数学家。其父郑恭王朱厚烷能书善文，精通音律乐谱。载堉自幼深受影响，喜欢音乐、数学，聪明过人。嘉靖二十四年（公元1545年），年仅10岁的载堉就攻读《尚书盘庚》等史书，并封为世子，成为郑王的继承人。

② 刘同伟、娄慧立：《登封美名扬嵩山天下傲》，载《光明日报》，2004年3月13日第B4版。

文帝为安顿印度高僧菩提达摩在此首创禅宗而依山敕建少林寺。① 而后释迦牟尼大弟子摩诃迦叶的第二十八代佛徒达摩泛海至广州，“一苇渡江”来到嵩山少林寺，广集信徒弘扬佛法禅宗，被佛教界尊奉为中国禅宗的初祖，少林寺也因之被奉为“中国佛教的禅宗祖庭”。唐代少林寺又因一段“十三棍僧救唐王”的事迹而声名大振，少林寺遂以禅宗和武术并称于世。② 元明时期，少林寺仍拥有僧众2000余人，成为驰名中外的大佛寺。清代中期以后少林寺逐渐衰落，现在的建筑多半是明清时期重建的，基本上保持了原样。少林寺山门门额的横匾上有“少林寺”三个金漆大字，它是清朝康熙皇帝来此游山时题书的。据说康熙不肯轻易题书，故有康熙“一字千金”的说法。康熙破例为少林寺题写匾额，足以说明少林寺的地位不同于一般寺庙。③ 少林寺尽管历经沧桑、几经兴废，但留存下来的文物和建筑仍然相当丰富：北宋的初祖庵，明代的千佛殿又名“毗卢阁”，④ 都有鲜明的时代特色，历代僧众习武练功踏碎的方砖更令人肃然起敬。唐至清代的砖石墓塔250余座，造就了名播海内外的“塔林奇观”。自北齐以后的历代石刻有400余品，其中，以唐王告少林寺主教碑和苏东坡、米芾、蔡京、赵孟頫、董其昌等书写的碑刻最为珍贵。还有富有艺术价值的壁画，明代的千佛殿、500罗汉朝毗卢的300平方米巨幅彩色壁画；白衣殿中清代的少林拳谱以及13和尚救秦王等彩色壁画等，色彩艳丽、构图和谐，衣袂飘飘，展示了唐代壁画的极高水准，具有较高的历史、艺术和科学价值。⑤

少林拳术享有“武林之尊”的盛誉。相传少林武术起源于北齐少林寺二祖禅师，他汲取民间养生之术及技击精华矢志练武。至隋寺内

---

① 参见小小编著：《中国南方北方游》（北方卷），65页，北京，中国电影出版社，2005。

② 参见程大力、张卓：《少林寺“十三棍僧救唐王”详考》，载《成都体育学院学报》，2007（2）。

③ 参见小小编著：《中国南方北方游》（北方卷），65页，北京，中国电影出版社，2005。

④ 刘耀编著：《中国绝色风景》，213页，北京，中国长安出版社，2006。

⑤ 参见《少林寺导游词》。

和尚习武成风，并创出“形意拳”、“罗汉十八手”等多路拳术。隋末少林武僧曾救驾唐王李世民，因开国有功得到封赐，盛名日蒸。[①] 少林和尚从舒伸腰肢、活动腿脚开始，经寺僧们不断演练、充实、创造，终于发展成功力深厚的“少林武术”。至宋代，少林武术自成体系、风格独绝，史称“少林派”，成为中国武术派别中的佼佼者。明朝嘉靖年间，少林寺月空法师曾带领百名僧兵赴沿海平灭倭寇，功名永在。少林武术经少林寺僧徒们千年的演练发展，博大精深，拥有100多种套路，并且不断得到发扬和普及。“中国功夫惊天下，天下功夫出少林。”[②] 如今少林武术风靡海内外，已连续举办四届“中国郑州国际少林武术节”，吸引了世界30多个国家和地区的武林英豪在此一展身手。以少林寺为代表的佛教文化、以中岳庙为代表的道家文化以及以嵩阳书院为代表的儒教文化，在嵩山地区长期共存、相互影响。1982年，电影《少林寺》在海内外上映，开创了“真打实做真功夫武侠电影”的先河，引发了全国上下的武术热潮。此后，一系列以少林寺为题材的电影频频上映，如《少林小子》、《南北少林》等，引发了国内外的武术爱好者对“少林文化”的崇拜。2003年9月23日，来自社会各界人士共500多人在嵩山少林寺院内举行了隆重的《少林寺》电影主题曲音乐碑揭幕仪式。主题曲《少林、少林》及《牧羊曲》的词曲作者、中国音乐家协会副主席王立平先生为音乐碑揭幕。[③] 登封现有各类武术馆校83所，习武学员每年保持在4万多人。其中，规模最大的塔沟武校和鹅坡武校等，已经成为“武术冠军摇篮”。少林寺、嵩阳

---

① 唐武德四年（621年）李世民讨伐王世充。王世充的侄子王仁则所守的轘州城，地形险要，是扼守十八盘的战略要地。李世民攻打轘州城久攻不下。少林寺和尚昙宗、志坚、惠扬等13人里应外合，擒拿了王仁则。为表彰少林众僧的战功，李世民登基之后，“嘉其义烈，颁降玺书宣慰。赐田四十顷，水碾一具”（《少林寺碑》），同时对13位立功的和尚各有嘉奖，昙宗被封为大将军僧。唐郑之战给少林寺武僧以显武的机会，大唐皇帝的颁降宣慰和封赐，也使少林寺从此声名日隆。

② 参见刘同伟、娄慧立：《登封美名扬嵩山天下傲》，载《光明日报》，2004年3月13日第B4版。

③ 参见李志鹏：《〈少林寺〉电影主题曲音乐碑揭幕唱响少林美名载入古刹史册》，载《大河报》，2003年9月24日。

书院和中岳庙先后被评为国家“4A”级风景名胜景区。①

少林寺的佛事殿堂和塔林名震海内外。少林寺占地面积3万平方米，主要建筑有少林碑林、天王殿、山门、大雄宝殿、千佛殿、方丈室、钟楼、鼓楼、立雪亭等。大雄宝殿是少林寺的正殿，寺院佛事活动的中心场所，与天王殿、藏经阁并称为三大佛点，也是寺内最大的殿宇。该殿为金代建筑，1928年毁于兵火，1986年重修，殿面阔5间，长26.57米；进深4间，宽20.34米；高19米，重檐歇山式建筑。殿内中央供奉着释迦牟尼三世佛塑像，上面悬挂着清康熙御书“宝树芳莲”，两侧塑有18罗汉像。大雄宝殿内东侧有一铜钟，铸于明万历十七年（公元1589年）。钟的下面端坐地藏王菩萨木雕像。这是佛教界的固定格局，称这口钟为“幽冥钟”，称地藏王为“幽冥教主”，因其有“地狱不空，誓不成佛”的大愿，故成为“阴曹地府的主宰者”。大雄宝殿后的屏壁上，悬塑着手持净瓶和杨柳枝的观音像。观音是中国佛教中四大菩萨之一，相传观世音菩萨为使众生接受佛理，大慈大悲之心关照世间，指点迷津、救人苦难，一滴圣水即可以起死回生，一缕祥云即可鸡犬升天，颇有化腐朽为神奇的无边法力，人们敬重观音为“救苦救难观世音菩萨”。六祖殿位于大雄宝殿西侧，1928年被毁，1982年重建。面阔5间，进深5米。内祀六祖朝观音像，正中自左至右为大势至菩萨、文殊菩萨、观世音菩萨、普贤菩萨、地藏王菩萨。后墙上的泥质悬塑为“达摩只履西归图”。六祖殿内南北两边的6尊泥塑，是达摩及所传的5位传人。北边前3尊为初祖达摩、三祖僧灿、五祖弘忍；南边前3尊为二祖慧可、四祖道信、六祖慧能。立雪亭建于明代，传为二祖慧可立候达摩，雪深过膝而纹丝不动，断臂求法以示诚心，得传达摩衣钵法器的地方。故儒家有“程门立雪”的典故，佛门有“二祖立雪”的故事，说的都是虔心求真的一念至诚，而故事又都发生在河南这块古老的土地上。殿内神龛中央供奉铜质达摩坐像，两侧4个泥塑像分别为二祖慧可，三祖僧灿，四祖道信，五祖弘忍，为明嘉靖十年（公元1531年）所铸。匾额上的

① 参见赵德润：《登封：历史文化宝藏》，载《光明日报》，2007年5月27日。

“雪印心珠”四字，系清乾隆皇帝所题；殿门两边有对联云：“禅宗初祖天竺僧，断臂求法立雪人。”① 佛龛后面放置佛像一具，裸臂赤足，大咧不拘；亭前有千枝柏2株，枝条层层弯垂，棚架于27级的垂带式台阶上，把达摩亭的景色点缀得分外清幽。少林寺塔林始建于唐贞元七年（公元791年），到清嘉庆八年（公元1803年）为止，共建砖石塔250多座，总面积14000余平方米，1996年被国务院公布为“国家级重点文物保护单位”。这些墓塔是历代少林寺高僧圆寂后的归宿。寺僧们圆寂后骨灰埋在地下，上面建塔立碑。因其建造年代不同，塔林中的墓塔种类繁多，形态各异。有砖塔、石塔和砖石混合塔，造型有单相塔、单层密檐塔以及各式各样的喇嘛塔。有四角、六角、八角、柱体、椎体、瓶体、抛物线体等形状。大小不一、高低不等，层级一般为1~7级，高度在15米以下，建筑的规格是根据僧人生前在佛教中的地位、佛学修养及威望高低而决定的。每座塔的前边都有“塔额”，有的还有“塔铭”，记载着死者的生平事迹。② 塔林现存唐、宋、金、元、明、清各代砖石墓塔240余座，其中，有唐塔2座、宋塔2座、金塔10座、元塔46座、明塔148座，其余为清塔和宋代不详的塔。③ 塔林中的名塔有唐贞元七年（公元791年）的法玩禅师塔、宋宣和三年（公元1121年）的普通塔、金正隆二年（公元1157年）的西唐塔、明万历八年（公元1580年）的坦然石塔、清康熙五年（公元1666年）的彼岸塔、元代（后）至元五年（公元1339年）修造的菊庵长老塔等。塔林是研究我国古代建筑史、雕刻、书法、艺术史和宗教文化的珍贵宝藏。

---

① 刘耀编著：《中国绝色风景》，210~211页，北京，中国长安出版社，2006。

② 参见小小编著：《中国南方北方游》（北方卷），67页，北京，中国电影出版社，2005。

③ 参见邓桥发：《嵩山少林寺名刹雄风千古扬》，珠海新闻网发布，2008-11-1808：50：12。

三

嵩山著名的名胜古迹嵩岳寺塔。嵩岳寺塔在嵩阳书院西北 4 公里山谷中的嵩岳寺内，是一座单层密檐式砖塔，塔高 41 米，塔身以上是 15 层砖檐，周长 33.72 米，是我国现存最古老的砖砌佛塔。该塔建于北魏正光元年（公元 520 年），距今已有近 1500 年的历史。史称其建筑布局“林泉既奇，营制又美，曲尽山居之妙”。[①] 塔身分上下两部，下为平坦壁体，上部角隅各加倚柱一根，柱头施火焰宝珠与覆莲，柱下为平台和覆盆柱础。除门的 4 面向外，其余 8 面各砌一座单层方塔状的壁龛，突出于塔壁外，使外廓呈现出轻快秀丽的抛物线造型。嵩岳寺塔不仅以其独特的平面型制而闻名，而且还以其优美的体形轮廓而著称于世。密檐之上系由宝珠、相轮、仰莲、受花等组成的塔刹。塔身东南西北四面设入口，导致塔心室。此室自下而上直达顶部，分为 10 层，第一层随塔之外形也呈 12 角形，第二层以上改为 8 角形。塔室宽 7.6 米，底层砖砌塔壁厚 2.45 米，这样的 12 边形塔在现存的数百座砖塔中是绝无仅有的，即使在南北朝期间的建筑中也属少见。整个塔室上下贯通呈圆筒状，塔室内原置佛台佛像，供和尚和香客绕塔做佛事之用。全塔刚劲雄伟，轻快秀丽，建筑工艺极为精巧。该塔尽管高大挺拔，但却是用砖和黄泥粘砌而成的，塔砖小且薄，经历千年仍巍然屹立于崇山峻岭中，充分证明我国古代建筑工艺之高妙，[②] 不愧是中国和世界古代建筑史上的一件珍品。

嵩山著名的名胜古迹的中岳庙。嵩山地区共有寺庙 79 处，现保存完好的有 72 处。其中，中岳庙是该地区也是我国现存最大的道宇，位于登封城东 4 公里的太室山东南麓，四周群山环绕、风景秀丽，是我国最早的道观之一。中岳庙原名“太室祠”，为祭祀中岳神而建，始

---

① 张驭寰：《中国古塔大观》，载《中国文化报》2006 年 8 月 24 日，第 5 版。

② 参见小小编著：《中国南方北方游》（北方卷），69 页，北京，中国电影出版社，2005。

建于秦（公元前221—207年）。西汉元封元年（公元前110年），汉武帝游嵩山时令扩建祠宫。约在北魏时“太室祠”改名为“中岳庙”。庙址屡有变迁，如秦至西汉庙址在万岁峰上，东汉元初五年（公元118年），建立太室阙时迁至中岳庙之南、石阙之北。唐开元十八年（公元730年），玄宗李隆基增建中岳庙，自此奠定了今日的庙址。唐宋之际中岳庙盛极一时，有“飞甍映日，杰阁联云”之称。北宋乾德二年（公元964年）、金大定十四年（公元1174年）及明、清两代都进行了大规模修整。中岳庙现存的庙宇基本上保留着清代重修以后的建筑风格，从庙宇中轴线上的中华门起，经遥参亭、天中阁、配天作坊、崇圣门、化三门、峻极门、嵩高峻极坊、中岳大殿、寝殿、御书楼，全长650米，占地面积达37万平方米，是五岳中现存规模最大、保存较完整的古建筑群。庙院有殿、宫、楼、阁、坊、亭、台、廊庑、门庭等建筑400余间，其中主要建筑多为清代宫廷式样。[①] 庙址坐北向南，庙门南有东汉太室阙，山门前有汉代石翁仲雕像1对，高约1米，平头大脸、造型淳厚。庙内有汉至宋代种植的古柏335株，这些古柏不但树龄长且树形奇特，似猴、似羊、似鹿、似凰，千姿百态形象逼真，为中岳庙增添许多神奇色彩。中华门原名“嵩山第一坊”，原为木建牌楼，1942年改建为砖瓦结构庑殿式，并改名为“中华门”。“天中阁”原名“黄中楼”，是中岳庙的大门，面阔5间、进深1间，重檐绿瓦，下筑高台，台体中开3洞，置实榻大门，门前月台上有清代石狮1对。天中阁之后为配天作镇坊四楼三柱，坊后为崇圣门，再后为化三门。崇圣门东有古神库，四角各立一铁巨人，铁人高3米许，握拳振臂、怒目挺胸、形象威严、栩栩如生，是我国现存体形最大、保存最好的4个“守库铁人”或称“镇庙铁人”。北宋治平元年（公元1064年），由忠武军匠人董襘等铸造。与神库相对的甬道西有1亭，再向外是“东华门”和“西华门”。两门内各立2碑，合称为宋金“四状元碑”，碑文由宋代王曾、卢多逊、骆文蔚和金代黄久约撰写。化三门后为“峻极门”又名“将军门”，左右两侧为东西两掖，创建

---

① 参见刘恪：《中岳嵩山建筑天堂》，载《中国国土资源报》，2009年8月7日第9版。

于金大定年间（公元 1161—1189 年），后代历有重修。现存制式为歇山屋殿五踩斗拱，彩绘栋梁、覆以绿色琉璃瓦，面阔 5 间、进深 6 架，面积 290 平方米。峻极门前东面分列有 4 个高台，是四岳殿的殿基。峻极门附近有北魏太安二年（公元 456 年）立的《中岳嵩高灵庙之碑》以及唐碑、宋幢、金代铁狮与庙图等重要文物。《中岳嵩高灵庙之碑》高 2.82 米，碑文魏体，记载重修中岳庙的经过和中岳庙的沿革，是中岳嵩山一带现存最早的石碑。中岳大殿名“峻极殿”是中岳庙的主体建筑，面阔 9 间，进深 5 间，面积 920 平方米，是河南现存最大的寺庙殿宇。该殿重檐庑殿顶，上覆黄色琉璃瓦，斗拱和梁架均有彩画。殿内天花板中部有精雕的盘龙藻井，神龛内塑中天王坐像，龛内外又配以侍臣、将帅等塑像，1982 年重塑。寝殿面阔 7 间，单檐歇山顶，殿内龙榻上塑天中王卧像，中轴线两侧置 6 宫，即神州宫、祖师宫、太尉宫、行宫、火神宫、小楼宫等。

嵩山著名的名胜古迹汉三阙。中岳庙前方约 300 米处有一座“太室阙”，它建于东汉元初五年（公元 118 年），与“少室阙”、“启母阙”并称“中岳汉三阙”，为中岳嵩山第一门。“阙”是一种表示尊严的装饰建筑，一般立于城、宫、庙门前的甬道两旁。阙由方石垒砌，分左右两部分，相距 6.75 米；阙高 3.13 米、宽 2.1 米、厚 0.7 米。顶分 6 层计 22 块方石叠砌。东半阙无字，西半阙正面有阳刻额文“中岳太室阳城神道阙”3 行 9 个篆书大字，现后 3 字剥落。背面有“奉祀崇高神君，颂公结事”八分篆书字。这些篆文气势挺拔、苍劲有力，是研究我国书法演变的重要实物。东阙雕有人物、车骑出行、马伎、舞剑、龙、虎、玄武、象、羊头、斗鸡、犬逐兔、蟾蜍、猫头鹰、建筑物、长青树等画像 50 余幅，是研究汉代民间风俗习惯和社会生活的重要文物资料。少室阙是少室山庙的神道阙，约建于东汉元初五年至延光二年（公元 118—123 年）。据史书记载，少室山曾是夏禹之妻涂山氏之妹的居所，传说其为夏禹之妃，所以当地又俗称“少室庙”为“少姨庙”。少室阙较为完整，东西两阙的结构基本相同，两阙一南一北相互对峙，东阙高 3.37 米，西阙通高 3.75 米。阙身由正阙和副阙两部分组成。正阙以长方形石块垒砌而成，顶部用巨石雕成，高

3.96米，宽1.82米；副阙象征着围墙，比正阙低1.31米。北阙雕刻有篆字“少室神道阙”题额，南阙的隶书题铭大部分都已剥落。阙壁的四周遍饰用减地平雕刻法雕成的彩画，共计有60余幅，这些画的主要内容包括车马出行、马戏、驯象、月宫以及动物图案等，其中的马戏图雕刻有两匹骏马，骏马腾空飞驰，前一匹马鞍上有一名挽双丫髻的少女，穿着紧身衣裤倒立在马背上，后一匹马上有一女子舒展长袖随风飘扬，人体自然后倾，这些表现手法充分地显示出了奔马飞奔时的情形和马戏的惊险技艺。汉代的雕刻手法十分夸张，风格则显得飘逸自然，这些彩画是汉代雕刻艺术的代表作。“启母阙”位于嵩山南麓，距离登封县市2公里的嵩山万岁峰下。“启母阙”的北边190米处有一开裂的巨石，即是“启母石”，根据文献《淮南子》记载，上古时期大禹奉命治理泛滥的河水，三过家门而不入，其妻涂山氏化为高逾数丈的巨石，名曰“启母石”，巨石从北面破裂而生启。西汉武帝游览嵩山时，为此石建立了“启母庙”。东汉延光二年（公元123年），颍川太守朱宠于启母庙前建的神道阙即是“启母阙”。汉代因避汉景帝刘启的讳，曾一度改名为开母庙、开母阙，该阙是中岳汉三阙中损坏最为严重的一阙。该阙的式样、尺度同太室阙相类似，阙上篆书刊号阙名“开母庙神道阙”，阙上铭文主要叙述了大禹治水“三过家门而不入”的故事和赞美大禹妻子启母的功绩。阙身雕刻的画像现存有60多幅，其中就有大禹化熊的故事。

嵩山著名的名胜古迹嵩阳书院和观星台。嵩阳书院在嵩山南麓、登封县城北约3公里处。创建于北魏孝文帝太和八年（公元484年），时称嵩阳寺，至唐代改为嵩阳观，为道士修行之所。嵩阳书院在历史上曾为佛教、道教场所，后来为儒家独占。到五代时周代改建为太室书院。因宋太宗重视文治，故嵩阳书院在北宋时最盛，至道三年（公元997年）赐名太室书院，并赐“九经子史”，院中有学生几百人。宋景佑二年（公元1035年），赐额更名为嵩阳书院，设立院长管理院务，赐良田100亩作为办学经费，学生来书院念书由书院供给伙食。宋代理学的“洛学”创世人程颢、程颐兄弟都在嵩阳书院讲学，各地学者纷纷慕名而来，成为宋代理学的发源地之一。金大定年间（公元

1161—1190 年)，废除书院更名为承天宫。明代知县侯泰重修之后又恢复嵩阳书院；明末书院毁于兵火之中。清康熙十三年（公元 1674 年)，知县叶封重修书院，但不久调任京职。康熙十六年（公元 1677 年)，登封籍名儒耿介继叶封未成之事，历 3 年建造使书院又成规模。耿介承继程颢、程颐“涵养需用敬，进学则在致知”以及朱熹“穷理以致其知，反躬以践其实”为教学思想，提出“以主教为宗，以正心诚意为本，议识天理为要”，亲自执教传道授业解惑，使以孔孟儒学体系为宗旨而完善的“程朱理学”，在嵩阳书院的教育史上又一次复兴。书院的建制古朴雅致，大方不俗。嵩阳书院与河南睢阳书院又名应天书院、湖南岳麓书院以及江西白麓洞书院并称为我国“四大书院”，在国内具有举足轻重的地位。嵩阳书院东西山岭环抱，逍遥谷溪水缓缓南流，两道清澈的溪水，在嵩阳书院前面汇合成双溪河，然后蜿蜒东南入颍。站在嵩阳书院门口四望，可仰望嵩岳诸峰，可俯瞰登封城全景。书院内建筑布局保持着清代的风格，现存殿堂廊房 500 余间，由 5 进院落组成。首为是先师祠，供奉与书院有关的先师先贤；其后为讲堂，讲堂后为道统祠，最后是藏书楼。两侧配房原为程朱祠、书舍、学斋等。院内廊房墙壁上镶嵌有历代文人、墨客题字留言，其内容书法各具特色，西偏院有清代嵩阳书院教学考场部分建筑。除了书院有悠久的历史之外，嵩阳书院的旅游景观还有西汉的“将军柏”和唐朝的“大唐碑”。相传在 2000 多年前汉武帝刘彻游嵩山，走到嵩山南麓的嵩阳寺，刚一进门就看见一棵古老的柏树，身材奇伟、枝叶茂密，酷似顶天立地的伟丈夫。武帝尚武多年征战渴求良将，仰望许久赞叹有加，当即褒封柏树为“大将军”。殊不知嵩阳寺乃藏龙卧虎之地，穿过二进院见到的柏树比“大将军”还要大，武帝见了既惊讶又踌躇，但想到自己贵为天子不容改口，就将错就错地把二院的柏树封为“二将军”。传说归传说，“将军柏”却实实在在是人间稀少的参天大树。“大将军”柏树径周 6 米，“二将军”柏树径周 15 米，12 个人挽手刚刚能抱住树干。两棵柏树高达数十米，苍劲矫健，直耸云天。[①] 从汉武帝元封元年（公元前110年）受封，历经千载沧桑而依然生机勃勃，诚不愧伟岸英武了。嵩山不仅有全国有名的书院，而且还有在我国科技史上有名的、现存最古老的天文观星台。观星台位于登封城东南12公里的告成镇，始建于元代至元十三年（公元1276年），距今已有700多年的历史。告成（古称“阳城”）相传是4000多年前大禹建立夏王朝的都城，是中国最早的城邑。古代天文学家把阳城视为“地中”，因而在此设台观察天象，周时就有“周公测景台”。观星台是一座梯形的砖石混合结构的建筑，由台身与石圭、表槽组成。台身上小下大，形似覆斗。台面呈方形，用水磨砖砌造，台高9.46米，连台顶小屋通高12.62米。台下边宽16米多，上边约为下边之半。在台身北面设有两个对称的出入口，筑有砖石踏道和梯栏，盘旋簇拥台体，使整个建筑布局显得庄严、巍峨。台顶各边有明显收缩并砌有矮墙（女儿墙），台顶两端小屋中间，北壁中间砌有由台底到台顶的凹形址槽，是用来测量日影的的“景表”表身。在凹槽下方是自南向北由36块青石平铺的石圭（俗称量天尺），石圭通长31.19米，其方位与现在测子午线方向相符。它那高高耸立的城楼式建筑相当于一根直立于地面上的竿子，台下正北方的“长堤”则是一把用来度量日影长度的“量天尺”。台上有两间小屋，一间放着漏壶，一间放着浑天仪；两室之间有一横梁。每天正午太阳光将台顶中间横梁的影子投在“量天尺”上。冬至这天正午的投影最长，夏至这天正午的投影最短；从一个冬至或夏至到下一个冬至或夏至，就是一个回归年的长度。中国古代就是采用这种方法测定一年的长度，从而为指定历法奠定了基础。元朝杰出的天文学家郭守敬为此做出了卓越的贡献。郭守敬根据“四海测验”的结果，并参考了1000多年的天文资料、70多种历法互相印证对比，排除了子午线日月五星和人间吉凶相连的迷信色彩，按照日月五星在太空运行的自然规律，在至元十七年（公元1280年），编制成

① 参见小小编著：《中国南方北方游》（北方卷），68～69页，北京，中国电影出版社，2005。

了新历法——授时历。[1] 授时历推算出的一个回归年为 365 天 5 时 49 分 12 秒，与地球绕太阳公转的实际时间只差 26 秒钟，和现在世界上通用的格里高利历（俗称的阳历）的周期完全一致，但比格里高利历早施行 302 年，在国际上产生了很大的影响。

---

① 参见小小编著:《中国南方北方游》（北方卷），69～70 页，北京，中国电影出版社，2005。

湖北武当山名胜文化景观

一

武当山又名太和山，地处湖北省西北部的丹江口市境内（原为湖北省均县），位于东经110°56′15″~111°15′23″，北纬32°22′30″~32°35′06″，是鄂西的主要山脉之一，在汉水南岸，属大巴山东段分支。它起自陕鄂边境，止于襄樊市南，全长260余公里，总面积312平方公里。主峰天柱峰，海拔1612米。它背依神农架、面对丹江口水库，全山方圆400公里，故有“八百里武当”之称。[①] 北宋大书法家米芾将武当山称之为“天下第一山”[②]。

武当山是著名的道教第一名山。根据《太和山志》记载，“武当”的含义源于“非真武不足当之”[③]，意为武当山乃中国道教敬奉的“玄天真武大帝”（亦称“真武帝”）的发迹圣地。历朝历代慕名朝山进香、隐居修道者不计其数。相传东周尹喜，汉时马明生、阴长生，魏晋南北朝时陶弘景、谢允，唐朝时姚简、孙思邈、吕洞宾，五代时陈抟，宋时胡道玄，元时叶希真、刘道明、张守清均在此修炼。尽管武

---

① 参见《中国世界遗产年鉴》编纂委员会编：《中国世界遗产年鉴2004》，142页，北京，中华书局，2004。

② 该提法见《印象·世界文化遗产武当山》，载《北京日报》，2006年11月29日第17版。

③ 参见小小编著：《中国南方北方游》（南方卷），132页，北京，中国电影出版社，2005。

当山早在汉魏六朝时，就已经成为隐居修道者荟萃的道教名山，但其名声明显低于受到历代皇帝重视的“五岳”，“嵩高之参佐，五岳之流辈”。到唐末五代时，武当山被道经列为“七十二福地中的第九福地”①。北宋流行的《真武妙经》，称“真武之神”入武当山修道42年，功满道备，白日飞升。尤其是唐宋以后，武当山被尊为道教朝圣地，并以集古建筑精华的道教宫观驰名于中外。明成祖大修武当道宫之后，明仁宗将太和山真武之神的祭礼与五岳等同载入礼典，且位尊“五岳”之上。从此明代历史上便有“六岳”之说，明末人龚黄还撰有《六岳登临志》。武当山宗教分为“全真”、“正一”两个流派，其中“正一派”较“全真派”进入武当山要早得多，大约在公元998年左右；而“全真派”到明朝洪武年间（公元1368年左右）才进入武当山。不过它迅速代替了“正一派”，成为武当山道教的主要流派。②

武当山保留着许多著名的古代建筑。武当山建筑始于唐贞观年间（公元627—649年），宋代又有增建。元世祖忽必烈入主中原后，曾经利用道教笼络人心，在皇室的资助下进一步扩大了武当山的建筑群。明代大兴土木工程进行修建，朱元璋之子朱棣，通过发动兵变（史称“靖难之役”），从侄子手中夺取了帝位，自立为“永乐皇帝”。但是他总感觉有“以臣杀君”、“同族相戮”的舆论威胁。于是，他想方设法制造出很多“真武护佑”的神话故事，以示其皇权神受、此乃“天意”。为了报答神之恩典，他决定在武当山为玄武大帝修建宫观。③ 自永乐十年（公元1412年）至永乐二十二年（公元1424年），共派遣工匠30万人，经过12年建成了9宫9观、36庵堂、72岩庙的道教建筑群。从古均州城到天柱峰一线140余里，人文景观宏伟壮丽，素有“五里一庵十里宫，丹墙翠瓦望玲珑”之说。嘉靖三十一年（公元1552年）又进行了全面维修，给武当山赐名“玄岳”，新建“治世玄岳”牌坊以示旌表，并且设官铸印，封武当山为“大岳太和山”，从

① 李昆、海鸥：《湖南湖北行知书》，220页，广州，广东旅游出版社，2005。
② 李昆、海鸥：《湖南湖北行知书》，220页，广州，广东旅游出版社，2005。
③ 李振湘：《世界遗产中国行》，64页，北京，民族出版社，2004。

此武当山便成为皇家庙观。[1] 武当山分布着数十组元、明、清历代古建筑群，现存太和宫、南岩宫、紫霄宫3座宫殿，玉虚宫、五龙宫2处遗址和元和观、复真观以及大量庵堂、神祠、岩庙等，共有古建筑200余栋，建筑面积5万平方米，占地100余万平方米。[2] 这些古建筑群有的在高峰之巅，有的嵌入峭壁，有的隐现于山麓、涧谷、石洞之中，同地形完美结合，工程浩大、工艺精湛，成功地体现了“仙山琼阁”的意境，犹如我国古建筑成就的展览，体现了道教玄妙神奇的风格。

南岩宫传说是真武得道飞升的圣境。建筑群的布局因山就势自由灵活地延展，其中南岩石殿（“太乙真庆宫”），镶嵌在南岩的悬崖峭壁上，部分梁、柱、门窗利用岩石雕琢，仰观危崖摩天，俯视峭壁千丈。殿前的上浮雕云龙的天然石梁，悬空伸出约2米，前端龙头置香炉，遥对天柱峰的金顶，于云雾缥缈中时隐时现。南岩宫附近苍松挺秀、峰岭素峭，视野开扩，借景范围甚广且各具特色，历来有“路入南岩景更幽”之誉。南岩是武当山36岩中风景最美的一处。从唐代开始历代多有修建，元末被毁。明代重建，清末又毁于火灾，现保存殿宇40间。岩内的“天乙真庆宫”是一座仿木结构的石殿，建于悬崖绝壁之上，面阔与进深均为3间，唐宋以后曾有道士在此居住。元二十二年至泰定五年（公元1285—1328年），武当山再次大兴土木，南岩宫也是其中的重要建筑之一。至大元年（公元1308年），元朝皇帝给这里的宫殿取名“天乙真庆万寿宫”；到元朝末期，除现存的一座石殿以外其余全部被毁。这座雄伟的石殿，石雕仿木结构，斗拱、檩、梁、柱、门，都在悬崖绝壁上，完整地用岩石凿成。从殿后右边沿石栏而下为元君殿、南薰亭等遗址，有石砰纵横十八道（名为“棋枰”）。这一带的庙宇和元代真庆宫石殿都是嵌在峭壁上的，右下面崛起一峰，在上面有梳妆台和飞升台的遗址，与峭壁上的建筑遥相呼应，

---

① 参见《中国世界遗产年鉴》编纂委员会编：《中国世界遗产年鉴2004》，142页，北京，中华书局，2004。

② 《中国文化遗产年鉴》编辑委员会：《中国文化遗产年鉴2006》，68页，北京，文物出版社，2006。

利用峰峻侧起的地势，造成楼阁飞空的意境。南岩宫借景的范围包括叠字峰、金鼎峰、健人峰、滴水崖、祟福崖、白龙潭、梯云桥等，景致各有不同。石殿的崖前有雕龙石柱，横出栏外2.9米，宽仅30多厘米，上雕盘龙，顶端（龙头上）置一小香炉，俗称“龙头香”。它翘首正对天柱金顶，云缠雾绕，给人以“横空出世，玄妙超然”之感。在过去相当长的时间里，每年元宵节前后，到武当山进香的人络绎不绝。人们为了表示心地虔诚，尤其要争烧“龙头香”。石殿右下方崛起一峰，上建梳妆台、飞身岩，相传为“真武”舍身成神之地，下临万丈深渊，上绕流云飞雾，大有楼阁飞空之妙。

紫霄宫为武当山八大宫观建筑群的主体，建于明永乐十一年（公元1413年）。明代紫霄宫殿宇、楼阁、廊庑大大小小总共186间。清康熙帝至光绪帝期间，又屡经修缮和增补，是武当山上至今保存最为完整的主要建筑之一。它背倚展旗峰，面对照壁峰，气度极为恢宏。“紫霄宫”建筑群从明代到现在，尚存殿宇860余间。该建筑依山层层而上，四周有高大的红墙，雄伟壮观，要登上紫霄宫先得攀登十八盘。进紫霄宫的东天门，过禹迹桥，沿万丈深渊回旋前进，入龙虎殿、御碑亭、十方堂、紫霄宫至父母殿。龙虎殿内有造型精美的青龙、白虎神像。殿后的两座碑亭内，有巨大的鳌碑高达10米，乃石雕的珍品，具有很高的艺术价值。紫霄殿后为父母殿，俗称荷叶殿，殿正中供奉真武神的父亲明真大帝和母亲善胜皇后的塑像。正殿紫霄殿在十方堂后，建在三层高大的石台之上，砌筑有白玉石雕栏。殿为木构建筑，面宽和进深均为5间。紫霄殿重檐垂脊，顶脊上布列着龙、凤、狮、麒麟等，奇姿妙态，上下檐部的斗拱和内槽的天花藻井，通体饰以各色花鸟和人物故事彩画。殿内正中是真武祖师端坐的铜铸塑像，高3米多，两旁排列着玉皇、灵官诸神的泥塑像，雕塑细腻，庄严威武。真武祖师右侧横架一干杉树，直径有1尺多，长3丈多，相传是当年建造武当宫观剩下的一根。整个紫霄宫背倚展旗峰。展旗峰石色如铁，石势奔骤跃动，好像一面大旗招展，它给庄严、肃穆的宫殿衬托出威武的性格。这种借景的意图，正是当时建筑艺术为封建政权和宗教服务的突出表现。紫霄宫还有重要的革命史迹。譬如，1931年5

月贺龙同志率领的红三军攻克均州后，曾在武当山驻防，在战斗中负伤的人集中在紫霄宫西宫大院治疗，红三军司令部也设在紫霄殿。[①]贺龙曾在紫霄宫后的父母殿住过，如今桌椅、床铺尚在，简朴庄穆。同年6月国民党进山，红军部队向房县撤退，伤员被围，有7名负伤的干部挺身而出，掩护其他伤员，在西天门外白果树下壮烈牺牲。解放后政府将7烈士遗体移葬在宫门前的赐剑台上，现在赐剑台称为烈士墓。

玉虚宫又名老营宫，建在武当山主峰的西北面，相传明末农民起义领袖李自成曾在此扎营，现在的襄渝铁路线上还设有“老营宫车站”。也有人说是明清时代，在宫外长时期有国家军队驻守，人们习惯地称这里为“老营”。据说玉帝封真武为“玉虚师相”，故名“玉虚”。它创建于明永乐十一年（公元1413年），毁于清乾隆十年（公元1745年）。[②] 原有大殿、启圣殿及一大批堂、祠、坛、庙等建筑2200间，规制宏伟，同北京太和门太和殿的气派相似，是武当山“八宫二观”中建筑群规模最大的单元，建筑群呈宫城的形制。清初毁于火灾，至今遗迹尚存。前后崇台迭砌，布局严谨，轴线分明。宫城由外乐、紫禁、里乐三城组成。外乐城居于外，有城门三道。宫前有巨型进宫桥，遗址尚在。紫禁居中，有6道城门。门前有碑亭两座，内立鳌碑，宫内果园曾是当年500道兵的校场。宫内还有2碑亭，为永乐年间遗物。鳌碑高达9米以上，鳌身长约6米。从断壁残垣的遗址看，玉虚宫有很强的感染力。现在中轴线上残存的有大宫门、碑亭、玉带河和二宫门、正殿、后殿等基址。左边残存的还有砖室和浴堂。“砖室”又名“张仙洞”，当地人们又称它为“无梁殿”。宫门内左右各有一个碑亭：一座碑刻的是永乐十一年（公元1413年）为禁止道士生事害群下的一道“圣旨”；一座是永乐十六年（公元1418年）大岳太和山道宫碑记，在碑文中永乐引用道教经典叙述了“真武大帝”

① 参见小小编著：《中国南方北方游》（南方卷），134页，北京，中国电影出版社，2005。

② 参见小小编著：《中国南方北方游》（南方卷），133页，北京，中国电影出版社，2005。

和武当山的关系，并说他父亲朱元璋和他自己取得天下，都曾经得“真武”的默佑，所以他在武当山建造宫观，以表彰神功等等。在宫门外也有2座碑亭：一座刻的嘉靖三十一年（公元1552年）为重修太和山下的一道“圣旨”；另一座是嘉靖三十二年（公元1553年）重修太和山宫殿纪成碑。清乾隆十年玉虚宫惨遭火灾，1935年又逢洪灾，宫内淤泥积压达10万余立方米。1994年以来，在经过大规模的淤泥清理工作后，里乐城、外乐城、十方堂等一批文物遗址得以重见天日，昔日淤积的宽8米的古玉带河现已流水潺潺。

金殿坐落在武当山主峰天柱峰的顶端，也是武当山的最高点。金殿是武当山最突出、最有代表性的道教建筑。金殿是钢铸构件，依照土木工程的结构，经过插榫安装并焊接鎏金的四角垂檐式殿，通高5.5米，面宽5.8米，进深4.2米。整个大殿除殿基是用花岗石铺垫外，全系铜铸部件拼合而成，重80多吨，是全山规格最高的殿宇。在阳光的照耀下整个金殿庄严凝重，金碧辉煌，是我国现存最大的铜建筑群。白石雕刻须弥座式殿基。在仅有600多平方米一峰突立的地形上，建成一座高为5.54米、宽为5.8米、深为4.2米的金殿，显得格外壮丽夺目。金殿外鎏赤金，无铸凿痕，瓦棱和檐牙、栋柱、门隔、窗棂、壁隔、门槛等具存。过去人们长期传说殿内装有“避风珠”，其实只是由于殿壁焊接严实密不透风，虽然门外山风呼啸，而在殿内划根火柴，火苗一丝不摇。此外，殿内栋梁和藻井以及殿内外的阳纹图案或平直见棱见线，或圆润如琢如磨，花纹精细而朴素，明快而细腻，用来代替表现木质结构上的彩画。同时，金殿的铸造技术也很高，如设计繁密的铸件，在安装后热胀冷缩的系数，是建筑物稳固与否的关键问题，需要严丝合缝而又对胀缩幅度留有恰当余地的精密规格。数百年来这座金殿虽经风雨雷电侵蚀仍崭新如初，巍然屹立于天柱峰之巅光耀夺目。这说明我国冶炼铸造的超越技术和精密的计算，在15世纪就有这样高度的成就，是我国冶金铸造史上重要的一页。殿内宝座、香案和陈设器物，也都是铜质金饰。宝座上重达10吨的“真武”披发跣足的铜塑像，面貌丰润，衣纹飘动，造型逼真。左右侍立的“金童”捧册，“玉女”捧宝，“水火二将军”擎旗持剑，从他们的形象打扮看，“真武”是按照道经中的规定塑造的。这组铜像栩栩如生、巧夺天工，艺术水平极高。殿后有父母殿，内供真武大帝的父母塑像。围绕金殿的峰腰建石城墙一圈，设城门4座（名紫禁城），长达1.5公里，四门矗立，临崖险峻。殿外为台，四周白玉石栏杆。台下为1500米长的紫禁城，城墙是由每块重达千斤的长方形石块，依山势在悬崖绝壁上垒起来的。四面城门和门楼，东西北三面都是门临绝壁，只有南门是上下的路口。从太和宫后进入紫禁城的南门，挽着铁索走上120级石梯的9连蹬，九转而后登上天柱峰的金顶，这是通向金顶的唯一通道。金顶上的金殿和石台建于明永乐十四年（公元1416年），金顶下的紫禁城建于永乐二十一年（公元1423年）。整个金顶的建筑包括紫禁城，是以小中见大的格局和黄金白玉的色调，利用一峰独立的地势，各种条件汇合起来制造一种所谓“天上瑶台金阙”的效果。玄岳门俗称“仙门”，是登山神道的起点。它是一座三间四柱五楼式的石雕牌坊，高20米、宽13米，建于明嘉靖三十一年（公元1552年），石坊上刻“治世玄岳”四个大字，系明代嘉靖皇帝亲笔题书，意为“以武当玄岳之道来治理天下”。[①] 这个石坊就是嘉靖皇帝赐予武当山一个封建政治地位的标志。

遇真宫在武当山北麓，建于明永乐十五年（公元1417年），包括真仙殿、廊庑、山门、斋堂等大小建筑共296间，现在主要建筑基本完整。这个宫是朱棣（永乐皇帝）为了纪念道士张三丰建造的。明洪武年间（公元1369—1398年），张三丰（又名张全一、张君实）辽东人士，曾在此结庵居住过。因他外表不整洁，人们叫他“邋遢张”，当时草店一带的人们对他很熟悉。他是以游方道士的姿态生活在群众当中的，间接向上层社会通声气的活动人士。在各阶层中都有相当高的声望，又常常在人们意想不到的情况下做些帮助人的事，逐渐造成张三丰是“真仙”的舆论。朱元璋（洪武皇帝）、朱棣（永乐皇帝）都多次派人访问并要召见他，但他却到全国各大名山游历避而不见，

---

① 参见小小编著：《中国南方北方游》（南方卷），133页，北京，中国电影出版社，2005。

这就更抬高了自己的身价。为此，朝廷建造了“遇真宫”，赐名“遇真”[①]，还塑造了张三丰的铜像。这是一个端坐在雕花石椅上的人像，非常生动形象，是一件值得保存的、富有生活气息的明代塑像艺术名作。遇真宫的右面是黑虎洞，据传武当山过去有黑虎，道家即附会说这里是替“真武”巡山守卫的黑虎的岩洞，故名“黑虎洞”。遇真宫于2003年1月19日被一场大火焚毁。著名的南水北调工程又将使武当山古建筑群的重要组成部分——遇真宫，在中线工程完工后永久性地淹没在扩容后的丹江口水库中。[②]

磨针井和太子坡是传说中真武太子在此遇老妇感化，重新入山苦修而成正果的地方。它始建于明代，现存建筑系清代咸丰时重建。“磨针井”有一些亭台式的建筑物，地名也是道教按照他们经典中的故事取的。磨针井的建筑不用对称体例，别具一格，左为楼层，右有方亭，旁为山门。其主体建筑为三开间的殿堂，殿内供真武年青时铁像。四壁有画，皆以真武修炼为题材。殿前阶下立铁杵二根，高约半米，象征老妪当年所磨之杵。殿旁有一重檐方亭的老母亭，亭内有井，即老妪磨针处。在道经《三宝大有金书》里面说：净乐国王太子15岁，得到玉清圣祖紫玄君的传道以后，在武当山修炼，感到虚无缥渺，想下山不再继续修炼了。当他走到山腰，看见一个老妇人盘坐在井旁，聚精会神地磨着铁杵。王太子甚感好奇，问其何为？老妇答道：欲磨成针。真武更是不解问道，如此粗的铁杵如何磨成细针，老妇乘此点化道：“铁杵磨细针，功到自然成。”太子听后顿悟，遂返身上山重新修炼，最后终于得道升天，成为“真武大帝”，“磨针井”也因此而得名。磨井针初建于明代，后毁，清咸丰二年（公元1852年）重建，1984年修葺如初。主建筑为3间正殿，内供真武青年时坐像，四壁饰以真武修道故事为内容的壁画。太子坡又称“复真观”，初建于明永乐十二年（公元1414年），清康熙时重修，1985年恢复原貌。[③] 由于

---

① 吴江：《南水北调危及武当遇真宫》，载《京华时报》，2004年7月20日第A16版。

② 吴江：《南水北调危及武当遇真宫》，载《京华时报》，2004年7月20日第A16版。

③ 参见小小编著：《中国南方北方游》（南方卷），133页，北京，中国电影出版社，2005。

道观建于陡峻的山坡上，故名“太子坡”。现有殿宇2000平方米，是武当山上较大的建筑群，这里背山临谷，风景优美。门额上刻有“太子坡”三字，沿着山势逶迤起伏，名“九曲黄河墙”，经过四道“天门”才进入院中，院内有祖师殿、龙虎殿、皇经堂、五云楼、太子殿等建筑。五云楼结构奇特，1根木柱支撑12根横梁，故有“一柱十二梁”之称，它是我国古建筑中的绝作，全国未见有相同的构造。最高处为太子殿，内供真武童年塑像，殿前有观景廊，在此可远眺金殿，纵览群山。

净乐宫消失于水底48年后又重见天日。“老净乐宫”的原址在古均州城内，1958年国家修建丹江口水库，随着一期工程开始蓄水净乐宫便淹没于水底。原来的宫殿有两座巨型赑屃驮御碑，800余件精美石构件被抢救放置在丹江口市郊。新修复的净乐宫建筑面积6.3万平方米。被列入国家重点文物保护单位的明代“棂星门”（俗称“大石牌坊”）和赑屃驮御碑（俗称“龟驮御碑”）已经耸立在净乐宫门口，新建的山门、龙虎殿、玄帝殿、父母殿等也恰到好处地配合着这些文物。净乐宫复原地址选在丹江口市城区东郊净乐湖北坡上。①

二

武当山是全国第一批重点风景名胜区。武当山是中国十大名山之一，自古以来山势奇特、峰奇谷险，一峰擎天、众峰拱卫，洞室幽邃、景色绮丽，既有泰山之雄，又有华山之险。其古建景观与自然之美紧密结合，独特的风韵与情趣令游人陶醉。群山逶迤的武当山是集幽、奇、秀、美为一体的道教名山，胜景有72峰、36岩、24涧、11洞、3潭、9泉、10池、9井、10石、9台。② 武当山四季风光不同、景色各异，春天山峦滴翠，繁花似锦；夏日风雷激荡，云飘雾绕；金秋林

---

① 参见马海燕：《消失水底48年的武当山净乐宫重现丹江口》，载《中国民族报》，2006年10月3日第5版。

② 参见《中国世界遗产年鉴》编纂委员会编：《中国世界遗产年鉴2004》，142页，北京，中华书局，2004。

疏叶红，满目清新；冬季银装素裹，冰柱撑天。这些胜景古人称之为“动八景”和“静八景”。登峰远眺群峰犹如繁星点点，丹江水库犹如一面明镜。主峰天柱峰，则如金铸玉雕的宝柱雄刺苍天，素称“一柱擎天”。武当山气候温和雨量适中，蕴藏着丰富的动植物资源。有许多动植物是国家一、二、三级保护对象，如金钱豹、猕猴、水獭、大灵猫、林麝、娃娃鱼等为国家珍希保护动物；水杉、珙桐、银杏、香果树、三尖杉、金钱松等，为国家重点保护树种；全山药用植物极为丰富，在明代著名医学家李时珍著的《本草纲目》记载的1800多种草药中，武当山就有600多种。其中，较名贵的有天麻、七叶一枝花、绞股蓝、何首乌、灵芝、黄连等，故有“天然药库”之誉。① 在考古发掘中，已出土的恐龙蛋化石，海洋无脊椎动物直角化石，宽臼兽、中兽、雷兽等古动物化石及人类祖先猿人的遗物等珍贵的文物，证明武当山在远古已是一片原始森林，是古人类栖息之所，古动物繁衍之地。随着历史的推移、变迁，许多珍禽异兽和树种灭绝。但据有关专家考证，武当山仍有天然野生和引种栽培植物152科、443属、758种，鸟类130种，昆虫1055种。另外，还有特产的“武当银剑”、“武当针井”、“武当奇峰”、“雪山冰峰”、“九龙舌尖”茶和“武当蜜橘”等。曾被明代旅行家徐霞客盛赞“山清秀，风景幽奇”的著名旅游景区——武当山，申报国家地质公园工作已正式启动。该项目将在武当山风景区现有的基础上，根据“国家地质公园建设技术要求和工作指南”及“国家地质公园评审标准”的要求，已经做好了有关地理、地质、剖面、植被、资源分布、岩性岩相、人文历史、遗迹与景观等综合考察工作。通过建立地质公园，不仅可以进一步创建和打造武当山世界文化遗产特有的神韵和魅力，把这一旅游精品推向全国，而且能够更好地保护和充分开发利用武当山资源与生态、地质遗迹和历史文化遗产，实现地质遗迹资源的永续利用和促进武当山旅游经济的高速增长等多重目标。

武当山是“太极武术”的发源地。元末明初张三丰在武当山结茅

---

① 资料见《武当山：掀起你的盖头来》，载《人民日报》，2004年4月21日第8版。

修道，创造了“武当拳术”，刚柔兼蓄成为一个重要的拳术流派，被称为“武当拳”，亦称“内家拳”。它“行如蛇，动如羽”的独家风格，以静制动、以柔克刚、后发制人。因仿太极的阴阳变化，又名“太极拳”。“武当拳术”和“嵩山少林派”的武术齐名，素有“北宗少林，南尊武当”之称。由于此拳以养练功、防身保健为宗旨，且有很高的技击价值，许多海外旅游者，未识武当山而先知“武当拳”之名，武当武术为中华武术一大名宗。[①] 它深深根植于数千年华夏文化的沃土中，蕴含着深刻的中国传统哲理奥妙，把中国古代太极、阴阳、五行、八卦等哲学理论，用于拳理、拳技、练功原则和技击战略中，本质上是探讨生命活动的规律，是武当道教在生命探索中的结晶。武当武术以其轻松自然、外柔内刚，行功走势如浮云流水，连绵不绝的独特风格在武林中独树一帜。前国家体委副主任、国际武术联合会顾问徐才先生在造访武当后，就曾留下一句耐人寻味的话：“少林的宣传，远远好于武当；武当的潜力，远远大于少林。”[②] 自古以来，道家崇尚淡泊清修，行为内敛不事张扬，而且传拳只限门内（道门），这就给“武当功夫”的传播带来很大的障碍。同时，道家功夫又有“言祖不言师”的传统，这又使后人在理顺传承关系时难题极多。这种情况在改革开放后有所好转，但与嵩山少林相比力度仍然不及。“少林功夫”开掘之早、整理之系统、宣传之猛烈，均为中华武术各门派之翘首。直到近年来“武当山旅游经济特区”的开辟，使“武当功夫”的挖掘和发展与旅游效益挂上了钩，才得到了地方政府的重视。十堰市政府在开发武当山景区旅游产业的同时，开始打“武当功夫”牌。1994 年，武当山经济开发局与武当山镇合并为武当山经济开发区，1997 年经济开发区与武当山风景管理局进一步合并为“武当山经济特区”。1996 年武当山被列为“全国武术之乡”，特区开始涉足武术名胜的投资，相继推出了学武术、气功、武术康复医疗、观看武术表演等特色旅游项目。武当武术现已列为武当山地区中小学生的必修课，开

① 见《印象·世界文化遗产武当山》，载《北京日报》，2006 年 11 月 29 日第 17 版。
② 这句话是作者在实地考察武当山时，由武当山武术馆的同志介绍而得。

设了十几所武院、武校、武馆以及武术培训班，大量培训武术后继人才。继河南省成功举办“国际少林武术节”之后，武当山也举办了“中国武当文化武术节”、“武当山武术擂台赛”、“武当拳国际交流大会”、“武当拳功理功法研讨会”等武术赛事、研讨活动。2002 年，武当山经济特区开始组建“武当功夫团”，特意聘请武当内家拳派第 15 代传人袁理敏与妻子、曾在武当三丰武术院习武的田英杰担任武术教练，在世界各地表演武当功夫。

三

武当山古老建筑群被联合国教科文组织定为世界文化遗产。武当山的古建筑充分利用了高大而雄伟的峰峦和幽邃的崖洞，每一个宫观都建造在峰峦岩洞间恰到好处的位置，与周围林木、岩石、溪流和谐一体相互辉映，体现了道教崇尚自然的思想。历代王朝在此大兴土木，规模宏大，工程艰巨，艺术精湛，在宫观庙宇建筑中首屈一指，是“补秦皇汉武之遗，历朝罕见；张宫阙琳宫之胜，亦环宇所无”①。武当山符合世界文化遗产遴选标准 C（I）（II）（VI）项，联合国教科文组织世界遗产委员会于 1994 年 12 月 15 日，批准武当山古老建筑群为世界文化遗产，入选《世界遗产名录》（编号：200—013）。联合国教科文组织赴武当山专家考察团官员考斯拉先生在考察后题词说：“武当山自然是世界上最美的地方之一。因为，这里融会了古代的智慧、历史的建筑和自然的美景。对我个人来说，这三个非常重要的方面，为居住在都市和现代氛围中的人，提供一个天然、宁静的场所。这次实地考察使我非常荣幸，而且深受感动。”② 世界遗产委员会对武当山古老建筑群的总体评价是：“武当山古老建筑群中的宫阙庙宇集中体现了中国元、明、清三代世俗和宗教建筑学和艺术成就。古建筑群坐落在沟壑纵横、风景如画的湖北省武当山麓，在明代期间逐渐形成规

---

① 《武当山简介》，载《人民日报》，2004 年 4 月 21 日第 8 版。

② 李振湘：《世界遗产中国行》，66 页，北京，民族出版社，2004。

模，其中的道教可以追溯到7世纪，这些建筑代表了近千年的中国艺术和建筑的最高水平。”① 到目前为止，武当山已经拥有世界文化遗产、4A级旅游区、国家级文明风景区、全国重点文物保护单位、全国重点宗教活动场所和中国武术之乡、国家森林公园等多项桂冠。1987年在武当山拍摄了电影《武当》，2004年60集电视连续剧《武当》也相继问世。

制定专门法规保护武当山风景名胜区的文化景观。省市各级人民政府相继制定并颁布了《武当山文物保护管理办法》、《武当山风景名胜区管理办法》、《武当山世界文化遗产保护管理办法》等，这些法规、规章的颁布实施，达到了更好地保存、保护、展示和修缮武当山古建筑群的目的。其中，1998年7月2日由湖北省人民政府常务会议审议通过并发布的《湖北省武当山风景名胜区管理办法》（以下简称《办法》）指出，武当山风景名胜区指经国务院原则同意划定的风景名胜区的保护范围，它是国家级重点风景名胜区。为了加强对武当山风景名胜区的保护和管理，发展旅游事业，根据《中华人民共和国文物保护法》、《中华人民共和国森林法》和《风景名胜区管理暂行条例》（2006年9月19日国务院发布《风景名胜区条例》）以及有关法律、法规的规定，结合武当山风景名胜区实际情况制定本办法。《办法》第4条规定：“风景区内的自然风貌、文物古迹、园林建筑等都必须依法保护和管理。风景区内的游客和其他人员，应当保护风景名胜资源，爱护风景区内的各项公共设施，自觉维护风景区的环境卫生和公共秩序，遵守风景区的有关规定。”凡已列为文物保护单位的古建筑，任何单位和个人不得随意占用，已被占用的必须限期退出，由旅游经济特区文物行政管理部门管理。在既属于文物又是宗教活动场所的地方从事宗教活动，应当遵守有关法律、法规、规章，并依法做好文物保护工作。文物保护单位对文物进行保养、修缮或拆迁复原时，应当由旅游经济特区按文物保护级别报经文物行政管理部门批准，并严格遵

① 《中国文化遗产年鉴》编辑委员会：《中国文化遗产年鉴2006》，68页，北京，文物出版社，2006。

守不改变文物原状的原则，切实按照有关工程技术规范实施。对风景区内的古建筑，包括古墓葬、古遗址、石窟、石刻、壁画、碑碣、亭、台、井、池、河、桥等文物古迹及其附属物以及革命史迹和有纪念意义的各类建筑物等，应当依法予以保护。已列入各级重点保护的文物单位，应严格按照依法划定的保护范围和建设控制地带进行保护管理。凡利用文物拍摄电影、电视的，或在风景区内设立立体雕像、恢复及新增摩崖石刻、碑碣的，应当先经旅游经济特区审查同意，按国家有关规定逐级报批。已列为文物保护单位的古建筑，任何单位和个人不得随意占用，已被占用的必须限期退出，由旅游经济特区文物行政管理部门管理。经批准使用、管理或临时借用文物建筑的单位，应当接受旅游经济特区和文物行政管理部门的指导和监督，负责古建筑的维修保养和附属文物的安全，并对其负责管理的文物逐件登记造册，由旅游经济特区报上级文物行政管理部门备案。在既属于文物又是宗教活动场所的地方从事宗教活动，应当遵守有关法律、法规、规章，并依法做好文物保护工作。所有文物保护单位，对文物进行保养、修缮或拆迁复原时，应当由旅游经济特区按文物保护级别报经文物行政管理部门批准，并严格遵守不改变文物原状的原则，切实按照有关工程技术规范实施。1993 年丹江口市人民政府划定并公布了全山 62 处文物保护单位的保护范围和建设控制地带，经国务院批准实施的《武当山风景区总体规划》，确定了特级、一、二、三级保护区域。各景区、景点、景物分别设立醒目的说明和标牌，并且做到因地制宜与周围景观相协调。① 建立健全风景区植树绿化、封山育林、护林防火、防治病虫害、保护野生动物以及其他各项管理制度，切实保护好风景区的自然景物。风景区内的一切工程建设必须按照《武当山风景名胜区总体规划》实施，任何单位和个人不得擅自变更。其工程建设项目必须符合规划要求。与工程建设有关的手续必须经旅游经济特区先行审查同意后，再依法申报审批。风景区建设和景点配套设施，必须按明、

---

① 宋才发：《湖北武当山风景名胜区的文化景观及法律保护》，载《湖北民族学院学报》，2009（1）。

清建筑风格规划设计。任何单位和个人不准在风景区一级保护范围内新建、扩建、改建与风景名胜无关的建筑物。

湖北襄阳隆中名胜文化景观

一

襄阳城是一座巍峨雄丽的历史文化古城。“襄阳位于襄水之阳，故名。”[①] 春秋时楚置北津戍，始为军政重邑。汉时置县，三国时置郡，此后历代襄阳均为州、郡、府治所在地。汉唐两代，襄阳城处于历史上的鼎盛时期。[②] 据《荆州记》载：东汉时襄阳经济繁荣，文化发达，城南一带号称“冠盖里”[③]。汉献帝初平元年（公元190年）刘表为荆州刺史，将州治从汉寿迁至襄阳，使襄阳城由“县级治所”，一跃而升为京城以下的“州首府”，地辖今湖北、湖南两省及河南、广东、广西、贵州等省的一部分，成为当时中南地区的政治、经济、军事、文化中心。唐代襄阳城为“山南东道治所”，辖区扩及今陕西、四川的部分地区。明朝末年，李自成攻占襄阳城，在此建立政权并自称“新顺王”，改“襄阳”为“襄京”。雄伟壮观、古朴典雅的城池，与新近修复的“仲宣楼”、“昭明台”等历史名胜融为一体，交相辉

---

① （东汉）班固：《汉书·地理志》。史学家，扶风安陵（今陕西咸阳东北）人。9岁能诵读诗赋，13岁时得到当时学者王充的赏识，建武二十三年（公元47年）前后入洛阳太学，博览群书，穷究九流百家之言。建武三十年（公元53年），其父班彪卒，自太学返回乡里。居忧时，在班彪续补《史记》之作《后传》基础上开始编写《汉书》，至汉章帝建初中基本完成。

② 参见小小编著：《中国南方北方游》（南方卷），131页，北京，中国电影出版社，2005。

③ （南朝）刘义庆、盛弘之：《荆州记》。

映，成为我国具有厚重历史文化的名城之一。1950 年 5 月 1 日，襄阳与汉水对岸的樊城合并为襄樊市。襄樊市总面积为 1. 97 万平方公里，市区面积为 3563 平方公里，建成区面积约 100 平方公里，其中，襄阳古城区面积为 2. 4 平方公里。全市总人口为 578. 8 万人，市区人口为 218. 6 万人（其中襄阳区人口 100. 4 万人），建成区常住人口 90 万人以上。① 汉江是长江最大的支流，全长 1577 公里，在襄樊境内长达 195 公里，流经现老河口市、谷城县、樊城区、襄城区、襄阳区和宜城市。汉江襄阳水文站多年平均流量为 1200 立方米/秒，襄樊市区以上为五级航道，可通航 300 吨级船舶；襄樊市区至转斗湾为四级航道，可通航 500 吨级船舶，港口最大靠泊能力为 500 吨。

襄阳古城已有 2800 多年的历史。襄阳古城雄踞湖北北部、汉水中游，襄阳古城墙始筑于汉，宋代改建成砖城，全长 7377 米。其中，有护壁砖墙 6408 米，平均高 10. 84 米，最低处 7 米，最高处 11 米，底宽 13 ~ 15 米，顶宽 6 ~ 11 米。相传明万历二年（公元 1574 年），诗人李言恭袭封临淮侯，守备南京。这年他与友人一同游襄阳荡舟汉江，为远山近水所陶醉，吟诗赞曰："楼阁依山出，城高逼太空。"② 襄阳护城河长 5060 米，最宽处达 250 米，平均宽度 180 米，面积 91 万平方米，为我国"第一宽的护城河"，人称襄阳城为"华夏第一城池"。整个襄阳城布局严谨、地势险要，自古誉为"铁打的襄阳"。③ 在《三国演义》120 回本中，有 32 回故事发生地在襄阳。襄阳城共有 6 座城门，即大北门、小北门、长门、东门、西门和南门。每座城门外又有"瓮城".也叫"屯兵城"；城上有城楼箭垛，蔚为壮观。与城楼亭阁相映媲美的建筑，还有城内的"昭明台"和"谯楼"。"昭明台"又名"山南东道楼"、"钟鼓楼"，原位于襄阳城中心，是一座跨街的城门式建筑。据说梁昭明太子生于襄阳，后在此楼攻书习文并广集天下佳作，

① 张武冰、晋淑兰主编：《新编实用中国地图册》，北京，中国地图出版社，2006 年第 4 版，第 61 页。

② （明）李言恭：《汉江城楼》。全文为："楼阁依山出，城高逼太空。帆樯入烟雾，波浪逗帘拢。灯火深林里，星河流水中。人家半渔者，蓑笠挂秋风。"

③ 参见李昆、海鸥：《湖南湖北行知书》，215 页，广州，广东旅游出版社，2005。

编纂成巨本文选《昭明文选》而流芳百世，故改名“昭明台”。明万历四年（公元1576年），知府万振孙为6门首提雅称，分别定为阳春门、文昌门、西城门、拱震门、临汉门和震花门。因西门是朝拜真武祖师庙的必经之路，故又称之为“朝圣门”。襄阳城在明清时代古建筑较为完整：六门城楼高耸，四方角楼稳峙，王粲楼、狮子楼、奎星楼点缀十里城郭，金瓦琉璃，高墙飞檐，煞是壮观。整个城池都和谐地融为一体，给人以古朴典雅的感受。襄樊市人民政府近年来为保护名胜古迹和历史文化遗产，下大功夫修复襄阳古城，采取了一系列行之有效的措施，基本保持了襄阳古城墙古朴的原貌。

古隆中即三国时期诸葛亮的故居。诸葛亮（181—234年），三国时期著名的政治家、军事家，字孔明，山东琅玡郡（今山东沂南）人，幼年双亲亡故，17岁随叔父诸葛玄来到襄阳，隐居隆中。不久诸葛玄去世，诸葛亮身居草庐，乐于耕锄，苦读经史，学识渊博，才思敏捷，当地人称“卧龙”先生。诸葛亮曾“躬耕垄亩”20亩，土地方方正正很是整齐。诸葛亮博览群书关注社会，拜师访友广交名士，思考治国平天下之大计，经过10年磨砺终成大器。东汉建安十二年（公元207年），刘备为实现兴汉大业，四处访求贤士，到隆中“三顾茅庐”，与诸葛亮共商大计。刘备“二顾茅庐”时，在小虹桥边遇到诸葛亮的岳父黄承彦。那天黄老先生诗兴大发，高吟“骑驴过小桥，独吟梅花瘦”① 的诗句，风雪之中悠然自得。刘备见老人衣着不凡，误以为此人就是孔明，便滚鞍下马趋前问候，闹了一场误会。“小虹桥”却因此而著称于世。清王的《隆中十咏》，在写到小虹桥时说：“有人睹物思玄德，曾向小虹桥上行。”足见这座小桥有不凡的历史背景。现在的石质拱桥是1983年兴建的，桥为石拱，青石板面；桥下流水清澈，淙淙有声。诸葛亮的忘年之交黄承彦，很欣赏诸葛亮的人品、学识。相传黄承彦的女儿黄月英才貌双全，听说诸葛亮学识、人品俱佳，心生倾慕，于是托父亲主动提亲。她让父亲在诸葛亮面前故意说自己长得很丑，看他是否以貌取人。因而黄承彦道：“闻君择妇，家

---

① （明）罗贯中：《三国演义》，328页，北京，人民文学出版社，1973。

有丑女，黄头黑面，才堪相配。”诸葛亮信其所言的“才堪相配”，立即许之。新婚之夜黄月英头盖红布，她想试探一下诸葛亮是否有勇气揭红盖头，没想到诸葛亮真的揭了盖头。面对花容月貌的黄月英，诸葛亮以为弄错了。据说后来人们结婚，姑娘的“红盖头”，就是从黄月英那儿学来的。黄氏天性聪敏，她自制的木马、木人，引来四邻“啧、啧”称奇。诸葛亮日后征战沙场所使用的“木牛流马”、“八卦阵”，多是从夫人年幼时摆弄的物件中受到启发的。诸葛亮深入云南七擒孟获，为避瘴气而发明的“行军散”、“卧龙丹”，据说也是“丑媳妇”教给他的。[①] 由于受刘备“三顾”之恩，诸葛亮全面分析了当时的形势，拿出著名的策划方案《隆中对》，提出了统一全国的战略决策。[②]“群星聚于颍分，其地必多贤士”[③]。当时的襄阳城聚集了一批有才学的人，而诸葛亮则是其中的佼佼者，他以管、乐自况，高卧隆中，观天下大势，抱膝长吟，以待明主。终于等到“三顾茅庐”的刘备，君臣相见恨晚，一起论说天下大事，于是便有了卓绝千古的《隆中对》在此地发生。随后，诸葛亮“收拾琴书离陇亩”，“大展经纶补天手”，出任蜀汉丞相辅佐刘备，为“复兴汉室”鞠躬尽瘁，奠定了“三分天下”的基础。出山之时，他就想到“功成之时，即当归隐”[④]，不贪图荣华，不贪恋权位。诸葛亮能够节制私欲、清廉为相。他在给后主刘禅的上书中说：“臣家成都，有桑八百株，薄田十五顷，子弟衣食，自有余饶。至于臣在外任，无别调度，随身衣食，悉仰于官，不别治生，以长尺寸。臣死之日，不使内有余帛，外有赢财，以负陛下也。”[⑤] 死后果真如其所言。为了替蜀国节省财力，他还要求死后丧事从简，墓穴仅放一副棺材，没有任何随葬物品。诸葛亮受到了历代统治者及普通民众的推崇，被视为智慧的化身、道德的典范、政治家

---

① 参见李御：《烟雨古隆中》，载《人民日报》，2006 年 6 月 3 日第 8 版。

② 参见吴海林、李延沛编：《中国历史人物辞典》，100 ~ 101 页，哈尔滨，黑龙江人民出版社，1983。

③ （明）罗贯中：《三国演义》，322 ~ 323 页，北京，人民文学出版社，1973。

④ （明）罗贯中：《三国演义》，333 页，北京，人民文学出版社，1973。

⑤ （明）罗贯中：《三国演义》，903 页，北京，人民文学出版社，1973。

的楷模。连他的老对手司马懿也赞赏其为官“清、慎、勤”。明弘治二年（公元1490年），襄简王朱见淑看中隆中山的风水，为借“卧龙”之地气，将诸葛亮故宅改建为自己的陵墓。此后，明嘉靖、万历和清康熙年间又多次重修，形成了现在的十二景：武侯祠、三顾堂、草庐碑、野云庵（卧龙深处）、抱膝亭、抱膝石、六角井、小虹桥、躬耕田、梁父岩、半月溪、老龙洞和“古隆中”石牌坊等。“古隆中”牌坊建于清光绪十六年（公元1890年），牌坊为坐西朝东的四柱三门仿木结构，中门宽2.7米，侧门宽1.94米，中楼高7.5米，次楼高5.56米，柱前后有抱鼓石，中坊正、负面分别阴刻“古隆中”、“三代下一人”。宋代文学家苏轼认为，诸葛亮是自夏、商、周以后最高尚、最伟大的人物，没有人可以和他相提并论，他是中华民族智慧的象征。两侧的柱子上镌刻着杜甫对联一副：“三顾频烦天下事，两朝开济老臣心”。[1] 表明刘备三顾草庐、以求统一天下的大计；诸葛亮感激刘备三顾之恩，辅佐刘备开创蜀汉基业，匡济刘禅巩固、发展蜀汉大业，体现了老臣诸葛亮的一片忠心。侧门坊正面分别阴刻着诸葛亮《诫子书》一文中的“澹泊明志，宁静致远”八个大字，周围均刻着隆中访贤的故事。

武侯祠为襄阳“古隆中”的主要建筑。诸葛亮生前被封为“武乡侯”，死后被谥为“忠武侯”，因而“武侯祠”就是供奉诸葛孔明的祠堂。由于民间百姓对诸葛亮的追崇，使得历朝历代各地的武侯祠多如繁星，目前全国具有一定规模的大约有9座，主要的有古隆中的武侯祠、成都武侯祠和勉县武侯祠。“古隆中”的武侯祠始建于东晋时期，清乾隆二十一年（公元1756年）重修。现在的武侯祠系明代重建，在嘉靖、万历及清康熙年代均重修过，乾隆时将其定名为“汉诸葛丞相武侯祠”。1973年又对武侯祠进行了改建。武侯祠坐北朝南，占地面积约1000平方米，中轴对称布局，三进院落。设有前殿、中殿、正

---

① （唐）杜甫：《蜀相》。原诗为：“蜀相祠堂何处寻？锦官城外柏森森。映阶碧草自春色，隔叶黄鹂空好音。三顾频烦天下事，两朝开济老臣心。出师未捷身先死，长使英雄泪满襟。”

殿，分别面阔 3 间 10.9 米、11.5 米、12.15 米，进深 3 间 7.8 米、6.66 米、8.23 米，均为单檐硬山灰抬梁式构架。殿与殿之间有廊庑，面阔 3 间 12.1 米，进深 2 间为 4.95 米，券棚顶穿斗式构架，封火山墙，山门以高矗的仿木结构砖雕牌坊构成。祠内建筑多采用木步架与硬山砖墙组合，屋脊多施雕饰，其风貌在朴实素雅中又显得多姿多彩，具有浓厚的地方风格。祠前有石狮一对，造型十分生动，雕作极其精美，须弥座式的基座上还有奔马、舞凤等浮雕，具有很高的艺术水平。武侯祠正殿设有诸葛亮塑像，陈列有铜鼓及其他石刻文物等。两侧设有配殿，西配殿名“三义殿”，内塑有刘备、关羽、张飞像，威武雄壮，栩栩如生，真是“山中有遗貌，矫矫龙之姿”①。前殿外立面为四柱三间重楼牌坊式造型，额匾书“汉诸葛丞相武侯祠”。武侯祠大厅的木匾上，雕刻着董必武“三顾频烦天下计，一番晤对古今情”的题词。前殿、中殿、正殿分别陈列着诸葛亮生平简介，大殿内有诸葛亮及其儿子诸葛瞻、孙子诸葛尚塑像，西侧“三义殿”有刘备、关羽、张飞塑像。后厅里还存放着一尊诸葛武侯塑像，是人们凭吊祭祀的地方。在古隆中武侯祠陈列的文物中，有一面同治年间在广西出土的铜战鼓，相传是诸葛亮七擒孟获时用过的战鼓。祠内的各个殿内还陈列有董必武、郭沫若、方毅、陆定一等人为隆中亲笔题写的匾额、对联和名人诗画。江泽民同志于 1999 年 5 月 27 日视察隆中时，欣然题词：“古隆中诸葛亮故居”。武侯祠外古树参天，松柏滴翠，祠内庭院错落，淡雅幽静。祠内还有一幅“诸葛亮拜师”的壁画很是有趣，说的是诸葛亮一家来襄阳不久，二姐嫁给了当地望族庞家，二姐夫庞山民的父亲就是襄阳著名学术大师庞德公。诸葛亮经常拜访庞德公。庞德公发现这位年轻人聪慧出众、谈吐不凡，有着高逸超群的志向、清雅脱俗的品格，非常欣赏，决意将平生所学全部教授给他。诸葛亮还认识了庞德公的好朋友司马徽，司马徽是名重一时的大学者，他注重儒学思想内涵，务求领略儒学精髓。这种治学方法对诸葛亮影响很大，在名师的指点下，诸葛亮读书迈入新境界。他读书只“独观其大略”，

① （宋）苏轼：《隆中诗》。

却善于领会书中实质内容，勤于思考，有着独到见解。

三顾堂、抱膝亭和野云庵都是古隆中的重要名胜古迹。其中，“三顾堂”是刘备三顾茅庐、诸葛亮隆中对策的纪念堂。刘备与诸葛亮会面的房屋已在明朝遭到破坏，现在的三顾堂，是清康熙五十九年（公元1720年）重修。堂内敬奉诸葛亮石刻像，两厢碑廊上嵌有诸葛亮遗作《隆中对》、《梁父吟》，并陈列有岳飞手书的前后《出师表》以及一些名人题诗、题记等。[①] 三顾堂内有刘备、关羽、张飞的塑像，门前有3棵高大矗立的柏树，相传刘备、关羽、张飞曾在此拴过马。唐代冯志韵草庐诗说：“卧龙人去远，此地尚名冈。身应营星陨，心期国祥长。老臣犹有像，炎汉已无光。所幸遗民在，凭君一劝耕。”堂后是当年诸葛亮居住的草庐遗址，现建有草庐亭。草庐亭始建于清朝康熙年间，后经多次修葺，现存建筑为重檐双层六角亭，砖木结构。门额上题“草庐遗址”四个大字，门两边石柱上刻有一副对联：“扇摇战月三分鼎，石黯阴云八阵图。”[②] 亭内供有诸葛亮年轻时塑像，故又名“幼像亭”。堂外左侧东北角有六角井，相传为当年诸葛亮的生活用井。此井在晋时就见于文字记载。井体是砖砌六边形，井底为六棱锥形，上有古朴雕花的六块石栏板。明人吴绶曾有《六角井》诗：“庵前存古笨，云是汉时穿。周洁厨中物，灵通地底泉。流香来一脉，遗泽永千年。良夜涵明月，光澄六角天。”[③] 抱膝亭位于三顾堂前约100米处，登其上可观隆中全景。诸葛亮出山前因未发现值得辅佐的明主，一度茫然。晨昏时分，他常常独自一人，在此抱膝长吟，后人即于此地建亭。现有的亭子为光绪十八年（公元1892年）重建。诸葛亮《诫子书》中有句传诵千古的名言：“非淡泊无以明志，非宁静无以致远。”[④] 可当一个人以天下为己任而又报效无门的时候，要真正

---

① 参见小小编著：《中国南方北方游》（南方卷），132页，北京，中国电影出版社，2005。

② 此联出自清康熙年间郧襄观察使赵宏恩所写的《隆中武侯草庐诗》。

③（明）吴绶曾：《六角井》。

④ 出自诸葛亮54岁时写给他8岁儿子诸葛瞻的《诫子书》。李御：《烟雨古隆中》，载《人民日报》，2006年6月3日第8版。

做到“淡泊、宁静”是很难的，即使诸葛亮也有“抱膝长啸”的时候。抱膝亭后有通明代建造的大型龟驮碑，碑正面刻“草庐”两个大字，据称“草庐”二字出自明代著名书画家唐寅的手笔。碑的背面刻“卧龙处”，为当年诸葛亮古宅的指示碑。野云庵在隆中最高处有一宽而平的场地，群山环抱，林深幽静，相传是诸葛亮与亲朋好友经常聚会的地方。这是后人按想象建筑的一座诸葛亮的“卧堂”，被人们称为下“卧龙深处”。清代在这里修建了纪念建筑，取名“卧龙深处”，后又改名“野云庵”。现存建筑为四合院式砖木结构的硬山平房，院中碑亭立有羽扇纶巾的诸葛亮石刻像，后厅内塑有诸葛亮、庞德公、黄承彦、司马徽、徐庶、庞统、崔州平、孟公威、石广元等人物群像，再现了这一批名人志士，当年“聚会阔论、忧国忧民”的场面。在回廊内镶嵌着庞德公等 8 人的生平简介碑刻。早在诸葛亮青年时，庞德公就认为诸葛亮是一个很有才华、很有前途的卓越人才，像一条一有云雨就要飞腾的卧龙。“卧龙”是当年襄阳大名士庞德公给诸葛亮下的评语，“卧龙”的评语一出，随即成了诸葛亮的雅号。

二

隆中风景名胜是一个历史人文与自然风光并存的景观。“隆中者，空中也。行其上空，空然有声。”① 隆中因之而得名。最早关于诸葛亮隐居隆中的记载，出于西晋王隐的《蜀记》；稍后东晋习凿齿在《汉晋春秋》中，将隆中定为襄阳城西 20 里处；到北魏郦道元作《水经注》，便将隆中与刘备三顾茅庐紧密地联系起来。北宋大诗人苏轼《隆中》诗曰：“诸葛来西国，千年爱未衰。今朝游故里，蜀客不胜悲。谁言襄阳野，生此万乘师。山中有遗貌，矫矫龙之姿。龙蟠山水秀，龙去渊潭移。空余蜿蜒迹，使我寒涕垂。”② 史料记载的古隆中位于襄阳古城西 13 公里处的群山中，是一个以诸葛亮故居为主体的占地

① （南朝）陈时顾野王：《舆地志》。
② （北宋）苏轼：《隆中》。

面积12平方公里的文物风景区，景区内有隆中山、乐山、大旗山、小旗山及其所属的谷地。主峰隆中山海拔306米，起伏盘旋，势若蟠龙；隔谷相望的大旗山一头高昂，一头缓缓下垂，型如卧虎；山上茂林修竹郁郁葱葱，望之巍然深秀；山下泉水、池塘、山涧小溪流水潺潺。[①] 南宋爱国诗人陆游在《诸葛书台》[②] 诗中说："隆中鱼水三分业，江上风云八阵腾。"种种佐证表明，诸葛亮躬耕和刘备三顾茅庐就是在此地发生。《三国志·诸葛亮传》曰："诸葛亮字孔明，琅邪阳都人也。汉司隶校尉诸葛丰后也。父圭，字君贡，汉末为泰山都丞。亮早孤，从父玄为袁术所署豫章太守，玄将亮及亮弟均之官。会汉朝更选朱皓代玄。玄素与荆州牧刘表有旧，往依之。玄卒，亮躬耕陇亩。"[③] 这是一个融历史人文景观与低山岳陵风光为一体的风景名胜区，景观包括古隆中、水镜庄、承恩寺、七里山、鹤子川等5个景区。其中，古隆中是隆中风景名胜景观的主要景区，它有着丰富的人文景观和优美的自然环境。罗贯中在《三国演义》中对古隆中作了这样描述："山不高而秀雅，水不深而澄清；地不广而平坦，林不大而茂盛。"[④] 自西晋镇南将军刘季和于公元304年到隆中为诸葛亮故居立碣表里以来，历代人们都把隆中的一切遗迹视为珍贵的文物古迹。1600多年来，历代相继在古隆中修建了纪念性古建筑和景点60余处。现存建筑多为明清两代所建，建筑风格朴实素雅而多彩。还有庭院深处那四人径围的古桂树，每当金秋8月，满树挂满金花，芬芳沁人心肺。老一辈无产阶级革命家董必武，曾于1965年1月给古隆中题词："诸葛大名垂宇宙，隆中胜迹永清幽"。[⑤] 这后面的一句，恰好准确地描绘了古隆中的山水

---

① 参见李昆、海鸥：《湖南湖北行知书》，216页，广州，广东旅游出版社，2005。

② （南宋）陆游：《诸葛书台》。

③ （西晋）陈寿：《三国志·诸葛亮传》。陈寿（233—297年），字承祚，西晋巴西安汉（今四川南充）人。他小时候好学，师事同郡学者谯周，在蜀汉时曾任卫将军主簿、东观秘书郎、观阁令史、散骑黄门侍郎等职。当时，宦官黄皓专权，大臣都曲意附从。陈寿因为不肯屈从黄皓，所以屡遭遣黜。入晋以后，历任著作郎、长平太守、治书待御史等职。280年晋灭东吴，结束了分裂局面。陈寿48岁开始撰写《三国志》。

④ （明）罗贯中：《三国演义》，324页，北京，人民文学出版社，1973。

⑤ 任少平：《卧龙深处——古隆中》，载《北京晚报》，2003年11月7日第50版。

之清幽。新中国成立后，当地政府对隆中书院、诸葛草庐等景点加以整修，并添加了许多新的旅游景点、旅游服务设施。在城的东北角沿护城河，开辟一块场地作为公园。这里的亭台楼阁、水榭拱桥，相映成趣。最惬意的莫过于架船沿着护城河绕着古城荡桨而过。七里山林木葱茏，古树参天，森林覆盖率达90%以上，有树龄100～300年古树名木200余株，国家重点保护的珍稀动物10多种，珍贵药用植物有天麻、灵芝、何首乌等百余种；还有黑岩“森林浴”、桃花谷、狮子山等多个景点。山上天然泉眼众多，奇峰怪石林立。“七里山”离襄樊市区仅10余公里却鲜为人知，但唯此才保留了难得的生态环境，它可以说是当今襄樊市区的一个巨大的氧库。隆中风景名胜区位列襄樊十佳山水之首，因而1956年古隆中就被列为“湖北省重点文物保护单位”，1994年被列为国务院第三批公布的“国家重点风景名胜区”，1996年被国务院公布为第四批“全国重点文物保护单位”。2001年4月作为湖北省旅游总体规划组成员的澳大利亚著名旅游专家Sofield在考察古隆中时曾说：“中国古代名人景点很多，但同时兼有如此好的山体和绿色植被的却不多。诸葛亮故里生态环境竟有如此好，自然景观如此美!”[①] 2001年襄阳隆中又被评为我国第一批4A级风景旅游区。

襄樊是一座文化底蕴丰厚的历史文化名城。除了与三国时期的诸葛亮有关的名胜古迹外，还有许多很有历史意义和文史价值的古迹文化。譬如，“绿影壁”绝境位于襄阳城内东南隅，系明代襄阳王府门前的照壁，塑于15世纪中叶。绿影壁分三堵，全长26.2米，中堵高7.6米，左右两堵高6.7米、厚1.6米。三堵壁均根据构图的需要，用不规则的绿矾石浮雕组装，白矾石镶边嵌界而成。壁的主画面以及壁座、壁顶、壁脊刻龙99条，大的5米有余，最小的只有十几厘米。中堵的主画面雕巨龙两条凌空腾飞，争戏一颗直径达33厘米的玉珠，左、右两堵各雕一蛟龙飞向中堵，大有夺珠之势，整座壁面雾海茫茫，群龙争跃。“绿影壁”是我国现存的“四大影壁”之一，也是独具特

① 此处资料为讲解员的讲解录音整理，见古隆中解说词。

色的一座。当年李自成开拔时，一把大火烧了明王府。昔日豪华的府第荡然无存，而艺术珍品“绿影壁”却安然无恙地幸存下来。现为“湖北省重点文物保护单位”。千年古刹承恩寺建于隋朝，距今有1700多年的历史，传说是隋炀公主隐居疗疾之地。明朝时期兴建了大雄宝殿、钟鼓楼和毗卢大佛、弥勒石佛以及万斤铜钟等。据《襄樊简史》记载，天顺年间英宗为报答叔父，对该寺进行修缮，改其山为“永乐山”，改其寺为“大承恩寺”，“承恩寺”因此而得名。寺旁金子山、狮子峰、玉石碑、卧牛池、青丝泉、玉带水、锁凤桥、万斤钟等，素有“八景”之称，其建构雕梁画栋。米公祠位于襄樊市樊城区沿江路西段，原名“米家庵”，米公祠是纪念北宋著名书画大师、鉴赏家米芾的祠宇。祠堂庭院清静，碑石林立，怪石嶙峋，银杏参天，给人以清、静、幽、深的感觉。米芾（1051—1107年），字元章，号鹿门居士，又称海岳外史、襄阳漫士，曾官礼部员外郎，人称“米南宫”①。因其举止有些“颠狂”，人戏称“米颠”。他与蔡襄、苏轼、黄庭坚合称“宋代四大书法家”。米芾绘画染山水独具一格，被人称为“米氏云山”。米公祠外的米家庵是米氏家庙，始建于元末，明代被毁，清康熙二十二年（公元1683年），重建并摹刻碑碣30余通。② 祠宇由拜殿、宝晋斋、仰高堂等建筑组成。除仰高堂的重檐歇山式外，其余均为硬山式。拜殿正中有帖墙四柱三间五楼式牌楼，每楼檐下置斗拱，起支撑和艺术装饰作用；牌楼两边额枋置有人物八仙图案，玲珑别致，庄重古朴。新建的碑廊和东、西两苑内镶有米芾、黄庭坚、蔡襄、赵子昂及近现代书法家的书法石刻100余通，为华夏米芾书刻的艺术宝库。现为“湖北省重点文物保护单位”③。中原古刹广德寺原名云居禅寺，始建于唐贞观年间（公元627—649年），明成化年间（公元1465—1487年）由隆中迁此，因宪宗御笔亲赐“广德禅林”，遂其名一直沿袭至今。广德寺位于襄樊市城西10公里处，寺院占地面积4.5

---

① 熊木舟：《书画双绝米南宫》，载《黄石日报》，2007年10月17日。

② 参见李昆、海鸥：《湖南湖北行知书》，216页，广州，广东旅游出版社，2005。

③ 参见小小编著：《中国南方北方游》（南方卷），131页，北京，中国电影出版社，2005。

万平方米。寺内原有天王殿、大雄宝殿、伽蓝殿、韦驮殿、观音殿、藏经楼、方丈房等建筑，现仅存天王殿、藏经楼、方丈房和多宝佛塔。天王殿为硬山顶，因人为破坏已改原有风姿，内部完整，外部改成民用建筑。藏经楼为重檐硬山顶式，系清代重修。大雄宝殿重檐九脊，翼角恽飞。多宝佛塔建于明弘治七年（公元 1494 年）至弘治九年间，为砖石仿木结构，通高约 17 米，由塔座、塔峰两部分组成。塔座高 7 米，成八角形，上迭浅檐，下奠矮基，砖砌角柱，石雕龙首。各墙均设有壁龛，上供石雕趺坐莲台佛像一尊，各壁设有石雕券门 4 个，正门上方石匾横书“多宝佛塔”4 字，下置 3 个“佛”字，严谨浑厚，苍劲有力。塔峰置 5 座小塔，居中者为喇嘛塔，高 10 米，下置须弥座，上置莲台，与覆钵式塔肚承接；上置相轮，顶置铁空盖。主塔四周有四座六角形五层密橹式砖塔，并设有佛龛。塔的上下内外共嵌有石雕坐佛 48 尊，故称“多宝佛塔”。① 古塔旁有 4 人合抱银杏一株，高约 35 米。明嘉靖帝曾效汉武帝封松柏故事，赐以“大将军”封号。此后清乾隆帝又加封为“感应大将军”，树旁尚有碑刻似记其事。多宝佛塔现已被列为“全国重点文物保护单位”。孟浩然墓在襄樊市襄阳城东风林南麓。孟浩然（公元 689 —约 740 年），襄州襄阳人。唐代著名诗人，世称“孟襄阳”。早年隐居鹿门山，年 40 岁应进士不第，在江淮吴越漫游数年。后为荆州长史张九龄幕僚，不久归隐。所作诗风格恬淡，意境清远。多表现田园逸情，与王维齐名，时称“王孟”，为李白、杜甫所称赞，著有《孟浩然集》。《湖北通志》载：其墓在唐德宗年间（公元 780—805 年）有所“湋坏”，节度史樊泽“乃更为刻碑”与“封宠其墓”；清末存土冢，现高 1 米余，底径约 3 米，保存尚好。

① 罗亚蒙等编著：《中国名城》，195 页，天津，百花文艺出版社，2003。

湖北荆州古城名胜文化景观

一

荆州市位于湖北省中南部，地处东经 111°15′~114°05′，北纬 29°26′~31°37′。1949 年 7 月成立荆州行政区督察专员公署，治江陵县荆州镇；1996 年 12 月经国务院批准更名为荆州市。荆州南邻湖南常德及岳阳市，东西最大横距约 274.8 公里，南北最大纵距约 130.2 公里。全市总面积 14067 平方公里，总人口 647 万。荆州地势平坦气候温和，河流纵横交错，湖泊星罗棋布，流域面积在 100 平方公里以上的河流就有 92 条，长江流经该地区面积为 453 平方公里。早在 5000~6000 千年之前，人类就在荆楚大地上繁衍生息，创造了灿烂的“屈家岭文化”和“石家河文化”。古时候“荆”与“楚”指的是同一个地区。“荆”、“楚”的字意，原本是同一种树木的名称。据史书记载，把“荆”与“楚”作为一个具体的地方，是先称“荆”而后才称“楚”的。譬如，在商代作为荆州之地的“楚”，就曾以地方国列入商朝的管辖范围。周庄王八年（公元前 689 年），周朝的“楚国”先君熊绎自丹阳“徙都郢”，取国号为“荆”。[①] 春秋初期，楚成王改“荆”为“楚”。“荆州”最早见于战国时期的典籍，如《尚书·禹贡》中就有“荆及衡阳惟荆州”。荆州地处长江中游、江汉平原腹地，是产生与黄河流域中原文化辉映并重，可与古希腊、古罗马文化相媲美的楚文化

① 参见罗亚蒙等编著：《中国名城》，190 页，天津，百花文艺出版社，2003。

的发祥地。荆州因荆州境内的“荆山”而得名。自上古大禹治水时所框定的九州，即冀州、兖州、青州、徐州、扬州、荆州、豫州、梁州、雍州，即为这古老的九州之一。[①]

荆州是历代王朝封王置府的重镇。秦时荆州属南郡，定治江陵。汉武帝元封五年（公元前 106 年），设立荆州刺史部，东西汉时皆属南郡。三国时期魏、蜀、吴“三分荆州”，后归吴荆州，定治南郡。晋代荆州治所自永和八年（公元 352 年）定治江陵。南北朝时齐和帝、梁元帝、后梁、萧铣皆以荆州为国都。隋开皇二年（公元 582 年）因与后梁联姻而罢总管府，开皇七年（公元 587 年），并后梁又置江陵总管，20 年改为荆州总管。大业初（公元 605 年）复称南郡。唐贞观元年（公元 627 年）属山南道；开元二十一年（公元 733 年）山南道分为东、西道，属山南东道江陵府，设荆州大都督府，至德后置荆南节度使。上元元年（公元 760 年）以江陵为南都，改荆州为江陵府；次年（公元 761 年）罢都。五代十国时（公元 925 年），荆南节度使高季兴，割据荆、归、峡三州称南平王，国都设江陵。宋至道三年（公元 997 年），始为荆湖北路，治江陵府；建炎四年（公元 1130 年）更名为荆南府，寄治枝江县，绍兴五年（公元 1135 年）复名为江陵府，仍徙治江陵县；淳熙元年（公元 1174 年）复更名为荆南府，淳熙十年（公元 1183 年）之前仍更名为江陵府。元属河南江北等处行中书省荆南府，至元十三年（公元 1276 年）升江陵路，天历二年（公元 1329 年）更名中兴路。至正二十四年（公元 1364 年）朱元璋称吴王，改置荆州府，改属湖广行省。明洪武九年（公元 1376 年），湖广行省改置湖广承宣布政使司，荆州府改属河南布政司；洪武二十四年（公元 1391 年），荆州府复属湖广布政使司。清康熙九年（公元 1670 年）置上荆南道，驻荆州府；雍正十三年（公元 1735 年），上荆南道更名荆宜施道；光绪三十年（公元 1904 年），荆宜施道更名荆宜道。民国元年（公元 1912 年）一月荆州府裁府留县，所辖各县直属荆宜道；1914 年荆宜道更名为荆南道；1921 年 8 月复称荆

---

① 参见（春秋）左丘明：《左传》，《襄公四年》。载有：“芒茫禹迹，画为九州。”

宜道。1932年为湖北省第七区行政督察专员公署；1936年改为湖北省第四行政督察区。早在春秋战国时期，荆州不仅是楚国的官船码头和渚宫，出现了最初的城廓；而且青铜冶炼技术、锻铸铁技术、丝织刺绣技术和漆器工艺技术等，都处于世界领先水平。老庄哲学、楚辞文学和音乐舞蹈，也都登上了古代世界文明的殿堂。楚故都纪南城建都长达411年，留下了丰厚的历史文化遗存，有遗址5座，楚文化遗址73处，大型石墓800多处，其中包括18个楚王的墓葬。三国时期诸葛亮称荆州“北据汉、沔，利尽南海，东连吴会，西通巴蜀，此用武之国也。”[①] 因而这里是三国时期“群雄争霸”的要津。此后东晋末年的安帝，南朝时期的齐和帝、梁元帝、后梁宣帝，隋时的后梁王，以及唐末五代十国时期的南平国王等，先后有11个纷争王侯，都在此称帝（王）建都，长达100余年。荆州之所以名扬天下，缘于三国时期所发生的那些惊心动魄的故事，如“刘备借荆州”、“关羽大意失荆州”。汉代荆州横跨大江南北，幅员辽阔，又是连接东南西北水陆交通的枢纽，战略地位十分重要。所以，鲁肃称荆州为“帝王之资”[②]，诸葛亮称之为“用武之国”[③]。汉末刘表在荆州苦心经营19年，达到“地方数千里，带甲十余万”[④]，单集中在江陵的大小战船就有1000多艘，军事实力相当强大，是当时一大割据势力。但刘表才略有限，只想“死守”和“稳保”江汉。曹操、刘备、孙权正是看到荆州的极端重要，同时看到刘表的不能自守而盯着荆州，把攫取荆州作为他们发展自己势力、争夺天下的重要目标。荆州在中国漫长历史的演进中，所处的这种“重中之重”的地位和作用，有力地促进了荆州古城的发展与进步。

荆州古城是一座历史悠久的古建筑。巍巍古城已有2800多年的历史，古城墙盘旋于湖光水色之中，依地势而起伏，顺湖池而迂回，蜿蜒伸展，状若游龙。古城墙全长11.28公里、高8.8米，有城垛4567

---

① （明）罗贯中：《三国演义》，332页，北京，人民文学出版社，1973。

② （晋）陈寿：《三国志·吴书·鲁肃传》。

③ （晋）陈寿：《三国志·蜀书·诸葛亮传》。

④ （晋）陈寿：《三国志·魏书·刘表传》。

个，炮台26个，各种建构设计充分体现了古代战争的功能和特点。譬如，藏兵洞洞壁厚实，洞中有孔，孔中有眼，眼中瞭望，孔中射箭；箭孔既可以启闭，也可以多面施放暗箭，可置攻城之敌于猝不及防；“瓮城”设计则可适时诱敌入内，然后“关门打狗”。城墙外的护城河紧相环抱，宽30~100米不等。全城有城门6座，东门为“迎宾门”，南门为“南门”，西门为“安澜门”，大北门为“拱极门”，小北门为“远安门”，小东门为“公安门”（亦称“水门”）。① 元兵攻占荆州城后，忽必烈下令将城墙全部拆除；朱元璋建立明朝后，又再次依原基修复并在城周开掘“护城河”。明末张献忠率领农民起义军攻进荆州城后，城墙又被愤怒的起义军所拆除，直至清顺治三年（即公元1646年），第三次在原基上筑起城墙，这就是留存至今的“荆州古城墙”。本来古城墙的6座城门上建有6座城楼，其中有5座毁于战乱，现仅存大北门上的“朝宗楼”。“朝宗楼”重建于清道光十八年（公元1838年），是荆州城唯一保存下来的古城楼，采用穿斗式和抬粮式两种结构。城楼脊枋下书有重建此楼的时间：“大清道光十八年岁次戊戌九月壬戌初十戊申吉时丁巳时重建”。由于此楼古朴壮观，电影《小花》、《路漫漫》、《战国钟声》等，均在此拍摄外景。楼下的门是通向京都的大道，古时官员迁官调职皆从此门出入；送行时即在此“折柳话别”，故又称为“柳门”。苏轼曾写道：“柳门京国道，驱马及春阳。野火烧枯草，东风动绿芒。北行连许邓，南去极衡湘。楚镜横天下，怀王信弱王。”② 城墙上现在还有仲宣楼、雄楚楼、明月楼、曲江楼、三管笔等著名古建筑遗址。据《后汉书·地理志》记载，荆州古城的修造史可以追溯到2800多年前的周厉王时期。1997年荆州古城的东南角，由于暴雨侵袭而坍塌，文博考古工作者因之而进行了一次全方位的考古发掘。深埋基脚下的2000多年历史被层层掀开：宋代砖墙，五代砖墙，两晋、三国时期的土城垣。尤其是叠压在城墙10米

---

① 资料源自《荆州古城导游词》；李昆、海鸥：《湖南湖北行知书》，243页，广州，广东旅游出版社，2005。

② （北宋）苏轼：《荆州十首》。

以下的五代砖城的发现，使荆州古城砖城的修造历史，从始于明代的普遍认同，又上溯了400多年。从三国时代起，荆州古城墙城没有发生过大的变迁，移位距离仅在50米左右范围内。历代城墙遗迹的出土证实，荆州古城墙是中国现存延续时间最长、跨越朝代最多、由“土城”演变为“砖城”的“唯一古城墙”。2000年8月，考古工作者在荆州城小北门西侧，又发现了一段长近20米的明代成化年间夯筑的石灰糯米浆城墙，砖城墙体用特制青砖加石灰糯米浆砌筑。特制大青砖每块重约4公斤，有的砖上烧制有“责任铭”。游客在攀登东门城楼的马道上，即可见到部分已采取保护措施的文字砖。文字砖记载了操办城砖的官府名称、官员姓名和烧制时间。从文字砖记载的产地得知，城砖并非只是出自原荆州地域，鄂、豫、陕三省交界的均州，湘、桂、黔三省交界的靖州，江西省的茶陵以及湖南全省均有文字砖砌在荆州城垣上。文字砖是荆州古城墙修建史不可多得的档案实证。此段城墙经500多年日晒雨淋至今仍坚如磐石，为世所罕见。悠悠古城在烽火狼烟的纷乱年代，是护卫苍生、抵御外侮的军事工事。因而荆州古城素有“铁打荆州”之称。如今它却成了荆州古城居民的一份骄傲、一道靓丽的风景。

荆州古城积淀了丰厚的历史文化。荆州自古人杰地灵，素有“唯楚有才”之誉。汉代以耿直忠烈闻名的宰相李固，三国名将关羽、周瑜、吕蒙、陆逊，晋代文武双全的大司马陶侃都曾镇守过荆州；晋代诗人谢灵运、鲍照，唐代开明宰相张九龄、张柬之，大文学家韩愈、元稹以及宋代大政治家王安石等著名历史人物，都曾在荆州担任过大小不同的职务。此外，历代的许多次重大农民起义，都把荆州作为重要的攻夺目标，如西汉末年的王匡、王凤，唐末的黄巢，元末的陈友谅，明末的李自成和张献忠等领导的农民起义军都曾攻占过荆州城。①世界文化名人屈原，也曾在此任职20余年，唐代“茶圣”陆羽，明朝“宰相之杰”张居正，当代文学家曹禺、欧阳山等都是地道的荆州人。荆州更是世界文明的“三国文化”诞生和繁衍的胜地，120回

---

① 有关资料源自《荆州古城导游词》。

《三国演义》，就有 72 回的内容涉及荆州。现留存于世的“三国遗迹”，主要有江陵的关公点将台、马跑泉，洪湖的曹操湾、乌林寨，监利的子龙岗、华容道，石首的绣林镇、刘郎浦，公安的孙夫人城等。荆州有条老街叫迎喜街，这条街名的来历，据说缘于“刘备娶亲”。迎喜街是一条古老的商埠，刘备当初迎娶孙权的妹妹，就是从这条街上一路吹吹打打而来的，故而称谓“迎喜街”。如今的迎喜街还是一条老街，保留着起码是百年前的旧貌。荆州的古老底蕴可上溯到绵延久远的史前时期。距今 5.6 万年前的鸡公山旧石器时代遗址，就在古城东北 4 公里处；古城附近已发现的新石器时代遗址多达 20 余处。在《三国演义》中，荆州是最引人注目的一个地名。赤壁之战后，曹、刘、孙三家共分荆州：曹操占据南阳、襄阳、南郡三郡；刘备占据长江以南的零陵、桂阳、武陵、长沙四郡；孙权则占据江夏郡。建安十四年（公元 209 年），周瑜打败曹仁夺得南郡，孙权拜周瑜为偏将军领南郡太守，驻江陵（南郡治所）。建安十五年（公元 210 年），周瑜死后孙权纳鲁肃之建议，把自己所据部分“借”给刘备，于是刘备占有荆州绝大部分地盘。从“借荆州”起，江陵既是荆州治所，又是南郡治所。《三国演义》在叙述有关荆州的故事时，当是刘表任荆州刺史之后的事。因此，在赤壁大战之前的“荆州城”，实际上是指“襄阳”；而在赤壁大战之后的“荆州城”，实际上是指“江陵”；此外并无单独的“荆州城”。荆州这块古老的热土，有着悠久灿烂的历史文化。在现今荆州城内及其城周附近，有着众多的古迹名胜。譬如，大禹治水的息壤[①]，雄楚立国的故都，三国纷争的遗迹，历代名人的胜踪。荆州古城与城北的“楚都纪南城”、“城西的八岭山古墓群”地下文物宝库，是历史文化名城的三大组成部分，被考古界、史学界称为“中国南方古城的唯一完璧”[②]，被列为国家“三国旅游线”重要名胜。荆州古城墙与江苏南京、山西平遥等其他几座古城墙相比较，最大特

---

① 息壤是大禹治水在荆州古城留下的一处遗迹，位于南门外西侧城墙脚边，系一长约 40 米、宽约 10 米的土丘，其上有石柱四根，以示标志。息，乃平息之意；壤，则泛指治理此处管涌的填充之物。

② 罗亚蒙等编著：《中国名城》，191 页，天津，百花文艺出版社，2003。

点，一是规模较大，周长11.28公里；二是城垣保持得相对完整。荆州古城被湖北省指定为定点涉外旅游景点；1982年2月8日国务院公布荆州城为全国第一批24座“历史文化名城”之一；1996年荆州城墙又被国务院公布为“全国重点文物保护单位”，在建设部公布的全国现存七大古城墙中排名第二。2000年以荆州古城为中心的荆州市，又被国家旅游局命名为“中国优秀旅游城市”①。荆州市现有国家级、省级、市（县）级重点文物保护单位540余处。其中，国家级重点文物保护单位7处，省级重点文物保护单位32处，市（县）级重点文物保护单位500余处。

二

荆州古城饱经时代的沧桑。千百年来荆州古城曾四度平毁、十次大修，历经“血与火”的洗礼。现在遗存的“砖城”是清顺治三年（公元1646年），荆南道李西凤、镇守总兵郑四维依照明朝基地重建的；到民国时期古城墙因年久失修而残破不堪。新中国成立后，为了保护历史文物，发展荆州旅游事业，当地政府又进行了多次维修。整个城墙由原有的6座城门和新开的3座三拱城门，连接而成为一堵封闭的城墙。自1978年以来，古城墙已经修缮32次，其中较大的维修有13次。古城墙尽管有“南方完璧”的盛誉，但古城墙不同于一般的历史文物，由于它呈自然裸露状态，成年累月自然损蚀不断加剧，加之又处在城市现代化建设迅速发展的环境之中，面临诸多矛盾和碰撞在所难免。古城墙之所以能保存得这么好，据说与城墙上野生植物的功劳分不开。因为植物的枝叶挡住了粉尘和酸雨对城墙的侵蚀，网状植物的根系有效地防止了墙体的崩塌。各个历史时期，来自四面八方的植物种子，在不经意间流落在土墙和砖墙之中。江汉平原温暖多雨、四季分明的气候环境，为野生植物的生存成长创造了得天独厚的条件。荆州古城由于外用条石或城砖砌筑，内用土夯筑，再加上城墙

① 有关资料见《荆州古城导游词》。

上的树林里鸟多肥多，因此，十分适合野生植物的生长。1995 年长江大学（原湖北农学院）曾组织专家学者，对古城墙上的植物做过一次大普查，发现生存着 500 余种野生植物，其中有 150 种植物名称曾出现于《诗经》、《楚辞》、《山海经》等文献记载，如“凌霄花”、“佩兰”、“包茎”等珍稀植物就有 70 多种，属国家濒危保护植物名录的有 4 种。个别珍稀植物不仅在方圆 500 公里未见同类，甚至连边远地区也难觅芳踪。这些活的历史文物，其实就是“一座活的远古时代种质资源基因库”，在中国城市中当属独一无二。[①] 然而事物总是一分为二的。这些树或顶着墙体生长，或从城砖中伸出，也有将城墙拱破的。在普查中发现，破坏古城墙的杂树，当以“构树”为祸首。“构树”是一种落叶乔木，根系浅但侧根分布广、生长快，很容易对墙体造成破坏。据说野生“构树”的生命力极强，树籽落地生根后 2 年不到就可长到直径 20 多厘米粗。“构树”的根钻进墙内以后，把墙撑倒或倾斜；待树长高后遇风一吹，随风摇晃，城墙就开始遭遇切肤之痛。如遇狂风暴雨，古城墙体就会在“构树”的摇晃下坍塌。当地文物管理部门请示国家文物局后，获准对危害城墙的“构树”进行砍伐。但杂树根生墙体之中“斩草难以除根”，令管理部门着实头疼不已。如果对“构树”进行剥皮处理，尽管树的上部会枯死但根部还会继续生长，对古城墙的危害依然存在。

荆州古城留下了许多美丽的故事和动人的传说。譬如，“刘备与公安门”。公安门位于古城墙东南角，又称小东门，它是古城唯一的水门。如今水门码头早已失去它的功用，但码头之上的青石护岸栏杆以及上下码头的石阶仍清晰可辨。东汉建安十五年（公元 210 年），扎营公安县的刘备从接替周瑜执掌帅印的鲁肃手中“借得荆州”，并派关羽镇守，他自己仍扎营公安。自后刘备每由公安到荆州视察防务都经水路，由小东门码头登岸入城。当地老百姓为纪念这段难忘的历史，遂用刘备驻守之地的“公安”代称“小东门”。年深日久小东门

---

① 参见王兵，杨太旭：《荆州古城墙珍稀植物濒临灭绝》，载《武汉晚报》，2004 年 08 月 11 日。

的称谓被淡化，公安门便成了人们的惯称。公安门之上的城楼名“望江楼”，可观“长江之水天际来”，现仅为遗址。城楼前面的城墙环绕城楼曲折修建（“曲城”），“曲城”所设城门与城楼下的主城门形成“双保险”的二重门，两城之间空旷场地为“瓮城”，一旦攻城之敌踏入里面，即可“瓮中捉鳖”。[①] 城楼坡道左为马道，右为人行道。马道既便于战马登城，也有利于守城物质的运送，可谓一举两得。又如“得胜街与洗马池”。得胜街即荆州城大北门金水桥外的那条街道。传说关羽镇守荆州时曾北攻樊城，在沔水与曹军遭遇。此战关羽水淹七军，擒于禁、斩庞德，大获全胜。关羽班师凯旋经此街道进城，沿街百姓自发聚集两旁欢迎得胜将士，鞭炮声声，鼓乐阵阵，载歌载舞，庆贺胜利。此街因之得名为“得胜街”，一直沿用至今。关羽得胜回城受到如此盛大的欢迎喜不自胜，进得城来见其宝坐赤兔马征尘满身，怜惜之情顿生，忽见北门内东侧有清澈见底的池塘，于是策马而至亲手为赤兔马洗涤，百姓亲眼目睹此景甚为感念，遂将此塘谓之“洗马池”。千百年来民间津津乐道，流传不衰。又如“点将台与拍马山”。点将台位于荆州城西门外花园村。据传关羽北攻曹营前筑此高台阅兵点将、操练军士。点将台本为战前夯土简易筑就，台高 10 米，方圆 10 余亩，如今远远望去一片葱绿。点将台东北面另有一高不过 10 余米的小山丘，名拍马山。它是关羽北攻之前拍马演练的场所。点将台、拍马山尽管“貌”不惊人，但因与“关羽”相连而声名长存、生机勃勃。古往今来，点将台一直是人们凭吊观瞻的三国胜迹。清代诗人汤右曾睹物舒怀，写下了《江陵点将台》的动人诗篇：“地形天险楚江宽，欲借荆州自古难。虚笑百步称武吏，岂同列郢领材官。云台特给亲军仗，玉台新登上将台。骏马健儿君识否，时平政要重师干。”[②] 1968 年 12 月，开国元勋徐向前元帅，亲笔题写了“点将台”匾额。再如“马跑泉与落帽冢”。马跑泉位于八岭山南麓的马跑泉村，它与

---

① 有关资料见《荆州古城导游词》。

② （清）汤右曾：《江陵点将台》。汤右曾（1656—1722），字西涯，仁和（今杭州）人。康熙二十七年（公元688 年）进士，官吏部侍郎，以逸笔写山水，著墨无多，舒展自查初白（慎行）有诗称之。工行楷，遒媚似苏轼。诗与朱彝尊齐名，有《怀清堂集》。

关羽坐骑赤兔马紧密相关，充满神奇传说的又一处三国遗迹。清道光二十年（公元1840年），在泉旁所立“汉关公马跑泉碑记”石碑道尽缘由。碑文叙述：“刘备被曹操围困当阳时，关羽引师救之，取道过此，人马俱困，焦渴难当，寸步难移，赤兔马以蹄刨地，昂首嘶鸣。忠义感动山神，石开泉涌，人马得饮，精力复萌，速赴当阳救主。”马跑泉因此而得名。马跑泉呈马蹄形，直径85厘米，深约2米，泉水清澈味道甘甜，久旱不竭，水中含有20多种矿物质，当地已开发生产冠名为“马跑泉”的“矿泉水”。紧邻马跑泉东侧的落帽台，传说是关羽赴当阳解刘备之危途经此地，风劲、人急、马蹄疾，战帽被大风吹落，因此处为山地高台，当地人崇敬关羽的忠义壮举，遂将此台谓之“落帽台”。每逢重阳佳节，人们常来此登台凭吊，散心野趣。唐代诗人李白登临此台曾诗兴骤发，留下了千古咏唱《九日龙山饮》：“九日龙山饮，黄花笑逐开，醉看风落帽，舞爱月留人。”① 落帽台旁有一座大型封土堆古墓葬，便因此台得名为落帽冢。

荆州古城留下了许多可歌可泣的惨烈壮举。譬如，“卸甲山”在古城新南门左侧与土城垣融为一体。传说关羽征战得胜归来时常在此卸甲小憩。久而久之，人们便习惯称谓此山为卸甲山。掷甲山在古城西北城墙处，关羽镇守荆州屡屡征战获胜，思想上日渐麻痹轻敌，不听诸葛亮的告诫，不听谋士的忠告，结果中了吕蒙、陆逊的骄兵之计。关羽自以为是的把大批守军调往襄阳，结果后方空虚吴军乘虚而入，关羽回救不及“败走麦城”，身首异地荆州失守。城内守军被逼掷甲山一带，无奈只好缴械掷甲。“卸甲”与“掷甲”一字之差，境遇变化天壤之别。它形象地警示后人，“骄兵必败”是千古一脉的真理。荆州的关庙与春秋阁都是因关羽镇守荆州后的纪念性建筑。关庙位于古城南门内，始建于明太祖洪武二十九年（公元1396年），原建筑规模宏大气势雄伟，与山西解州关祠、湖北当阳关陵并列为“全国三大关公纪念圣地”。荆州关庙后毁于侵华日军的战火。1985年国家旅游局等部门拨款在原址重建，曾改称“关公纪念馆”。重建的仪门悬挂

---

① （唐）李白：《九日龙山饮》。

有清乾隆御赐的“泽安南纪”匾额。仪门后院内两侧立有石碑，正面为重建关庙碑文，背面为隐喻关羽气节的竹叶诗，正殿基本维持原关庙风貌，门首上方为清同治皇帝御赐匾额“威震华夏”。殿中塑有关羽夜读春秋和关平、周昌侍立两旁的塑像，上方悬挂清雍正御赐的“乾坤正气”匾额，另有清代碑刻一块。正殿后的庭院内有两株参天古银杏树，为元末明初所植。后院的三义殿塑有刘备、关羽、张飞三结义坐式像。春秋阁原位于荆州城东郊金龙寺，建于清嘉庆年间，1931 年重建于现沙市中山公园内东北隅。阁内供奉关羽拜读《春秋》塑像，故名春秋阁。阁宇建在高大厚实的台阶之上，面阔三间分上下两层，上为阁、下为室，正面置有横向石梯两道由此入阁。整座阁宇建筑精巧，三面环水，绿树掩映，似瑶台琼阁。该阁现为市文物重点保护单位。总之，荆州这块古老而又底蕴深厚的沃土，滋养了楚地的先民，同时也孕育出了光耀千秋的历史文明。

荆州古城留下了许多名垂千古的历史遗迹。譬如，“张居正墓”就是这样的一个历史遗迹。张居正墓占地 10 余亩，墓地原有的石人、石马、石龟、石狮等大多在“文化大革命”期间损毁。“文化大革命”后墓葬已被修葺一新，现为荆州市重点文物保护单位。张居正字叔大，号太岳，谥号文忠公，嘉靖四年（公元 1525 年），出生于荆州城东现张家台村，自幼聪慧好学，12 岁考中秀才，16 岁中举被誉称为“江陵神童”，23 岁入京会试中进士，42 岁进入内阁大学士行列，48 岁任内阁首辅。当时神宗皇帝年幼，朝政实际上由张居正一人掌管，直至万历十年（公元 1582 年）病卒，前后当政长达 10 年之久。在任期间，他采取了一系列果断的改革措施。如在政治上整饬吏治，推行考成法，严格奖罚，主张唯贤是举，坚决裁减冗员；在经济上改革漕运，清丈土地，打击豪强，推行“一条鞭法”，将田赋、徭役及各项杂税合并，增加财政收入；在军事上加强边备，有力地抵御了倭寇对东南沿海的侵扰，促进了国泰民安。这些有利于国家和民族的重要改革措施，尽管使朝政为之一新，但由于触动了不少权贵的利益，因而招致了顽固守旧派的竭力反对。张居正死后不到 1 年，其功绩即被彻底否定，改革措施遭致废止，张居正在荆州的老家被查抄，30 多年后才得以平反昭雪。张居正一生著作颇丰，主要有《书径直解》、《张太岳集》、《张太岳杂著》、《帝鉴图说》等。其中，《帝鉴图说》以历史上117个帝王正反两方面为政的故事教育小皇帝，论述为官之道影响极大。监利县古称“华容”，原县城位于今县城北30公里。《资治通鉴》注“从此道可至华容县也”，故名。东汉建安十三年（公元208年），曹操兵败赤壁走到此遇泥陷，急令军士负草填之，众多人被马践踏而死或饿死。强行间先被关羽堵截，后被放行，因而有“关云长义释曹操”故事传闻。故在《三国演义》第五十回：“诸葛亮智算华容，关云长义释曹操”有诗云：“曹瞒兵败走华容，正与关公狭路逢。只为当初恩义重，放开金锁走蛟龙。”① 现在古道旁阡陌纵横，公路交错，城镇与水乡连在一起，一改昔日崎岖荒凉面貌。显陵位于湖北省钟祥市城东郊的松林山，是明世宗嘉靖皇帝的父亲恭壑献皇帝和母亲章圣皇太后的合葬墓，也是我国数千年历史长河中最具特色的一座帝王陵寝。显陵始建于明正德十四年（公元1519年），嘉靖四十五年（公元1566年）建成，前后历时47年，其围陵面积183.13公顷，整个陵园双城封建，外逻城长3600余米，墙高6米，墙体厚1.8米，红墙黄瓦，金壁辉煌，蜿蜒起伏于山岚叠嶂之中，是历代帝王陵墓中遗存最为完整的城墙孤品。陵园由内外逻城，前后宝城、方城明楼、棱恩殿、陵恩门、神厨、神库、陵户、军户、神宫监、功德碑楼、新红门、旧红门，内外明塘、九曲御河、龙形神道30余处规模宏大的建筑群组成，其布局构思巧夺天工，殿宇楼台龙飞凤舞，工艺浮雕美丽绝伦、一陵双冢举世罕见，是我国古代建筑艺术中的瑰宝。

---

① （明）罗贯中：《三国演义》，434～435页，北京，人民文学出版社，1973。

湖北黄鹤楼名胜文化景观

一

巍峨耸立于湖北省武昌蛇山上的黄鹤楼享有“天下绝景”的盛誉，它是与湖南岳阳楼及江西滕王阁并称的“江南三大名楼”之一。

黄鹤楼素有“国运昌则楼运盛”之说。笔者所接触到的关于黄鹤楼起源的文献资料，多数都是依据《极恩录》的记载，认为黄鹤楼原始于辛氏开设的酒店。传说有一天一位道士为了感谢辛氏的千杯之恩，临行前用橘皮在墙壁上画了一只鹤，并告诉店主辛氏，如有客人来饮酒，只要你一拍手，鹤就会飞舞起来以助酒兴。从此该店宾客盈门，生意兴隆。10 年之后道士复来，取其所佩铁笛吹奏起来，一会儿白云自空中飞来，鹤即从墙上飞下来翩翩起舞，于是道士跨上黄鹤直上云天。辛氏为纪念这位曾经帮助她致富的仙翁，便在其地建起一座“辛氏楼”，取名为“黄鹤楼”。[①] 黄鹤楼始建于三国时期吴黄武二年（公元 223 年），原址在武昌蛇山黄鹤矶头。传说孙权为实现“以武治国而昌”（“武昌”的名称即由此而来），筑城为守、建楼以瞭望。另据有关史料记载，历史上的黄鹤楼由主楼、配亭、轩廊、牌坊、诗碑廊、古肆商业街组成。至唐朝，黄鹤楼的军事性质逐渐演变为著名的名胜景观，历代文人墨客到此游览，留下诸多脍炙人口的诗篇。其中，最

① 参见李昆、海鸥：《湖南湖北行知书》，264～265 页，广州，广东旅游出版社，2005。源自黄鹤楼景区管理办公室：《黄鹤楼讲解词》。

为著名的要数崔颢的佳作《黄鹤楼》：“昔人已乘黄鹤去，此地空余黄鹤楼。黄鹤一去不复返，白云千载空悠悠。晴川历历汉阳树，芳草萋萋鹦鹉洲。日暮乡关何处是？烟波江上使人愁。”① 崔颢的这首诗，被南宋的大诗人严羽推崇为唐人“七律”的压轴之作。“唐人七言律诗，当以崔颢《黄鹤楼》为第一。”② “意得象先，神行语外，纵笔写去，遂擅千古之奇。”③ 正是因为《黄鹤楼》以简练的语言，运用优美的神话传说，写出了黄鹤楼的来历，登楼的所见和触景生情引起乡愁之感，它使后代许多名人望而搁笔，成为千古绝唱，也因之而使得黄鹤楼从此名扬天下。唐永泰元年（公元765年），黄鹤楼已粗具规模，使不少江夏名士“游必于是，宴必于是”。然而，由于几千年的封建社会战乱兵火频繁，在1700多年的时间内黄鹤楼屡建屡毁，仅明清两代就被毁过7次，重建和维修了10次。黄鹤楼最后一次修建于同治七年（公元1868年）的“清楼”，毁于光绪十年（公元1884年）八月。据史料记载，这次被毁不是源于战乱，而是因汉阳门外董家坡的一家居民房屋起火，风大火猛随之殃及城楼，很快就将这座千古名楼化为灰烬，当时仅存数千斤宝盖铜楼鼎一架。此后近百年未曾重修。④ 1927年2月，毛泽东考察完湖南农民运动之后来到武昌，写下了著名的《菩萨蛮·登黄鹤楼》：“茫茫九派流中国，沉沉一线穿南北。烟雨莽苍苍，龟蛇锁大江。黄鹤知何去？剩有游人处。”⑤ 表达了一代革命家、诗人对黄鹤楼的追忆与向往。1957年9月，毛泽东作为党和国家最主要的领导人，在视察武汉长江大桥时听说湖北省准备重修黄鹤楼，

---

① （唐）崔颢：《黄鹤楼》，《唐诗鉴赏辞典》，367页，上海，上海辞书出版社，1983。

② （南宋）严羽：《沧浪诗话》。严羽为南宋诗论家、诗人。字丹丘，一字仪卿，自号沧浪逋客，邵武（今属福建）人。生卒年不详，据其诗可推知他主要生活于理宗在位期间，至度宗即位时仍在世。他与同宗严仁、严参齐名，号“三严”；又由于严肃、严参等8人均有诗名，故号“九严”。著有《沧浪先生吟卷》，《沧浪诗话》则附于诗集之后。

③ （清）沈德潜：《唐诗别裁集》。

④ 参见小小编著：《中国南方北方游》（南方卷），126页，北京，中国电影出版社，2005。

⑤ 毛泽东：《菩萨蛮·登黄鹤楼》，《毛主席语录、毛主席的五篇著作、毛主席诗词》，4页，北京，人民出版社，1969。

便对陪同的湖北省委书记王任重说："应当重修黄鹤楼，这是历史古物。"① 事后，国家铁道部即拨款80万元作为重修黄鹤楼的经费。

黄鹤楼是古典与现代熔铸、诗化与美意构筑的精品。1981年10月，湖北省省府所在地武汉市人民政府决定重建黄鹤楼，全面推进湖北省暨武汉市的改革开放步伐，到1985年6月，黄鹤楼顺利落成并向中外游客开放。黄鹤楼主楼以清代同治时期的黄鹤楼为蓝本，因而这是一座采用现代材料和工艺修建的仿古建筑，使得新建的黄鹤楼气势磅礴，高大雄伟、金碧辉煌。新黄鹤楼比旧楼更加壮观，它的平面设计为四边套八边形，谓之"四面八方"。这些数字透露出古建筑文化中，数目的象征和伦理表意的功能。从楼的纵向看，各层排檐与楼名直接有关，形如黄鹤，展翅欲飞。整个楼体飞檐5层，楼内实际上有9层，因为中国古代称单数为阳数，"9"为阳数之首，又与汉字长久的"久"同音，具有"天长地久"、"九五至尊"的寓意。走进黄鹤楼公园，首先映入眼帘的是一个元代的"胜像白塔"，它是从黄鹤楼原遗址搬迁过来的。黄鹤楼攒尖楼顶，金色琉璃瓦屋面，楼身通高51.4米（比古楼高出近20米），底层边宽30米，顶层边宽18米，全楼各层布置有大型壁画、楹联、文物等。黄鹤楼黄瓦红墙，形似巨塔，飞檐凌空，翘角斗拱，突兀向上，拔地而起，非常壮观。"黄鹤楼"三字匾额嵌在顶层檐下，非举头仰望不得见，更像是整楼的眉目，激起了它的灵性与神韵。在底层檐下有一块匾，上书"气吞云梦"四个遒劲有力的大字。整个建筑具有独特的民族风格，内部每层风格各不相同。譬如，主楼台基用花岗石贴面铺地，洁白的花色栏杆环绕着台座。台前铜质的"黄鹤归来"造型精致，栩栩如生；楼的四周种植了苍松、古槐、翠柏、香樟、紫竹，并堆石造景，使得整个黄鹤楼古朴秀丽。黄鹤楼底层为一高大宽敞的大厅，其正中藻井高达10多米，正面壁上为一幅巨大的"白云黄鹤"陶瓷壁画，两旁立柱上悬挂着长达7米的楹联："爽气西来，云雾扫开天地撼；大江东去，波涛洗净古今愁。"二楼大厅正面墙上，有用大理石镌刻的唐代阎伯瑾撰写的《黄

---

① 莫元钦：《王任重和毛泽东相处的日子》，载《党史天地》，2008（2）。

鹤楼记》，它记载了黄鹤楼兴废沿革和名人轶事；楼记两侧为两幅壁画：一幅是“孙权筑城”，形象地说明黄鹤楼和武昌城相继诞生的历史。另一幅是“周瑜设宴”，反映“三国名人”到黄鹤楼的历史活动。三楼大厅的壁画为唐宋名人的“绣像画”，如崔颢、李白、白居易等，也摘录了他们“吟咏黄鹤楼”的名句。有关方面已收集到关于黄鹤楼的诗词共有1700多首，在这里仅选择了11位著名诗人的诗句。四楼大厅又用屏风分割成几个小展厅，内置当代名人字画，供游客欣赏和选购。顶层大厅有《长江万里图》等长卷、壁画。[①] 黄鹤楼除了它本身独有的建筑风格外，还增加了现代化的设备。譬如，为了方便游人登楼安装了电梯，增设了装有空调设备的接待厅，并且在每层楼都安装了音响，巡回不断地为游客播放“楚乐古曲”。楼外铸铜黄鹤造型、胜像宝塔、牌坊、轩廊、亭阁等一批辅助建筑，将主楼烘托得更加壮丽。黄鹤楼处在山川灵气动荡吐纳的交点，正好迎合了中华民族喜好登高的民风民俗、亲近自然的空间意识、崇尚宇宙的哲学意念。人们登黄鹤楼不仅仅只是为了获得愉快，更主要是使自己的心灵与宇宙意象互渗互融，从而使自己的心灵得到净化。这也许就是黄鹤楼美的魅力经风雨而不衰、与日月共长存的缘故之所在。登楼远眺“极目楚天舒”，“不尽长江滚滚来”，武汉三镇风光尽收眼底，它已成为武汉市的标志性建筑。

二

黄鹤楼是我国著名的古迹和游览胜地之一。武汉是长江流域古老文化发祥地以及荆楚文化的发源地，拥有3500多年的悠久历史，是中国历史文化名城之一。武汉古称“江夏”，东汉末年开始筑城，名称“却月城”（今汉阳龟山以北）。三国时孙权又在武昌蛇山筑城，称之为“夏口城”，唐宋时期两城基本定型。明代初汉口即为重要商埠，为我国“古代四大名镇”之一，与佛山镇、景德镇、朱仙镇齐名。

---

① ，参见伍振：《黄鹤楼上寻幽觅古》，载《中国文物报》，2009年2月27日，第4版

1911 年武昌又成为孙中山领导的辛亥革命首义地。1926 年设汉口市，1949 年三镇合并组成为武汉市。[①] 武汉位于东经 113°，北纬 30°，东西最大横距 134 公里，南北最大纵距 155 公里。武汉属于典型的亚热带气候，四季非常鲜明，夏季是一年中最长的一个季节，一般从 5 月起就可以算初夏，一直要到 10 月天气才逐渐转凉，热天几乎要持续半年，最厉害的酷暑是 7—8 月，气温最高时接近 40℃，而且空气十分湿润，素有长江带第三大“火炉”之称。[②] 随着近年植树造林和江河湖泊治理，武汉已经或正在摘掉戴了几十年“火炉”的帽子。武汉境内江流、湖泊、绿树青山密布，自然风光绚丽多彩，人文景观璀璨夺目，拥有上百处旅游景点，旅游资源非常丰富。“武汉长江大桥”雄踞于黄鹤楼前，与它隔长江相望的则是高 24 层的现代典型建筑“晴川饭店”和龟山上的“电视塔”，这组建筑交相辉映使江城更加增色。“武汉长江大桥”横跨武昌蛇山和汉阳龟山之间，是我国万里长江上的“第一座钢架桥梁”。它是我国当时在苏联专家的指导下，自己设计、自己施工建成的巨型大桥。大桥全长 1670 米，正桥长 1156 米，分 9 孔，每孔长 128 米，分上下两层，上层是公路、下层为铁路的两用桥。大桥上的公路路面宽达 18 米，可以并列行驶 6 部汽车，两侧设有人行道。1957 年 10 月建成通车，把大江南北的铁路网连接起来，实现了毛泽东所说的“天堑变通途”。[③] 黄鹤楼占地 535 亩，其中绿地面积443 亩，绿地率达 82. 83%。黄鹤楼所在的蛇山一带辟为黄鹤楼公园，种植了许多花草树木，还有一些牌坊、轩、亭、廊等建筑。公园历届领导班子按照武汉市委、市政府“以楼建园，边开放，边建设”的要求，精心规划狠抓发展，着力于公园景观建设和保护。1985 年建成了以主楼为主体的西区，1987 年建成了以诗词碑廊为主体的具有丰富文化内涵的南区，1991 年建成了柏松园、杜鹃园、梅园等以植物造

---

① 参见张武冰、晋淑兰主编、小小编著：《中国南方北方游》（南方卷），126 页，北京，中国电影出版社，2005。

② 《新编实用中国地图册》，60 页，北京，中国地图出版社，2006 年。

③ 参见小小编著：《中国南方北方游》（南方卷），127 页，北京，中国电影出版社，2005。

景为主的北区，1992年建成了以岳飞广场为主体的东区，2000年后又对移交过来的“首义公园”进行景点改造，2003年建成植物专类园——紫微苑。自黄鹤楼重建20多年来，文化建设方面先后收藏了100多位当代书画家的作品，出版了10多本黄鹤楼系列文化丛书。作为外事活动的窗口，自开放以来已有胡锦涛、吴邦国、温家宝、吴官正、李先念、杨尚昆、李鹏、朱镕基、李瑞环等90余位党和国家领导人以及日本前首相中曾根康弘、海部俊树，新加坡前总理吴作栋，法国前总理阿兰·朱佩，斯里兰卡前总理班达拉奈克夫人等一批外国政要到黄鹤楼参观访问和观光游览。开放迄今已接待中外游客4000余万人次，累计创收4.3亿元，取得了良好的社会效益和经济效益。①

簇拥黄鹤楼周边有众多的文物古迹和名胜景点。1986年12月8日武汉市被国家命名为“历史文化名城”；仅被国家、湖北省和武汉市三级政府公布为“文物保护单位”的就有87处。其中，有“革命遗址及革命纪念建筑物”52处，“古建筑及历史性建筑物”17处、“石窟、石刻”2处，“古文化遗址”9处，“古墓葬”7处。以上属“国家级”3处、属“省级”58处、属“市级”26处。其中，除了闻名遐迩的黄鹤楼之外，还有许多很有名气的古建筑和流芳千古的遗迹。譬如，南楼，旧时有白云楼、安远楼、瑰月楼、楚观楼诸称，它与黄鹤楼、头陀寺、北榭并称为古时蛇山“四大楼台”。现在的南楼系1985年重建，位于公园南区黄鹤楼东南185米处。南楼背山面南，面阔5间，长16.5米，进深3间，宽7.5米，高9.5米，上下2层，钢筋水泥仿砖木结构，歇山式顶，重檐飞角，青瓦朱楹，前加抱复，6圆柱，轩敞明洁。楼前有一棵百年古树，给南楼平添古朴之色。白云阁坐落在蛇山高观山山顶，在黄鹤楼以东约274米处，海拔75.5米，阁高41.7米，是观赏黄鹤楼、蛇山、长江的极佳景点。白云阁在历史上曾是南楼的别称，阁名源于唐代诗人崔颢“黄鹤一去不复返，白云千载空悠悠”的诗句。1992年1月竣工的白云阁外观为塔楼式，呈

---

① 数据资料来源于黄鹤楼公园管理处对外的公布数字，《黄鹤楼公园》2007年3月27日。

“T”字形，坐北朝南，占地面积695平方米，阁名由著名史学家周谷城书写。“毛泽东词亭”坐落在南楼东南侧，位于黄鹤楼东南206米，白云阁西南90米处。毛泽东对“白云黄鹤之乡”特别钟情，他36次来武汉并多次登临蛇山，18次畅游长江武汉段，1956年6月1日毛泽东从黄鹤楼故址入水首次畅游长江，6月3—4日又两次到江中畅游，写下了气势磅礴、豪情满怀的光辉诗篇：“才饮长沙水，又食武昌鱼。万里长江横渡，极目楚天舒。不管风吹浪打，胜似闲庭信步，今日得宽余。子在川上曰：逝者如斯夫！风樯动，龟蛇静，起宏图。一桥飞架南北，天堑变通途。更立西江石壁，截断巫山云雨，高峡出平湖，神女应无恙，当惊世界殊。”① 坐北朝南的词亭建成于1992年，长、宽各6.6米，高9.5米，为四角攒尖重檐舒翼，亭中央矗立一块高3.2米、宽1.8米的大型青石碑，南北两面分别镌有毛泽东1927年春登蛇山时填写的《菩萨蛮·登黄鹤楼》以及1956年6月畅游长江后填写的《水调歌头·游泳》。鹅碑亭位于黄鹤楼以东245米处，在蛇山黄鹄矶上有清代流传下来的一笔草成的“鹅”字刻石一方，传说书圣王羲之在黄鹤楼下养过鹅群，有次情不自禁地写下此字。1986年风景区将依拓本重新制作的“鹅字碑”立于形如弯月的鹅池东端，在碑的北侧建一石拱桥，并以碑作亭壁建六角亭，亭以碑命名。岳武穆遗像亭（即岳飞亭），位于黄鹤楼西面574米处，南宋抗金名将岳飞曾在黄鹤楼下的鄂州（今武昌）屯兵镇守达7年之久，其所填《满江红·登黄鹤楼有感》词即出自这一时期。岳武穆像亭坐北朝南木石结构，亭为六角攒尖，高6米，亭檐匾额“岳武穆遗像栾”，临面石柱上刻有对联，曰：“撼山抑何易，撼军抑何难，愿忠魂常镇荆湖，护持江汉雄风，大业先从三户起；文官不爱钱，武官不怕死，奉谠论复兴家国，留得乾坤正气，新猷端自四维张。”胜像宝塔（又称白塔、元代白塔），原在蛇山西首黄鹤楼故址前的“黄鹄矶头”。1955年修建武汉长江大桥时，将其拆迁至蛇山西部、京广铁路线桥旁。1984年迁入风景区大门

① 毛泽东：《水调歌头·游泳》，见《毛主席语录、毛主席的五篇著作、毛主席诗词》，37～38页，北京，人民出版社，1969。

入处内，位于黄鹤楼正前方约159米处，是黄鹤楼故址保存最古老、最完整的建筑。胜像宝塔建于元代至正三年（公元1343年），为威顺王宽彻普化太子建，当时是用于供奉舍利和安藏佛教法物的喇嘛塔。胜像宝塔高9.36米，座宽5.68米，采用外石内砖方式砌筑，以石砌为主。整体造型号由基座向上逐渐收缩，尺度愈缩愈小，其轮廓线条大体呈三角形。塔外观分作座、瓶、相轮、伞、宝顶5部分，宝顶为合金制作。“九九归鹤图浮雕”在黄鹤楼东南240米处，位于景区白龙池边，是国内最大的室外花岗岩浮雕。整个雕塑呈红色，99只仙鹤呈现种种不同的舞姿。浮雕依蛇山山势呈不等距“Z”形，全长38.4米，高4.8米，云蒸霞蔚、日月同辉，江流不息、生机盎然。99只不同动态的仙鹤，和谐分布在松、竹、海、灵芝、流水、岩石、云霞中。另外，陈友谅墓在湖北也很著名。陈友谅（1320—1363年）是元朝末年农民起义军领袖之一，湖北沔阳人。陈友谅本姓谢，因入赘于陈氏故改姓陈。他略通文义，曾任过县小吏。元至正十八年（公元1358年）自称“汉王”，至正二十年（公元1360年）杀徐寿辉自称皇帝，至正二十三年（公元1362年）在鄱阳湖与朱元璋大战中失利，于九江口中流矢身亡，其部下以舟载其尸还武昌，葬于蛇山南麓。① 明末以后几经整修，1981年重新修复。陈友谅墓坐北朝南，墓前立水泥镶嵌的麻石墓碑高2米，上书“大汉陈友谅”。墓前建有牌坊，前额书“江汉先英”，后额书“三楚雄风”。

加强对黄鹤楼风景名胜区的规范化管理。黄鹤楼作为湖北省武汉市的标志，已被世人所共识，而以黄鹤楼为主体的黄鹤楼公园现已成为集人文观光、休闲、娱乐、度假于一身的综合性风景区。黄鹤楼公园已跻身武汉市“十强”企业，先后获得国家4A级旅游风景区、国家旅游“先进集体”、中国“旅游胜地四十佳”以及省级“文明单位”等称号。2000年武汉市委、市政府把“黄鹤楼风景区可持续发展规划”，列为武汉市“十五”规划的重点建设项目。随着旅游业快速发展和“假日经济”在全国的兴起，随之而来的环境因素也成为各地旅

---

① 参见皮明庥：《湖北历史人物辞典》，139页，武汉，湖北人民出版社，1984。

游业发展的“瓶颈”，如何使环境质量和旅游经济有机地整合是景区生态的关键，汽车运行时的尾气、噪声，餐饮业的垃圾、污水，含磷污水一次性物品，森林火灾，交通事故等，都是影响和制约黄鹤楼公园发展的环境因素。要实现人与自然和谐统一，就要使这些影响环境因素得到有效持续的改善。早在1999年12月武汉市创建全国优秀旅游城市步入发动与攻坚阶段，一项与国际标准接轨的IS014000环境管理体系的认证工作，就在黄鹤楼公园悄然进行。实施IS014000标准的目的在于规范旅游经济管理，预防和减少对环境的污染和影响，合理利用风景资源，使整个公园生态环境和人文景观更具地方特色，增强黄鹤楼国家级风景区的魅力和形象，真正把黄鹤楼建成中国第一个符合可持续发展的生态型主题公园。黄鹤楼公园也确实是全国第一个花费时间最短，并通过IS014000环境管理体系认证的单位。[①] ISO14000标准是一套系统化的管理模式，它强调全过程的环境管理与控制，贯彻“预防为主，防治结合”的环保方针。通过IS014000标准认证，黄鹤楼不再使用、发售不可降解的发泡用具和“快餐餐具”；设置分类投放垃圾箱；餐饮业油烟和污水实行净化；发电机房、水泵房双层降噪隔声，黄鹤楼公园自此真正成了江城一方环保净土。黄鹤楼管理处各部门、岗位、各项工作，也因之而制定规范的运行标准，编制相应的体系文件。每项工作都有相应的责任人，责任明确，员工通过明确自己的岗位职责，工作更有积极性，能够主动向游客宣传公园的环境方针，引导游客将固废分类投放，整个单位的凝聚力也增强了。譬如，2007年“五一”节前夕，黄鹤楼执法队为做好节日期间对违法建筑、占道经营、出店经营的巡查控管，清洁公司、社区、做好街巷道路的清扫保洁和清运工作，“门前三包”工作人员做好各门点的卫生秩序，确保辖区干净整洁畅通，一次性出动车辆32台进行环境卫生整治，清理、清除暴露垃圾35处、清运垃圾28吨，清理卫生死角23处，拆除乱牵乱挂12处、消除乱停乱放16处、疏通沟道230米，清除楼道乱

① 《全国旅游景点第一家黄鹤楼通过国际环境管理体系认证》，载《长江日报》，2000年10月20日第3版。

堆乱放26处；开展了一次“牛皮癣”专项清理，铲除2690处；拆除并更新广告招牌16块，拆除违规雨阳篷13个，乱搭乱盖3处150平方米，使环境面貌整治一新。[①] 长期以来黄鹤楼公园被武汉市消防处定为“重点防火单位”，实施IS014000标准后，公园建立起一整套预防火灾控制程序，并制定了相应的作业指导书，要求每一个员工都能熟练掌握，从源头上消除了隐患。公园管理处在识别自身环境因素时，发现投入使用的消防器材有部分为“哈龙型灭火器”，尽管国家还未禁止使用，公园管理处决定一次性更换为“环保型灭火器”材，并通过和消防处与生产商联系，实现了整个公园所使用的灭火器均为环保型。

---

① 资料来源于黄鹤楼街：《黄鹤楼街强力打造安全、整洁、和谐的节日环境》，2007年4月27日。

湖南洞庭湖、岳阳楼名胜文化景观

一

洞庭湖古称“云梦泽”，是我国第二大淡水湖。洞庭湖“碧水共长天一色，落霞与孤鹜齐飞”①，属于人所共知的绝佳美景。湖中有山名曰“洞庭”，“洞庭湖”因之而得名。孟浩然《临洞庭》中的“气蒸云梦泽，波撼岳阳城”②，就是写洞庭湖的名句。洞庭湖为雪峰山脉陷落部分的盆地，经河流长期冲积变化而成。以洞庭湖为界，南边为湖南省，北边为湖北省。其南有湘江、资水、沅水、澧水四大水系汇入，北有松滋、太平、藕池、调弦四口与长江相通，湖水最后在岳阳城陵矶注入长江。洞庭湖犹如一个天然的大水库，广纳四水，吞吐长江，号称“八百里洞庭湖”，面积3900平方公里。③ 因洞庭湖之大，才有“洞庭天下水”④ 的说法。洞庭湖浩瀚迂回，山峦突兀，它的最大的特点就是湖外有湖、湖中有山，渔帆点点，芦叶青青，水天一色，鸥鹭翔飞。春秋四时之景不同，一日之中变化万千。范仲淹在描述洞庭湖时说：“衔远山，吞长江，浩浩荡荡，横无际涯；朝晖夕阴，气

---

① （唐）王勃：《滕王阁诗序》。王勃（649—676年），唐代诗人。字子安。绛州龙门（今山西河津）人。王勃与于龙以诗文齐名，亦称“初唐二杰”。

② 转引自周艺文等主编：《芙蓉之旅》，58页，长沙，湖南地图出版社，2001。

③ 参见小小编著：《中国南方北方游》（南方卷），116页，北京，中国电影出版社，2005。

④ 陈国：《岳阳天下楼》，载《中国国土资源报》，2008年5月7日第9版。

象万千。”[①]“潇湘八景”中的“平湖秋月”、“远浦归帆”、“平沙落雁”、“渔村夕照”、“江天暮雪”等，尽在洞庭一湖中。[②]这里自古以来每年都举办盛大的龙舟节，通过龙舟竞渡纪念屈原。秦楚襄王二十一年（公元前278年），楚国都城郢被秦国攻占，爱国诗人屈原自感救国无望，在极度悲愤的情况下于农历五月初五，在汨罗江下游的河泊潭怀沙自沉，以身殉国。沿岸群众闻讯后纷纷引舟抢救。此后，每年的这一天，人们都要举行龙舟竞渡祭奠屈原，相沿成俗经久不衰，并逐步辐射到神州大地。1984年国家体委将龙舟竞渡列为全国正式比赛项目，1995年6月首届世界龙舟锦标赛在岳阳市南湖隆重举行，从此龙舟竞渡以崭新的面貌走向世界。岳阳在东洞庭湖的岸边，是湖南省唯一的临江城市，也是我国的历史文化名城之一。[③]岳阳市先后被国家批准为沿江对外开放城市、国家历史文化名城、中国优秀旅游城市、国家卫生城市和国家园林城市。

洞庭湖是我国国家级自然保护区。东洞庭湖和周围的沼泽地，1984年12月被湖南省人民政府指定为自然保护区。东洞庭湖自然保护区面积为13 280公顷，约占该湿地总面积的三分之一。1994年晋升为“国家级自然保护区”，主要保护对象为湿地和珍稀鸟类。1992年7月31日东洞庭湖被列入“世界重要湿地名录”。《国际湿地公约》共收录包括东洞庭湖在内的中国7个国际重要湿地自然保护区，主要保护洞庭湖湿地生态环境和鸟类资源。根据科学考察，已记录到鸟类16目43科234种。其中，属于国家一级保护的鸟类有白鹤、白头鹳、黑鹳、大鸨、中华秋沙鸭、白尾海雕7种；二级保护鸟类的有小天鹅、鸳鸯、白枕鹤、灰鹤等31种，国际协约指定保护的有59种，特别是小白额雁，占全球野生种群数量的80%。属于两栖类、腹足类、软体类、瓣鳃类等水生动物有68种。区内有植物115科159属1186种。

---

① （北宋）范仲淹：《岳阳楼记》，见《中学文言文评析注释》（初中部分），197页，兰州，甘肃人民出版社，1983。

② 参见刘耀编著：《中国绝色风景》，237页，北京，中国长安出版社，2006。

③ 参见小小编著：《中国南方北方游》（南方卷），115页，北京，中国电影出版社，2005。

东洞庭湖丰富的自然资源引起全世界的广泛关注和重视，被誉为“长江中游的明珠”、“拯救濒危物种的希望地”。另据有关资料显示，东洞庭湖有131种水生植物，隶属40科75属。大片湿草地的优势种有短尖苔草和草；湿地周围为稻田和其他作物。已记录到鱼类12目23科200种，包括中华鲟、白鲟、刀鲚、鲤、鲫、银鲻、鲂和鲥鱼，其中20多种有经济价值，保护的鱼类包括中华鲟和白鲟。洞庭湖里盛产鲤、鲫、鳙、鲢、鳊、鳜、银鱼、凤尾鱼和虾、蟹、龟、鳖、鳝、鳗、鳅、蚌等百余种水产，还生长着珍稀的白鳍豚。洞庭湖中最大的鱼是鲟鱼，重达两三百公斤；最小而又最名贵的是银鱼。据传清雍正、乾隆二帝在游江南时均曾品尝过银鱼，对其评价甚高。洞庭湖的“湖中湖”莲湖盛产驰名中外的“湘莲”，颗粒饱满、肉质鲜嫩，历代被视为莲中之珍。每当荷花盛开季节，满湖荷叶衬托着婷婷玉立的花朵素雅高洁，“出污泥而不染，濯清涟而不妖”①，泛舟采莲是一项很有特色的旅游项目，吸引了来自日本、美国、俄罗斯、芬兰、挪威、澳大利亚、韩国及国内的专家与游客。

二

岳阳是一座有着2500多年历史的文化名城。“岳阳”的意思是“天岳之阳”，这里的“阳”是指山的南面，天岳即幕阜山的别称。岳阳为历代封建王朝郡府所在地，“江湖之胜，巴陵兼有之”②。春秋战国时，岳阳属楚国。秦统一全国后，岳阳划归长沙郡。晋武帝太康元年（公元280年），始建巴陵县。南朝时设巴陵郡，因而岳阳古称巴陵。隋唐时，改巴陵为岳州。明清两朝称岳州府，光绪二十五年（公元1899年）开辟为通商口岸。民国二年（公元1913年）改称岳阳县。1961年经国务院批准设岳阳市。总面积1.5万平方公里，总人口

① （北宋）周敦颐：《爱莲说》。原文为：“水陆草木之花，可爱者甚蕃。晋陶渊明独爱菊；自李唐来，世人皆爱牡丹；予独爱莲之出淤泥而不染，濯清涟而不妖，中通外直，不蔓不枝，香远益清，亭亭净植，可远观而不可亵玩焉。”

② （明）隆庆年间刻本《岳州府志》。

530万，其中，市区面积84平方公里，城市人口70余万人。[①] 岳阳的标志性建筑为岳阳楼，与武昌的黄鹤楼，南昌的“腾王阁”齐名，素有“江南三大名楼”之首的美称。岳阳楼始建于公元220年前后，距今已有1700多年的历史。三国时期为鲁肃的阅军楼；南北朝时期称巴陵城楼；初唐时期称南楼；中唐时期李白对其赋诗后，始称岳阳楼。唐开元四年（公元716年）进行扩建，最终定名为“岳阳楼”。

岳阳楼享有“洞庭天下水，岳阳天下楼”[②] 之盛誉。岳阳楼是江南三大名楼中唯一保持原址原貌的“国家级文物保护单位”。雄踞岳阳市西门城头的岳阳楼建筑精巧雄伟，是我国古建筑中的瑰宝。北宋庆历四年（公元1044年），滕子京被贬至岳州，当时的岳阳楼已经坍塌。巴陵郡守滕子京到任不足1年，即做到了“政通人和，百废待兴”。他在岳州任职3年，至少做了4件大事：一是保护文物，集资重修了岳阳楼；二是兴办教育，兴建了岳州学宫；三是治理水患，构筑了防洪堤；四是便利交通，修筑了通和桥。滕子京真正做到了“不以物喜，不以己悲”[③]。滕子京也是一位很有才学的人，他在岳阳楼落成之时凭栏远眺，不禁诗兴大发写了一首词：“湖水连天天连水，秋来分外澄清。君山自是小蓬瀛。气蒸云梦泽，波撼岳阳城。帝子有灵能鼓瑟，凄然依旧伤情。微闻兰芷动芳馨，曲终人不见，江上数峰青。”[④] 59个字写景抒情很有气势。滕子京重修的岳阳楼，在明崇祯十一年（公元1639年）毁于战火，翌年重修。清代多次进行过修缮。譬如，岳阳楼是一座木结构建筑，清同治六年（公元1867年）重建，数度遭水患兵乱，屡废屡修。最终留下来的岳阳楼为清光绪六年（公元1880年）知府张德容进行的一次大规模的整修，并将楼址内迁6丈有余。岳阳楼高25.35米，宽为17.2米，进深15.60米，占地251平方米，平面呈长方形。全楼系纯木结构无一颗铆钉，没有一块砖石，也没有一道横梁，工艺甚为精湛。全楼以4根楠木大柱从地到顶承载

---

① 参见周艺文等主编：《芙蓉之旅》，55页，长沙，湖南地图出版社，2001。
② 陈国：《岳阳天下楼》，载《中国国土资源报》，2008年5月7日第9版。
③ 何强：《阅读岳阳楼》，载《中国文物报》，2008年1月11日第4版。
④ 陈国：《岳阳天下楼》，载《中国国土资源报》，2008年5月7日第9版。

大部分重量，内围12根金柱支撑二楼，外围绕以20根檐柱彼此钳制为整体。[①] 岳阳楼的建筑很有特色，第一层脊上饰以茶花、莲蓬，翘首为凤凰，名曰“茶花护凤”；第二层脊上饰以海藻，翘首为昂首的龙头，名曰“海藻绕龙”；第三层脊上饰以卷草，翘首为回纹形如意祥云，名曰“龙凤呈祥”。三楼的形状如蜂窝的“如意斗拱”，不但富有民族地方特色，而且起到了荷重承力、拱托楼顶的作用。楼顶如古代将军的头盔，上铺黄色琉璃瓦，极为雄伟壮丽。[②] 楼内藏有历代名家诗篇匾额联语，其中，包括清代乾隆年间大书法家张照所写的《岳阳楼记》全文，它刻在一个由12块紫檀木板组成的木屏上，放置在一楼大厅里甚为珍贵。新中国成立后，人民政府多次进行维修，1983年又进行了一次落架重修，把已腐朽的构件按原件复制更新。岳阳楼所处的位置极好，它屹立于岳阳古城之上，背靠岳阳城，俯瞰洞庭湖，遥对君山岛，北依万里长江，南通湘江，登楼远眺，一碧无垠，白帆点点，云影波光，气象万千。

岳阳楼名声远播得益于北宋著名文学家范仲淹写的不朽散文《岳阳楼记》。北宋庆历六年（公元1046年）六月十五日，滕子京给范仲淹写了一封亲笔信，信中详细地介绍了岳阳楼重修后的情况，并附《洞庭秋晚图》一本，恳请范仲淹为重修的岳阳楼作记。范仲淹应滕子京之请，写就了这篇传世之作《岳阳楼记》：“庆历四年春，滕子京谪守巴陵郡。越明年，政通人和，百废俱兴，乃重修岳阳楼，增其旧制，刻唐贤今人诗赋于其上，属予作文以记之。予观夫巴陵胜状，在洞庭一湖。衔远山，吞长江，浩浩汤汤，横无际涯；朝晖夕阴，气象万千。此则岳阳楼之大观也。前人之述备矣。然则北通巫峡，南极潇湘，迁客骚人，多会于此，览物之情，得无异乎？若夫霪雨霏霏，连月不开，阴风怒号，浊浪排空；日星隐耀，山岳潜形；商旅不行，樯倾楫摧；薄暮冥冥，虎啸猿啼。登斯楼也，则有去国怀乡，忧谗畏讥，满目萧然，感极而悲者矣。至若春和景明，波澜不惊，上下天光，一

---

① 参见李昆、海鸥：《湖南湖北行知书》，136页，广州，广东旅游出版社，2005。

② 参见周艺文等主编：《芙蓉之旅》，57页，长沙，湖南地图出版社，2001。

碧万顷；沙鸥翔集，锦鳞游泳，岸芷汀兰，郁郁青青。而或长烟一空，皓月千里，浮光跃金，静影沉璧，渔歌互答，此乐何极！登斯楼也，则有心旷神怡，宠辱皆忘，把酒临风，其喜洋洋者矣。嗟夫！予尝求古仁人之心，或异二者之为，何哉？不以物喜，不以己悲；居庙堂之高，则忧其民；处江湖之远则忧其君。是进亦忧，退亦忧；然则何时而乐耶？其必曰：'先天下之忧而忧，后天下之乐而乐'乎。噫！微斯人，吾谁与归！"[①] 文情并茂的360字，读之感人肺腑，文中许多警句已成为后人处世待人的格言。尤其是其中的"先天下之忧而忧，后天下之乐而乐"两句，更为后人所传诵。悬挂在岳阳楼上方的匾额为郭沫若手书。历史上的著名诗人，如杜甫、韩愈、刘禹锡、白居易、李商隐等，均登临岳阳楼览胜，留下了不少名篇佳作，使岳阳楼传播遐迩、名扬天下。岳阳楼下还有一个著名的诗书碑廊，该碑廊全长百米，式样为仿古回廊，古朴、庄重、典雅。

三

君山在岳阳市西南15公里的洞庭湖中，是一座面积不足1平方公里的小岛，最高处海拔63.5米。君山原名湘山、洞府山，取意神仙"洞府之庭"。传说这座洞庭山浮于水上，其下有金堂数百间，玉女居之，四时闻金石丝竹之声，砌于山顶。自然这些浪漫的神话传说不足为信。只因舜帝的两个妃子娥皇、女英埋葬于此，屈原又在《九歌》中称之为"湘君"和"湘夫人"，故后人便将此山改名为"君山"。[②] 君山与岳阳楼遥遥相望，是中国重点风景名胜区。君山湖光因山色生胜，风景与名胜争妙：奇景异物洞庭秋月、君山银针、湘妃竹、金龟和铸鼎台、秦皇印、酒香亭、柳毅井、飞来钟等文物古迹，实在是名震天下。君山自1979年辟为公园以来，倍受游人青睐，每年数以十万

---

① （北宋）范仲淹：《岳阳楼记》，见《中学文言文评析注释》（初中部分），197～198页，兰州，甘肃人民出版社，1983。

② 参见小小编著：《中国南方北方游》（南方卷），117页，北京，中国电影出版社，2005。

计的客人慕名而至。据清光绪年间修撰的《巴陵县志》记载，君山原有许多碑刻。1992年修建的“君山碑林”，就在“二妃墓”与“湘妃祠”的交界处。君山碑林长85米、宽60米，占地面积5200平方米，把历史和现代名人的名诗、记文、书法、刻石融为一体，再以景点植物的密切配合，达到意、物、景相映生辉的意境，给人以良辰、美景、赏心、乐事之感觉。君山的竹子历来很有名气，有斑竹、罗汉竹、方竹、实心竹、紫竹、毛竹等。毛泽东曾于1961年写下了脍炙人口的《七律·答友人》一诗：“斑竹一枝千滴泪，红霞万朵百重衣。”① 君山碑林由盝顶小亭、四方重檐攒顶小亭及长78米、宽2.5米单、双面盝顶长廊组成；另外配以碑塔、塑石碑涯、双面壁照、自然刻碑等。其中，碑塔高三层，塑石碑最高达10米，最低不低于4米，占地350平方米；双面壁照宽15米、高2米；六方碑、四方碑、二方碑计200余块。整个碑林按时空顺序分为几个时代：从二妃墓上古时代开始，接着是屈原的先秦时代、唐宋时代、元明清时代、现当代，到湘妃祠结束，从而完成了君山整个历史文化体系的编撰。君山碑林建筑借景于湘妃祠和二妃墓之间，前临洞庭湖，大有观湖之势；后有青山作屏，以苍松翠竹为秀；左右有物，前后有景，只身于碑林中。小巧、江南风格的白墙青瓦长廊与碑亭、自然石的碑刻、登台的碑塔、壁照与松竹相映，上有青瓦红墙的祠庙，下有长廊亭台的碑塔，别有一番诗情画意，形成了一个统一的规模景点。这些碑刻记述了历史，反映了各个时期人们登山览胜的不同心境。碑文兼诗歌、散文、对联诸体，书法汇楷、篆、隶百家，给人以知识的启迪、艺术的享受。“湖光秋月两相和，潭面无风镜未磨。遥望洞庭山水色，白银盘里一青螺。”② 这是唐代诗人刘禹锡描摹洞庭君山岛的最贴切写照。君山由72座山头组成，相传这些山头系由青螺变化而来。君山银针与君山金龟、洞庭银鱼，一起被称为“君山三宝”。其中，君山银针原名白鹤茶。据传初

---

① 毛泽东：《七律·答友人》，见《毛主席语录、毛主席的五篇著作、毛主席诗词》，47页，北京，人民出版社，1969。

② （唐）刘禹锡：《望洞庭》，见《唐诗鉴赏辞典》，851页，上海，上海辞书出版社，1983。

唐时有一位名叫白鹤真人的云游道士从海外仙山归来，随身带了 8 株神仙赐予的茶苗将它种在君山岛上。后来他修起了巍峨壮观的白鹤寺，又挖了一口白鹤井。白鹤真人取白鹤井水冲泡仙茶，只见杯中一股白气袅袅上升，水气中一只白鹤冲天而去，此茶由此得名“白鹤茶”。又因为此茶颜色金黄，形似黄雀的翎毛，所以别名“黄翎毛”。后来，此茶传到长安深得天子宠爱，遂将白鹤茶与白鹤井水定为贡品。有一年进贡时船过长江，由于风浪颠簸把随船带来的白鹤井水给泼掉了。押船的州官吓得面如土色，急中生智只好取江水鱼目混珠。运到长安后皇帝泡茶，只见茶叶上下浮沉却不见白鹤冲天心中纳闷，随口说道：“白鹤居然死了！”岂料金口一开即为玉言，从此白鹤井的井水就枯竭了，白鹤真人也不知所踪。但是白鹤茶却流传下来，即是今天的“君山银针茶”。相传文成公主出嫁西藏时就曾选带了君山茶；乾隆皇帝下江南时品尝到“君山银针”后十分赞许。

二妃墓在君山岛东麓与岳阳古城隔湖相望。传说“二妃”是我国原始社会末期（距今 4000 多年前）皇帝尧的两个女儿。当时社会实行禅让制，尧帝觉得舜很有才能想传位给舜，为对舜进行 3 年考察，便把自己的女儿娥皇、女英嫁给了舜。舜在娥皇、女英的帮助下，顺利地度过了考察期，继尧之后登上帝位，成为我国上古时期最有作为的五帝之一。据司马迁《史记·五帝本纪》记载：舜“践帝三十九年，南巡狩，崩于苍梧之野，葬于江南九嶷（今湖南宁远县九嶷山，因九峰相似莫能辨，故名又称苍梧山），是为零陵”①。《淮南子·修务训》曰：“舜，南征三苗，遂死苍梧。”②《山海经·海内南经》也曰：“苍梧之山，帝舜葬于阳，弟丹朱葬于阴。”③ 据说当时舜帝的二妃娥皇、女英见丈夫久出未归，于是四处寻找来到了洞庭湖的君山，忽闻舜帝不幸去世的噩耗，望着水云弥漫的洞庭湖路断波横，招魂无处，不禁肝肠寸断，忧伤成疾，不治身亡葬在这里，于是就有“舜帝二妃

---

① （汉）司马迁：《史记》，7 页，长沙，岳麓书社，1988。

② （西汉）淮南王刘安：《淮南子·修务训》卷十九。

③ 《山海经·海内南经》卷十五。作者不详，在东汉刘秀《上山海经表》中，主张该书出于唐虞之际，系禹、益所作。

之墓”。鉴于舜的两个妃子的功德，汉代刘向《列女传·母仪篇》推为第102妃。二妃墓历经沧桑多次修缮，据光绪《巴陵县志》记载：清光绪七年（公元1881年）九月钦差大臣太子少保，兵部左侍郎兼两江总督彭玉麟在巡视长江时，来到君山捐款进行了一次大的维修。墓为石砌，前立石柱，上雕麒麟、雄狮、大象，中竖墓碑，彭玉麟亲笔镌刻“舜帝二妃之墓”碑文。墓前10米处有一对石引柱，上面刻有民国七年（公元1918年）舒绍亮题写的一副对联：“君妃二魄芳千古，山竹诸斑泪一人。”① 如果仔细地观察这副石刻，便可发现分刻于两根石柱上的对联字迹不同，原来上联在“文化大革命”期间被毁，现存的石刻上联是复制的。这副石刻对联把人们对二妃的怀念、爱戴之情表达得深切感人。1971年二妃墓曾经被深掘过一次，开挖到两丈多深时，发现有一条7寸长的空心金龙，造型美观，约百余克，现存放在湖南省博物馆，为我国珍贵的历史文物。为了继承和弘扬历史文化、保护文物古迹，1979年人民政府拨款又进行了一次全面的大维修，保持原貌并增其旧制，只是将墓上移两丈多，在墓碑前置一石刻香炉，八字牌坊上雕刻花卉或刻麒麟、狮、象。一条1.5米宽的祭道用麻石铺砌而成，两旁石碑上刻有东汉时期刘向《列女传》中的二画像，屈原《九歌》中的《湘君》、《湘夫人》以及历代文人的诗词题记。另外，清代陶澎临摹道光手书的“印心石屋”刻石也镶嵌其中，从而使这座古墓更加庄严、肃穆。

湘妃祠是为纪念舜帝二妃而建的。它坐落在二妃墓的东北侧，濒临东洞庭湖，后以苍松翠柏为屏，祠宇为三进庭院式。据《史记·秦本纪第六》记载：“始皇二十八年（公元前219年）浮江至湘山祠”②。《湘君庙纪略》载有：“昔人有立湘君祠于此山，复谓之君山，其庙宇为秦王毁废后，亦久无构置。”③ 南宋嘉定四年（公元1211年）李邕为岳州知府，他与参军茅无竟等为纪念舜帝的两个妃子在君山修建湘

① 刘耀编著：《中国绝色风景》，239页，北京，中国长安出版社，2006。

② （汉）司马迁：《史记》，59页，长沙，岳麓书社，1988。

③ （唐）李密思：《湘君庙纪略》。

君庙，内供湘君神像。清道光年间《洞庭湖志》载，“明弘治五年（公元1492年）初通判李士侪重修拓其制中为大殿，后为懿范宫，前为门周围缭以撰”①；明嘉靖初（公元1522年）郡守韩士英重修。到清同治十二年（公元1873年），张之洞出任湖广总督，他为巡阅水师来到洞庭湖游览了君山，整修了湘妃祠。该祠在“文化大革命”时期被毁。现在的湘妃祠是以《巴陵县志》嘉庆九年图舆为蓝本，以清式砖木结构的单檐殿宇、一轴线为主本庭院式、两边为砖石结构的骑马墙、三进殿宇相对封闭空间的布局手法重建的，总建筑面积1003.8平方米，1986年9月1日竣工并对外开放。整个湘妃祠均用民间小青瓦盖面，素而古朴。白的院墙、青色的屋面，与青山遥相呼应；祠的大门采用红墙，红墙的庄重、吉祥，给人们一种神秘、幽深的气氛。湘妃祠整体结构为三进制，一进为四柱、三间、三殿牌楼式，金黄色的琉璃瓦，深红色的墙面雕着各式各样的浮雕，两侧采用双弹弓垛的骑马墙，两层小青瓦重叠形如古代的弓一般，再在前后两头雕刻龙头龙尾。进门的正面是白色花岗岩的石鼓拱门，前面一对汉白玉的石狮，给湘妃祠增加了十分神秘的色彩。湘妃祠大门的墙上方，由两条龙捧着“湘妃祠”三个金色大字，东边是五只羊在草地上看日出，这图案叫“五羊看日”；西面是犀牛望月，岳阳地方称之为日月同辉图。南面的红墙上为九嶷山图，北面是烟波水浮的君山。一进门正面悬有清朝湖广总督张之洞撰写的长联，全联共400字，号称天下第一联。二进为前殿，有武将镇守，两边是厢房。金字垛的骑马墙上雕有蝙蝠、寿桃，蝠是福的同声，为福寿的意思。三进的殿台上雕刻着如意兽的浮雕，它似龙非龙、似虎非虎，栏杆上雕刻八仙所用的工具，民间称为“暗八仙”。正殿上方悬挂有一块黑底金字匾，上书“渊德侯”，相传娥皇、女英投水后被天帝封神为“渊德后”。张之洞修复湘妃庙时尊湘妃二神为“渊德侯”，故有此匾。走进正殿，香雾缭绕，大殿内台上供奉有二妃塑像，4尊侍女塑分立两旁。

龙涎井是飞来钟下面的一口古井。龙涎井的传说由来已久，因为

---

① （清）陶澍：《洞庭湖志》。

君山地形酷似乌龙卧水，龙涎井前方为龙口，张口向南，两边钳形山嘴，岩壁拱护，似为龙的上、下腭，中间的小山为龙舌头，山势平舒，形态逼真，此山因之而得名。龙舌山下有一口水井，相传这里的井水清澈纯净且四时不涸，是龙舌头上面一点点滴下的涎水，故称龙涎井。这一富有传奇色彩的雅名，对君山的地形作了形神毕现的生动概括。据传当年湘妃寻夫至君山口渴异常，她们对爱情的忠贞感动了洞庭湖中的乌龙。乌龙化作一座小山张开双腭、伸出舌头，让龙涎滴出并滴在山角下，化成一口古井。湘妃见到古井，饱喝了一顿井中的甘甜龙涎，顿觉精神振奋。后来湘妃投湖自尽，乌龙悲伤过度化为一座小山。现在的龙涎井是岳阳市人民政府于1979年按原貌修复的。井口直径为0.84米，口上围一环龙云纹石圈，外围环状纹饰三层。井内赭黄色岩石形象龙舌，泉水从岩石上注入井内，一点一滴好似涎水。过去井水终年不涸清澈见底，冬暖夏凉，为君山泉中又一名胜。近几年，井中水量不大，附近又有清甜甘美的柳毅井水，所以居民很少汲它饮用。在距井口1米远的地方，立有一对雕龙柱坊，高3米，门宽1.4米，门楣上镌刻“龙涎井”三个苍劲有力的正楷大字，作为古迹供人们观赏。相传用龙涎井的水泡君山茶，喝了百病皆除、长生不老。古人信以为真，远道乘舟来取龙涎者络绎不绝。清人万年淳在《君山茶歌》中盛赞君山茶：“试挹龙涎烹雀舌，烹来长似君山色。”① 足以证明当时龙涎茶在贵族阶层日常茶饮中所占的地位。

柳毅井，亦称“橘井”，位于君山龙口内龙舌的根部。据《岳州府志》记载：“巴陵则有邕湖井及巴蛇、罗汉、秦皇诸井，而井之著者，又曰‘柳毅’。”②《岳阳县志》曰，桔井相传为柳传书之处（入龙宫之门）。井入口丈许，有片石作底，凿数孔以通泉，石下深不可测。崇圣祠的一个老和尚作过试验，用半斤丝线，一端系上铜钱吊下井去，丝线放完了，还未探到井底。唐代因该井旁有一棵古橘子树，故此井又名“橘井”。井旁的桔树尽管已不复存在，但善良、正直的

---

① 尧山壁：《君山品茗》，载《天津日报》，2005年5月17日第14版。

② （明）李元芳修，钟崇文纂：《岳州府志》隆庆刻本，卷十八。

柳毅却永远在民间传颂。“柳毅传书的故事”就发生在这里。故事源于唐代李朝威写的《柳毅传》，其内容为唐仪凤年间（公元676—679年），书生柳毅赴京应考落第归经泾阳，偶遇满脸泪痕的牧羊女。柳毅上前询问得知，该女为洞庭龙女下嫁泾阳君，受其残暴虐待至此。他受龙女之托送信至君山，找到橘井，在井边的橘子树上敲击三下，守门的巡海神就将他接进了龙宫。见龙君后递上书信，又代诉龙女之苦。龙君小弟钱塘君暴怒，作百丈赤龙径往泾阳，灭泾阳君接回龙女，几经曲折招柳毅为婿的故事。[①] 人们为了纪念柳毅传书，改“橘井”为“柳毅井”，并在井旁建有柳毅传书亭，柳毅传书的故事有声有色世人熟知。但故事发生地点一直争论不休，传说这口井与苏州的太湖相通，东西遥对，两山之间千里迢迢，却有“石穴潜通”，真是“乾坤吴楚双开眼”。江苏吴县东山镇的东北翁巷村亦有一口柳毅井。据考附近有龙女庙和白马土地庙，传为柳毅传书曾系白马在此。安徽太湖也有一口柳毅井，附近还有一石壁，说是柳毅传书的问讯之处。井圈苔痕斑剥，陈迹古雅，泉水香甜津芳，“旱涝无盈涸，风摇亦不浊”，是东山名泉之一。此外，湖南常德亦有一口古井，被当地人称是柳毅传书下龙宫之处，亦称柳毅井。据史学专家考证，传说中的柳毅井当归洞庭湖的君山。

香炉山原名“鸡子山”，因形似而得名。香炉山位于洞庭湖中的君山南面，面积约4亩，海拔40多米，山的底层为花岗岩，表面为黄土层，山成穹庐形，山上灌木丛生，青翠欲滴。四周峭壁如削，滔滔湖水后浪赶着前浪撞击着岩石，溅起一层层波光粼粼的水花，就好似它的腰间系着一条白色的绸带，如同一颗明珠嵌在波澜壮阔的洞庭湖上，给“八百里洞庭”和君山增添了绚丽多姿的色彩。君山为佛之胜地，人们纷纷烧香祈祷平安。天长地久水石相搏，鸡子山也就越来越小了，山势形如香炉，所以，就被当地人称其为香炉山。香炉山上有雕龙石柱，六角锷顶石亭，名曰“香椿亭”。香炉山与君山一脉相通不可分割，冬春水枯季节，一条180米长的岩埂由君山直通香炉山。

---

① 参见刘耀编著：《中国绝色风景》，236页，北京，中国长安出版社，2006。

这条岩埂原是一条山小脊，横跨于两山之间，后经千百年湖水冲洗荡涤，山脊泥土逐渐被浪涛洗尽，以至岩埂裸露，非水枯不可往来。香炉山尽管是弹丸之地，却奇异清秀，不仅是君山胜景之一，而且是过往船只躲风避险之地。香炉峰上长着许多灌木树丛，好像香炉中插着的一支支清香烛火，遇上水气蒸腾，确实有点像香烟袅袅上升的味儿，整座香炉飘浮在洞庭湖中向着君山朝拜。登上君山之巅的接待室，漫步濒湖的游廊上鸟瞰湖中的香炉峰全景，那“香炉”更是惟妙惟肖，形态逼真。有诗称赞道：“山烟细细玉云盘，散入春阴楚勾寒。我欲峰顶瞻北极，香炉不似殿中看。”① 据地质考察，香炉峰的岩石类型和君山完全一样，这表明两者均为6亿多年前的产物。尔后在7万年前的燕山地质构造运动时期，由于洞庭湖的凹陷，香炉峰伴随着君山而残留，属断裂凹陷残留山。香炉峰和君山之间相隔200多米，这中间的地段为当时的断裂破碎带。冬春水落，有一条小小的岩埂将两山紧紧相连。岩埂中间高两边低，不难看出原来的山脊经过断裂破碎，且受到湖水等各种力的作用或风化侵蚀后，山就会明显降低，两山之间现存的这条岩埂就是这样逐步形成。香炉峰与君山可谓“同龄人”，为一对双胞胎，呈现一大一小姊妹岛的景观。君山宛如“白银盘里一青螺”，香炉峰就好似无边镜盘里托着的一颗翡翠色的小螺髻，景色格外迷人，确实为洞庭名湖锦上添花。

保护岳阳楼升华岳阳楼。保护文化遗产就是保护中华悠久文明，使之永续传承的神圣事业，它与活跃的经济发展相比却是相对寂寞的行业。“岳阳楼”是通过千百年积淀形成的文化遗产，不得以经济效益的追求为目标，必须坚持“有效保护、合理利用”的原则。2004年底岳阳楼的现任当家人邹律资，提出构筑岳阳楼和谐精品景区的理念，共投入专项资金500万元，将核心景区内水泥栏杆替换为麻石镂空雕花栏杆，将水泥地面更换为青砖和三合土地面，使现代建筑材料彻底退出岳阳楼核心区，还岳阳楼一个合理更合法的环境。2005年岳阳市人大“1号提案”，使扩建岳阳楼景区建设工程提上政府议事日程，描

---

① （明）吴国伦：《香炉峰》。

绘岳阳楼发展的蓝图徐徐展开。2006 年 8 月岳阳楼景区建设开工，景区面积较过去扩大 10 倍，兴建了瞻岳门、仿古城墙、汴河街、五朝楼观、双公祠、碑廊等 30 多处景点，历时 1 年投资 3.2 亿元的景区建设全面竣工。岳阳楼管理处秉承“把门票当请柬、视游客如亲人，让游客来时激动、去时感动”的服务理念，坚持用“最优质的服务展示最优秀的文化”服务的宗旨，指导岳阳楼的各项实际工作；多方位、多层次、多视角地提出了一系列提升服务质量和服务理念的工作目标，实现了优质服务由“虚”向“实”的转变。多年来未出现一起旅游服务质量投诉事件，投诉率为“零”，涌现出了一大批顾全大局、甘受委屈、拾金不昧、见义勇为的优质服务典型以及“中国文明示范岗”、“三八”红旗、青年文明号、十杰青年文明号等优秀集体；管理处也被评为湖南省“最佳旅游区”、“湖南省文明窗口单位”、“省级文明单位”等光荣称号。①

① 参见徐亚平：《做好每件事情——记岳阳楼的当家人邹律资》，载《中国文物报》，2009 年 1 月 14 日第 3 版。

湖南凤凰古城文化景观

一

湘西凤凰城是一座风情别致的古城。山城位于群山环抱的沱江河畔，关隘雄奇。相传天方国（古印度）神鸟“菲尼斯克”满500岁后，集香木自焚，又从死灰中复生，鲜美异常，不再死。此鸟即百鸟之王凤凰也。由于湘西“凤凰古城”的西南边有一山酷似展翅腾飞的凤凰，古城因之而得名。凤凰位于湖南湘西土家族苗族自治州西南边，县治总面积1700多平方公里、人口37万，是一个以苗族、土家族为主的少数民族自治县。[①] 凤凰城有着古老的历史渊源，这里有古寺、古塔、古阁、古城墙和吊角楼、苗王城老洞，有奇山、奇石、奇水、奇泉和奇洞等。凤凰古城是一幅美丽的山水画，淡描浓抹总相宜。碧绿的江水从古老的城墙下蜿蜒流淌，翠绿的南华山麓倒映在沱江的江水中。一踏进凤凰城，就能感觉小城的确有着凤凰一样美丽迷人的风采。尤其是微雨过后的小城，空气格外的清新，远处的山峦上萦绕着一层薄雾，青翠欲滴的山林在薄雾中若隐若现。田野是绿的，山峦是绿的，沱江的水也是绿的。总之，在人的眼里满世界都是充满生机的绿色。沱江其实是绕过小城的一条河，河水清莹澄澈，河底的水草清晰可见。河上鱼舟荡漾，几只慵懒的鱼鹰随着鱼翁的号子，猛地扎进水中荡起圈圈涟漪，恰似扩展的心情。不远的河畔有几个阿妹在淘米、

① 参见游晓等：《神秘湘西旅游指南》，25页，长沙，湖南地图出版社，2002。

洗衣，阵阵“杵声”，与姑娘的欢声笑语相融。沱江上最美的要数虹桥，《廊桥一梦》的导演如看过这里的虹桥，准后悔当初选错了外景地。虹桥风雨楼始建于明洪武初年（公元1368年），长112米、宽8米、高20米，主桥3孔，跨径73米。桥体用精凿紫红砂条石与糯米拌石灰砌筑而成。自民国以来历经近百年的历史变迁，虹桥风雨楼已经是满目疮痍。2000年“广州中人企业集团”顺应凤凰旅游业发展的大趋势，投巨资重新修复虹桥风雨楼。今天的虹桥风雨楼仍然保留了原有的古朴建筑风格，宛如一座“清明上河图”。① 虹桥美得让你对每一根廊柱、每一块青砖都想拥抱，看过虹桥你会生出恋爱凤凰的欲望。那些由木柱作架、以纵横的杉木板作壁，支撑起湘西富有民族特色的独角楼，壁连着壁、檐连着檐，就像高高地悬挂在河壁上，连同木楼后面的青山倒映在沱江清澈的波光里，那和谐、淡雅的意境，只有从唐诗宋词或水墨画中才可寻见。古城所有的小路都是由“麻石条”铺就的，纵横交错成小城的血脉。每一条小巷的青石板，都被人们的脚板打磨得油光发亮，这无疑是小城岁月的见证。当我们走进临江的老街，满眼尽是陈年的砖墙和古朴的木头门槛。说是街却没有多少店铺，更没有多少招惹人眼的广告招牌。临街的多数房屋敞开着门扉和窗子，很坦然的任游客参观浏览。几束斜阳投身的光影里，偶尔有挑着山货、挎着背篓的人匆匆掠过，门边窗前不时有老妪、孩童瞪着好奇的目光，看风景的游客分明成了他们陌生的风景。在小街幽深而神秘的氛围中，油然唤起人们对一个“久远年代淳朴民风”的回忆。在凤凰城里到处能读到历史的沧桑。就是这样一座秀美的小城，历史上它曾是一座鳏寡孤独之城。中国自明清以来“无湘不成军”。清末实施“屯田养勇”，凤凰几乎就是全民皆兵。380里的苗防边墙、近2000座讯堡、屯卡、碉楼、炮台和关门，凤凰城就占了将近一半。8年抗战之后，凤凰城留下3000少妇守寡，上万“白发人送黑发人”。从历史价值看，凤凰古城见证并浓缩了明清以来封建王朝，对边疆少数民族的开辟史，是今天和未来研究历代，特别是明清以来军事、政治、文化制

---

① 参见游晓等：《神秘湘西旅游指南》，32页，长沙，湖南地图出版社，2002。

度和民族关系的“活标本”。从文化价值看，它是少数民族多元文化冲突、融汇、整合的“活化石”，积淀形成的游侠浪漫精神极具人文张力。从建筑景观看，凤凰古城从选址、城防到街道布局层次丰富，并且巧借山水，极具天人合一的建筑奥妙。

凤凰城是一座极具旅游观光价值的历史古城。凤凰古城所在的沱江镇，原名“镇竿”，古镇始设于唐垂拱年间（公元685—688年），宋、元、明、清时期，在离县城25公里处的苗区建有一座完整的“石头城”，古老的石头城至今仍然巍然屹立。11米高砖木结构的城楼是清代的设计建筑，井藻浮雕，飞檐翘阁，雄伟壮观，青石土砖的古代营房依稀尚存。古城历史悠久，环境优美、名胜古迹甚多。譬如，城内的石板街、古代城楼、明清古院；城外沱江蜿蜒河水清冽、桨声舟影、山歌唱和，好一派宁静安逸的小城风光。凤凰城建于清康熙年间，这颗“湘西明珠”是名副其实的小城，小到城内仅有一条贯穿东西的大街，可它却是一条“绿色长廊”。凤凰城分新旧两个城区，其中的老城依山傍水，红色砂岩砌成的城墙伫立在岸边，南华山衬托着古老的城楼。凤凰古城的城楼是清朝年间遗存下来的，从锈迹斑斑的铁门上，还可以看得出当年威武的面容。东门城楼原名“升恒门”，位于城东紧靠沱江，为凤凰古城四大城门之一。“东门城楼”始建于清康熙五十四年（公元1715年），城门呈半圆拱，下部由紫红砂岩砌成，上部城楼则用古砖砌筑。城门宽3.5米、高4米、进深7米，两扇城门都用铁皮包裹，用圆头铁钉密钉，牢实坚固。城墙全部用红砂条石砌成，精工细钻规格一致，城墙厚0.8米，下部内外两侧用条石加石灰浆砌成，中间填以碎石黏土层层夯实，顶部的中间填充物改为石灰、鹅卵石、黄土拌成的三合土，厚约0.33米，上面铺以红砂块石。① 北门城楼位于沱江南岸，城楼和古城墙筑于清康熙五十四年（公元1715年），距今已290多年历史。它久经沧桑巍然屹立，为这座古城增添了光彩。北门为半圆形，深7米、宽3.4米、高3.5米、内孔高4米，有两扇大铁门。城门用紫红砂石砌成，门上方刻有“璧辉门”三个大

① 参见游晓等：《神秘湘西旅游指南》，31页，长沙，湖南地图出版社，2002。

字。再上方有《三国演义》中的人物和怪兽10多幅浮雕，工艺精美栩栩如生。城门之上为城楼，系古砖瓦结构，筑有“八孔炮台”。两端沿着江岸筑有城墙，高6米有余，为红色砂石砌成。此段沿江城墙一直保存完好。① 它临江而立就像一条长龙卧于江岸，又像一段小长城古雅庄严。北城门下的河面上横着一条以石为墩的窄木桥，古时为一步一墩的“踏岩”，两人对面都要侧身而过，这里是当年出城的唯一通道。凤凰古城共有五大景区：（1）古城景区：范围以古城为中心，东至虹桥、南至岩脑城、西至池塘坪、北至沱江，面积1平方公里左右，它是凤凰有史以来建筑最多、最繁华的区域，也是凤凰县的“心脏”所在。古城有1000多年的历史，蕴藏了不少名胜古迹。清中叶以后常驻“镇边”、“屯边”、“绥边”的军政大员，墨客骚人亦寻迹而至，随之大兴土木。各类建筑无不设计精美、斗拱飞檐、塑龙雕凤、金漆彩绘。凤凰的庙宇祠堂比其他地方尤多，且大部分集中于古城，所以古城有“辉煌的殿堂”之称。（2）南华山景区：整个景区层峦叠翠，林木葱笼；朝则薄雾笼青，暮则斜阳凝紫；雨来泼墨，烟散笼纱，淡妆浓抹，晴雨皆宜。景区含有“南华叠翠”、“兰径樵歌”、“山寺晨钟”三大自然景观。（3）沙湾景区：包括昔日八大景中的五大景观，即“东岭迎晖”、“龙潭炊渔火”、“梵阁回涛”、“溪桥夜月”和“奇峰挺秀”，素有“廊苑”之称。这里一湾绿水青山，庵、馆、寺、庙，亭、台、楼、阁星罗棋布，古典与现代建筑穿插配合别具一格。（4）“奇梁洞”景区：该景观距离县城5公里，具有奇、秀、幽、峻的特色。属溶蚀为主类型的峰丛谷地型，融天地古今奇观于一洞。（5）黄丝桥古城景区：黄丝桥古城是闻名遐迩的景观，也是“主客相搏”白刃相交的古战场遗址。

山江镇是凤凰境内保存完好的风情浓郁的苗寨。一座被重重青山环抱着的古老城镇，一栋栋以竹板为框架搭起的吊脚楼，还有细长的基座，它是少女纤细的足踝，正站在翠绿的湘水旁，湘水且是镜面一般的宁静。凤凰古城最有名的是那一幢幢古色古香、富有浓郁土家族

① 游晓等：《神秘湘西旅游指南》，30页，长沙，湖南地图出版社，2002。

风韵的吊脚楼。但河畔的吊脚楼大多已不存在了，只有在回龙潭那里尚留有10多间老屋，细脚伶仃的木柱立在河中，托起一段沉沉的历史。回龙阁吊脚楼群坐落在古城东南的回龙阁，前临古官道后悬于沱江之上，是凤凰古城具有浓郁苗族建筑特色的古建筑群之一。该吊脚楼群全长240米，属清朝和民国初期的建筑，如今还居住着十几户人家。吊脚楼群的吊脚楼均分上下两层，俱属“五柱六挂”、“五柱八挂”的穿斗式木结构，具有鲜明的随地势而建的特点。上层宽大、下层占地很不规则；上层制作工艺复杂、做工精细考究，屋顶歇山起翘，有雕花栏杆及门窗；下层一般不作正式房间，但是吊下的部分均经雕刻，有金瓜或各类兽头、花卉图样。上下穿枋挑悬出的走廊或房间，使之垂悬于河道之上，形成一道独特的风景。笔者在寻访凤凰古城历史踪迹期间，当地政府特意安排我下榻在回龙阁的一家吊脚楼里，算是有幸饱尝了吊脚楼别致的美景。这里的人们生活、劳作仍保持着古老相传的原始习俗。每年农历四月初八和六月初六，仍是苗家传统的“四月八”祭祖节和“六月六”苗家歌节。这一天，苗族青年男女都盛装艳服，齐集歌场或吹唢呐，或打花鼓，更多的是以歌交心、以歌传情、以歌代言、以歌喜结良缘。所以，“六月六歌会”又是苗族男女的定亲会。苗家“赶秋节”是苗民在农历立秋当天或后一两天举行的，以庆祝五谷丰登的好年成。同时，这也是苗家青年男女展示自己的一个节日，秋场上按民族习惯摆放着对歌台、跳鼓台等，点起篝火跳起热情的舞蹈，唱起韵味悠长的苗歌，众人尽情欢娱。现在是每隔5天苗族群众就会身着华丽的民族服装，到这里赶“边边场”，场面异常热闹，商品丰富，堪称凤凰一景。

苗疆边墙是中国的南方长城。2000年4月22日国家建设部、文物局派出专家组在考察湘西凤凰申报国家历史文化名城的过程中，意外地发现了“苗疆边墙”这道中国的南长城。2001年5月国家正式确认“苗疆长城”，是中国历史上工程浩大的古建筑之一，“总说长城在北方，岂知南国有巨防”①。它位于湘黔边境，南自贵州铜仁交界的亭

---

① 周艺文等主编：《芙蓉之旅》，106页，长沙，湖南地图出版社，2001。

子关，北止于今湖南吉首市的喜鹊营，全长190公里。南长城始建于明万历四十三年（公元1615年），竣工于明天启二年（公元1622年），几经续修后于清朝嘉靖年间定型。其碉堡墙一般高2.3米，基宽1.7米，顶宽1米，墙体大都就地取材用石块、页岩砌成。[①] 中间填以乱石和泥土，绕山跨涧曲折蜿蜒，大部分建在险峻的山岭上，沿途建有1232座屯兵和防御用的讯堡、屯卡、哨台、碉堡、炮台、关厢、关门以及无数用石块垒成的兵房，当时一般驻防军队8000人左右，现今的一些地名如阿拉营、天星营、黄合营、王坡屯营、得胜营、乾石营、振武营、牛斗营等，凡带“营”字的地方，多是当年长城边上的驻军要点。经专家考证，这段苗疆边墙是明清时期封建统治者与南方少数民族之间，统治与被统治、压迫与反抗以及不断斗争的产物，它见证了一段被埋没的历史。当地居民介绍说：“南长城是沿山靠水，就地取材建筑而成的，如果有石头的话就用石头来垒起，没有石头的话就用黄土夯制。尽管南长城不那么高大，但它并不缺少作为长城性质的军事防御工程所应有的一切，它的军事建筑像哨卡、堡垒关口等，比北方长城更为密集。”由于明清时期凤凰城是整个湘西的军事、经济、文化、政治中心，决定了边墙大部分位于凤凰县境内。根据地形“一字”、“品字”或“梅花形”排列。在南、北走向的基础上，又向西南、西北方向发展，对苗族形成了一个大的包围圈。当时的统治者规定“苗不出境，汉不入峒”。[②] 禁止苗汉贸易和文化交往，以此孤立和征服苗族。

黄丝桥古城古称渭阳城，位于县城正西24公里处，始建于唐垂拱二年（公元686年），距今已有1300多年的历史。清康熙三十九年（公元1700年），朝廷为了安抚和镇压少数民族，在这里设立了凤凰直隶厅和沅永靖兵备道。乾隆五十九年（公元1794年），爆发了历史上最大的一次苗民起义。黄丝桥古城属南方长城的一部分，是苗汉相争的前沿阵地。古城坐西朝东是一座青石结构的石头城，城楼为10多

---

① 参见游晓等：《神秘湘西旅游指南》，39～40页，长沙，湖南地图出版社，2002。

② 参见周艺文等主编：《芙蓉之旅》，106页，长沙，湖南地图出版社，2001。

米高的砖木结构，飞檐翘角，雄伟壮观。青石土砖的古代营房，现仅存1间，其余均被101户居民居住。[①] 城墙所用石料皆采用石灰岩的青光巨石，最大的石块约重2000斤，小的也有1000余斤，石面平整、工艺讲究。城墙周长686米，东西长153米，南北长190米，总面积29070平方米；城墙高5.6米，厚2.9米，城墙上走道宽2.4米可以跑马，大小箭垛300个，开东门（古称“和育门”）、西门（古称“实城门”）、北门（古称“日光门”）三门，城内有一个“十”字形的街道为主体格局，街道两旁为兵勇居住和马厩。清乾隆十八年（公元1753年），朝廷为了进一步加强军事防御力量，把凤凰营从落潮井迁至该城，称之为“新凤凰营”，黄丝桥古城自此成为千里边墙线上最大的屯兵城堡、战略要地。[②] 1983年10月黄丝桥古城被列为“湖南省重点文物保护单位”。

湘西苗王城老洞位于凤凰县城的西北部。古寨因寨旁有一神秘原始的山洞，在汉代以前寨内的苗民居住在此山洞内，因而得名“老洞”（苗名“板窟汴”）。自明洪武十一年（公元1378年）设“老洞”，至今已有600多年的历史。中央王朝为了加强对苗疆的控制，于洪武六年（公元1373年），置贵州卫指挥使司以控制湘黔驿道，因“老洞阁”位于湖南入贵州门户的贵（阳）镇（竿）主驿道之中段。洪武十四年（公元1381年）朱元璋派30万大军远征湘、黔、川、滇，大批军队进入湘西后驻下屯田，“屯”逐渐发展成军民同驻的村寨。天启四年至七年（公元1624—1627年）设“老洞土司”，并在“老洞阁”建石头城，“王城”音译汉语为“兵城”或“营盘”，这是“老洞屯”的雏形。“石头城”居高踞险，原“老洞阁”内寨民为避兵祸，多搬入石头城内居住，使石头城粗具规模。经数百年的历史沧桑，多次整修扩建不断完善，石砌的街巷随处可见。苗王城鳞次栉比的吊脚楼，从山巅一直往山脚延伸，那些古城墙、古战壕像一座古老的化石静静地躺在哪里。如果说苗王城的选址是天下一绝，那么苗王城的巷

① 参见李昆、海鸥：《湖南湖北行知书》，100页，广州，广东旅游出版社，2005。

② 游晓等：《神秘湘西旅游指南》，40~41页，长沙，湖南地图出版社，2002。

道布局和结构也称得上独具匠心。由于战争与迁徙伴随的历史，确立了老洞古建筑的性质，从整个建筑群九宫八卦布局中，足以证明历代苗王的军事防御构想。在古寨内巷道纵横交错，似通非通；整个布局犹如一张蜘蛛网，又宛若一座迷宫，家家相通，户户相连，似连却断，似通却闭；巷道两边房屋的高墙隔断，两边高墙墙体枪孔密布，古寨各个朝向分别建有6个保家楼，5个“闸子门”，每家每户之间有专用的地下通道互为连接，四通八达，由此形成了老洞的立体防御网络。在苗王城中只要有路，就会有石墙作为屏障，只要有路就会有龙门、寨门和陷阱，寨中所有的巷道都没有名字，也没有路标且十分地相似，陌生人进入城中往往找不到出口。特别有两处将主干道建成直角，使人有“山穷水复疑无路”之感。有关专家考察后一致认为此城的设计，既能攻、又能守、还能退，是一个具有相当军事构筑水平的古城堡，比较充分地体现了苗乡建筑的工艺技术，是全国为数不多保存完好的古王城之一。苗王城的集体防御功能不仅体现在巷道布局上，还体现在住房的结构上，这是苗族战争文化和迁徙命运长期冲撞后的文化精粹，是苗族军事文化与建筑文化撞击融合的完美结晶，更是湘西各族劳动人民用勤劳智慧铸就的一座灿烂丰碑。

二

湘西凤凰古城是一座国家历史文化名城。凤凰古城曾被在中国生活了60年的新西兰作家路易·艾黎称作“中国最美丽的小城，一是福建的长汀，一是湖南的凤凰”[①]。2001年4月8日下午，朱镕基总理亲临凤凰城虹桥风雨楼，激动之情溢于言表，欣然挥毫命笔，留下了“朱镕基　辛巳春　凤凰城”的珍贵墨宝。2001年12月17日，湘西凤凰被国务院列为“中国历史文化名城”。凤凰古城不仅历史悠久，而且人杰地灵。文学巨匠沈从文一曲《边城》，将他魂梦牵系的故土描绘得如诗如画、如梦如歌、荡气回肠，也将这座静默深沉的小城推

---

① 路易·艾黎的话，转引自《西部开发报》，2004年8月5日第11版。

向了全世界。自称“刁民”的书画大师黄永玉走遍了全世界，却固执地用一座匠心独运的“夺翠楼”书写他浓烈的恋乡情怀。游客在凤凰如果缘于对政治家的理解，可以去文星街看看熊希龄故居；缘于对文学大师的景仰，可以去中营街看看沈从文故居和听涛山上的沈从文墓地；缘于对著名美术家的神往，可以去看看黄永玉修葺的“夺翠楼”。总之，凤凰的美，在于它孕育了一代又一代富有灵气的凤凰人。只要是土生土长的凤凰人，不管他们是苗族、土家族还是汉族，都是勤劳、勇敢而又朴实的人。他们吃苦耐劳、勤于治事、敢于进取、崇文尚武、人才辈出。走进古城会不知不觉地被它的历史文化与民情风俗所感染。譬如，古老的黄丝桥城堡威严耸立，似乎依然弥漫着当年的战火硝烟；浸润着忠、孝、仁、义的杨家祠堂气宇轩昂，依然弦歌不断，每一处刻痕都留下感人的历史故事和深深的文化烙印。再譬如，抗英民族英雄郑国鸿①、湘西王陈渠珍②、民国总理熊希龄③、乡土文学之父沈从文、当代著名画家黄永玉等，都是从凤凰古城的青石板上走出来的。作为著名作家沈从文的故乡，凤凰城吸引了一批批来自海内外的学者，

---

①（清）郑国鸿（1777—1841年）清朝将领。字雪堂，湖南凤凰人。一代抗英名将，中华民族英雄。18岁那年承袭云骑尉，道光二十年（1840年春）升任浙江处州镇总兵。6月，鸦片战争爆发，英国政府向中国清王朝宣战。次年10月1日晓峰岭失守，接着定海失陷，英军分三路夹击竹门山，65岁的郑国鸿单枪匹马冲入敌阵，挥刀连斩数十敌人，不幸中弹牺牲。

②（清）陈渠珍（1882—1952年）湖南省凤凰县人，1882年9月22日出生于凤凰镇竿城，7岁入私塾读书，后在本县学馆、芷江明山书院就学，毕业于长沙武备学堂兵目班。国民革命军新六军军长，国民政府军事委员会中将参议。1906年任湖南新军四十九标队官。曾参加同盟会，因清兵搜捕而退出。投靠清川边大臣赵尔丰入藏平叛，升为管带。1911年武昌起义爆发后跋涉万里回到湘西，任护法军第一梯团长、湘西军官团军事教官。1949年4月任湘鄂川黔自卫军政委员会主任、湘鄂川黔绥靖分署副主任、湘西行署主任和反共救国委员会主任，企图重新独霸湘西。但当中国人民解放军大军压境、湖南和平解放之时，经共产党、解放军多次派代表动员，他最后下决心放下武器投向人民，选择了和平起义。1949年10月赴乾城同解放军和人民政府进行政权交接，任第一届湖南省人民政府委员。

③（清）熊希龄（1870—1937）生于清同治九年六月二十五日，家住凤凰县沱江镇文星街，苗族。中国资产阶级政治家、北洋政府总理。自辛亥革命起由奉赴沪，渐次拥护共和并加入中华民国联合会。1912年4月任唐绍仪内阁财政部长，7月辞职，旋任热河都统，次年被举为进步党名誉理事。袁世凯镇压二次革命后拉拢进步党人组阁，任北洋“第一流人才内阁”总理兼财政总长。

吸引了众多的文学青年，他们亲身感受这座古城的历史底蕴和无穷魅力。他们的来与留、见与闻、感与悟，使湘西凤凰从沈从文笔下翩然而飞向世界。记得沈从文在《边城》里说过这样一段话：“我就生长到这样一个小城里，将近15岁时方离开，出门两年半，回过那小城一次以后，直到现在为止，那城门不再进去过，但那地方我是熟悉的，现在还有很多人生活在那城市里，我却常生活在那个小城，过去给我的印象里。”沈从文笔下的人物形象，绝对就是凤凰人的真实写照。凤凰古城是属于美学范畴的，它的每一座无以名状的美而奇异的山，它的排列在白云下的古老的建筑和城楼，它的吊脚楼与鸟翅下炊烟的自然的美学、人文的美学美到极致。如果是一位作家来到凤凰，其必然的结果只有两种：一种是按捺不住手发痒、胸口发紧、双眼发涩，灵感如暴雨来袭，最后必将有一堆“优美”或“蹩足”的文字从心中喷出。往往是“外来和尚好念经”，本土作家终因“见怪不怪”而麻木，外地作家则长文短制乃至写出古城砖一样厚重赞美凤凰的书。不朽的文字就是从每一块青石板、每一个有篷船的码头以及流水上“长”出来的，自然得不需做任何修饰。

沈从文的故居是一座古朴而雅致的普通民居。沈从文原名沈岳焕，是我国著名的文学家、历史学家、文物专家。他的文学作品曾被英、美、日、法、瑞士等10多个国家所翻译，如《边城》、《中国古代服饰研究》等，被誉为世界“乡土文学之父”。他不仅是凤凰人的骄傲，而且是中华民族的骄傲。他一生所创作的500多万字的作品，是世界的文学瑰宝，也给后人研究湘西留下了宝贵的历史文献。沈从文故居在凤凰城内中营街10号，这是一座典型的具有明清建筑风格的四合院，它是沈从文先生曾任清朝贵州提督的祖父沈宏富于清同治五年（公元1866年）购买旧民宅拆除后兴建的，是一座青砖砌成的平房建筑，占地600平方米。四合院分前后两进，中间有方块红石铺成的天井，天井四周为瓦木结构的古屋，有正屋、前屋各3间以及厢房4间，共11间房子。房屋不大，却幽雅怡神，房屋为穿斗式木结构建筑，采用一斗一眼合子墙封砌。马头墙装饰的鳌头，镂花的门窗小巧别致，古色古香。① 沈从文先生书房临窗的是一张大书桌，沈从文的著作《边城》，据说就是在这张桌子上写成的。沈从文自20世纪20年代就蜚声文坛，被誉为“中国第一流的现代文学作家，仅次于鲁迅”。② 沈从文1902年12月28日就诞生在这里，并在此度过了童年和少年时代，1988年沈老病逝于北京。在沈从文逝世4周年祭日，即1992年5月10日，沈从文的夫人张兆和遵沈从文身前遗嘱，将骨灰的一半撒在沱江里，一半葬于凤凰县听涛山下。同年故居大修并向国内外游人开放，现被列为“湖南省文物保护单位”。沈从文墓地位于沱江畔的听涛山，从古城的东门城楼外的虹桥前沿江下行3里路程，从山道向右拾阶而上，不远处便能看见一块石碑，上写“沈从文墓地”5个遒劲大字。再不远处置有一块竖立的长石碑，上面刻有画家黄永玉为表叔沈从文题写的碑文：“一个士兵不是战死沙场，便是回到故乡。”墓地建在一块狭长的小草坪上，没有坟冢，只竖有一块6吨多重、1.9米高的“天然五彩石”，石正面镌刻的是沈从文手迹：“照我思索，能理解我；照我思索，可认识人。”石的背面是沈从文的姨妹张充和的撰联：“不折不从，亦慈亦让；星斗其文，赤子其人。”③ 其联句尾四字“从文让人”透射出先生一生的高风亮德。沈从文墓地清幽静谧，四周绿树环抱，墓地上和四周的草坪上摆放着无数的野花和竹编的一些蝴蝶，这些都是前来祭拜的旅人们留下的。

熊希龄故居位于古城北文星街内的一个小巷里，故居往东200米便是秀丽的沱江。故居为四合院系南方古式的木瓦结构，比较矮小但很精致，故居现存房屋4间基本上保持原貌，富于苗族情调，故居属凤凰县重点文物保护单位。1870年6月25日（农历）熊希龄就诞生在这里，并在此度过了他的童年。1913年当选民国第一任民选总理，由于他反对袁世凯复辟帝制，不久就被迫辞职。熊先生晚年致力于慈善和教育事业，1920年创办著名的香山慈幼院。1937年12月25日这

---

① 参见周艺文等主编：《芙蓉之旅》，105页，长沙，湖南地图出版社，2001。

② 李昆、海鸥：《湖南湖北行知书》，97页，广州，广东旅游出版社，2005。

③ 隗瑞艳：《湘西凤凰：令人神往的地方》，载《中国文化报》，2006年12月4日第3版。

位风云人物在香港逝世，享年68岁。当时国民政府为他举行了“国葬”仪式。

朝阳宫原名陈家祠堂，位于古城北西侧的西门坡，是凤凰县24家宗族祠堂的代表之一。民国四年（公元1915年），由乡绅陈炳、陈开藩等发动族人捐资兴建。民国十二年（公元1923年），时任湘西巡防军统领的国民党中将、凤凰籍人陈渠珍又率众族人扩建。至此大门、正殿、戏台、左右包厢、厨房、厕所等14间房屋浑然一体，构成了典型的“南方四合院”。湘西王陈渠珍的大门为紫红色砖墙楼，高8米。门的上方有“朝阳宫”三个大字，大门两旁镌有对联一副：“瑞鸟起蓬蒿翼搏云天高万里，嘉宾莅边隅眼看楼台总多情。”左右对称式地堆塑山小花鸟浮雕12幅，飞檐翘角别具特色。推门而入，跃入眼帘的是一石坪，坪北有紫红砂石砌成的扇形石阶，拾级而上进入正宫为3间木房，雕梁画栋典雅精美，为达官贵人看戏的地方。正宫对面就是戏台，正中题曰“观今鉴古”，两侧悬挂对联一副：“数尺地方可家可国可天下，千秋人物有贤有愚有神仙。”后台正中有一副巨大的彩画。①

民族一条街原来也叫正街，清一色红石板铺就的地面，宽敞笔直。沿街古朴吊脚楼木屋，陈迹斑斑的青砖红瓦大宅，显示出多样的建筑风格。临街为铺、临河为楼、临山为庵、临顶为城门的布局格式，令人感觉亦古亦今。这条街如今也是小城的繁华之地，本地并不太老道的摊贩云集，自产自销的手艺人也在这里兜售自家的“绝活”，各种各样的蜡染扎染、古玩字画、苗家银饰、传统工艺以及土特名产、日用百货琳琅满目，随手拈来都是珍品。熊氏的蜡染店，张桂英、吴花花的扎染铺，田喜平的“武陵石斋”古玩异石店以及王春的“苗家小铺”等都是当地小有名气的店铺。

---

① 参见游晓等：《神秘湘西旅游指南》，34页，长沙，湖南地图出版社，2002。

江苏南京古城名胜文化景观

一

南京是一座古老的历史文化名城。古城南京历史源远流长、文化光辉灿烂，从“汤山古人类文明”到“六朝文化”、明清文化、民国文化乃至当代文化，已经形成了相对独立的文化发展脉络，几千年的历史文化积淀是这座城市全部的精髓所在。早在6000多年前，南京这一带就有人类从事渔猎稼穑活动。南京在春秋时期属吴国，相传公元前495年，吴王夫差在此建立冶铁作坊，铸造兵器，故取名“冶城”。公元前472年越王勾践灭吴之后，看中了位于现南京中华门的“长干里”一带，即召见谋士范蠡监理建城，定名“越城”，又名“范蠡城”。越城城周只有1公里又80步，占地面积仅有6万平方米，称作“越台”，这是南京军事城堡建筑的最早历史记载。公元前333年楚威王灭越，又在南京清凉山筑城——金陵邑，这就是南京金陵的来历。东汉建安十六年（公元211年），孙权将其统治中心从“京口”（今镇江）迁至秣陵（秦时南京的称谓），并改秣陵为建业（即南京）。次年在清凉山麓金陵邑的旧址上兴建石头城，即今日南京的重要历史遗存鬼脸城。[1] 东吴大帝黄龙元年（公元229年），孙权在武昌称帝，同年迁都建业，这是南京历史上第一次成为封建王朝的都城。其后继东吴

① 参见李晨：《巍峨城墙悠悠史迹——南京城墙的历史文化魅力》，载《光明日报》，2004年4月8日第A3版。

在南京建都的有东晋、宋、齐、梁、陈，史称“六朝”，长达323年之久，“六朝都城”建筑大体都沿袭东吴旧制。南齐以前唯有土墙篱门，齐建元二年（公元480年）改建砖墙。全城分为南北两个部分，北部设置宫城，南部设置中央和地方各级衙署。宫城以北为皇家苑囿；居民大多住在南城以外，秦淮河和青溪两岸人口最为稠密。公元1356年朱元璋攻下集庆（即南京）改名应天府。明洪武元年（公元1368年），朱元璋在应天府正式建都称帝，成立大明王朝。朱元璋17岁时入皇觉寺当和尚，后来参加“红巾军”并立功，再到定都南京称帝，无不体现出非凡的治国才能和军事能力，从而造就了明朝276年的统治。明代南京都城始建于元末至正二十六年（公元1366年）八月，建成于明洪武十九年（公元1386年）十二月，历时20年零4个月，这是南京城市发展史上规模最大、最具特色的时期。朱元璋既是在南京登基的，死后也安葬在中山门外的梅花山麓。明朝建造的南京都城，包括宫城、皇城、京城和外郭四圈城墙。现存的“南京城墙”即是明代的第三圈城墙——“京城”。它东傍钟山，南依秦淮河，西据石头（即清凉山），北控后湖（即玄武湖），不仅包容了孙吴的石头城、六朝建康都城、南唐金陵府城，而且将南唐都城之外北面的狮子山、鸡笼山、覆舟山、富贵山、马鞍山诸山，统统圈入城内，形成了三大功能区，城的东部为新建的皇城区、城中部和南部为原来的居民区、商业区以及城西北部扩展的军事区。

南京古城墙是明代朱元璋亲自督建的军事防御工程。南京古城墙是我国古代军事防御设施、城垣建造技术集大成之作，一段古城墙在南京人的生活中占据了重要的位置。它综合反映了当时封建王朝各方面的社会发展水平，特别是大量的铭文、城砖，是目前世界上发现数量最多、文化信息最为丰富的建筑物构件。可以说，南京明城墙是明太祖朱元璋定都南京的产物和象征，也是中国历史上唯一建造在江南的、统一全国的都城城墙。它是明太祖朱元璋采纳儒士朱升“高筑墙，广积粮，缓称王”[①] 的建议后，经过3年准备、4个阶段共花20多年时间才建成的。古城墙南北长约10公里，东西宽5.67公里，周长35.267公里，比周长29.5公里的巴黎城墙还要长。[②] 现存的明城墙为应天府城即京城，我们通常所说的南京古城墙、南京明城墙指的就是京城墙。城墙以花岗石为基、巨砖为墙、规格一致。为了建造牢固的南京城墙，朱元璋曾下令5省、20州、118县烧制城砖，每块砖都打上了烧制的州、府、县及工匠和监造官员的姓名，凡不合格的一律退回重做，再不合格就将治罪。这些城砖长40～50厘米、宽20厘米左右，厚度不少于10厘米，砖的总数约为3.5亿块。城墙填土层上部采用桐油、石灰、黄土拌合的灰浆封顶夯实，厚约1～2米，在其上面和沿墙体两侧直至墙根用灰浆砌筑5～10余层城砖。墙体顶面设置了石质排水明沟，在明沟约50米距离设置石质的出水槽将水排出墙体。城区的防、排水系统，主要是利用城墙底部设置的水关、涵闸。在秦淮河出入口处，分别建有东水关和西水关，水关设有闸门3道，前后2道为“木闸门”，中间设“铁栅门”以防潜水入城之敌。此外，还设有金川河闸、玄武湖的通心水坝、前湖的半山园闸与琵琶湖的琵琶闸等多处涵闸。这些涵闸设有铜、铁管和铜水闸，只能进水不可进人，设计巧妙、结构合理。朱元璋还亲自检查工程质量，使得古城墙屹立数百年仍巍然无恙。城墙高度一般为14～26米，顶宽为2.6～19.75米，底宽为11～21米。有城门13座，水关2座，垛口13616个，窝铺200座。[③] 城墙的建筑结构是依不同地势地形设计的，这在中国筑墙史上十分罕见。城门保存得比较好的有城南的中华门、西北挹江门、城东北玄武门、城东的中山门等。应天府的正南门中华门是南京城墙

---

① “高筑墙，广积粮，缓称王”被称为朱元璋的九字真经。朱升，休宁人，生卒年均不详，约元惠宗至正初前后在世，年72岁。元末（公元1367年）举乡荐，为池州学正。避弃官隐石门，学者称枫林先生。明初召为翰林学士，与修女诫。请老归，卒。升于五经皆不旁注，于易尤详。著《枫林集》十卷，《四库总目》另有前图二卷，传于世。

② 参见徐星瀚：《组图：见证历史的南京古城墙》，载《人民日报》，2004年3月30日。

③ 参见杨新华：《南京明城墙科学保护抢险维修》，载《中国文物报》，2007年10月3日第6版。

上最大的一座城门，也是我国最大的一座城堡。建筑形体像瓮（又称“瓮门”），它是专门为抵御敌军攻城而设计的。瓮城工程雄伟、结构复杂，城分两层，门有四重，建有27个藏兵洞，能藏兵3000人。[①] 由于京城防务的需要，洪武二十三年（公元1390年），朱元璋又下令建造南京都城的第四圈城墙，即在京城的外围西北据山带江，东南阻山挖野，营建一重周长约60公里的外城郭，将雨花台、钟山、幕府山等重要山丘都包括在内，依山带岗，连绵环绕，形势宏伟，俗称“石城头”。[②] 外郭有城门18座，附郭险隘之处亦用砖砌筑。当年外城郭的遗迹大部分已不存在，但人们仍然沿用这些城门的名称，如麒麟门、姚坊门、安德门、高桥门、观音门、上元门、江东门等作为地名。明代南京城的平面布局，突破了我国都城方正的传统，因地制宜，使城墙穿插在自然山水之间，雄伟古朴，迤逦曲折，蜿蜒起伏，形似蛟龙，山水城林，相得益彰，是我国劳动人民智慧和血汗的结晶，也是世界域池建筑史上的雄伟奇观。南京古城墙现基本完好的城墙长有19.802公里，半损坏的有1.549公里，共计长达21.351公里。1988年国务院公布南京古城墙为“国家重点文物保护单位”。

古城墙的兴衰是六朝古都南京兴衰历史的一个缩影。在南京清凉山西麓有座石头古城，清同治《上江两县志·山考》载：“自江北以来，山皆无石，至此山始有石，故名。”《建康志》也说：“山上有城，又名曰石城山。”[③] 据史书记载，石头城的历史可追溯到2000多年前的战国时代。周显王三十六年（公元前333年），楚国（都城“郢”即今湖北江陵）灭了越国（都城“吴”即今苏州），楚威王设置金陵邑并在今清凉山上筑城。秦始皇二十四年（公元前223年）楚国灭亡，秦朝改金陵邑为秣陵县。相传三国时诸葛亮在赤壁之战前夕出使东吴与孙权共商破曹大计。诸葛亮途经秣陵县时，特地骑马到“石头

① 参见小小编著：《中国南方北方游》（南方卷），14页，北京，中国电影出版社，2005。

② 参见李晨：《巍峨城墙悠悠史迹——南京城墙的历史文化魅力》，载《光明日报》，2004年4月8日第A3版。

③ 转引自徐敏等：《石头城在四望山不在鬼脸城?》，《南京晨报》2007年11月13日。

城”观察山川地形。当他看到以钟山为首的群山像苍龙一般蜿蜒蟠伏于东南，而以石头山为终点的西部诸山，又像猛虎似地雄踞在大江之滨，于是发出了“钟山龙蟠，石头虎踞，真乃帝王之宅也”① 的赞叹，并向孙权建议“迁都秣陵”。孙权在“赤壁之战”后迁都到秣陵（今“南京”），并改称“秣陵”为“建业”。第二年开始在清凉山原有城基上修建了著名的“石头城”。当时长江就从清凉山下流过，孙吴也一直将此处作为最主要的水军基地。此后数百年间，这里就成为战守的军事重镇，南北战争往往以最终夺取“石头城”决定胜负。石头城城内设置有石头库、石头仓，用以储军粮和兵械。在城墙的高处筑有报警的“烽火台”，可以随时发出预报敌军侵犯的信号。至南朝时，石头城作为保卫都城的军事要塞的地位依旧未变。古代长江绕清凉山麓东去，巨浪时时拍击山壁将山崖冲刷成峭壁。唐代以后长江水道日渐西移，自唐武德八年（公元625 年）石头城开始废弃，故唐代诗人刘禹锡作《石头城》一诗云：“山围故国周遭在，潮打空城寂寞回。淮水东边旧时月，夜深还过女墙来。”② 诗人笔下的石头城，已成为一座荒芜寂寞的“空城”。《儒林外史》所载的“三山聚宝临通济，正阳朝阳定太平，神策金川近钟阜，仪凤定淮清石城”③，是按逆时针方向排列了京城 13 座城门的顺序。自清朝末年开辟“草场门”之后，又于 1909 年开辟“丰润门”（今玄武门），1921 年开辟“海陵门”（今挹江门），1926 年开辟“雨花门”，1929 年开辟“武定门”，1931 年开辟“汉中门”和“新民门”，1933 年开辟“中央门”，1952 年开辟“解放门”，共计增设 9 重大门。现存的明代城门只有聚宝门、石城门、神策门、朝阳门（重修过）和清凉门等 5 座；清末以后新开辟的城门只剩下玄武门、挹江门、解放门，及 1991 年新开的集庆门 4 座。现存的瓮城只有城墙的南门即中华门最为坚固，该城堡东西宽 118. 57 米，南北进深 128 米，高 20. 45 米，总面积达 15163 平方米。城堡有

① 周艺文等主编：《江南风光之旅》，12 页，长沙，湖南地图出版社，2001。
② 宋展云：《〈神韵金陵〉再现南京历史渊源》，《南京晨报》2005 年 5 月 14 日。
③ 郑幼明：《清凉山畔城门在寂寞江滩成大街》，《扬子晚报》2008 年 11 月 17 日。

一道主城、三道瓮城，共设 4 道城门和 4 道千斤闸，城内有两条蹬道和一条马道。城堡顶部原建有重檐庑殿顶的敌楼一座可供瞭望，可惜于 1937 年底被侵华日军的炮火摧毁。据说“台城”在东晋、南朝时就是宫城，台城本来是三国时吴国的后苑城，东晋时改建遂成为南朝台省和宫殿所在地，所以称为“台城”。说起“台城”最容易让人想到的就是唐朝诗人韦庄的诗句：“江雨霏霏江草齐，六朝如梦鸟空啼。无情最是台城柳，依旧烟笼十里堤。”[①] 这首诗写出了台城附近的景色，由六朝故地联想到唐末的时势，不禁生出诸多吊古伤时之情。1982 年之后的 10 多年间，南京市人民政府先后投入 2300 多万元，对中华门、台城至太平门、台城至玄武门、清凉门等地段的城墙进行抢险维修，先后建成了以古城墙为背景、护城河为依托的“月牙湖公园”，建造了能够传递历史信息的“水西门遗址广场”和以瓮城、城墙为主题的新建筑群体，“汉中门市民休闲广场”和“明城垣史博物馆”等文化设施[②]。1996 年南京市出台《南京古城墙保护法》，对古城墙遗迹的保存、保护做出一系列明确的规定。为此，2005 年南京市政府又一次性投入 6000 万元维修城墙 4. 2 公里，用于城墙周边环境改造的资金超过 3 亿元，维修城墙的长度和资金超过以往 50 年的总和。根据“修旧如旧、不改变文物原状”的原则，南京在城墙维修中，对原状保存较好的城墙采用“老城砖”补砌，修复墙体；对破损坍塌严重的城墙采取内置框架，外贴条石；顶部铺设城砖的修复方法，使补筑的城墙与老城墙的整体风貌和谐一致。近年来南京市政府修复了解放门至玄武门段 1. 5 公里长的城墙，墙上的雉堞与内侧的女儿墙均按明代原样修复。为方便游客登城游览，还从解放门新建了 5 米宽的登城步道。随着岁月的推移，城墙上大量速生乔木、灌木等杂树滋生，

---

① （唐）韦庄（公元 863—910 年），京兆杜陵（今陕西西安东南）人。唐末五代诗人，唐代乾宁年间考中进士，后为西蜀王建掌书记，又任西蜀安抚副使，力劝王蜀称帝建立蜀国，以功拜相。韦庄诗风清丽飘逸，近体诗尤为后人所称道，又是唐末五代时期重要词人，与温庭筠齐名，是花间词派的代表人物。

② 张永恒：《南京古城墙今犹在》，《人民日报》（海外版），2004 年 4 月 23 日，第 2 版。

甚至有一些粗大的树根侵入城墙体内部，加剧了墙体开裂和松动。为此南京市城墙管理处多次组织专业人员全面清理有害杂树，同时保留攀缘植物，以增加古城墙的沧桑感。2000 年 8 月联合国教科文组织所属国际古迹遗址理事会、世界遗产协调员亨利博士考察了南京城墙。他认为“古城墙是南京的重要遗产，如此宏伟的古城墙在世界上已保存不多了，应当作为人类共有的遗产保护好”①。南京市正在展开卓有成效的城墙环境综合治理，加大保护力度，为南京城墙成功申报世界人类文化遗产创造有利的条件。2006 年 12 月南京古城墙作为“中国明清城墙”组合申报项目列入中国世界遗产预备名单。②

二

历史名胜古迹南京明故宫。南京明故宫既是北京故宫的蓝本，又是南京历史上第一个全国统一王朝的皇宫。明太祖朱元璋攻取集庆（今南京）后，改“集庆路”为“应天府”。朱元璋“命刘基等卜地定作新宫”，最终选定这块地当“钟阜龙蟠”、“帝王之宅”的风水宝地。征发军民工匠 20 万人，移三山而填燕雀与改筑新城“相吻合”。在南唐皇城的基础上，明都城向东、北面多有大规模扩展，不仅东连石头城，南到聚宝门，北带玄武湖，将历代都城都囊括进来，而且还在城东造出规模巨大的明代宫城。③ 工程始于公元 1366 年，历时 1 年建成，宫城壮丽巍峨盛极一时。朱元璋的宫殿由皇城与宫城两部分组成合称皇宫，皇城在外围护着宫城。据今学者考证，皇城范围东起今南京机电学校与南京博物院以西一线，西至竺桥、逸仙桥以东，南到光华门，北至佛心桥一带。南北长 2.5 公里，东西宽 2 公里，周长 9 公里，呈“凸”字形。皇城开有 6 道门：正南为洪武门，对着都城的

① 张永恒：《南京古城墙今犹在》，载《人民日报》（海外版），2004 年 4 月 23 日第 2 版。

② 杨新华：《南京明城墙科学保护抢险维修》，载《中国文物报》，2007 年 10 月 3 日第 6 版。

③ 见《木刻版老地图展现南京千年变迁》，《金陵晚报》2005 年 11 月 1 日。

为正阳门（今光华门）；东南为长安左门，外为长安街（今八宝街）；西南为长安右门，东为东安门，西为西安门；北为玄武门。宫城又称“大内”（旧称“紫禁城”），也开有6道门：正南是午门（今午朝门），东南为左掖门，西南为右掖门，东为东华门，西为西华门，正北是北安门。在皇城与宫城之间还有两道门，南为承天门，北为端门，与洪武门、午门处在同一条中轴线上。由皇城南端的洪武门到承天门中间的御道上，有5座石桥旧称“外五龙桥”，桥下就是外御河；在洪武门至外五龙桥之间的御道两侧是明朝中央官署区。御道西侧是高级军事指挥机构，包括中、左、右、前、后五军都督府以及太常寺、通政司、锦衣卫、旗手卫、钦天监等；御道东侧是中央高级官署，包括宗人府、史部、户部、礼部、兵部、工部以及翰书院、詹事府、太医院等。在承天门与端门之间的御道两侧是庙社区，东边设置了祭祀皇帝祖宗的太庙，西边则是祭祀神灵的社稷坛，再向北走就是午门。由南向北依次建有奉天、华盖和谨身三大殿。三大殿的东侧有文华殿和文楼，西边有武英殿和武楼，统称为“前朝”五殿。“奉天殿”是人们常说的“金銮殿”，即朱元璋举行重大典礼和接受文武百官朝贺的地方。后来北京故宫的太和、中和、保和三殿，就是模仿奉天、华盖、谨身三殿建造的。三大殿之后是皇帝与后妃生活起居的地方，名叫“后廷”。处在中轴线位置上的是乾清、交泰、坤宁三宫，左有柔仪殿（东宫），右有春和殿（西宫），两殿相对；东北角为东六宫，西北角为西六宫。在春和殿的西侧还有御花园，“前朝”与“后廷”相结合共同组成“朝廷”。整个明故宫殿宇重重，楼阁森森，雕梁画栋，万户千门，金碧辉煌，气势恢宏。它曾经是明初洪武、建文、永乐三代皇宫，长达54年之久。直到明永乐十九年（公元1421年），明成祖朱棣迁都北京，南京明故宫才正式结束其王朝皇宫的使命，但仍由皇族和重臣驻守，其地位仍然十分显赫。

六朝古都遗存的重要文化古迹。朝天宫古建筑群占地面积约7万余平方米，规模宏大、气势雄伟，是江南地区保存最完整的清代文庙建筑群。相传在春秋末年，吴王夫差曾在此设立冶炼作坊炼制兵器，故名“冶山”。其后历代帝王均在此建寺庙宫殿，名称更迭历经兴废。

明朝建都南京后在此建“朝天宫”，作为朝廷举行盛典前练习礼仪的场所，也是官僚子弟袭封和文武官员学习朝见天子的地方。鼓楼始建于明洪武十五年（公元1382年），建筑物分为两层，东西长44.04米、南北长22.60米、高8.8米。南北两面各有拱门3个贯穿前后供人行走，中门券高6.5米，宽6.35米；左右二门券皆高5.28米，宽4.70米。两边拱门内侧又各有2个藏兵洞能驻百人。清康熙皇帝曾在1684年南巡时登临四望，次年在楼上竖一巨碑，改“鼓楼”为“碑楼”，但当地人仍习惯称其为鼓楼，故有“明鼓清碑”之说。[①] 在南京鼓楼公园施工中发现一处古代遗迹，经南京市博物馆考古专家发掘考证，此遗迹为明初铸钟遗址。该遗迹位于鼓楼西侧约100米处的一高冈上，距地表约3米保存较完整。遗迹内出土了大量炉渣、铜渣、烧土块、木炭灰、板瓦，以及各种陶、瓷器碎片。从出土的文物看，这处遗迹建于明代早期，距今已有600年历史。据史料记载，明代钟楼在鼓楼西侧（今鼓楼东侧的大钟亭为清代迁移），与这处遗址位置完全相符。南京唯一现存的唐碑“明征君碑”，全称为“摄山栖霞寺明征君之碑”[②]，它位于在南京栖霞山栖霞寺山外北侧，立于唐上元三年（公元676年）。碑文记述南齐隐士“明征君”即明僧绍纵情山水，笃信佛教，隐居栖霞山，皇帝历征不就；以及齐、梁两代在栖霞山大造佛像等活动情况，由唐高宗李治撰写碑文。著名书法家高正臣为之书丹，另一书法家王知敬为之篆额。其书法遒劲，为研究唐代宗教、历史特别是书法艺术的珍贵文物。碑阴另刻有“栖霞”二字，笔势雄健，相传系李治御书。该碑碑材为距今约2.8亿年前海相沉积形成的石灰岩（栖霞灰岩），是古人收藏的化石标本之珍品，实属举世罕见。

农民革命的历史遗迹太平天国天王府。1851年1月11日洪秀全领导的农民革命在广西桂平县金田村举行起义，建号“太平天国”。用了3年时间席卷广西、湖南、湖北、江西、安徽、江苏6省，1853年3月19日太平军攻破南京，洪秀全于3月28日入城，随后将南京

---

① 双生：《鼓楼，南京的标志》，载《南京日报》，2004年10月16日。

② 孙友田：《我与栖霞古碑的情缘》，载《扬子晚报》，2007年11月21日。

改为“天京”，自此“天京”便成为洪秀全领导太平天国革命运动的中心。现南京城东长江路292号，就是当年明清王府官邸，太平天国天王府的遗址，明代称此地为“煦园”。“天王府”原为朱元璋所建的“汉王府”，清王朝时期把这里辟为“两江总督署衙门”。1853年3月太平军定都天京，5月开始在原两江总督衙门的基础上扩建天王府。[①]11月因不慎失火而夷为平地，1854年2月再次破土动工，在海拔267米的天堡峰峦顶和该峰西北麓龙脖子上，用当地坚硬的虎皮石修筑成壁垒森严的“天堡城”、“地堡城”两座军事要塞。作为太平天国的战略要地，它控制着东北方向尧化门、岔路口等以及东南方向麒麟门，上坊门等入侵之敌。南京城西堂子街108号，太平天国时期曾经作过东王杨秀清官衙署，是一所坐北朝南的五进庭院。每进的东、西、北壁原都有壁画，均是绘在墙壁或板壁之上。现存壁画共有18幅，其中既有表现山水风景的“江天亭立图”、描绘花鸟动物的“柳荫骏马图”、寓意吉祥的“鹤寿图”，又有表现军事斗争的“江防望楼图”，具有很高的艺术观赏价值和历史研究价值。这些壁画是了解太平天国艺术、军事的不可多得的珍贵实物资料。天王府分为太阳城和金龙城两部分，周围长约10里，有“宫垣九重”。太平天国后期太平军与湘军对垒，湘军于1864年首先攻破“天堡城”，然后才攻陷南京城。7月湘军曾国荃[②]部在攻陷天京后放火烧了天朝宫殿，中心建筑五间八架的“金龙殿”与西花园内的石舫等幸好保留了下来。清同治九年（公元1870年），清廷又在此重建两江总督署，有正宅、厅楼、亭阁等1189间。1912年中华民国成立，此处又成为临时大总统孙中山的总统府所在地；1948年改为国民政府蒋介石的总统府，直至1949年4月人民解放军占领南京。1951年中央人民政府在此建立太平天国起义一百周年纪念碑，其西花园、石舫、水榭等基本布局依旧，此处现为“全国重点文物保护单位”。

---

① 参见罗亚蒙等编著：《中国名城》，78～79页，天津，百花文艺出版社，2003。

② （清）曾国荃（1824—1890年）湘军主要将领之一，清朝大臣。字沅甫，号叔纯，湖南湘乡人，清朝著名大臣曾国藩的九弟。

民主革命的历史遗存中山陵。中山陵是我国伟大的民主革命先行者孙中山先生的陵墓，坐落在紫金山第二峰小茅山的南麓。孙中山生前十分喜欢钟山（紫金山），早在1912年就任临时大总统登山游览打猎时，看到这里山水相依、气势雄伟，他就有了长眠此山的想法。在北京弥留之际，他还念念不忘这一夙愿，再三叮嘱左右。为了尊重孙中山先生的遗愿，由孙夫人宋庆龄、儿子孙科等人组成的孙中山葬事筹备处，通过登报悬奖征集陵墓设计方案。中山陵于1926年1月15日破土动工，1929年春竣工，耗资220余万银元。孙先生的灵柩是1929年6月1日从北京运抵中山陵的。[①] 整个陵区的面积达83600多平方米，主要建筑由牌坊、墓道、陵门、碑亭、祭台和墓室等组成。整个陵区平面呈“警钟”形，给人以“警钟长鸣、发人深省”的启迪。中山陵作为一座陵墓，它继承了我国传统的陵墓的建筑风格，如依山为陵，保留牌坊、墓道、陵门、碑亭、祭堂等中国古代陵墓中常用的基本建筑格局，但剔除了古代帝王陵墓中属于封建糟粕一类的东西，如摒弃用于显示古代帝王威严的石人石兽，同时吸取西方建筑的一些先进技艺。中山陵广场位于中山陵的正南端，为陵墓增添了庄严肃穆的气势。四周苍松挺立，树大荫浓，恰似革命事业万古长青，枝繁叶茂，生生不息。广场南面的高台上矗立着孙中山的全身铜像，气宇轩昂，栩栩如生。广场南面钢筋混凝土结构的八角形石台上的紫铜宝鼎，高4.25米，腹径1.21米，重约5000公斤，是中山陵纪念性建筑之一。这尊鼎铸于1933年秋，由广州中山大学师生和校长戴季陶捐赠，鼎的一面铸有中山大学的校训“智、仁、勇”三个字。鼎内还刻有戴母黄氏手书《孝经》全文，所以叫“孝经鼎”。在墓道的入口处有一座冲天而立的花岗岩牌坊，高12米，宽17.3米，牌坊上端正中的横帽上刻着“博爱”二字。“博爱”是中山先生的手迹，也是他生前的座右铭，故此牌坊称为“博爱坊”。该牌坊建于1930年，采用花岗岩仿木结构，建筑格局为四揽三闭门冲天式。陵墓的正门坐北朝南，设有三个拱门，每个拱门都装有一扇对开的镂花铜门。陵门平面为长

---

① 参见刘耀编著：《中国绝色风景》，93页，北京，中国长安出版社，2006。

方形，高 16.5 米，宽 27 米，进深 8.8 米，全部用福建花岗岩建成，屋檐为单层歇山式。门楣上有孙中山亲笔所书的“天下为公”四个大字。陵门之后是一座方形的碑亭，边长 12 米，高约 17 米，全部用花岗岩建成。亭中的一块高 8.1 米、宽 4 米的巨碑，碑的正面刻有国民党元老谭延闿[①]手书“中国国民党葬总理孙先生于此，中华民国十八年六月一日”24 个镏金大字。字为颜体，遒劲有力。祭堂前有一座融中西建筑风格于一体的宫殿式建筑，长 30 米，宽 25 米，高 29 米，四周有堡垒式的小建筑物，并有两座高 12.6 米的华表拱卫。祭堂的屋顶为重檐九脊，上覆蓝色琉璃瓦，外墙用花岗岩砌成。祭堂的三拱门楣上，从东到西分别刻着“民族”、“民生”、“民权”6 个篆体大字，系国民党元老张静江的手书。居中的“民生”门楣上端，还有孙中山所书“天地正气”4 个金字直额。祭堂内部以云南产白黑色大理石铺地，四周有 12 根黑色石柱，直径为 0.8 米，“12”代表的是一年中的 12 个月，“4”代表的是一年中的 4 个季节。大厅两侧的护壁上还刻有孙中山手书《建国大纲》全文。[②] 祭堂正中是一尊石雕孙中山全身坐像，像高 4.6 米，底座宽 2.1 米，用意大利白色大理石雕刻而成。孙中山先生身穿长袍马褂，膝上放着一本展开的文卷，双目凝视前方，显示出一位伟大思想家的深沉和睿智。坐像是由法籍波兰雕刻家保罗·郎特斯基雕琢而成的[③]，它于 1930 年雕成后从法国巴黎运到中山陵，据说总造价 150 万法郎。坐像底座四侧的六幅浮雕，再现了孙中山从事革命活动的生动画面。正面一幅为“如抱赤子”，画面上孙中山正在精心地为一个患病的幼儿治病。东面两幅是“出国宣传”和“商讨革命”，表现了孙中山早年奔走革命和创建同盟会的情形。背面一幅为“国会授印”，再现了辛亥革命后议会向孙中山授大总统印的场面。西面两幅浮雕，一幅是“振聋发聩”，表现了孙中山为唤起民众，正向群众宣传革命道理；另一幅是“讨袁护国”，内容是孙中山发表演说，

---

① 谭延闿在民国时期曾任国民政府主席、行政院院长，是国民党内四大书法家之一。

② 参见小小编著：《中国南方北方游》（南方卷），14 页，北京，中国电影出版社，2005。

③ 周艺文等主编：《江南风光之旅》，16 页，长沙，湖南地图出版社，2001。

号召人民讨伐倒行逆施的袁世凯。祭堂后壁正中是墓门与墓室相通。墓门分为两道，第一道是两扇美国产的紫铜保险门，门楣上刻有“浩气长存”横额，系孙中山亲笔所书。第二道为独扇铜门，上刻张静江所写“孙中山先生之墓”7个篆字。整个墓室是一座半球形封闭式建筑，顶呈西式穹隆状。室内圆形，直径约18米，高11米，四壁用妃色人造石贴面。墓室的地面用白色大理石铺砌，墓壁上装有日光灯，顶上装有8个反光镜；使室内保持柔和而充足的光线。墓室的中央是安葬孙中山灵柩的大理石矿，直径约4.3米，石矿深1.6米，四周围着一圈精致的白色大理石栏杆。墓护正中的长方形墓穴上安放着孙中山先生的汉白玉卧像，卧像身穿中山装，神态宁静，面容慈祥，如同生前安睡一样，令人肃然起敬。①

三

紫金山的世界遗产明孝陵。明孝陵是明朝开国皇帝朱元璋和皇后马氏的合葬墓，它位于紫金山南麓独龙阜玩珠峰下，是南京规模最大、保存最完好的一座帝王陵墓，至今已有600多年的历史。朱元璋登基后不久，就非常关心自己死后的“天堂”，开始筹划营建陵墓。据说他曾把刘伯温、徐达、常遇春、汤和等大臣召来商议选址，5人约定各自先把所选最佳墓址写在纸上然后同时展开，结果5人都写着“独龙阜玩珠峰”。独龙阜是一座位于紫金山主峰之下的小山丘，高150米，直径约400米，像是一座巨大的天然坟冢。明孝陵于洪武九年（公元1376年）开始筹建，当时动用大量民工，迁走了前人留下来的几十座寺庙②，甚至还迁走了不少前人的陵墓。当要迁走三国吴王孙权的陵墓（在今南京梅花山上）时，朱元璋说了一句话：“孙权也是

---

① 参见《江苏南京中山陵导游词》。

② 自东晋、南朝以来，佛教在中国得到了广泛的传播，梁武帝甚至把佛教当作国教，因此南京寺庙林立。东晋时有佛寺300多所，南朝增加到近500所，僧侣达10万之众。唐代杜牧诗：“南朝四百八十寺，多少楼台烟雨中。”正是当年南京佛寺兴盛的写照。

一条好汉，留着他守门。”[①] 才没有被迁走。洪武十五年（公元 1382 年），第一期工程完成之时正好遇上马皇后去世，朱元璋为她举行了隆重的葬礼，并将其灵柩葬入陵墓并封她为“孝慈皇后”，陵墓的名称也由此而来。1383 年孝陵的主体工程大殿建成。1392 年皇太子朱标去世，葬在孝陵东侧称为东陵。洪武三十一年（公元 1398 年）建成“大明孝陵神功圣德碑”，历时 23 年的建陵工程才告结束。整座明孝陵建筑范围东起孝陵卫，南到卫岗下马坊，西抵城墙边，北达独龙岗半山腰，方圆 20 多公里。当时在墓区内植树万株、养鹿千头，派守的卫兵多达 5700 人。而且朱元璋下葬时有 40 位嫔妃殉葬，其中 2 人葬在孝陵东、西两侧，38 人从葬于孝陵。明孝陵的建筑可分为引导建筑的神道和主体建筑陵寝两大部分。进入明孝陵的第一个石牌坊叫做“下马坊”，石坊上刻着“诸司官员下马”，该下马坊是 1984 年重修的。明孝陵的正门为大金门，大金门正北 70 米是碑亭，俗称“四方城”。碑亭是一座正方形的建筑，四面各有一个券门。亭内的“大明孝陵神功圣德碑”，刻着明成祖朱棣颂扬其父朱元璋功德的碑文。全文长达 2746 字，每个字都有拳头大小。整座碑由碑座、碑身、碑帽三部分组成，碑座是一只巨大的龟形动物“赑屃”，高 2. 08 米，是一种神话传说中特别能负重的动物。整碑通高 8. 78 米，是南京最大的一块古碑。过御河桥转向西北为陵墓的神道，神道分为两段：第一段为东西向名曰“石象路”，石象路长 615 米，路上两侧分列 6 种 12 对共 24 只石兽，每种 4 只分别为两蹲、两立，自东向西排列着狮、獬豸、骆驼、象、麒麟和马。这些石兽各有寓意，譬如，狮为百兽之王，显示帝王的威严，它既是皇权的象征，又起镇魔避邪的作用；獬豸是“神羊”，独角、狮身、青毛，秉性忠直，能明辨是非，用来标榜皇帝是执法如山的圣明天子；骆驼象征着沙漠与热带，表示大明疆域辽阔、皇帝威镇四方；大象是兽中巨物，性格温良，寓有“顺民”的意思，另外它四腿粗壮有力坚如磐石，表示国家江山的稳固；麒麟是传说中的“四灵”（麟、凤、龟、龙）之首，它是披鳞甲、不履生草、不食

---

① 资料源自《南京明孝陵导游词》。

生物的仁兽，雄的叫“麒”，雌的叫“麟”，象征“仁义之君”和吉祥、光明；马在古代是帝王南征北战、统一江山的重要坐骑，在战火纷飞的战场上立下汗马功劳，它具有“老马识途”的智慧，“马不停蹄”的能耐，“一马当先”的奉献精神和忠于职守的高尚品德，为历代封建统治者所钟爱。石兽尽处神道折向正北，这一段神道长 250 米，过华表由南往北排列着的是 8 个石人，其中 4 个文臣、4 个武将，俗称“翁仲路”。[①] 从金水桥向北 200 米顺坡而上，就是明孝陵主体建筑的正门“文武坊门”。门上嵌有青石碑一方，宽 1.99 米，高 1.07 米，阴刻镏金曾国藩所题的“明孝陵”3 个大字，边饰云龙花纹。现在的大门等建筑系清同治四年（公元 1865 年）重建。文武坊正门内有一座清代同治八年（公元 1869 年）建的碑殿，正中竖立着高大的石碑 5 块，最为醒目的一块上书“治隆唐宋”四个大字，这是清圣祖玄烨于康熙三十八年（公元 1699 年），第三次南巡拜谒明孝陵时题写的。意思是颂扬明太祖治国方略，超过了唐太宗李世民和宋太祖赵匡胤。作为清朝皇帝的康熙如此诏示天下，既表示了他对朱元璋的尊重和钦佩之意，同时也是有其良苦用心的。康熙一生中“六次南巡”，五次拜谒明孝陵，每次均行跪九叩大礼。这块碑高 3.85 米，宽 1.42 米。碑的两侧还有两块立碑，分别刻有乾隆巡谒明孝陵时的两首题诗。由碑殿向北 55 米是享殿（原名“孝陵殿”），是明孝陵的主要建筑，于洪武十六年（公元 1383 年）建成、清同治十二年（公元 1874 年）重建的，殿为 3 间，檐高 3.11 米，长 11 米，进深 7 米，规模比原来的孝陵殿小得多。殿内挂着朱元璋与马皇后画像的复制品。方城前高 16.25 米，后高 13 米，东西长 75.26 米，南北宽 31 米，东西两侧有八字墙。方城正中是一个高大的拱门，拱门内是一条深长的隧道，由 54 级石阶组成，出隧道分左右二石阶向南登上方城。明楼俗称“马娘娘梳妆台”，东西长 39.15 米，南北宽 18.40 米。方城和明楼是明代的创新，明以前的帝王陵墓都没有这样的建筑。方城的后面是宝顶（也叫“宝城”），正面的石壁上横刻着“此山明太祖之墓”7 个楷书大字。

---

① 刘耀编著：《中国绝色风景》，94 页，北京，中国长安出版社，2006。

宝城是一座近似圆形的小丘，直径约 325 ~400 米，四周围有砖墙，墙以条石作基础，依山就势而筑，高约 7 米，墙顶厚度 2.1 米。宝顶之上树木参天，明太祖和马皇后的地宫就在这宝顶之下。2000 年联合国教科文组织依据世界文化遗产标准，将明显陵、清东陵、清西陵作为明清皇家陵寝列入《世界遗产名录》。2003 年 7 月 3 日联合国教科文组织世界遗产委员会第 27 届会议，又将南京的“明孝陵”和“北京十三陵”作为“明清皇家陵寝”的扩展项目正式列入《世界遗产名录》。世界遗产委员会的评价是：“明清皇家陵寝依照风水理论，精心选址，将数量众多的建筑物巧妙地安置于地下。它是人类改变自然的产物，体现了传统的建筑和装饰思想，阐释了封建中国持续五百余年的世界观与权力观。”① 明清皇家陵寝是中国明清两朝皇帝陵寝建筑群，按照严格的等级规制营建，具有完整的地上、地下建筑体系，布局严谨，规模宏大，建筑华美，工艺精细，体现了中国封建社会最高的丧葬制度。

人文底蕴深厚环境优美的玄武湖。玄武湖位于南京东北面，三面环山、一面紧靠古老的南京城垣，湖周长约 15 公里。湖水来自钟山北麓，汇入青溪故道流至秦淮河，湖光山色景致迷人。玄武湖原只是一块因断层作用而形成的沼泽湿地，三国时吴王孙权引水入宫苑后湖，玄武湖才初具湖泊的形态。东汉末年秣陵尉蒋子文死于中山之阴，葬于湖畔。孙权为避祖父孙钟名讳，改“钟山”为“蒋山”，玄武湖为“蒋陵湖”；又因孙权常在此训练水师而被称为“练湖”。南宋元嘉初年（公元 424 年），宋文帝刘义隆对玄武湖进行了一次大规模的整治，把挖出来的湖泥堆积在一起，成了露出水面的小岛。其中，最大的为“蓬莱”、“方丈”和“瀛洲”三岛，这就是今天玄武湖中的梁洲、环洲和樱洲的前身。南朝宋元嘉二十五年（公元 448 年），因湖中两次出现“黑龙”（可能是现在的“扬子鳄”），遂改称“玄武湖”。“玄武”在我国古代神话中通常是指北方之神，与代表东方的青龙、代表

① 扬文：《世界文化遗产“明清皇家陵寝”包括南京明孝陵》，载《扬子晚报》，2008 年 7 月 9 日。

西方的白虎、代表南方的朱雀并称为“四神”。在玄武湖的历史上曾两度遭遇浩劫，一次发生在隋文帝时，另一次则发生在宋神宗在位时。隋文帝灭了南陈之后曾下令“夷平南京城”，玄武湖首度消失了200多年。李白就曾有“亡国生春草，离宫没古丘。空馀后湖月，波上对江州”① 的叹惜。宋熙宁九年（公元1076年），王安石调任江宁府尹后力举“废湖还田”，南京城遇雨成灾的恶梦从此挥之不去。明太祖朱元璋定都南京后大肆扩张南京城的范围，玄武湖从此成为南京城东北城墙外的护城河，湖面仅及六朝时的1/3，且在中洲（梁洲）建黄册库，作为明朝廷贮藏全国户口赋役总册的库房禁地，不允许一般人随便进入。1911年玄武湖被辟为公园，后又开玄武门筑翠虹堤以通湖上，玄武湖才成为南京著名的游览区。今天玄武湖的面貌大体上就形成于明朝。玄武湖公园面积472公顷，其中陆地104公顷，水面368公顷，湖水清澈如镜、碧波荡漾，湖面上分布着五块绿洲：环洲、樱洲、梁洲、翠洲、菱洲，故有“五洲公园”之称。洲上遍植垂柳，微风拂来宛如烟云缭绕，故有“环洲烟柳”之称。从环洲向东经过小桥抵樱洲，因洲上遍植樱桃得名，故有“樱洲花海”之誉。从环洲越芳桥是梁洲，洲上树木繁茂，名胜古迹众多，从梁洲过翠桥至翠洲，这里绿草如茵，佳木繁多，构成了“翠洲云树”的清雅特色。② 菱洲位于玄武湖的中心，有“菱洲山岚”之美誉。玄武湖四季景色各异，特别是玄武湖之秋，泛舟湖上穿行于绿叶红莲之间，停船于垂柳塔影堤畔，尽情欣赏玄武湖的迷人风光，令人流连忘返。

美丽动人的金陵第一名湖莫愁湖。莫愁湖位于南京水西门外桥西，得名于一个美丽的传说。传说莫愁是南齐时一位勤劳、善良、美丽、聪明的河南洛阳贫家女子。15岁那年父亲病死，为葬父只好卖身。正巧家住建康石城湖边的卢员外在洛阳，见莫愁美丽聪明就买为儿媳。莫愁葬父后挥泪辞别母亲南下，不久北方边塞受到敌军侵犯丈夫应征戍边，自此一别十载杳无音讯。淳朴的莫愁把心思寄托在帮助邻里扶

---

① （唐）李白：《金陵三首》，《全唐诗》第181卷，第31首。

② 参见刘耀编著：《中国绝色风景》，92页，北京，中国长安出版社，2006。

危济难的善行之中，深受邻里称颂。但遭到公公反对，莫愁不堪诬陷凌辱，投石城湖而死以示反抗。后人怀念莫愁，便把她居住过的地方和石城湖改称“莫愁湖”。① 莫愁湖在宋、元时即有盛名，明朝定都南京后更盛极一时。清乾隆年间在园内建郁金堂，筑湖心亭遂成“金陵第一名湖”。莫愁湖湖面宽阔，湖畔楼、厅、堂、亭巍峨错列，林木郁葱万花缤纷，是一个久享盛誉的名湖。明清时莫愁湖就栽植了大量莲花，每逢炎夏莲花盛开香风阵阵，恍若绝代的凌波仙子出淤泥而不染。莫愁湖在六朝时称“横塘”，面积为54公顷，湖面约33.3公顷。现园内有胜棋楼、郁金堂、粤军阵亡将士墓等；每年4月公园举行海棠花会，游人如织、热闹非凡。西花园东廊上还有一块非常著名的碑，它就是清末著名学者俞樾所书的《枫桥夜泊》诗碑，据说是从苏州寒山寺中移来的。在诗碑中俞樾告诉人们，唐代诗人张继在《枫桥夜泊》诗中所说的“江枫渔火对愁眠”的“江枫”，实则为“江春”，纯系后人误传为“江枫”而已。西花园的水池是人工开凿的，整个水池周长约1866米，面积约占公园面积的一半多。池水清澈，水池四周全部用明代城砖驳岸，显得非常古雅。水池的南端有一座长14.5米的仿木船式石舫。据说这座石舫是两江总督尹继善为了自己享乐，在清乾隆十一年（公元1746年）建造的。石舫上的“不系舟”匾额，是当年乾隆皇帝南巡时所题。中国有句古语：“水能载舟，亦能覆舟。”这个形似横卧花瓶的水池，暗喻的是天下的老百姓。乾隆皇帝题写“不系舟”3个字，是希望人民安居乐业，天下太平安康，大清江山犹如不系舟，任凭风吹浪打永不动摇。石舫分为前后两舱，券棚屋顶，造型精巧，形象逼真，有石制跳板可以登舟。石舫的尾部有舵，船身用青石做成，船头铺以青砖，船舱顶部是黄色琉璃瓦，两侧嵌有青砖雕花栏板，上面雕刻着牡丹、万年青、卷草、猴、鹿、蝙蝠等彩色图案，雕饰极其粗犷、优美，富有浓郁的传统民族特色。石舫门柱上端是形象逼真的两只木雕狮子，据说是太平天国时期的作品。

---

① 参见小小编著：《中国南方北方游》（南方卷），17～18页，北京，中国电影出版社，2005。

江苏苏州古城文化景观

一

苏州古称“吴”，简称“苏”拥有姑苏、吴都、吴中、吴东、吴门和平江等称谓。在诸如此类名称中，“姑苏”是最常用和被人熟知的，也最容易令人想起唐代诗人张继《枫桥夜泊》中“姑苏城外寒山寺，夜半钟声到客船”① 的诗句。仿佛古寺的钟声至今仍回荡在苏州城，激起人们对苏州的无限遐想与向往。又由于苏州城内河道纵横，有时又称为“水都”、“水城”、“水乡”，以至于13世纪的《马可波罗游记》，曾将苏州赞誉为“东方威尼斯”。据史志资料记载，在公元前10世纪前后，这里逐渐形成了一个隶属于周王朝的自命为“勾吴”的诸侯国（即吴国），都城就在现苏州西郊15公里的梅里，故苏州是吴越文化的发源地。

苏州是中国现存最古老的城市之一。公元前560年诸樊为吴王，把都城迁至苏州。② 苏州正式建城于公元前514年，吴王夫差的父亲阖闾命前来投奔的楚国大臣伍子胥建“阖闾城”，算来距今已有2500多年的历史。伍子胥奉命在原有旧城的基础上进一步扩建，建成周长约24公里的“阖闾大城”。苏州市至今还保存着吴越文化的许多珍贵

---

① （唐）张继：《枫桥夜泊》。

② 参见小小编著：《中国南方北方游》（南方卷），27页，北京，中国电影出版社，2005。

文物，古城区拥有当年“三横三直一环”的骨干水系；现存的宋代《平江图》与当今航拍的苏州古城图竟如此近似，居然发现当年吴王设计的“亚”字城形还保存完好。[①] 苏州曾为春秋之吴国、战国之越国、三国之孙吴、元末之张吴等多个政权的都城。苏州是中国最精致的古城，它基本上保持着古代水陆并行、河街相邻的“双棋盘格局”，以及小桥流水、粉墙黛瓦、古迹名园的独特风貌。苏州自有文字记载以来的历史已逾4200余年，是全国首批24个历史文化名城之一。公元前222年秦始皇在吴都城设会稽郡、吴县，当时的苏州称为“吴县”（有时称“吴州”）。隋开皇九年（公元589年），改“吴州”为“苏州”，因城西南的“姑苏山”而得名。公元778年唐朝设苏州为江南唯一的“雄州”（唐制州分七等，“雄州”为二等），从此“苏州”被固定作为此地名称。公元1113年，宋朝改“苏州”为“平江府”。苏州是吴文化的发祥地和集大成者，亦为中华文明的重要发源地。譬如，苏州在春秋时期是吴国的政治中心，西汉武帝时期为江南政治、经济中心，司马迁称之为“江东一都会”[②]；宋代全国经济重心南移，陆游称“苏常（州）熟，天下足”[③]，宋人进而美誉为“上有天堂，下有苏杭”[④]。曹雪芹在名著《红楼梦》中，誉称苏州“最是红尘中一二等富贵风流之地”。[⑤] 今天的苏州是经国务院批准的“较大的市”，是江苏省的经济、对外贸易、工商业和物流中心，也是重要的文化、艺术、教育和交通中心。苏州东邻上海、濒临东海；西抱太湖、背靠无锡，隔湖遥望常州；南临浙江与嘉兴接壤，所辖太湖水面紧邻湖州；北枕长江与南通、泰州隔江相望。市中心西距南京市219公里，东距上海市区80公里，是江苏省的东南门户、上海的咽喉，苏中和苏北通往浙江的必经之地。苏州既有“园林之美”又有“山水之胜”，自然

---

① 参见王谨：《上有天堂，下有苏杭》，载《人民日报》（海外版），2004年6月16日第1版。

② （西汉）司马迁：《史记·货殖列传》。

③ （南宋）陆游：《奔牛水闸记》。

④ 谭宗远：《讲述苏州城》，载《北京日报》2004年5月30日，第7版。

⑤ 曹雪芹、高鹗著：《红楼梦》（第一卷），4页，北京，人民文学出版社，1964。

人文景观交相辉映，加之文人墨客题咏吟唱，使苏州成为名副其实的“人间天堂”。

苏州是传统文化发达、历史底蕴深厚的古城。古城古迹的密度仅次于北京和西安，列全国第三位。苏州发现了许多远古文化遗址，尤其是新石器时代晚期的良渚文化最为丰富，著名的有赵陵山遗址、少卿山遗址、绰墩遗址、草鞋山遗址、罗墩遗址等。其中，赵陵山遗址1992年被列为“全国十大考古遗址重大发现”之一。苏州历来具有崇尚文化的传统，历史上曾出过50多名状元，在我国可谓是出状元最多的城市。1500多名进士，现存的状元府第仍有10座，吴地名贤不胜枚举。譬如，顾鼎臣弘治十八年（公元1505年）考中状元；张书勋乾隆三十一年（公元1766年）考中状元；缪彤是清代第12位状元；彭定求是清代第15位状元；归允肃是清代第16位状元；陆肯堂是清代第18位状元；陈初哲是清代第51位状元；石韫玉是清代第61位状元。沧浪亭内有“五百名贤祠”[①]，著名的代表人物有：春秋时期的政治家伍子胥、军事家孙武；楚霸王项羽；汉宫皇后绝代美女赵飞燕；唐代诗人陆龟蒙；宋代政治家、文学家范仲淹及文学家范成大；明代画家沈周、唐伯虎、文征明、仇英，政治家况钟，文学家冯梦龙，建筑家、明故宫设计者蒯祥；明末清初思想家顾炎武，造园大师计成，叠石专家戈裕良，清代帝师翁同和，外交家洪钧；近代民主人士柳亚子，经学大师章太炎，史学家顾颉刚，文学家和教育家叶圣陶，刺绣大师沈寿，现代文学家和作家苏童等。另外，在两院院士中，苏州籍院士就有近百位。因而苏州既是国务院公布的第一批重点保护的“历史文化名城”，同时又是具有“三绝诗书画”的士大夫们所“写”的“地上文章”。中国的“士”承载着社会道义和良心，是中国文化的载体。苏州所积淀的正是与世界其他社会绝对相异的“士大夫文化”，诸如名士风流、忧患意识、超越心绪等，形象地体现了士大夫“依于

① 清道光七年（公元1827年），布政使梁章钜再次重修沧浪亭，巡抚陶澍把康熙年间巡抚王新民所建之“苏公祠”改建为“五百名贤祠”，得吴郡乡贤名宦594人的画像，请名家顾湘舟摹刻于墙，每岁时以致祭。

仁，志于道，逃于禅”① 的人生轨迹。苏州的卓越文化魅力，正是导源于士大夫的人格精神。

苏州是举世闻名的古典型园林城市。苏州是一个充满诗情画意的城市，精致儒雅的园林是这个城市的象征。这里的宅园集建筑、雕刻、雕饰、琴棋书画、陈设布置等等文化艺术于一体，成为“综合艺术的博物馆”。苏州古典园林历史绵延2000余年，在世界造园史上有其独特的历史地位和研究价值，它以写意山水的高超艺术手法，蕴含浓厚的传统思想文化内涵，展示东方文明的造园艺术典范，实为中华民族的艺术瑰宝。它的历史可上溯至公元前6世纪春秋时吴王的“苑囿”，至今苏州城内仍有吴王宫遗址，如建于春秋的由名臣伍子胥规划的水陆盘门，如今是全国唯一保存的水陆并峙的盘门城楼。吴王阖闾、夫差父子在苏州营造的宫室园林，是苏州最早的皇家花园，相传吴王宫之一的虎丘塔下就是阖闾的墓穴，随葬了无数珍宝和3000把宝剑。古典园林一般分为“皇家园林”、“私家园林”、“寺庙园林”三类。苏州私家园林最早的记载，是东晋（4世纪）顾辟疆所建的“辟疆园”。苏州历代造园兴盛，明清时期已成为我国最繁华的地区，私家园林遍布古城内外。从严格的意义上讲，苏州园林作为一种文化现象来看，最开始是一种“退隐文化”的体现。由于苏州地处长江三角洲，气候宜人、交通便利，旧时官宦名绅或厌倦政治，或官场失意、或躲避战乱、或受魏晋之风的影响，学陶渊明“归去来兮”想做隐士的人，纷纷到苏州择地造园、颐养天年。这些人尽管有钱，但绝对不是土财主和暴发户，用现在的话来说，他们都是知识界的精英。他们退隐到苏州以后，也不是无所事事，而是广结名流、著书立说、吟诗作画。正因为如此，明清时期苏州封建经济文化发展达到鼎盛阶段，造园艺术也趋于成熟，出现了一批园林艺术家，使造园活动达到高潮，有园林280余处，至今保存完好的园林仍有69处。苏州园林是人居环境的经典，甚至与21世纪人与自然和谐的主旋律相宜。古人云“诗言志”、“诗缘情”；园林则是“园言志”、“园言情”。由此看来，古代的造园

---

① 曹林娣：《园与人的生命遇合》，《中华遗产》2004年创刊号，第63页。

者大多有很高的文化修养，能诗善画。在造园时建造者借助中国山水花鸟画表达的情趣以及唐诗宋词中描述的意境，通过凿池堆山、栽花种树的方式，在有限的空间内进行变换无穷、设计精妙的安排，造出具有诗情画意的景观，达到了在园林中游赏即像在品诗，又像在赏画的效果，使苏州园林各具不同的景色绝无雷同。在久远的年代，苏州园林能使建筑家、哲学家、诗人、画家、平民各自体味到不同的诗情画意和生活哲理。对于现代人来说，苏州园林就是一幅具有中国韵味的立体山水画。因而可以说，苏州古典园林是具有自然意趣的城市山林，宅园合一近乎达到“虽由人作，宛自天开”① 的艺术境界。苏州园林之所以与追求庄重严整、宏伟华丽的皇家园林不同，是因为园主大多为士大夫或遭贬谪的，或是退休的官吏，他们既企慕大自然的“山水林泉之乐”，又离不开城镇优裕的物质条件和文化环境，于是就在住宅边营造由山水、花木、建筑构成的园林，或面临大街或深隐小巷，在高高的粉墙之内，过着“不出城郭而获山林之怡、身居闹市而有林泉之趣”② 的生活。苏州古典园林通常都具备可赏、可游、可居的条件，这种建筑形态是在人口密集和缺乏自然风光的城市中，人类依恋自然、追求与自然和谐相处，完善自身居住环境的一种创造，它融建筑美、自然美、人工美为一体，反映了我国江南高度的居住文明。苏州园林曾影响到整个江南城市建筑的风格，体现了当时城市建筑科学技术风格和艺术成就，这在中国乃至世界园林艺术发展史上具有不可替代的地位。以至于北京的皇家花园，在很多方面都借鉴甚至仿建苏州古典园林。

---

① （明）计成：《园冶图说》。他对造园艺术精妙地总结为：“轩楹高爽，窗户虚邻；纳千顷之汪洋，收四时之浪漫。梧荫匝地，槐荫当庭；插柳延堤，栽梅绕屋。结茅竹里，浚一派之长源；障锦山屏，列千寻之耸萃。虽由人作，宛自天开。”

② 徐文涛：《苏州园林放异彩》，载《人民日报·华东新闻》，2000 年 7 月 31 日第 4 版。

二

苏州是我国分布世界文化遗产最多的城市。单就苏州古城的园林而言，已有9座园林被列为世界文化遗产，它们分别是：拙政园、留园、网师园、环秀山庄、沧浪亭、狮子林、艺圃、耦园和退思园。同时昆曲和以虞山派为代表之一的古琴，也列入了世界非物质文化遗产。苏州现有2个国家历史文化名城（苏州、常熟），6个国家级历史文化名镇（昆山周庄、吴江同里、苏州甪直、太仓沙溪、苏州木渎等），2个国家级历史文化名村（吴中区东山镇陆巷村和吴中区西山镇明月湾村），7个江苏省历史文化名镇（苏州东山、苏州西山、苏州光福、苏州木渎、吴江震泽、太仓沙溪、昆山千灯），还有一大批保存较好的古镇（如吴江的黎里、盛泽、昆山锦溪、太仓浏河）、古村落（吴中区的东山村、明月湾），已被列入国家申请世界文化遗产名录预备清单。苏州市区内共有各级文物保护单位265处，其中，国家保护25处，省级保护56处，市级保护184处；古城区共有各级文物保护143处。其中，国家级保护18处，省级保护34处，市级保护91处。另外，市区还有控制保护建筑307处，其中古城区有控制保护建筑248处。① 中国最古老和最有影响力的戏曲剧种之一的昆剧，于2001年5月被联合国教科文组织列为“人类口头和非物质遗产代表作”。苏州是昆剧和苏剧的故乡，在中国戏曲发展史上具有极为重要的地位。被人们誉为戏曲艺术瑰宝的昆剧，兴起于元末明初的昆山太仓一带，自明代隆庆、万历之交，至清代康熙、嘉庆年间，昆剧由于得到革新而迅速兴盛，其时在苏州城镇、乡村，人们对昆剧的迷恋程度，达到了如醉如狂的地步，组织业余班社、举行唱曲活动，一年一度的“虎丘曲会”，几乎达到“倾城阖户”、“唱者千百”的程度。在昆剧鼎盛时期以苏州为中心，传播范围几乎遍及全国各大城市，独霸剧坛200余

---

① 参见朱威：《保护利用共举管理传承并重——苏州古城区文物古建筑的保护与利用》，载《中国文物报》，2007年9月21日第5版。

年。昆剧的繁荣涌现了一大批优秀的演员，也出现了一批著名的作家。一些新剧目的创作和演出，如昆剧《窦娥冤》，苏剧《醉归》、《窦公送子》，京剧《李慧娘》，滑稽戏《满意勿满意》等，都在全国产生了积极影响。苏绣的历史可追溯到2600多年前的春秋时代，苏绣与湖南的湘绣、四川的蜀绣、广东的粤绣，并称为“中国四大名绣”，苏绣为四大名绣之首。苏绣的题材以人物、山水、花鸟、动物为主，有绣片、册面、屏条、屏风等。新中国成立后，苏州艺人成功地创造了双面绣，代表作是“双面猫”。苏州的“桃花坞木刻年画”、“天津杨柳青木刻年画”和“山东潍坊杨家埠年画”并称“中国三大木刻年画”。桃花坞年画始于明末，距今已有350年的历史，因最早的作坊在苏州桃花坞街上而得名。清雍正、乾隆年间盛极一时，与杨柳青年画并称“南桃北柳”，年画的形式与内容多反映民间生活，富有装饰性。① 其浓郁的民族风格也受到了外国人的青睐，如日本浮世绘就受到了桃花坞年画的影响。苏州虎丘婚纱位于苏州城北，素有“吴中第一名胜”之称，虎丘是苏州专业从事婚纱制造、批发的生产基地。苏州生产的产品有婚纱、礼服、旗袍、饰品、结婚相册、婚礼百货等上万种各式各样的婚礼产品，苏州婚纱店已扩大到了现在的500多家。苏州不仅是全国重点风景旅游城市，而且是4个全国重点环境保护城市之一。作为驰名世界的园林城市，它拥有园林和昆曲双份世界文化遗产，最有资格承办世界遗产大会这一国际盛会。② 因而2004年6月28日至7月7日，联合国教科文组织世界遗产委员会第28届会议在苏州举行，这是中国政府迄今为止承办的最高级别的联合国教科文组织的国际会议，也是苏州历史上承办的规格最高、规模最大、时间最长的全球性的政府间国际会议。该会议在苏州的成功举办，不仅形成了全世界聚焦苏州的良好机遇，也使苏州园林接受了一次规模空前的大检阅。

苏州园林是世界遗产中屈指可数的古典园林。以拙政园、留园、

---

① 参见周艺文等主编：《江南风光之旅》，31页，长沙，湖南地图出版社，2001。

② 参见王谨：《上有天堂，下有苏杭》，载《人民日报》（海外版），2004年6月16日第1版。

网师园、环秀山庄为典型代表的4个苏州古典园林（英文名称：The Classical Gardens of Suzhou），1997年12月4日经联合国教科文组织世界遗产委员会第21届会议审议通过，根据文化遗产遴选标准C（I）（II）（III）（IV）（V）被列入《世界遗产名录》。世界遗产委员会给这4个古典园林以极高的评价："是中国风景园林设计的杰作，其艺术、自然与哲理的完美结合，创造出了惊人的美和宁静的和谐。"国际古迹遗址理事会专家哈利姆博士考察了苏州园林之后说："我认识了一个新的世界，苏州古典园林在世界上是无与伦比的。"[①] 2000年11月沧浪亭、狮子林、艺圃、耦园和退思园5所园林，又被增补列入《世界遗产名录》（编号：200—019）。世界遗产委员会再次给予了高度评价："中国园林是世界造园之母，苏州园林是中国园林的杰出代表。""没有哪些园林比历史名城苏州的四大园林更能体现出中国古典园林设计的理想品质。咫尺之内再造乾坤，苏州园林被公认是实现这一设计思想的典范。这些建造于16—18世纪的园林，以其精雕细琢的设计，折射出中国文化中取法自然而又超越自然的深邃意境。"[②] 拙政园与北京颐和园、承德避暑山庄、苏州留园并称我国"四大古典名园"。拙政园最初为唐代诗人陆龟蒙的住宅，明正德年间为明代监察御史王献臣被贬归隐之居，园主取晋代潘岳《赋闲赋》中"筑室种树，灌园粥蔬，是亦拙者之为政也"[③] 之意而命名。王献臣死后其子以园为赌注，一夜输得精光，园主屡有变更，太平天国时属于忠王府。全园分东、中、西、住宅四部分，其中住宅是典型的苏州民居，现布置为园林博物馆展厅。东部明快开朗，以平冈远山、松林草坪、竹坞曲水为主，主要景点有兰雪堂、缀云峰、芙蓉榭、天泉亭、秫香馆等。中部为拙政园精华所在，池水面积占三分之一，池广树茂景色自然，临水布置了形体不一、高低错落的建筑，主要景点有远香堂、香洲、荷风四面亭、见山楼、小飞虹、枇杷园等。西部主体建筑为靠近住宅一侧

---

① 曹林娣：《园与人的生命遇合》，《中华遗产》2004年创刊号，第63页。

② 李振湘：《世界遗产中国行》，112～114页，北京，民族出版社，2004。

③ 见《苏州的园林》，《人民日报》（海外版）2004年6月19日，第5版。

的“卅六鸳鸯馆”，水池呈曲尺形，其特点为台馆分峙、回廊起伏，水波倒影别有情趣，装饰华丽精美，主要景点有“卅六鸳鸯馆”、倒影楼、与谁同坐轩、水廊等。拙政园以其平淡天真、布局巧妙和建筑精雅的特色见长，现为全国重点文物保护单位。原为明代徐时泰东园的留园，坐落在苏州市阊门外，清代归刘蓉峰所有改称为寒碧山庄（俗称“刘园”）。清光绪二年又为盛旭人所据始称留园。它由东西中北四个部分组成，其布局对比强烈，东部建筑密集曲折多变；西部以大假山为主，空间比例尺度精美得体，漫山枫林为中部最好的借景。特别值得一提的是，园中的冠云、岫云、朵云三峰，为苏州最大的湖石。① 建于清代的“网师园”规模较小，为苏州园林“以少胜多”的典范，水池面积约半亩，池子小却显得十分开阔。东侧建筑较密，采用小空间形式，门楼雕镂极其精美；由厅堂转入主庭园后豁然开朗，园中明暗、收放等方面都采用较强的对比方法，增加了艺术的趣味感。环秀山庄为江南名园之一，园中假山为清代叠山大师戈裕良所作，成为我国“湖石假山”的一颗明珠，使环秀山庄身价百倍。沧浪亭位于苏州市城南三元坊内，在现存的苏州园林中历史最为悠久，为宋代诗人苏子美所筑。全园布局自然和谐，堪称构思巧妙、手法得宜的佳作。沧浪亭园外景色因水而起，园门北向而开，前有一道石桥，一湾池水由西向东，环园南去清晨夕暮，烟水弥漫，极富山岛水乡诗意。② 而园内布局以山为主，入门即见黄石为主，土石相间的假山上古木新枝，生机勃勃，翠竹摇影于其间，藤蔓垂挂于其上，自有一番山林野趣。建筑亦大多环山并以长廊相接。但山无水则缺媚，水无山则少刚，遂沿着池修筑一条复廊，蜿蜒曲折，既将临池而建的亭榭连成一片，又可通过复廊上一百余图案各异的漏窗两面观景，使园外之水与园内之山相映成趣、相得益彰，自然地融为一体，此可谓借景的典范。苏州古典园林以其古、秀、精、雅、多而享有“江南园林甲天下，苏州园

---

① 参见周艺文等主编：《江南风光之旅》，33 页，长沙，湖南地图出版社，2001。

② 有关资料见《浓缩的自然景观——苏州古典园林》，载《西部时报》，2005 年 11 月 18 日第 12 版。

林冠江南”[1] 之誉。苏州园林占地面积小，采用变换无穷不拘一格的艺术手法，以中国山水花鸟的情趣，寓唐诗宋词的意境，在有限的空间内点缀假山、树木，安排亭台楼阁、池塘小桥，使苏州园林以景取胜、景因园异，给人以小中见大的艺术效果，苏州园林是文化意蕴深厚的“文人写意山水园”[2]。古代的造园者都有很高的文化修养能诗善画，造园时多以画为本、以诗为题，通过凿池堆山、栽花种树，创造出具有诗情画意的景观，被称为是“无声的诗，立体的画”[3]。这些充满着书卷气的诗文题刻与园内的建筑、山水、花木自然和谐地糅和在一起，使园林的一山一水、一草一木均能产生出深远的意境，徜徉其中可得到心灵的陶冶和美的享受。其中，沧浪亭、狮子林、拙政园和留园，分别代表着宋（公元960—1278年）、元（公元1271—1368年）、明（公元1368—1644年）、清（公元1644—1911年）四个朝代的艺术风格，被称为“苏州四大名园”。苏州园林是建筑、山水、花木、雕刻、书画的综合艺术品，集自然美和艺术美于一体，构成了曲折迂回、步移景换的画面。如城西南的石湖风景区湖光山色相辉映，以田园风光著称；景色优美的越王城、天镜阁、行春桥，茶磨坊、余庄范成大祠堂、天湖影视基地、华南虎培育基地等，自然风光与人文景观融为一体；城西的天平山风景区景色独异，清泉、怪石、红枫已成为“天平三绝”。姑苏城外同样自然风光秀丽，如灵岩、天平、天池和洞庭诸山，点缀于太湖之滨，形成了富有江南风情的湖光山色。拙政园被评为全国首批4A级景点，并通过ISO9002质量体系认证；留园、狮子林、网师园随后也被评为4A级景点。

园林艺术是苏州市至高无上的优质品牌。蕴含着丰富而精致的人文精神的古典园林，已成为苏州的文化象征，这些散落在姑苏城中的颗颗明珠，既构成了苏州“园林之城”的美誉，也奠定了“文化苏州”的赫赫地位，更成为苏州与世界各国的友好使者。20世纪80年

---

① 参见小小编著：《中国南方北方游》（南方卷），28页，北京，中国电影出版社，2005。

② 有关资料见《天宫繁星落人间》，《扬子晚报》2007年7月27日。

③ 见林生：《中国盆景为国争光》，《中国花卉报》1985年9月27日。

代初，美国纽约大都会博物馆希望在东方馆中能有一处表现中国园林的景观。他们专程派人到中国进行实地考察，我国的园林学家陈从周先生毫不犹豫地为他们推荐了苏州园林。自1980年在美国纽约大都会博物馆出口我国造园史上第一座整体庭园——明式庭院明轩后，苏州已在全球10多个国家和地区设计建造苏州园林并获得多项荣誉。苏州园林成了深受中外友人喜爱的名牌产品。譬如，已先后为日本池田市承建齐芳亭；为加拿大建造的逸园被授予温哥华国际城市协会特别成果奖；在新加坡承建蕴秀园；为南非制作古典装修构件及成套园林景观模型；在美国佛罗里达州建成锦绣中华微缩景区，并建造了独具江南风味的苏州苑。承建了苏州市政府赠送日本金泽市的金兰亭；在香港承建了九龙寨城公园、雀鸟公园；1996年6月设计承建的美国最具规模的苏州园林寄兴园，在纽约斯坦顿岛植物园内落成使用，1997年被纽约艺术委员会评选为纽约市优秀设计奖。① 近30年来，苏州园林以其传统的、高品位的艺术风格和独特的文化价值，越来越多的走向欧、美、亚、澳各洲的名城，含蓄独到的园林文化受到了异域知音的广泛认同和赞赏，被当地称为“永恒的贵宾”。苏州古典园林列入《世界遗产名录》，意味着必须有一流的管理水平和保护措施，意味着对遗产价值在更大范围上的分享，还意味着一代又一代人的责任感。苏州古典园林这张苏州的传世“名片”，是勤劳智慧的苏州人祖祖辈辈传下来的丰厚遗存。这张“名片”不等于永恒，联合国每6年对各个地区的世界遗产轮流监测一次。盛世造园经过百年的空白，苏州园林作为能够代言中国文化的精湛作品，作为能够展现世界遗产再造的璀璨明珠，今天的人们已经敢于构想也有能力去构筑自己的美好家园。苏州市人民政府不断强化政府部门职责，促进这项工作逐步达到文物保护管理的一流水平。1997年4月颁布了《苏州市园林保护和管理条例》，这是我国第一部园林保护和管理的地方性法规，标志着苏州园林的保护管理走上了法制轨道。随后在10年时间内推出了保护苏州园

---

① 参见徐文涛：《苏州园林放异彩》，载《人民日报·华东新闻》，2000年7月31日第4版。

林和古建筑的7部地方法规、4个政府规章和近20个规范性文件。[①]自1998年起苏州市就逐步按照国际标准，将成功申报世界遗产作为促进园林永续保护、管理、利用的契机，用科学化、规范化方法来保护古典园林的整体完整性，努力做到“精、细、美”，体现原汁原味风韵的苏州古典园林。筹建了目前全国唯一的园林专业档案——苏州园林档案馆。对各大名园进行了精确测绘，探索和形成了一整套对园林保护维修的经验和制度。联合国世界遗产委员会的官员和专家多次到苏州进行考察，给予“苏州园林的科学保护达到了国际标准”的高度评价。近年来苏州在充分挖掘和保护园林品牌方面，做了大量的工作并且富有成效。一是针对无价艺术积极保护，抢救恢复了一批小型古典园林，如耦园、五峰园、畅园等，在全国首次将保护古典园林纳入地方法规，对园林古建筑、古树名木进行了全面维修和养护，加强园林水质的治理，调整充实匾额、对联、家具、陈设等，提高古典园林的文化内涵。打破以静态观赏为主的格局，推出了一系列特色旅游活动，如虎丘艺术花会、金秋庙会，拙政园杜鹃花节、荷花节，留园春节时令花展、牡丹景点，网师园特色夜游及怡园水仙展，狮子林的春节时令花展，天平红枫节，沧浪亭兰花、菊花展等。自1996年拙政园举办首届荷花节（全国第十届荷花展）以来，拙政园荷花展年年举办，不断向游人展示精品，恢复了碗莲这一“荷艺绝技”，最盛时达200余种荷花精品，丰富和发展了拙政园的荷花文化。网师园的古典夜园作为国家旅游节的保留节目，在古色古香的亭台厅堂里向游人演出昆曲、评弹、京剧、水乡舞蹈、江南民乐等江南民族艺术，被人誉为“令人难忘的赏心乐事”。[②]一批园林分别成为省、市、区的“爱国主义教育基地”和大专院校的实习基地。

---

① 参见金伟忻、耿联：《苏州：留住千年姑苏城市记忆》，载《中国文化报》，2006年7月4日第4版；高福民、陈嵘：《苏州文化遗产保护法制建设之路》，载《中国文化报》，2006年8月3日第7版。

② 有关资料见《世界文化遗产——苏州古典园林》，《中国经济信息》2007年9月29日。

三

苏州著名的景观虎丘山。虎丘山位于苏州城西北部约3.5公里的地方，海拔34.3米，占地面积282.3亩。它依托着秀美的景色和悠久的历史文化景观，享有“吴中第一名胜”[①]的美誉。虎丘山原名“海涌山”，春秋时期这里是吴王的行宫。公元前550年吴王阖闾患破伤风死后就埋葬于此山，入穴3日后见有白虎蹲踞墓上，故名“虎丘山”，该名称迄今已近2500年历史。“断梁殿”这个省级保护文物是参观虎丘的第一座古建筑，断梁殿建于元代至正四年（公元1344年），梁的中间为两根断开的房梁接起来的，可以看到中间的断缝，旧名“双梁殿”。这座建筑没有使用一颗铁钉，接头处都用木榫，所以年长日久也没有腐烂。宋代大文豪苏东坡早在1000多年前就说过：“到苏州而不游虎丘，诚为憾事”[②]。在虎丘“千人石”正北的石壁上，镌刻着四个大字：“虎丘剑池”，据说这四个字出自唐代大书法家颜真卿的手笔。只因年长日久“虎丘”两字逐渐漫漶，由后人按原书风格重新补刻的。由于补字技艺高超，一般人几乎看不出破绽来。所以，在当地有“真剑池、假虎丘”的说法。这里所说的“剑池”，就是指崖壁下那个窄如长剑的水池，吴王阖闾的墓就建在这里，相传当时曾以鱼肠剑和其他宝剑3000把为吴王殉葬，故名“剑池”。虎丘山上有一传为唐代陆羽所挖的石井，故称为“陆羽井”，陆羽是我国第一部茶书《茶经》的作者。据《苏州府志》记载，陆羽曾长期居住虎丘，他一边研究茶叶一边写作《茶经》，并高度评价甘甜可口的虎丘山泉为

---

① 参见小小编著：《中国南方北方游》（南方卷），28页，北京，中国电影出版社，2005。

② 周艺文等主编：《江南风光之旅》，36页，长沙，湖南地图出版社，2001。

“天下第五泉”①。虎丘经历代名人在山上的精心营造，呈现出诸多规模宏大日趋完美的亭台楼阁、园榭轩馆。虎丘山寺宇均沿山而筑，“名冠吴中，甲于江南”②。虎丘山所占面积尽管较小，但优美的景色却能与锦绣名山大川相媲美。游览虎丘的古人素有“九宜”之说，即春、夏、秋、冬、风、雨、雪、晴、四时皆宜游览。虎丘山有“前山十八景”、“后山十八石”之称。头山门、海涌桥、断梁殿是虎丘山的入门三景。登临虎丘山沿途可见憨憨泉，吴王阖闾试剑所致的试剑石以及真娘墓、千人石、剑池、二仙亭等，每个景点都包含着一个美丽的传说。在“十八景”中，首屈一指的是云岩寺塔（亦称“虎丘塔”），该塔为国家级保护文物，巍巍耸立于天际的虎丘塔，具有中国“比萨斜塔”的盛名。虎丘塔始建于隋文帝仁寿九年（公元609年），初建为木塔，后被毁。现存的虎丘塔建于后汉乾祐八年（公元955年），建成于北宋建隆二年（公元961年）。由于从宋到清末该塔曾多次遭到火灾，因而顶部和木檐都遭到了毁坏，原来的实际高度已无法知晓。该塔于明崇祯十一年（1638年）改建为7层的平面八角砖塔，高47.5米，塔重6000多吨。③ 由于地基的原因，塔身自400年前就开始向西北方向倾斜。据专家测量，塔顶部中心点距中心垂直线偏离已达2.3米（世界著名的意大利比萨斜塔，其塔顶偏离4.4米）。1956年在塔内发现了大量的历史文物，其中有越窑莲花碗等罕见的艺术珍品。

苏州著名的景观玄妙观。玄妙观位于苏州城区中心观前街，相传原是春秋吴宫旧址。玄妙观原名真庆道院，初建于西晋咸宁二年（公元276年），元至元元年（公元1264年）改名“玄妙观”。清初为避

---

① 真正的“天下第五泉”在扬州的大明寺。清乾隆三十年（公元1765年），乾隆皇帝巡幸扬州，担心人民因见“大明”二字而思念前朝（明朝），遂下令改名为“法净寺”；并亲笔题了寺名。1980年4月鉴真大师座像从日本回国探亲前夕，复称大明寺。在大明寺山门两边的墙上对称地镶嵌着：“淮东第一观”和“天下第五泉”十个大字，每字约一米见方，笔力遒劲。

② 冯渊：《幽幽水乡》，《铁路建设》2009年1月9日。

③ 参见小小编著：《中国南方北方游》（南方卷），28～29页，北京，中国电影出版社，2005。

康熙帝玄烨名讳，又改称“圆妙观”。此时为玄妙观最兴盛时期，有殿宇30余座，是当时全国最大的道观。现有山门、主殿（三清殿）、副殿（弥罗宝阁）及21座配殿。山门雄伟高耸，上悬康熙帝御笔赐额“圆妙观”。以后几经战乱屡建屡毁，现存主要建筑有正山门和三清殿。三清殿重建于南宋淳熙六年（公元1197年），是苏州的一座仅存的南宋殿堂建筑，也是全国最大最古老的道观殿堂之一。[①] 设计者是当时著名画家赵伯驹之弟赵伯肃。殿是重檐歇山式，屋脊高10余米，两端有一对高约3.5米的南宋砖刻螭。殿阔44米，深25米，有高大殿柱40根，左右山墙檐柱30根。屋面坡度平缓出檐较深，斗拱疏朗宏大，特别是内部月亮式梁架上檐内槽斗拱的上昂做法为国内首例。殿内正中的砖砌须弥座，高1.75米，分上中下3层，系南宋留下的遗物。座上供奉3尊高17米多的泥塑三清全身像，法相庄严神采奕奕，尽管系重修却不失为南宋道教雕塑中的精品。殿前建有宽广的青石砌成的露台，三面都设有石栏与踏垛，石栏板上的浮雕人物、水族、鸟兽等，形态逼真极为精美，相传是唐宋时代的作品。殿内尚存吴道子绘老子像复刻石碑，碑上有唐玄宗李隆基的御赞，以及颜真卿的题字，堪称“三绝”；另有南宋的原物“天庆观尚书省到并部符使帖”石碑。殿的东侧矗立着一块高6.7米、宽2.7米的巨大“无字碑”。原碑上刻着方孝孺写的一篇文章，后来明成祖朱棣篡夺了侄子建文帝朱允文的皇位，命令方孝孺替他写诏书以正皇位。方孝孺宁死不从，惨遭杀害且株连十族，连同碑文也全被铲除灭迹，于是成了一块无字碑。[②] 以玄妙观道教音乐为代表的苏州道教音乐，属于“正一派道乐”，是与“斋醮法事”[③] 过程浑为一体的整体艺术。它根据法事内容的需要而演唱不同的规定乐曲，从而为醮坛营造不同的氛围。苏州道教音乐结构完整、对比强烈、表现力多样丰富以及音乐语汇风格的民族性、典型性与统一性，具有高度的艺术价值。玄妙观作为苏州道教

---

① 参见吉春发：《闹中取静——苏州玄妙观》，载《中国民族报》，2009年2月17日第7版。

② 参见赵欣浩：《江南第一观——苏州玄妙观》，载《生活时报》，2001年11月8日。

③ “斋醮法事”是道教礼仪的重要组成部分，也称之为“道教法事”、“道教科仪”。

宫观之首，是苏州道教音乐研习、演奏的中心。其艺术体系的形成，一方面受惠于南唐（都“金陵”）、南宋（都“临安”）的宫廷艺术，使之渐渐赋有了宫廷音乐的色彩。另一方面融合地方语言和民间音乐成分，在吴文化的滋润下，无论是编曲还是演奏方面都有不少创获，显示了鲜明的地方音乐特色。苏州道教音乐经先辈的不断创造，至今已发展为民众所喜闻乐见的艺术形式。1990 年苏州道教音乐团正式成立。近 20 年来乐团多次应邀到英国、比利时、新加坡、澳门、台湾等地巡回表演，并两度进首都北京参加全国佛道教音乐汇演。① 姑苏仙乐鲜明的地域性、民俗性和独特的演奏风格，不但倾倒了海内外的广大观众，也获得了音乐界、文化界专业人士的高度评价。2006 年 5 月 20 日苏州玄妙观道教音乐，经国务院批准列入第一批国家级非物质文化遗产名录。

苏州著名的景观寒山寺。寒山寺在苏州城西岔阊门外 5 公里外的枫桥镇，建于六朝时期的梁武帝天监年间（公元 502—519 年），距今已有 1400 多年的历史，原名“妙利普明院”。唐代贞观年间（公元 627—649 年），传说当时的名僧寒山和拾得由天台山来此住持，改名“寒山寺”。1000 多年内寒山寺先后 5 次遭到火毁，最后一次重建是清代光绪年间（公元 1875—1908 年），寒山寺曾是我国十大名寺之一。② 寺内有唐代张继③诗的石刻碑文，寒山、拾得的石刻像，文徵明、唐寅所书碑文残片等。寺内主要建筑有大雄宝殿、庑殿（偏殿）、藏经楼、碑廊、钟楼、枫江楼等。寒山寺正殿面宽 5 间，进深 4 间，高

---

① 参见吉春发：《闹中取静——苏州玄妙观》，载《中国民族报》，2009 年 2 月 17 日第 7 版。

② 参见小小编著：《中国南方北方游》（南方卷），34 页，北京，中国电影出版社，2005。

③ （唐）张继（约 756 年前后在世）字懿孙，襄州（州治在今湖北省襄阳县）人。生卒年均不详，约 715—712 年至 779 年（大历末年）唐肃宗至德初前后在世。博览有识，好谈论，知治体。与皇甫冉交，情逾昆弟。天宝十二年（公元 753 年）登进士，然铨选落地归乡。唐宝应元年（公元 762 年）10 月，政府军收复两京（长安，洛阳），张继被录用为员外郎征西府中供差遣，从此弃笔从戎，后入内为检校员外郎又提升检校郎中，最后为盐铁判官，分掌财赋于洪州。

12.5米。露台中央设有炉台铜鼎，鼎的正面铸着“一本正经”，背面有“百炼成钢”字样。这里包含着一个宗教传说：有一次中国的僧人和道士闹起了纷争，较量看谁的经典耐得住火烧。佛徒将《金刚经》放入铜鼎火中燃烧经书安然无损，为了颂赞这段往事，后人就在鼎上刻此八字以资纪念。殿宇门桅上高悬“大雄宝殿”匾额，殿内庭柱上悬挂着赵朴初撰书的楹联：“千余年，佛土庄严，姑苏城外寒山寺；百八杵，人心警悟，阎浮夜半海潮音。”① 高大的须弥座用汉白玉雕琢砌筑晶莹洁白，座上安奉释迦牟尼佛金身佛像，慈眉善目，神态安详。两侧靠墙供奉着明代成化年间铸造的十八尊精铁鎏金罗汉像，乃由佛教圣地五台山移置于此。佛像背后与别处寺庙不同，供奉着唐代寒山、拾得的石刻画像，而不是海岛观音。画像出自清代“扬州八怪”之一罗聘之手，用笔大胆粗犷、线条流畅。图中寒山右手指地谈笑风生，拾得袒胸露腹欢愉静听，两人都是披头散发憨态可掬。寒山寺里比较有特色的是寒拾殿，此殿在藏经楼内，楼的屋脊上雕着《西游记》人物故事，是唐僧师徒自西天取得真经而归的形象，主题与藏经楼的含义十分贴切。寒山、拾得二人的塑像就立于殿中。相传寒山、拾得是文殊、普贤两位菩萨转世，后来又被皇帝敕封为和合二仙，是祥和吉庆的象征。殿内左右壁嵌有南宋书法家张即之②所书《金刚般若波罗密经》，共27石。这部《金刚经》是他为追荐亡父而书，苍劲古拙透出英武刚烈之气。后面还有董其昌、毕懋康、林则徐、俞樾等人的题跋共11石，神采纷呈各有千秋。在藏经楼南侧有一座六角形重檐亭阁，这就是以“夜半钟声”名闻退还的钟楼。关于“夜半钟声”的说法，历史上曾经聚讼纷坛。北宋欧阳修认为唐人张继此诗虽佳，但三更时分不是撞钟的时候。南宋的范成大在《吴郡志》中，综合了王直方、叶梦得等人的论辩，考证说吴中地区的僧寺确有半夜鸣钟的习俗，

---

① 雷应行：《诗韵钟声塔影》，《法音》1998年第5期，第32页。

② （南宋）张即之（1186—1263年），宋代书法家，字温夫，号樗寮，历阳（今安徽和县）人，生于名门显宦家庭，为参知政事张孝伯之子，爱国词人张孝祥之侄，系中唐著名诗人张籍的八世孙。以父荫铨中两浙转运使，举进士。历官监平江府粮科院、将作监薄、司农寺丞。后知嘉兴，以言罢。特授太子太傅、直秘阁致仕。

谓之“定夜钟”。如白居易诗：“新秋松影下，半夜钟声后。”[①] 于鹄诗：“定知别后宫中伴，应听缑山半夜钟。”[②] 温庭筠诗：“悠然旅思频回首，无复松窗半夜钟。”[③] 都是唐代诗人在各地听到的“半夜钟声”，自此这场争论才逐渐平息。现今寒山寺里的古钟已非张继诗中所提及的那口唐钟，它系光绪三十二年（公元1906年）江苏巡抚陈葵龙督造。巨钟有1人多高，外围需3人合抱、重达2吨，钟声宏亮悠扬余音轰鸣。僧人撞钟之所以要敲108下，主要有两种含义：一是说每年有12个月、24节气、72候（五天为一候），相加正好是108，敲钟108下表示一年的终结，有除旧迎新的意思。二是依照佛教传说，凡人在一年中有108种烦恼，钟响108次人的所有烦恼便可消除。每年除夕之夜中外游人云集寒山寺，聆听钟楼中发出的108声钟响祈祷平安。在江南古刹寒山寺的碑廊里，有一块石碑上面镌刻着唐代大诗人张继那首脍炙人口的《枫桥夜泊》诗：“月落乌啼霜满天，江枫渔火对愁眠。姑苏城外寒山寺，夜半钟声到客船。”[④] 据《寒山寺志》记载，《枫桥夜泊》诗的第一块诗碑为宋朝王硅所书，此碑因屡经战乱及寒山寺多次被焚而不存。明代重修寒山寺时，画家文征明为寒山寺重写了《枫桥夜泊》诗并刻于石上，这是第二块《枫桥夜泊》诗碑。此后寒山寺又遇大火，文征明的诗碑亦漫漶于荒草瓦砾之间。现在嵌于寒山寺碑廊壁间的文征明所书残碑，仅存“霜、啼、姑、苏”等数字而已。清光绪三十二年（公元1906年），江苏巡抚陈龙再次重修寒山寺，有感于沧桑变迁古碑不存，便请俞樾手书了第三块《枫桥夜泊》石碑。其时俞樾虽已86岁高龄，仍以其饱满的情怀，稳重的章法，浑圆的笔意，挥洒淋漓，一气呵成，俞樾作书后数十天便倏然长逝了。寒山寺的第四块《枫桥夜泊》诗碑，是一位与唐代张继同名同姓的书法家所书。据文史专家郑逸梅老人记述，这位现代张继是应著名画家吴湖帆之约而书古代张继《枫桥夜泊》诗的。诗后有跋云：

① （唐）白居易：《宿蓝溪对月（一作宿蓝桥题月）》，《全唐诗》第431卷，第5首。

② （唐）于鹄：《送宫人入道》，《全唐诗》第310卷，第27首。

③ 见（宋）蔡正孙：《诗林广记》。

④ （唐）张继：《枫桥夜泊》。

"余夙慕寒山寺胜迹，频年往来吴门，迄未一游。湖帆先生以余名与唐代题《枫桥夜泊》诗者相同，嘱书此诗也。中华民国三十六年十二月沧州张继。"① 现代张继书古代张继诗，由刻碑名手黄怀觉刻石立于寒山寺内，一时传为佳话。可惜在他书写《枫桥夜泊》的第二天便与世长辞了，他书写的这块诗碑现仍存于寒山寺内。

---

① 钟琴:《姑苏好座寒山寺》，载《赣南日报》，2005 年 10 月 23 日。

江苏南京秦淮河名胜文化景观

一

发源于苏南低山丘陵的南京秦淮河最早称为“龙藏浦”，后来称之为“淮水”。自古以来秦淮河就是长江的自然支流，全长约110公里，流域面积2600多平方公里，系南京地区的主要河道。秦淮河流至通济门外的九龙桥，分成内河和外河两支，其内河在南京城中是“十里秦淮”最繁华的地方。据顾野王《舆地志》和陈沂《金陵古今图考》记载，相传秦始皇东巡时，望见金陵上空紫气升腾，以为王气，于是凿方山、断长垅为渎入于江。[①] 后人就推定此水是秦时所开，故称之为“秦淮”。远在石器时代该流域内就有人类活动，从东水关至西水关的沿河两岸，东吴以来一直是繁华的商业区和居民区。六朝时成为名门望族聚居之地，一是商贾云集，文人荟萃，儒学鼎盛。隋唐以后渐趋衰落，却引来无数文人骚客到此凭吊，咏叹“旧时王谢堂前燕，飞入寻常百姓家”。[②] 到宋代秦淮河又逐渐复苏为江南文化中心，

---

① （南朝）顾野王：《舆地志》。顾野王（519—581年），吴郡吴县光福人。南朝梁、陈时的文字训诂学家、史学家。著有《玉篇》30卷，另有《舆地志》、《通史要略》等。

② （唐）刘禹锡：《乌衣巷》。原诗为：“朱雀桥边野草花，乌衣巷口夕阳斜。旧时王谢堂前燕，飞入寻常百姓家。”

明清再度繁华，青楼林立，可谓“江南佳丽地，金陵帝王州”。[①] 一幅珍贵的《南都繁会景物图卷》，系明代宫廷美术作品、绢本设色，真实地反映了明朝旧都南京市井情形，一直享有“南京本土的《清明上河图》”之盛誉。该图属国家一级保护文物，画面多处损伤，模糊不清，一直藏之高阁。这幅历史长卷长350厘米、宽44厘米，生动地描绘了明永乐年间南京秦淮河两岸的盛况。画面从右至左、由郊区农村田舍始，以城市的南市街和北市街为中心，在明皇宫前结束。画卷街市纵横，店铺林立，车马行人摩肩接踵，标牌广告林林总总。两岸建筑，佛寺、官衙、戏台、民居、牌坊、水榭、城门，层层叠叠；茶庄、金银店、药店、浴室，乃至鸡鸭行、猪行、羊行、粮油谷行，应有尽有。河中运粮船、龙舟、渔船往来穿梭，还有从内秦淮河拐出的唱戏的小船等。长卷绘有109家商店及招幌匾牌，1000多个职业身份不同的人物，侍卫、戏子、纤夫、邮差、渔夫、商人等“行走”在长卷上，神态丰富，展现出一幅繁华、富庶、热闹的市井生活画面。[②] 在南京老人们的心目中秦淮是古城金陵的起源，又是南京文化的摇篮。这里素以“衣冠文物，盛于江南；文采风流，甲于海内”。[③] 因其得天独厚的地域人文优势，古往今来在这“江南锦绣之邦，金陵风雅之薮”[④]，美称“十里珠帘”的秦淮风景带上，点缀着数不尽的名胜佳景，汇集着说不完的轶闻掌故，涌现了多少可歌可泣的人物。明代秦淮灯船，天下无双，河上的船只一律彩灯悬挂，游秦淮河的人以必乘灯船为快[⑤]。明太祖朱元璋曾下令元宵节时，在秦淮河上燃放小灯万

---

① （南朝）谢朓：《入朝曲》。谢朓（464—499年）字玄晖，陈郡阳夏（今河南太康县）人。南朝齐诗人，“金陵八友”之一。公元495年出任宣城太守，故有谢宣城之称。后因告发岳父王敬则谋反事受赏，举为尚书吏部郎。后被诬陷死于狱中。现存诗二百多首，《隋书·经籍志》有《谢朓集》12卷，《谢朓逸集》1卷，均佚。明人收集遗佚，重为编定，刻本甚多。

② 顾巍钟：《追溯秦淮河历史文化源头》，载《扬子晚报》，2004年9月29日。

③ （清）余怀：《〈板桥杂记〉序》。

④ 韦铭、屠康敏：《南京倾力打造开放式5A级景区六朝胜地今更辉煌》，载《南京日报》，2008年8月7日。

⑤ 参见小小编著：《中国南方北方游》（南方卷），18页，北京，中国电影出版社，2005。

盏，秦淮两岸华灯灿烂，金粉楼台鳞次栉比，画舫凌波。从朱自清《桨声灯影里的秦淮河》的名篇中，人们足可领略到灯船丰采之一二。秦淮河集中了许多服务行业，有各种酒楼、茶馆等，金陵小吃历史悠久，自六朝时期流传至今多达80多个品种。与此同时，青楼妓院也应运而生，内秦淮河上“桨声灯影连十里，歌女花船戏浊波”；“画船箫鼓，昼夜不绝”①。古典戏剧《桃花扇》里所描写的“梨花似雪草如烟，春在秦淮两岸边，一带妆楼临水盖，家家粉影照婵娟”②，十分真切地再现了当时秦淮河上畸形繁华的景色。东晋著名书法家王羲之、王献之也居住这里，“夫子庙”附近的“桃叶渡”，据说就是王献之迎接其妾桃叶的渡口。王献之的爱妾桃叶与其妹桃根乘舟来这里时，王献之以《桃叶歌》相赠：“桃叶复桃叶，渡江不用楫，但渡无所苦，我自迎接汝。”③“桃渡”以王献之的风流故事吸引着一代又一代的文人墨客。又以其“桃叶映红花，无风自婀娜”④的优美景色使人陶醉。千年流淌的秦淮河，如一部浩瀚的大书，见证了六朝古都的兴衰沉浮。历史是不会以轻浮的方式存在的，因为历史从来不会掩饰它的瑕疵。唐代诗人杜牧有诗曰：“烟笼寒水月笼沙，夜泊秦淮近酒家。商女不知亡国恨，隔江犹唱后庭花。”⑤这首含意深刻的诗篇，几乎成了秦淮河的千古绝唱。但是无论怎么看，秦淮河在历史上是有名气的，毕竟是著名的游览胜地。1985年以来南京市人民政府拨出巨款对这一风光带进行修复，使它再度成为我国著名的游览胜地。1990年秦淮风光带入选为“中国旅游胜地四十佳”之列，2000年被评为国家第一批4A级景区。

---

① 李平：《十运会前巡访之一鸟瞰江南佳丽地》，载《重庆晚报》，2005年10月2日。

② （清）孔尚任：《桃花扇》，第二出戏：“传歌”。

③ （东晋）王献之：《桃叶歌》。见焦哲：《“白鹭芳洲”中秋晚会让市民当了一回“古人”》，《扬子晚报》2008年9月15日。

④ （东晋）王献之：《桃叶歌》，东晋乐府“清商曲辞·吴声歌曲”。

⑤ （唐）杜牧：《泊秦淮》。杜牧（803—805年），字牧之，号樊川，京兆万年（今陕西省西安市）人。出身于世代官僚地主家庭。26岁中进士，为弘文馆校书郎。后来除在地方上做十年幕僚外，又在黄、池、睦、湖等州做过刺使，曾在中央任过监察御史，膳部、比部及司功员外郎等职，终于中书舍人。

南京夫子庙（“孔庙”的俗称）是供奉和祭祀孔子的庙宇。夫子庙始建于东晋成帝咸康三年（公元337年），当时成帝采纳了丞相王导的建议：“治国以培育人才为重”，决定立大学于秦淮河畔。原来秦淮河只建有学宫，孔庙是宋仁宗景祐元年（公元1034年）在学宫基础上扩建而成的。夫子庙作为古城南京的秦淮名胜蜚声中外，在清代江南贡院考区高中状元者达58名，占清代状元总数的52%。明清两代名人吴承恩、唐伯虎、郑板桥、吴敬梓、翁同龢、张謇等均出自于此。夫子庙这一组具有东方建筑特色、规模宏大的古建筑群迭经沧桑，几番兴废。清同治八年（公元1869年）重建，又在日军入侵南京后遭到毁灭性的破坏。夫子庙的建筑富有明清特色，它以大成殿为中心，从照壁至卫山南北成一条中轴线，左右建筑对称配列，占地约26300平方米，四周围以高墙，配以门坊、角楼。夫子庙南岸的照壁建于明万历三年（公元1575年），全长110米，为全国照壁之最。庙前广场的东西两端竖有两块碑，高一丈许，上面刻有满汉两种文字“文武大臣至此下马”，表示对圣人孔子的崇敬。左侧的六角重檐亭，名叫“聚星亭”，取群星聚集、人才荟萃之意。它始建于明万历十四年（公元1586年），曾几经兴废；到清同治八年（公元1869年），才由江宁乡贤朱芙峰等人筹资重建。这座在日军炮火中唯一幸存的清代建筑，可惜在1968年又被红卫兵当作“四旧”拆除，1983年重建并恢复原来的风貌。与其他地方孔庙显著不同的地方是，南京夫子庙以秦淮河自然河流为“泮池”。泮池是中国古代的一种建筑，呈半圆形，上有拱桥连通。古人认为在学府前建“泮池”能够振兴学业，所以泮池多用于孔庙、文庙和学宫等建筑中。泮池的产生在历史上有两种情况：一种是周代天子宫前设池为圆形，诸侯只能用其一半以示区别，故称为“泮池”。另一种是天子之学为“辟雍”，诸侯之学称为“泮宫”；“辟雍”有水环绕，“泮宫”之水只能半之，故称为“泮池”。古时候凡新入学的生员都要在当地官员的带领下，从棂星门入孔庙登桥跨“泮池”，进入大成殿礼拜先师孔子，然后到儒学署拜见教官，这个入学仪式称为“入泮”。“泮池”上一般建有三座石桥，县官、学官走中间一座，秀才走两边的桥。池之北岸的石栏，是明正德九年（公元

1514年）所建，庙的第一道门为棂星门（石结构六柱三门）造型优美，其间镶饰牡丹浮雕图案。进入棂星门迎面的是大成门，孔子对中国古代文化做了集大成的工作，此门故称“大成门”。门前石狮雄踞，门内两侧分列四块古碑：第一块是《孔子问礼图碑》，据说是南朝齐永明二年（公元484年）的遗物；第二块是《集庆孔子庙碑》，为元至顺元年（公元1330年）刻成；第三块是《封至圣夫人碑》，为元至顺二年（公元1331年）刻成；第四块是《封四氏碑》，为元至顺二年刻成。大成院内植有银杏8棵，中间一条笔直的石砌甬道通向大成殿前的丹墀。丹墀是祭孔时举行乐舞的地方，正中竖立一尊青铜孔子塑像，高4.18米、重2500公斤，是全国最大的孔子青铜像。两旁石阶有每尊高1.80米的孔子弟子颜回、子路等12贤人汉白玉塑像分班侍立。巍峨庄严的大成殿重檐飞翘，斗拱交错，龙吻脊中有双龙戏珠立雕，双重飞檐中海蓝色竖匾上三个金色大字“大成殿”，为时任外交部长姬鹏飞的手书。大成殿是夫子庙的主殿，高16.22米，阔28.1米，深21.7米。殿内正中悬挂一幅全国最大的孔子画像，高6.50米、宽3.15米。殿内陈设仿制2500年前的编钟、编磬等15种古代祭孔乐器。大殿四周是孔子业绩图壁画，形神并具。庙院被两庑碑廊环抱，墙上镶有30块由赵朴初、林散之、沈鹏、武中奇等著名书法家撰写的墨宝真迹碑刻；碑廊里陈列着被誉为“中华一绝”的雨花石展览。这里既是历史文物建筑，又是反映南京风土人情、弘扬民族文化的博物馆。新中国成立后，人民政府重视保护历史文物，将其列为南京市文物保护单位。南京市政府连年拨款精心维修，使夫子庙成为秦淮河畔的标志性建筑。1985年南京市修复夫子庙古建筑群，周围茶肆、酒楼、店铺等建筑也都改建和恢复为成明清风格，临河的贡院街一带辟为古色古香的旅游文化商业街，同时按照历史上形成的庙会的格局，恢复重建了东市场和西市场。

明远楼是中国科举考试兴衰历史的见证。贡院建于南宋乾道四年（公元1168年），是县府考试场所。明太祖朱元璋定都南京后，这里就成了乡试、会试的场所。明永乐十九年（公元1421年）迁都北京后南京仍作为“陪都”，再加上江南是人文汇聚之地，考试仍在这里按期举行。明成祖继续派人建造江南贡院，明清两代对贡院不断扩建，到清光绪时贡院规模之大，已成为当时23个行省的贡院之最。“明远”的意思是“慎终追远、明德归原”，封建王朝教育士子以“孝悌忠义”为立身之本，考生考完后金榜就张贴在前面的贡院街。明远楼为江南贡院的中心建筑，据《贡院碑刻》记载：此楼修建于明嘉靖十三年（公元1534年），尽管距今已有460多年的历史，但仍然保存完好，是我国目前所保留的最古老的一座贡院考场建筑。江南贡院位于南京城南秦淮河边，毗邻夫子庙，它东接桃叶渡，南抵秦淮河，西邻状元境，北对建康路，是中国古代最大的科举考场。整个贡院成正方形，内有号舍20 644间，每次考试可容纳2万多人。贡院系广东巡抚李士桢改建，明远楼是贡院的主考楼。清咸丰七年（公元1857年），第二次鸦片战争期间附近建筑物尽毁于兵燹，唯红楼（即“明远楼”）岿然独存。当时贡院正门在今永和园及秦淮剧场之间，大门外街之东、西各有木牌坊一座，即东、西辕门。大门外的东西两边有石狮子一对及两座石牌坊，轴线上有门三道，分别称贡院、开天文运及龙门。龙门后依次有明远楼、至公堂及戒慎堂。堂后有门，门后有飞虹桥。桥之南属外帘，飞虹桥是内外帘的分界线。最后为衡鉴堂，是主考官阅考卷、评定名次的地方。考试期间内外帘分隔很严，不得擅自出入。整个贡院四周围以高墙，墙外为街道，街道另一边为店铺民居。“明远”二字取自于《大学》中“慎终追远，明德归厚矣”的含意。此楼高三层、底层四面为门，楼上两层四面皆窗，站在楼上可以一览贡院，它当时起着号令和指挥全考场的作用。由于其地位与作用的特殊性，使得贡院内的建筑，包括贡院以外一定范围内的建筑，在高度上均一律不准超过明远楼。夫子庙附近三大古建筑之一的青云楼，据《同治上江两县志》载：于康熙五十八年、雍正十二年皆重修，本三重（三层楼），以邻贡院，故改二重（二层楼）。明远楼内现留有康熙年间著名词人李渔（李笠翁）所题对联一副：“矩令若霜严，看多士俯伏低徊，群嚣尽息；襟期同月朗，喜此地江山人物，一览无遗。”考试期间监临、巡察等官员登楼监视，“白天摇旗示警，夜晚举灯求援”，以防止考生骚乱、作弊。开考前三天照例有僧道在明远楼上设坛打醮三昼夜，以祈祷上界、阴间并立祭旗，令士兵日夜更番摇旗呐喊："有恩报恩，有仇报仇。"其目的在于告诫应试考生平日里要行善禁恶，不然考场中必得报应。自1905年废科举后贡院即闲置无用，民国七年（公元1918年）拆除贡院开辟市场，只保留了明远楼、飞虹桥和明远楼东西少数号舍及明清碑刻22方。明远楼下的《金陵贡院遗迹碑》，详细地记载了这一贡院兴衰的史实。

二

媚香楼是李香君的故居。媚香楼为纪念李香君而建，坐落在夫子庙钞库街38号，系秦淮河畔来燕桥南端的一个三进两院式宅院。全院尽现书法、绘画、楹联、篆刻、假山、塑像和园林小景、石刻砖雕、壁画挂灯等艺术精品。李香君被誉为"秦淮一颗璀璨的明珠"，"秦淮八艳"① 之一。李香君又名李香，为秣陵教坊名妓。她自幼被李姓老鸨收养，10多岁从吴人周如松受歌尽得其音节。她歌喉珠圆玉润，但性情略显孤傲，琴棋书画、诗词歌赋无一不通，尤其擅长南曲。据记载，李香君身材小巧玲珑，肤白如玉，慧俊婉转，时人誉之"香扇坠"，时四方之士争一识面为荣。这个出身秦淮名妓的下层妇女之所以受人仰慕，并不在其花容月貌，而在于她有着强烈的正义感、爱国心和高尚的情操，愤世嫉俗，显示出难能可贵的精神。出污泥而不染，濯清涟而不妖，眷怀故国。当时才16岁的李香君和侯方域一见钟情，香君不嫌侯清贫变卖首饰嫁于他作妾，他俩在"媚香楼"一住就是1年多。当时大明江山正值风雨飘摇，侯方域投身到反清斗争中。凤阳督抚马士英因加罪侯方域，拟罪逮捕他。多亏杨龙友及时报信，李香君才得以挥泪送侯方域逃离金陵。临别时侯方域赠李香君一把扇子作为"订盟之物"，并在扇上题诗一首："夹道朱楼一径斜，王孙初御富

① 据有关史料记载，"秦淮八艳"为董小宛、顾横波、卞玉京、柳如是、寇白门、马湘兰、陈圆圆和李香君，"秦淮八艳"不过是历代帝王将相和才子佳人对于那个时代煽情的说法和代表而已。

平车。青溪尽是辛夷树，不及东风桃李花。"[①] 侯方域离开金陵后李香君闭门不出，一心等候爱人归来，一直带着那把绢扇。此时杨龙友由马士英荐举，做了南明王朝礼部的官员。杨龙友迫于权势为马家亲戚来向李香君提亲。李香君誓死不从，她一头向石柱撞去，鲜血滴在侯方域所赠的香扇上。杨龙友大为感动灵感勃发，抓起笔将血点画成了傲骨的桃花。因而桃花扇上的桃花，是一个虽曾身陷污泥却不畏权贵的爱国志士的鲜血。但可悲的是，李香君苦等的侯方域，却背叛了自己的初衷，做了一名清廷官员。李香君深感失望，当着侯方域的面撕毁了那把桃花扇，到栖霞的一座庵里出家做了尼姑，年仅 27 岁就忧闷而终。明末著名画家杨龙友曾经在楼壁上画了几丛墨兰，同时援引《左传》"兰有国香，人服媚之"[②] 二句题画，媚香楼由此得名，这堵画壁也从此名扬天下。人们对李香君的了解源自孔尚任的《桃花扇》[③]以及侯方域的《李姬传》[④]。《桃花扇》一书使李香君成为家喻户晓的古代罕有妇女形象，据说《桃花扇》的问世顿使洛阳纸贵。尽管《桃花扇》书写的是李香君和侯方域的悲剧爱情故事，孔尚任借他俩的离合之情抒发国家兴亡之实感，也因之而被康熙罢官。北京大学教授吴梅曾填词一首，畅怀自己对"媚香楼"的感叹："乱石荒街，寒流古渡，美人庭院寻常。灯火笙箫，都归雪苑文章。从兰画壁知难问，问

---

① 彭增祐：《引文当严肃》，载《沈阳日报》，2007 年 10 月 17 日。

② 源自春秋战国时代的《左传·宣公三年》。

③ 《桃花扇》是清初作家孔尚任经十余年三易其稿写出的一部传奇剧本，在清圣祖康熙三十八年完成，历来受到读者的好评。该剧共40出，舞台上常演的有《访翠》、《寄扇》、《沉江》等几折。通过男女主人公侯方域（朝宗）和李香君的爱情故事反映明朝的历史戏剧。所谓"借离合之情，写兴亡之感，实事实人，有凭有据"。当时清初正是考据学极盛时期，影响了作者忠于历史的态度，剧本中绝大部分人物是真人真事，剧本所写的一年中重大历史事件甚至考证精确到某月某日，但由于并不是历史书籍，剧中加入故事情节，人物感情刻画，从深度和广度反映现实，并且有很高的艺术表现力，是一部对后来影响很深的历史剧。

④ （清）侯方域（1618—1654 年），商丘（今属河南）人，明末诸生。少年时即有才名，参加复社与东南名士交游，曾为史可法幕府于扬州。顺治八年（公元 1651 年）应河南乡试为副贡生。以写作古文雄视当世，时人以侯方域、魏禧、汪琬为国初三大家。著作有《壮晦堂文集》10 卷，《四忆堂诗集》6 卷。

莺花可识兴亡？镇无言、武定桥边，立尽斜阳。南朝气节东京并，但当年厨顾，未遇红妆。桃叶离歌，琵琶肯恕中郎。王侯第宅皆荆棘，甚青楼寸土犹香。费沉吟、纨扇新词，点缀欢场。”①传说朱元璋曾经为南京旧院御制一联，上联是“此地有佳山佳水、佳风佳月，更兼有佳人佳事，添千秋佳话”，下联是“世间多痴男痴女、痴心痴梦，况复多痴情痴意，是几辈痴人”。旧院早在明末清初就被夷为平地，但这幅对联却一直在民间流传。朱元璋这个明朝开国皇帝的这副对联，或许就是为媚香楼而写的。②

瞻园是南京现存历史最久的一座园林。“瞻园”位于南京市瞻园路208号，又称“大明王府”和“太平天国历史博物馆”。明嘉靖年间朱元璋念开国功臣徐达“未有宁居”③，特赐中山王徐达修建了这所府邸花园。瞻园原为徐达七世孙太子太保徐鹏举府第的西花园，经徐氏七世、八世、九世三代人修缮与扩建，至万历年间已初具规模。“瞻园”是乾隆皇帝以欧阳修的诗“瞻望玉堂，如在天上”而命名的。它坐北朝南纵深127米，东西宽123米，总面积15621平方米，至今已有600余年的历史。瞻园是南京仅存的一组保存完好的明代古典园林建筑群，与无锡寄畅园、苏州拙政园和留园并称为“江南四大名园”。清顺治二年（公元1645年）瞻园成为江南行省左布政使署，乾隆帝巡视江南曾驻跸此园并御题“瞻园”匾额。④ 太平天国时，瞻园先后成为东王杨秀清府、夏官副丞相赖汉英衙署和幼西王萧友和府。清同治三年（公元1864年）清军夺取天京，该园毁于兵燹。同治四

---

① 吴梅（1884—1939年），戏曲理论家和教育家，诗词曲作家。江苏长洲（今苏州）人。自1905年至1916年，先后在苏州东吴大学堂、存古学堂、南京第四师范、上海民立中学任教。1917年至1937年间，在北京大学、东南大学、中央大学、中山大学、光华大学、金陵大学任教授。主要著作有《顾曲麈谈》、《曲学通论》、《中国戏曲概论》、《元剧研究》、《南北词谱》等，又作有传奇、杂剧12种。培养了朱自清、田汉、郑振铎、齐燕铭等大量学有所成的戏曲研究家和教育家。

② 参见金陵客：《媚香楼》，载《南京日报》，2004年6月3日。

③ 参见小小编著：《中国南方北方游》（南方卷），18页，北京，中国电影出版社，2005。

④ 参见小小编著：《中国南方北方游》（南方卷），18页，北京，中国电影出版社，2005。

年（公元1865年）、光绪二十九年（公元1903年）瞻园两度重修，但已非原园景况。民国时江苏省长公署等政府机关曾设在该园内。瞻园历经侵削、范围日狭，花木凋零，峰石尽散，几度修葺均不能制其圮落。1958年中共南京市委书记彭冲指示重修瞻园，1960年著名古建筑专家刘敦桢教授主持瞻园的恢复整建工作，到1987年竣工时共增园林面积近4000平方米，修建楼台亭阁13间，建筑面积2882平方米。瞻园的大门在东半部，大门对面有照壁，照壁前是一块太平天国起义浮雕。大门上悬一大匾书“金陵第一园”，系赵朴初所题。进门正中是一尊洪秀全半身铜像，院中两边排列着当年太平天国用过的大炮20门。二进大厅上有郭沫若题写的“太平天国历史陈列”匾额，主要陈列文物有天父上帝玉玺、天王皇袍、忠王金冠、大旗、宝剑、原刻本官书《钦定士阶条例》、石槽等300多件，总陈列面积约1200平方米。该馆现已收集到太平天国文物1600余件，其中有42件一级珍贵历史文物。西半部古建筑有一览阁、花篮厅、致爽轩、迎翠轩、回廊，散布着五个小庭院和一个主园。主园中央静妙堂，三面环水，一面依陆，堂之南北各有一座假山，西边假山上有岁寒亭一座。静妙堂东北一隅，有300年树龄的珍稀古紫藤一株。园林风格布景浸润着古时园主人及旧时文人士大夫“天人合一、虚静淡泊”的隐逸思想。在刘敦桢所著《中国园林》巨幅集锦画册中，将瞻园作为古金陵园林唯一的代表作，载入我国园林史册。扩建后的瞻园东、西两园合一，园内有乔灌木810株，竹类面积400平方米，其山水布局既保留了明清园林风格，又汲取现代南北方造园艺术精华，形成兼容并蓄之特色，瞻园为“国家级文物保护单位”。

金陵四十景之一的白鹭洲公园。白鹭洲公园位于南京城区东南隅，南临长乐路，北接小石坝街与东花园街，东依明城墙，西止于西石坝街，总面积15.279公顷，其中水面为3.82公顷，绿地占有率达71.5%。在明永乐年间（公元1043—1425年），该公园是开国元勋中山王徐达家族的别业，故称“太傅园”或“徐中山园”。天顺年间（公元1457—1464年）园内建有鹫峰寺，香火鼎盛一时。徐天赐是成化年间（公元1465—1487年），魏国公徐甫（徐达五世孙）所钟爱的少子（官锦衣卫指挥），他从袭封魏国公长侄徐鹏举（徐达七世孙）手里，夺取了本该由徐鹏举继承的太傅园，大兴土木之后改名为东园，继而把东园授给了他的第六子徐缵勋（官锦衣卫指挥），故至正德年间（公元1506—1521年），徐达后裔徐天赐将该园扩建成当时南京“最大而雄爽”的园林。东园成为园主与王世贞、吴承恩等著名文人诗酒欢会的雅集之所。明朝武宗朱厚照南巡时，曾慕名到该园赏景钓鱼。入清以后因不断遭到战火与人为的破坏，以致景物凋零园林萧瑟，一代名园即成遗址。白鹭洲公园是一个以桥为特色的园林，园内宛如襟带的小桥多达15座，其中有典雅玲珑的独孔桥、三孔桥、七孔桥，还有四角重檐的亭桥等。园内水面约占全园总面积之25%，水面以聚为主，迂回曲折，把全园陆地分隔成形状、大小各异的9片，使主要游览区都成水中之洲，或隐或显、似断若续，形成视觉上的山重水复，回环蕴蓄，既有层次又有深度。而架设于广泛水域之上，既沟通“九洲”交通又自成一景的桥，主要有1951年新建的半青桥，1959年修建的芳桥、翠桥，1970年新建的迎风桥，1971年新建的小飞虹桥、二水桥，1975年建的碧波桥、玩月桥、秋波桥，以及1981年建的苑家桥等。这些桥均依据所处特定环境而建，体量、形式、高度各异，有三曲、七曲平桥，单孔、七孔拱桥；或桥上建亭，结构有石质、钢筋混凝土等，丰富多彩，成为公园一大亮点景观。从正德至万历年间（公元1506—1619年），是徐氏家族园林的鼎盛时期，其家族在南京的园林有10处之多。万历以后及至明末（公元1620—1616年），徐氏家族开始颓败，子孙或拆售其别业花石，或将园林全部变卖。陈作霖《金陵琐志》记载：“剪子巷内有明韩通政国藩园（国藩字襄宇，万历中进士）石山中峰，高可二丈，宋贤题跋甚众，从徐氏东园购得者也。”① 及至入清鼎革，徐氏爵除，所属园林绝大多数都已圮废或易主。东园尚有守园园丁苑姓，居桥旁，故该桥隧以“苑”姓，改称“苑家桥”。甘熙在《白下琐言》中记载，此时东园虽已趋圮废，但“春光浓冶，鼠姑盛开”，时还“足揽东园之胜”，“山肴野蔌，冠绝一

① （清）陈作霖辑：《金陵琐志》，清光绪二十六年（公元1900年）刻本。

时，游者必就饮焉。”① 《金陵琐志》曰：园内“有茶社，日静乐轩；有酒肆，曰浣花居，以卖野味得名。”② 东园的一部分被清官僚王泽宏所拥有，并构筑别业于此，名曰“红蔷山馆”。这种境况一直延续到清中叶至嘉庆末年，尽管东园大部分已沦为菜圃，然溪流曲折，塔影山光，颇有幽趣，还是游人探幽赏景品茗觞咏的胜境。道光三年（公元1823年）的一场特大洪涝，使得园内“屋宇倾颓，花木凋谢，当年风景，消歇无存”③，一代名园就此圮废。民国十三年（公元1924年），金巴父子在东园故址设立义兴善堂，当地士绅又集资开设了一个茶社。同年在修葺东园故址内的鹫峰寺时，发现墙内有块镌有李白名诗《登金陵凤凰台》的石刻：“三山半落青天外，二水中分白鹭洲。”④ 茶社的经营者因仰慕李白的诗句而引用了李白诗中的地名，称为“白鹭洲茶社”。园内挂有一副楹联：“此地是中山故苑；其名出太白遗诗”，点明了白鹭洲公园的历史渊源及园名出处。“三山二水”自此成为金陵的代称，白鹭洲更是成为魅力金陵的熠熠亮点，千百年来一直为文人墨客所追捧，并为其写下了许多赞美的诗篇。白鹭洲既入诗入画，又如诗如画，在南京人心中形成了挥之不去的白鹭洲情结。⑤ 国民政府定都南京的第二年（公元1928年）十月，南京特别市市长令工务局筹建白鹭洲公园，1929年6月公园建成，市公园管理处接收“秦淮小公园”交白鹭洲公园管理。当时公园面积约2000平方米，然已恢复佳丽景色，以春水垂杨、辛夷挺秀、红杏试雨、夭桃吐艳合称“鹭洲春日四景”。日军侵占南京后，园景日趋荒凉，四时佳景基本无存，到新中国成立前夕已沦为一片废墟。1951年结合秦淮河的整治，滩湖堆山，广植花木，整合和新建了烟雨轩、话雨亭等园林建筑，园

---

① （清）甘熙：《白下琐言》，南京出版社，2007年版。甘熙字实庵，生于1798年，晚清南京著名文人、金石家、藏书家。著有《白下琐言》、《桐荫随笔》、《栖霞寺志》等，还编有《重修灵谷寺志》12卷。其中以《白下琐言》最为后世学人所推崇。

② （清）陈作霖辑：《金陵琐志》，清光绪二十六年（公元1900年）刻本。

③ 王聿诚：《金陵历史上的三处白鹭洲》，载《南京晨报》，2004年8月29日。

④ 王聿诚：《金陵历史上的三处白鹭洲》，载《南京晨报》，2004年8月29日。

⑤ 王聿诚：《金陵历史上的三处白鹭洲》，载《南京晨报》，2004年8月29日。

容初具规模，1976 年建成对外开放。园内绿化树种 109 种，计 17509 株。其中，乔木 63 种 7253 株；灌木 43 种 10 234 株；藤 3 种 12 株。基调树种有常绿的香樟、广玉兰、黑松、桧柏、海桐、法青，及落叶的枫杨、水杉、池杉、毛白杨等，各景点配植相应的花灌木。春季开花的树种有樱花、桃花、白玉兰、紫玉兰、垂丝海棠、贴梗海棠、紫荆、迎春、金钟、云南黄馨等；夏季开花树种有紫薇、金丝桃、木槿等；秋季开花与观叶树种有桂花、木芙蓉、槭树、天竺等；冬季开花树种有梅花、腊梅等。园内植物配置与地形结合，适地适树。湖畔水边多用垂柳、云南黄馨、金钟、蔷薇等枝条柔和植物，亦用树干挺直的棕榈、水杉、池杉，形成线条与性格的对比。山林以常绿与落叶树种混交，使全年山景苍翠浓郁。平地在主要游览区用色彩丰富、树形优美的树种，结合草坪偏僻地段用高大乔木，外缘用常绿小乔木与灌木围绕。围墙边上以常绿小乔木与灌木遮掩，形成浓郁的绿墙。重建后的白鹭洲公园以中国自然山水园为主格调，建筑采用明清江南园林的传统风格，与夫子庙地区明清风格的建筑群互为映衬、相得益彰。近年来又建成集惊险、刺激、健身、消暑为一体的水上乐园，为游人提供了新的游乐场所。白鹭洲公园紧邻夫子庙闹市区，是闹中取静的好去处，犹如镶嵌在夫子庙秦淮风光带上的一颗璀璨明珠①，白鹭芳洲已成为新出炉的“金陵四十景”之一。

---

① 韦铭、屠康敏、谢江平：《18 座桥 12 处景点缀芳洲碧水白鹭洲公园后天开园》，载《南京日报》，2007 年 6 月 2 日。

四川都江堰、青城山文化景观

一

都江堰位于四川成都平原西部的都江堰市，距成都约50公里处，地处北纬30°52′~31°01′，东经103°25′~103°38′，面积1211.2平方公里，人口62万人，被誉为“天府之源”、“镇川之宝”。都江堰古时属都安县境而名为“都安堰”，又称“湔堰”、“湔堋”，宋元后开始用现名“都江堰”。[①] 都江堰创建于公元前256年左右，距今已有2250多年的悠久历史。当时的秦蜀郡太守李冰，根据当地的地理特点并借鉴前人治水经验，巧妙地利用岷江出山口处的特殊地形，在恰当的位置选址作堰，顺应自然规律利用高低落差，在生产工具和施工技术比较落后的情况下，采用热胀冷缩的原理，凿离堆、穿“二江”（郫江、检江即今走马河、柏条河）化害为利，自流灌溉成都平原，造就了中外闻名的天府之国，使成都平原成为中国著名的粮仓。具体地说，李冰就是利用鱼嘴分水堤从岷江引水灌溉，枯水期自动将岷江60%的水引入内江，40%的水排入外江；遇洪水时能够自动将60%的水排入外江，40%的水引入内江。[②] 都江堰建于岷江弯道处，江水至都江堰，含沙量少的表层水流向凹岸，含沙量大的底层水流向凸岸，将洪水冲下来的沙石大部分从外江排走。进入内江的小部分沙石，利用伸向江

① 刘耀编著：《中国绝色风景》，279页，北京，中国长安出版社，2006。
② 李振湘著：《世界遗产中国行》，182页，北京，民族出版社，2004。

心的虎头岩的支引、宝瓶口的节制和“离堆”的顶托，将大部分沙石从“飞沙堰”、“人字堤”排入外江，使宝瓶口引水口和灌区干流免遭泥沙淤塞；利用宝瓶口引水口控制进水量，既保证了灌溉用水，又防止了过量洪水涌入内江灌区造成灾害。都江堰是成功地运用自然弯道形成的流体引力，自动引水、泄洪、排沙的典范。在建堰时，李冰还在江中埋石马做淘滩标志，立“三石人”来观察水情消长，开创了中国古代水情测量的先例。据《永康军志》载：“春耕之际，需之如金，号曰‘金灌口’。”因此，宝瓶口（古时又名“金灌口”）是内江进水的咽喉，能够自动调节进入灌区的水量，使成都平原“水旱从人”，成为天府粮仓。[①] 经过2200多年的发展，成为集防洪、灌溉、运输、发电、水产养殖、旅游及城乡工业、生活用水为一体，综合效益巨大的大型水利工程，开创了中国乃至世界水利工程之先河。

都江堰是当今世界年代久远、唯一留存、以无坝引水为特征的宏大水利工程。它不仅是中国水利工程技术的伟大奇迹，也是世界水利工程的璀璨明珠。都江堰流传着许多美好的民间传说。战国后期秦楚两霸争夺天下，秦为实现一统天下大业，便将“得蜀则得楚，得蜀先治水”列为秦的根本国策。蜀居楚之上陆路不通，自古以来“蜀道难，难于上青天”[②]，如水上运兵攻楚，则旦夕即至。秦出于政治目的遂派李冰治理岷江，所以有“秦并六国，自蜀始”的说法。都江堰由渠首工程和灌区两大部分组成。渠首工程在四川省都江堰市城西1000米处，它是灌区的中枢，保护面积231.5公顷。都江堰能经久不衰的重要原因，就是渠首位置选址科学，工程与地形条件配合巧妙，乘势利导因时制宜，相互制约相辅相成，具有布局合理科学系统的完整性。渠首工程选在成都平原顶端，海拔726米，为全灌区制高点，它接纳了岷江上游丰富而稳定的水资源。渠首工程由鱼嘴分水堤、宝瓶口引水口、飞沙堰溢洪道三大主体工程和百丈堤、人字堤等附属工程组成，

---

① 参见《中国世界遗产年鉴》编纂委员会编：《中国世界遗产年鉴2004》，175页，北京，中华书局，2004。

② 吴丈蜀主编：《历代诗词曲佳句名篇大全》，829页，长江文艺出版社，1992。

是一个分流引水、溢洪排沙相结合的生态系统工程。都江堰的创建以不破坏自然资源，充分利用自然资源为人类服务为前提，变害为利，使人、地、水三者高度协合统一，是全世界迄今为止仅存的一项伟大的生态工程。[①] 它开创了中国古代水利史上的新纪元，标志着中国水利史进入了一个新阶段，在世界水利史上写下了光辉的一章。都江堰水利工程是中国古代劳动人民智慧的结晶，不愧是中华文化划时代的杰作。随着科学技术的发展和灌区范围的扩大，从 1936 年开始，逐步改用混凝土浆砌卵石技术对渠首工程进行维修、加固，增加了部分水利设施，古堰的工程布局和“深淘滩、低作堰”，“乘势利导、因时制宜”，“遇湾截角、逢正抽心”等治水方略没有改变，都江堰发挥的效益越来越大。据 1998 年文字资料记载，实际灌溉面积达到 66.87 万公顷，同时为四川 50 多个大中城市，数百家工矿企业提供了工业和生活用水，成为世界最佳水资源利用的典范。[②] 历代政府对都江堰水利工程都非常重视，逐步完善了管理机构，建立了岁修、防洪等维护制度，积累和总结了“六字诀”、“三字经”、“八字格言”等宝贵的治水经验，使古堰持续发展相沿不废。都江堰与中国古代著名的水利工程相比，其构思、设计、选址独具匠心，它是自然生态、科学文化、人与自然紧密协合的伟大创举，中国乃至世界其他任何古代水利工程都无与伦比。[③] 1872 年德国地理学家李希霍芬称赞“都江堰灌溉方法之完善，世界各地无与伦比”。1986 年国际灌排委员会秘书长弗朗杰姆，国际河流泥沙学术会的各国专家参观都江堰后，对都江堰科学的灌溉和排沙功能给予高度评价。1999 年 3 月联合国人居中心官员参观都江堰后，建议都江堰水利工程参评 2000 年联合国“最佳水资源利用和处

---

① 《中国世界遗产年鉴》编纂委员会编：《中国世界遗产年鉴 2004》，174 页，北京，中华书局，2004。

② 《中国世界遗产年鉴》编纂委员会编：《中国世界遗产年鉴 2004》，175 页，北京，中华书局，2004。

③ 世界古老的著名水利工程中，古巴比伦王国建于幼发拉底河上的纳尔——汉谟拉比渠和古罗马的人工渠道都早已荒废，只有都江堰独步千古，永续利用，长盛不衰。

理奖”①。

李冰纪念馆位于都江堰市区西1公里的二王庙②内，于1992年4月1日建成开放。纪念馆坐落在二王庙东侧山麓，占地面积2900平方米，主体建筑高18米，墙面用大理石、瓷砖贴成。二王庙位于都江堰左岸玉垒山麓的山坳中，隔江与鱼嘴相望，原为纪念蜀王杜宇的望帝祠，南齐建武年间（公元494—498年）改祀李冰（称“崇德庙”）；972年铸塑李二王像，因父子二人相继被敕封为王。清代建造“二王庙”，占地面积5.1万平方米，建筑面积1.1万平方米，建筑布局，轴线多次转折，以大殿中心为祭祀、饮食、住宿的功能要求，从纵横两个方向组成井然有序、主次分明、功能各异、整体性强并带有浓厚川西民居风格的建筑群。庙前左右各有一座临街楼，与照壁疏江亭长廊连接，形成自横向入庙的通道。沿石阶上依次为乐楼、灌澜亭、灵官殿、大照壁、山门、李冰殿、二郎殿，然后右行是铁龙殿及食宿区，左行为堰功堂、圣母殿、老君殿及新建的后山门。大殿为穿透式木构架、双脊重檐歇山式建筑，面阔7间34米，进深5间22米，高18.5米。山门为三重檐坎山式顶建筑，门额上部均用凤凰窠装饰，重重飞檐翘角，气势十分壮观。门额正中“二王庙”匾额，为冯玉祥将军所书。庙内崇敬李冰治水功绩、记录前人治水经验的石刻、诗碑、匾额、楹联，举目可见。主殿分别供有李冰及二郎的塑像，造型明朗、新颖、庄严、肃穆，富有时代气息和地方特色。庙中还珍藏有治水名言，诗人碑刻和闻名的治水《三字经》、《八字诀》，还有光绪帝御笔的“功昭蜀道”，以及张大千、徐悲鸿、关山月的墨宝。展厅分为生平简述、古堰丰碑、泽惠天府、千秋景仰四部分，概要的介绍了李冰的生平、创造都江堰的历程和科学技术成就、富国利民的经济和社会效果及人们怀念敬仰李冰的景况，展示了鲜为人知的文物20余件及史、志、典籍。附馆陈列着毛泽东、江泽民、董必武、郭沫若等党和国家领导人

① 《中国世界遗产年鉴》编纂委员会编：《中国世界遗产年鉴2004》，175页，北京，中华书局，2004。

② “二王庙”位于都江堰玉垒山腰，前临都江堰，因在五代以后，李冰父子相继被封为王，后人为纪念李冰父子而称之为“二王庙”。

的题词及海内外著名人士的诗文、书画等。“二王庙”从古至今不但香火鼎盛，而且在历史上一直既有官方主持的祭典活动，也有民间祭祀活动。传说旧历六月二十四日是二郎生日，因此川西受益区群众不辞艰苦跋涉，扶老携幼，带着祭品来庙祭拜，每日络绎不绝的香客多达万人。①

离堆又名灌口山，原系湔山虎头岩的一部分，李冰开凿宝瓶口后成为孤丘。② 宝瓶口是前山，今名灌口山、玉垒山，伸向岷江的长脊上凿开的一个口子，它是人工凿成控制内江进水的咽喉，因它形似瓶口而功能奇特故名“宝瓶口”。留在宝瓶口右边的山丘因与其山体相离故称离堆。离堆位于市区西部，占地面积约60 000平方米，由于宝瓶口自然景观瑰丽，有“离堆锁峡”之称，属历史上著名的“灌阳十景”之一。离堆古时为果园，宋代魏了翁《永康军花洲记》：“永康之城南曰花洲者，俗号果园”，清末为桑园；1925年改为“都江公园”（翌年更名为“离堆公园”）。离堆大门联云：“完神禹斧椎功，陆海无双，河渠大书秦守惠；揽全蜀山水秀，导江第一，名园生色华阳篇。”歌颂李冰治水功绩，描述公园特色。这里三面绝壁，直对惊涛，与附近山、水、城、堰、古迹、津梁交相辉映，更显雄伟。建筑群不强调中轴线，老王殿、铁佛殿、玉皇殿等单幢建筑依地势逶迤而上，前部封闭，后部开敞。玉皇殿后有“观澜亭”，登亭眺望皑皑雪山，滔滔江水尽收眼底。伏龙观原系晋代为纪念青成隐士修的范贤馆。后因李冰降伏孽龙伏在离堆之下，故于北宋初年改祭李冰并取名伏龙观。伏龙观又名老王庙、李公祠、李公庙等，占地面积3000平方米，建筑面积1900平方米。伏龙观有庙宇三重：前殿塑有公元168年（东汉）所雕的高2.9米，重约4吨的李冰石像，还有东汉堰工石像、唐代金仙和玉真公主在青城山修道时的遗物飞龙鼎。伏龙观中文物甚多，如树立在正殿中的东汉李冰圆雕石像，1974年迁建索桥时于3号桥基坑出土。像用灰白砂岩琢成，高290厘米，肩宽96厘米，厚46厘米，底

① 参见周剑锋编著：《西南民情之旅》，135页，长沙，湖南地图出版社，2001。
② 参见刘耀编著：《中国绝色风景》，279页，北京，中国长安出版社，2006。

部有一方榨，长 18 厘米。石像冠冕长衣，手置胸前，面含微笑，两袖和衣襟上各有浅刻题记一行。1975 年 8 月 18 日加座竖立在伏龙观正殿中。正殿右侧竖立的堰工石像，是 1975 年 1 月 18 日在都江堰外闸下开挖护滩时发现的。石像宽衣重袖，持插而立，通高 1.85 米，肩宽 0.7 米；插高 0.28 米，宽 0.25 米，插把长 1.34 米。石像头部已被冲毁，背部冲蚀严重。正殿中的飞龙铁鼎是唐容宗女玉真公主故物。鼎重约千斤，上有 8 条飞龙和云纹花卉，是不可多得的古代铸造精品，1978 年 10 月移入观中陈列。

安澜索桥是我国古代人民利用本地竹木资源创建的桥梁形式之一。索桥位于都江堰渠首鱼嘴处，横跨内外二江，全长 261 米，为古代沟通岷江东西两岸的交通纽带。宋淳化元年（公元 990 年），大理评事梁楚知永康军重建后称“评事桥”。明末毁于战火，清嘉庆八年（公元 1803 年），贵州大定府何先德夫妇募捐重建，以碗口粗竹缆十根平列，上铺木板为桥面，两旁有较细竹缆为扶栏，两岸行人可安渡狂澜，故名安澜桥（时人又称夫妻桥）。安澜索桥全长约 500 米，现在的桥下移 100 多米，将竹索改为钢索，承托缆索的木桩桥墩改为混凝土桩，桥身也缩为 240 米。① 坐落于都江堰首鱼嘴上横跨都江堰市区内江的南桥，元代称凌云桥，清改称普济桥，是连接南街与复兴街之间的一座廊式古桥。历史上屡有毁建，1958 改木桥桩为钢筋混凝土墩，增建了牌坊形桥门，正式命名为“南桥”。1979 年改建，桥 5 孔、长 50 米，加高了桥身，增建了桥亭、石阶、花圃。修葺后的桥头飞檐翘角，各种人物、动物雕塑，生动逼真；桥身雕梁画栋，桥廊屋面琉璃瓦与山水一色；桥廊两侧还增饰了名人题记的诗词、书画、楹联、匾额，成为吸引中外游人的胜景。近年来离堆又新建了清溪园、天府源茶庄、堰功大道，改建了荷花池，素有“川西第一名园”之美称。

① 参见刘耀编著：《中国绝色风景》，281 页，北京，中国长安出版社，2006。

二

青城山位于都江堰市城南距都江堰市中心约16公里（距成都75公里）处，属邛崃山脉南段的东支，以大面山（又名“赵公山”、“丈人山”）为主峰，青城山的山体由红色砾岩和沙泥岩构成，属丹霞地貌形态。由于构造抬升与流水切割等的作用，形成了群峰耸立、峰峻坡陡、涧壑幽深的地形。36峰姿态飞舞多变，每一峰都有茂密的植被覆盖，遂使山色郁郁葱葱，轮廓线条柔和，随着山谷的起伏，处处幽深清静，峰峦叠翠，状若城郭故称青城。青城山素有“洞天福地”、“人间仙境”之誉，是国家重点风景名胜区，省级旅游度假区，与大熊猫的故乡卧龙自然保护区相接，与世界级风景名胜区九寨沟、黄龙寺遥相呼应，自古以来就是川西平原旅游热线上的一颗璀璨明珠。城外诸峰环绕，山上树木茂盛，山路两旁古木参天，浓荫覆地，四季常青，故名“青城山”。青城山分青城前山和青城后山。前山景色优美文物古迹众多；后山自然景物神秘绮丽、原始华美如世外桃源。青城山与都江堰地处四川成都平原西缘，是四川盆地与青藏高原的接合部，也是中国西部两大地形阶梯的转折点，是两大植物区系的交汇区。保护区内地形复杂、气候多样，为生物的形成和繁衍提供了良好的生态环境。青城山背靠岷山雪岭，面向川西平原，群峰环绕，状若城廓；林深树密，四季常绿；丹梯千级，曲径通幽，素有“青城天下幽”之称。① 青城山位于都江堰渠首工程南侧，从岸边迅速隆起，是我国著名的历史名山和国家重点风景名胜区。它背靠千里岷山，俯临成都平原，层峦叠嶂，自古就以优美的自然景观和众多的人文景观驰誉中外。青城山保护面积1522公顷，有36峰、8大洞、72小洞、108景。② 龙溪自然保护区位于都江堰渠首工程北侧，其地形从最低海拔726米逐

---

① 青城山“青城天下幽”的美誉，意思是在天下名山中，青城山是最幽深、恬静的。

② 参见《中国文化遗产年鉴》编辑委员会：《中国文化遗产年鉴2006》，北京，文物出版社，2006；李振湘著：《世界遗产中国行》，184页，北京，民族出版社，2004。

步抬升，最高峰光光山海拔达到4582米，形成鲜明的植物带谱。生物多样性丰富、独特，是国宝大熊猫重要分布地之一。① 夏无酷暑，冬无严寒，空翠欲滴是“幽”；荆溪白石，飞瀑连珠是“幽”；曲径蜿蜒，林木遮天是“幽”；云雾缭绕，烟波四起是“幽”；宫观藏趣，自然天成也是“幽”。同时，它又体现了以“金鞭岩”为代表的“雄”的特色；以“降魔石”为代表的“奇”的特色；以“掷笔槽”为代表的“险”的特色，满山密林，日穿不透，直与峨眉争秀色。②

青城山确实有“幽”的特点。由于历代开拓者为上山的人设想，在上山的路途中，游人每行10分钟左右就可以看到一座小亭。这些小亭有的建在路旁，有的建在石桥上，它们与周围景色颇为协调，而且越往上走亭距越短，因为游人越感到疲劳就越需要多休息几次。游览青城山的乐趣，就在于沿着浓荫密布的石阶山路拾级而上，看眼中的绿意盎然，听溪涧的流水淙淙；来到一处道观就可以坐下来喝一杯茶，欣赏观中建筑和所藏文物。青城山风景区内生态旅游资源十分丰富，有大熊猫、川金丝猴和珙桐、银杏等动植物，有360平方公里的原始森林和亚洲规模最大的杜鹃专类植物园和苔藓园。代表性旅游景区有世界文化遗产都江堰——青城山、国家级森林公园龙池和国家级自然保护区龙溪——虹口，目前基本形成以世界遗产观光为主，集休闲、度假于一体的旅游产品体系，是四川旅游发展重点地区。该区以大规模的珍稀动植物、舒适宜人的气候、优质的生态环境为特征，是距离特大中心城市最近的世界级生态旅游区。今后发展重点是切实有效保护世界遗产，加大遗产科研力度，展示“人与自然和谐共处”的都江堰水生态文化；以青城山、龙溪——虹口为主要依托，大力开发生态度假旅游项目，建设青城山道教文化生态旅游度假区、青城镇国家级农业旅游示范区、龙溪——虹口生态度假旅游示范区、紫坪铺水体生态度假区等。根据资源特征和市场需求，开发多层次、多元化的生态

---

① 参见《中国世界遗产年鉴》编纂委员会编：《中国世界遗产年鉴2004》，174页，北京，中华书局，2004。

② 参见刘耀编著：《中国绝色风景》，279页，北京，中国长安出版社，2006。

旅游活动项目，包括青城山徒步旅行、龙池滑雪、滑草、溜索、白沙河漂流、虹口原始森林徒步穿越、青城镇生态农业观光和乡村度假等；加快都江堰生态旅游城市建设，打造“西部绿城”，创建“国家园林城市”，构建城市景观绿地生态系统。植被丰富的青城山不仅是道教的圣山，还拥有730多种木本植物和大量珍贵药材。唐太宗时代道士孙思邈来到了青城山，他在这里采集了大量药材，研究了解各种药性，撰写了医学著作《千金方》。因为这本至今仍然是中医必修的典籍，孙思邈被后人称为“药王”。

青城山是我国著名的道教名山之一。早在公元前2世纪，秦王朝即将青城山列为国家祭祀的18处山、川圣地之一。青城山是中国道教的发源地，汉安二年（公元143年），道教创始人张陵（又名张道陵）选中青城山深幽涵碧的赤城崖结茅传道，次年定居天师洞，立24治（教民区）。他用先秦“黄老之学”创立了“五斗米道”①，青城山便以道教发源地和天师道祖山、祖庭名标史册。张陵四世孙张盛后裔在龙虎山建天师府后，历代天师均要到青城山朝祖。② 汉晋之际道教逐渐兴旺，范长生移居青城山，助李雄建立成汉政权，蜀中一时安定繁荣，天师道成为成汉政权和蜀民的精神支柱。公元618—907年间，唐王朝崇奉道教，我国道教进入一个繁盛时期，青城山尤其兴旺。唐僖宗封青城山为“希夷公”，亲草祭文，命青城山修灵宝道场周天大醮，设醮位2400个（道士设坛做法事）。明代青城山道教所传属于全真道龙门派。全真道与原来的天师正一道不同的是，它主张修道者要出家投师，住庵当道士不娶妻室、不吃荤腥，创立了一套养身习静的修炼方法。道士住山自然对宫观的维护和山林的栽培更为重视。明朝末年战乱不断，青城山道士逃走。直到清康熙八年，武当山全真道龙门派道士陈清觉来青城山主持教务，才使局面重新改观。后来陈在四川官员的帮助下，得到康熙皇帝的钦赐御书“丹台碧洞”，并封他为“碧

① “五斗米道”是东汉顺帝时沛国人张道陵在四川青城山创立的，因入道受教必须交纳五斗米，因之而得名。

② 参见《中国世界遗产年鉴》编纂委员会编：《中国世界遗产年鉴2004》，174～175页，北京，中华书局，2004。

洞真人”。至此中国道教发展进入鼎盛时期，山中道观达40多处，先后演变成7个教派。8世纪中叶，一名叫做清虚子的道士，在一次使用硫磺、木炭和硝石为燃料炼丹时发生一场意外爆炸，这次爆炸让中国人早于西方1000多年掌握了制造火药的技术。9世纪晚期，道教学者杜光庭对各派道法进行深入研究，圆融各派，成为一代宗师。他居青城近30年，著述约30部250多卷，是道教理论集大成者，影响遍及中国道教名山和东南亚各国，成为“道门领袖”之一。五代时，道教音乐进入宫廷。青城道士张孔山传谱的古琴曲《流水》，1977年被美国录入镀金唱片，由“旅行者二号”太空飞船带入太空，在茫茫宇宙寻觅人类知音。①

青城山是中国道教十大洞天中的“第五大洞宝仙九室之天”。青城山有全国最集中的道教宫观建筑群，始于晋、盛于唐，体现了中国西南民俗民风的特色。它与公元1416年所建武当山道教宫观建筑群有许多不同，如武当山体现的是宫廷建筑特色，青城山的道教建筑群自然、古老和悠久，体现出浓郁的中国西南地方特色和民族习俗。青城山道教自创建至今宗派繁衍，久盛不衰，香火未断。② 青城山至今完好地保存有数十座道教宫观，珍藏着大量古迹文物和近代名家手迹。可以说，青城山是一座纵横千百年的活的“道教博物馆”。它的主要风景名胜有：（1）建福宫。建福宫始建于唐代，修建在丈人峰下，宫前有一条清溪，四周古木葱茏，环境幽美。（2）天然图画。天然图画是清光绪年间建造的一座阁。这里苍岩壁立，绿树交映，游人至此如置身画中，故将此建筑名为“天然图画”。（3）天师洞。洞中有“天师”张道陵及其30代孙“虚靖天师”的像。山东麓有距今约4500年的新石器时代晚期的芒城遗址，在我国同时期古城址中实为罕见。这里出土的大量文物，对揭示古蜀文明具有重要意义。现存殿宇建于清末，规模宏伟、雕刻精良，并有不少珍贵文物和古树；附近还有三岛

① 参见《中国世界遗产年鉴》编纂委员会编：《中国世界遗产年鉴2004》，176页，北京，中华书局，2004。

② 参见《中国世界遗产年鉴》编纂委员会编：《中国世界遗产年鉴2004》，175页，北京，中华书局，2004。

石、洗心池、上天梯、一线天等名胜。相传东汉末年张道陵曾在此讲经传道，其主殿三皇殿中供有唐朝石刻三皇，殿内现存历代石木碑刻，最著名的有：唐玄宗旨书碑、岳飞手书的诸葛亮前后《出师表》等。出天师洞过访宁桥便到祖师殿，再向北去可到朝阳洞，出之则直达高台上的“上清宫”①。上清宫始建于晋代，现存庙宇为清同治年间所建，上有“天下第五名山”、“青城第一峰”等摩山石刻。② 其后山景区更有神秘的洞、大蜀王遗迹、遍布山中的飞瀑渊潭、曲桥栈道，颇具原始野趣。自中国道教在青城山创建以来，道脉繁衍，逐步从山中扩大到山外乃至全国，以后历代龙虎山的天师多来青城山朝祖。晋时青城山为巴蜀道教中心。青城山道士杜光庭对老子理论进行注释和传播，对道教理论进行研究整理，被道教界称为“扶宗立教，天下一人”。现在青城山仍是弘扬中国道教文化的主要场所。中国道教协会于1995年在青城山举行中国第二次全真派传戒教务法会，全国各大道教名山住持参加传戒。青城山住持、中国道教协会会长傅圆天被推举为“全真律坛嗣天仙正宗第23代傅圆天大律师”③。总之，青城山是中国道教创立的圣地，它按照中华民族独特的文化形态进行创新，逐步发展壮大，使之成为中国的国教，具有突出的文化价值和前所未有的开创性。

三

都江堰青城山的英文名为：The Dujiangyan Irrigationg System and Mt. Qingcheng，是中国首批公布的风景名胜区之一。2000年11月29日，在澳大利亚凯恩斯召开的联合国第24届世界遗产委员会上，根据文化遗产遴选标准C（II）（IV）（VI），都江堰、青城山被列入《世界遗产名录》。世界遗产委员会对青城山与都江堰的总体评价是：青城山是中国道教的发源地之一，属于道教名山。建福宫，始建于唐代，

---

① 据有关资料和讲解员介绍，宫门上“上清宫”三字为蒋介石所题写。

② 刘耀编著：《中国绝色风景》，280～281页，北京，中国长安出版社，2006。

③ 《中国世界遗产年鉴》编纂委员会编：《中国世界遗产年鉴2004》，176页，北京，中华书局，2004。

规模颇大。天然图画坊，是清光绪年间建造的一座阁。天师洞，洞中有“天师”张道陵及其30代孙“虚靖天师”像。现存殿宇建于清末，规模宏伟，雕刻精细，并有不少珍贵文物和古树。建于公元前3世纪，位于四川成都平原西部的岷江上的都江堰，是中国战国时期秦国蜀郡太守李冰及其子率众修建的一座大型水利工程，是全世界迄今为止，年代最久、唯一留存、以无坝引水为特征的宏大水利工程。2200多年来仍发挥着巨大的经济效益，李冰治水，功在当代，利在千秋，不愧为文明世界的伟大杰作，造福人民的伟大水利工程。①

依据全国重点风景名胜区管理办法严格管理。1982年青城山、都江堰被国务院公布为第一批“全国重点风景名胜区”后，当地政府在严格按照全国重点风景名胜区保护办法进行管理的同时，出台了《四川省都江堰水利工程管理条例》等一系列实施全国重点风景名胜区管理的条例和办法，确保青城山、都江堰世界遗产的可持续发展。都江堰国家森林公园位于群山环抱的龙池盆地之中，盆周山地海拔在3500米以上，盆中龙池水面海拔1800米。巨大的相对高差决定了与众不同的气候特点和植被特点，由下而上，植物随着高差垂直分布，层次分明美丽如画。由于受到严格的环境保护，这里各类高等植物达3012种，名贵的珙桐、灿烂的杜鹃，及中国科学院建立的华西亚高山植物园内的许多珍稀濒危植物异彩纷呈，是我国重要的珍稀植物基因库。在26平方公里的密林之中，动物种类也十分繁多，已知的就有11 000余种，其中大、小熊猫、金丝猴、扭角羚、天鹅等国家重点保护动物，区内大熊猫分为东西两个山系繁殖种群，数量约达50～70只。② 这些均超过临近的峨眉山和同类遗产区，1994年被中国科学院列为全国生

① 参见《中国世界遗产年鉴》编纂委员会编：《中国世界遗产年鉴2004》，178页，北京，中华书局，2004；《中国文化遗产年鉴》编辑委员会：《中国文化遗产年鉴2006》，77页，北京，文物出版社，2006。

② 参见《中国世界遗产年鉴》编纂委员会编：《中国世界遗产年鉴2004》，178页，北京，中华书局，2004。

物多样性“五大基地”之一。[①] 山青水碧，风光旖旎，被国外科学家誉为“自然博物馆”、“天然动植物乐园”。独特的地貌景观，茂密的原始森林和优美神话传说，使之风情独绝，名闻遐迩。都江堰市被评为“中国历史文化名城”、“中国优秀旅游城市”，成为世界著名的旅游胜地。都江堰市是山水园林城市，拥有国家级森林公园、国家级野生动植物自然保护区，市域林木覆盖率达70%，被评为“国家级生态示范区”；年平均气温15.2℃，空气质量和水质常年保持国家一级水平，人均寿命77.1岁，比全国人均寿命高5.7岁，获“天然氧吧”、“长寿之乡”美誉。都江堰渠首傍城，5条河穿城而过，灵岩山城区矗立，山水城林堰相融，人与自然和谐，都江堰市获“中国人居环境范例奖”、“迪拜国际改善居住环境良好范例奖”。

依据世界遗产管理规定加大对世界遗产保护力度。都江堰、青城山列入《世界遗产名录》后，都江堰市人民政府进一步加大了保护力度，成立了都江堰市世界遗产管理机构，代表市委市政府对遗产地进行保护、管理、监测、规划和监督等。同时按照世界遗产标准对环境进行了进一步的整治和完善。当地政府部门坚决落实监测措施，加强对遗产地自然景观、水文、地质、大气、文物古迹、生态环境等全面系统的监测，对破坏世界遗产的行为进行坚决处理和纠正；进一步完善项目报批程序，凡是遗产地保护范围内的重大建设项目，必须首先请专家论证，再按照规定程序报批。2002年开始实施的《四川省世界遗产保护条例》，第4条规定：“世界遗产保护坚持有效保护、统一管理、科学规划、永续利用的原则。在保护的前提下，合理开发利用。”第7条规定：“世界遗产总体规划，由其世界遗产地的县以上人民政府组织编制，经省建设行政主管部门会同有关部门审查同意后，报省人民政府按照规定程序审批。”[②]《四川省世界遗产保护条例》规定，禁止在世界遗产保护范围内建设污染环境、破坏生态和造成水土流失的设施，禁止进行任何损害或

---

① 参见《中国世界遗产年鉴》编纂委员会编：《中国世界遗产年鉴2004》，176页，北京，中华书局，2004。

② 参见《中国世界遗产年鉴》编纂委员会编：《中国世界遗产年鉴2004》，340页，北京，中华书局，2004。

者破坏世界遗产资源的活动；禁止在世界遗产核心区、保护区建设宾馆、招待所、疗养院及各种培训中心等建设项目和设立各类开发区、度假区。凡不符合总体规划的建筑物、构筑物和其他设施，必须限期拆除或者改造。譬如，2003年4月都江堰鱼嘴上游修建电站，此事引起了当地政府的高度重视和世界遗产保护专家的强烈反对，社会各界和新闻媒介给予了广泛的关注。为此，2003年8月29日四川省人民政府做出决定，未经国务院批准不得进行前期工作。从而及时阻止了在都江堰鱼嘴上游修建电站的行为，使都江堰、青城山世界遗产的真实性和完整性得到了有效保护，人与自然的和谐发展得以永续传承。青城山、都江堰已跻身中国优秀旅游城市、国家重点风景区、国家自然保护区、国家生态示范区、全国卫生城市、全国文化先进市、国家历史文化名城、国家文明风景区、国家4A级景区、国家园林城市行列，全国爱国主义教育示范基地等，青城山景区已通过ISO14000环境管理体系认证，国际性、现代化的生态文化旅游名城已具雏形。都江堰市是国家经济实力十强县（市）文化名城、国家级风景名胜区、全国文化先进县（市）、四川省综合经济实力十强县（市），全国最早的优秀旅游城市之一。[①] 该市旅游资源丰富，都江堰、青城山、龙池三大景区，被评为全省旅游服务综合目标管理第一名。都江堰正在按照《四川省世界遗产保护条例》第14条[②]的要求，大力发展以旅游为龙头的第三产业，每年接待游客400万人次以上，实现旅游综合收入达10亿元。近年来都江堰市与国际组织合作成功地举办了3次世界遗产保护和生物资源多样性保护知识培训班，邀请国内外世界遗产专家和生态环境保护专家对有关部门的基层干部及遗产地村民进行培训，极大地增强了广大干部和市民的遗产保护意识，提高了保护世界遗产和生物多样性的自觉性。

---

① 刘刚：《都江堰市概述》，《世界文化遗产——青城山、都江堰》，2页，北京，中国三峡出版社，2001。

② 《四川省世界遗产保护条例》第14条规定："按照世界遗产总体规划确定的旅游环境容量，世界遗产管理机构可以对世界遗产核心区、保护区采取分区封闭轮休制度，限制游人数量，保护生态环境。其具体方案由世界遗产管理机构制定，并经世界遗产地县（市）人民政府审核，报上一级人民政府批准，并予以公告。"

重庆大足石刻文化景观

一

大足石刻是大足县境内所有摩崖造像石窟艺术的总称。大足石刻地处西南重镇重庆市西郊的大足县境内，东距重庆市中心 160 公里，西距成都 240 公里[①]，位于东经 105°28′06″~106°01′56″，北纬 29°22′28″~29°51′49″，全县面积约 1400 平方公里。大足于唐乾元元年（公元 758 年）建县，以其境内大足川（今名“濑溪河”）而得名，蕴含“大丰大足”之意。大足古为昌州，州治近 400 年，今属重庆市辖县。[②] 据有关资料记载，唐天宝十四年（公元 755 年）发生“安史之乱”，后来又相继爆发了王小波、黄巢起义。我国北方战火连年，大足因地处中国内地山区交通不便，幸免了历代战争的浩劫和人为的破坏。唐朝统治者都先后逃到四川大足（现“重庆大足”）避难，一些高僧、画家和雕刻家也随之而来，大足为这些文人墨客提供了石刻场所。[③] 素有“石刻之乡”称誉的大足县，遍布摩崖造像，统称为“大足石刻”，规模最宏大而又独具特色的当属宝顶山和北山两处。大足石刻最初开凿于初唐永徽元年（公元 650 年），历经晚唐、五代（公元 907—960 年），兴盛于两宋（公元 960—1279 年），延续于明清时期

① 陈明光：《大足石刻考古与研究》，1 页，重庆，重庆出版社，2001。
② 参见宋慧明：《走进宝顶山石刻》，载《中国民族报》，2005 年 1 月 14 日第 11 版。
③ 参见李振湘：《世界遗产中国行》，51 页，北京，民族出版社，2004。

(14—19 世纪)。[①] 大足石刻重在写实，想象丰富，具有明显而强烈的独创性。它们是我国晚期石窟造像艺术的代表，集中国石刻艺术精华之大成，与云冈石窟、龙门石窟和敦煌莫高窟齐名，具有很高的历史、艺术、宗教、科学研究价值。大足石刻保存了大量石刻铭文，对我国历史地理、宗教信仰、石窟断代分期、历史人物研究都提供了重要依据。其中，诸于《韦君靖碑》、《何光震饯郡守王梦应记》等，都具有“以碑补史”、“以碑证史”的作用。《唐柳本尊传》、《重开宝顶石碑记》，对研究宝顶山石窟史，乃至中国密宗史都具有重大的学术价值，《古文孝经碑》更被史学家称为“寰宇间仅此一刻”。当代雕刻家刘开渠曾指出：“大足石刻有了创造性的发展，为中国石窟艺术增添了新的光彩。”也有不少专家学者认为：大足石刻在石窟艺术发展史上，开创了“大足石刻时代”。[②]

大足石刻保存了以佛教为主的宗教石刻 100 多处。已经公布为各级文物保护单位的有 75 处，共造有 1030 个龛窟、5 万余尊佛像。其中，又以北山、宝顶山、南山、石篆山、石门山 5 处的石刻最为著名和集中。[③] 大足石刻在造像艺术上与北方注重石刻、泥塑不同，它特别讲究石雕，工艺极为精湛。因此，其造像均为精雕细刻之作。大足石刻以佛教造像为主，所有作品都属于石窟艺术的范畴。早期的“庙宇殿堂”式结构，完全是摩崖造像，如大佛湾造像全都裸露在外，与山崖连成一片，给人一种非常直观的感觉。它突破了一些宗教的约束，使造像作品更具有人性化。雕刻形式有圆雕、高浮雕、浅浮雕、凸浮雕、阴雕 5 种，但主要的又以高浮雕为主，辅之以其他形式。大足石刻不仅有不计其数的各阶层人物群体形象，以及众多的社会生活场面，而且还配有大量的文字记载，简直就是一幅生动的历史画卷。大足石刻不仅有规模巨大的佛教造像和体系完整的道教造像，而且还有在石

---

① 有关资料见《石窟艺术的奇葩——大足石刻》，载《西部时报》，2005 年 9 月 23 日第 12 版。

② 陈明光：《大足石刻考察与研究》，27 页，北京，中国三峡出版社，2001。

③ 参见《中国世界遗产年鉴》编纂委员会编：《中国世界遗产年鉴 2004》，171 页，北京，中华书局，2004。

窟造像中罕见的纯儒家造像，属于“三教”、“两教”合一的雕刻也比较多。大足石刻的这种文化现象，作为一种实物例证，反映出在中国文化史上儒、道、释三家长期既斗争又融合，到宋代“孔、老、释迦皆至圣”，“惩恶助善，同归于治，三教皆可通行”的“三教合流”思想占主导地位的局面已经巩固。① 大足石刻纵贯千余载，通融佛、道、儒，造像精美完好率极高。同时伴随造像出现的各种经文、傍题、颂词、记事等石刻铭文有15万余字，而且多为金石史中的佳品，在艺术再现上“神的人化与人的神化”达到高度统一。这些艺术作品具有鲜明的民族特色，在我国古代石窟艺术史上占有举足轻重的地位，被国内外誉为神奇的东方艺术明珠，是天才的艺术作品。大足石刻不愧是一座独具特色的“世界文化遗产的宝库”。

北山（古名“龙岗山”）距大足县城龙岗镇北约2公里，海拔545.5米。北山摩崖（石窟）石刻造像重点保护面积7.62公顷，一般保护面积21.82公顷，建设控制地带面积28.15公顷。唐朝靖南军节度使韦君靖，于唐景福元年（公元892年）在北山修建“永昌寨”，率先凿造佛像。历经五代、两宋到1162年（南宋绍兴）年间，经过地方官绅、士庶、僧尼等相继营建而成，先后在佛湾、营盘坡、观音坡、北塔寺、佛耳岩等处造像近万躯。长达300米余，分为南、北两段，通编为290号（1—100号为南段，101—290号为北段），南段大多是晚唐、五代作品，北段大多为两宋时期作品。其中，造像264龛窟、阴刻图1幅、经幢8座。从南到北形状若新月，龛窟如蜂房，共造像5000余尊。造像题材51种，以佛教密宗为主，约占总数的1/2以上。其次有“三阶教”、“净土宗”等。这些造像题材都是在当时民间极为流行的，是佛教世俗化的产物，异于中国前期石窟。北山造像以雕刻细腻、艺精技绝、精美典雅而著称于世，展示了9世纪末至13世纪中叶（晚唐、五代、两宋）中国民间佛教信仰及石窟艺术风格的

---

① 参见《中国世界遗产年鉴》编纂委员会编：《中国世界遗产年鉴2004》，173页，北京，中华书局，2004。

发展、变化。[①] 譬如，9 世纪末的晚唐造像题材有 12 种类型，以“观音”及“观音地藏合龛”和“地藏”居多。造像端庄丰满，气质浑厚，具有盛唐遗风。第 5 号毗沙门天王龛、第 9 号千手观音龛、第 10 号释迦牟尼佛龛、第 51 号三世佛龛、第 52 号阿弥陀佛龛都是其代表作品。尤其是第 245 号观无量寿佛经变相内容丰富，层次分明，刻有“西方三圣”、“三品九生”、“未生怨”、“十六观”以及楼台亭阁等。公元 10 世纪中叶的五代造像，占北山造像的 1/3 以上，是我国这一时期造像最多的地区，有着承上启下的作用。造像题材有 18 种，出现了药师经变、陀罗尼经幢等新内容。其艺术特点是小巧玲珑，体态多变，神情潇洒，纹饰渐趋繁丽，呈现出由唐至宋的过渡风格。譬如，第 53 号的佛、菩萨像，既有唐代雕刻的丰满古朴，又具有宋代造像的修长身躯。第 273 号的千手观音及其侍者、第 281 号的东方药师净土变相等，薄衣贴体颇具唐风，仪容秀丽又似宋刻。公元 10 世纪后期至 12 世纪中叶的宋代造像题材广泛多达 21 种，尤以观音最为突出，被誉为“中国观音造像的陈列馆”[②]。这一时期的作品更加贴近生活，体现了宋代的审美情趣。造像具有人物个性鲜明、体态优美、比例匀称、穿戴艳丽的特点。最具代表性的是雕刻于公元 1142—1146 年间的第 136 号转轮经藏窟。该窟造像以线造型，线面并重，富有中国民族特色，被公认为“中国石窟艺术皇冠上的一颗明珠”[③]。其他造像如第 125 号数珠手观音、第 113 号和第 133 号水月观音、第 155 号孔雀明王窟、第 177 号泗洲大圣龛、第 180 号十三观音变相窟等，都是这一时期的珍品。这些造像的形象、姿态、性格、神情以至衣褶、饰物等，皆耐人寻味。在北山摩崖造像中，现存碑碣 7 通。其中，刻于公元 895 年的《韦君靖碑》，具有补唐史的重要价值；刻于公元 1163—1189 年间的《赵懿简公神道碑》，系宋代四大书法家之一的蔡京所书，为书法

① 参见《中国世界遗产年鉴》编纂委员会编：《中国世界遗产年鉴 2004》，171 页，北京，中华书局，2004。

② 参见《中国世界遗产年鉴》编纂委员会编：《中国世界遗产年鉴 2004》，171 页，北京，中华书局，2004。

③ 李振湘：《世界遗产中国行》，54 页，北京，民族出版社，2004。

艺术珍品。此外，还存有题刻、诗词17件，以及造像记77件。对历史地理、宗教信仰、石窟断代分期、历史人物等的研究皆具较高价值。所有这些除了部分碑刻、塔幢和浅小龛窟残毁外，其余均保存完好。

宝顶山摩崖（石窟）石刻位于大足县城龙岗镇东北15公里处，海拔527.83米。宝顶山摩崖造像重点保护面积为7.93公顷，一般保护面积为37.14公顷，建设控制地带面积为53.30公顷。宝顶山摩崖造像是大足石刻中规模最大、内涵最丰富的一个文物保护单位。宝顶山因有宝顶寺得名。根据《大足县志》记载："圣寿寺即宝顶寺也"；"有山曰宝顶，有寺曰圣寿，建立自唐，至宋熙宁间，敕赐今号"①。宝顶山摩崖造像始凿于南宋年间，四周2.5千米内山岩上遍刻佛像，包括以圣寿寺为中心的大佛湾、小佛湾造像。宝顶山摩崖石刻创始人为北宋蜀中名僧赵智凤（号称"第六代祖师传密印"）②，宝顶山摩崖石刻始建于南宋淳熙元年至淳祐六年（公元1174—1246年），历经70余年方告完成，至今已有800多年的历史。③ 宝顶圆觉洞为整石开凿，洞窟高6米，宽9米，深12米。④ 洞正壁刻佛像3尊，主佛前有跪着的菩萨一尊，俯首合十，恭敬虔诚，左右壁为12圆觉菩萨，趺坐莲台，姿态不一，衣服、肌肉质感真实，似薄纱贴身，衣裙流畅自如。壁间刻楼台亭阁，人物鸟兽、花草树木、幽泉怪石，近似写实作品，是大佛湾雕刻的精华。宝顶山是佛教圣地之一，佛徒朝山进香，有

---

① 四川社会科学院大足石刻艺术研究院等编：《大足石刻研究文集》（2），16页，重庆，重庆出版社，1997。

② （南宋）赵智凤（1159—1249），又名智宗，昌州（今重庆大足县）人，大足宝顶山石刻创始者。5岁时，靡尚华饰，以居所附近有古佛岩，遂落发为僧。16岁外出云游3年。淳熙六年（公元1179年）返乡，传柳本尊法旨，承持其教，命工首建圣寿寺，发弘誓愿，普施法水。他按道场要求，精心设计，巧妙安排，在宝顶大佛湾琢诸佛像上万躯，建成了中国石窟艺术史上最后一座大型石窟群。

③ 参见《中国世界遗产年鉴》编纂委员会编：《中国世界遗产年鉴2004》，171页，北京，中华书局，2004。

④ 参见四川社会科学院大足石刻艺术研究院等编：《大足石刻研究文集》（2），72页，重庆，重庆出版社，1997。

“上朝峨眉，下朝宝顶”之说。[①] 山上佛像石像达1.5万多尊，设计之精巧竟无一雷同，破了“千佛一面”之说。以大佛湾、小佛湾为中心（大佛湾为幽深的马蹄形山湾），雕刻分布在东、南、北三面，先以小佛湾为蓝图，四周有统一安排的造像；石刻还巧妙地采用了排水、采光、力学、防风化等科学措施，足以令游览者击掌叹赏。全部造像均刻在东、南、北三面的悬崖上或石窟中，巨型雕刻360余幅。其中的“释迦牟尼涅磐图”佛像（编号为11号），长约31米，高7米，肩宽7米，头北足南半身，背东面西朝右侧卧，膝部以下没入岩壁中，双目微合，面容宁静；曲眉丰颊的面容和硕壮丰满的躯体，给人一种典雅崇高、雄浑宽厚的神韵和恢宏的气势。它是我国目前最大的石刻半身卧佛，雕刻技艺精湛，线条柔美圆滑。宝顶山摩崖另有佛经故事19组，实为古代一幅图文并茂的佛教神话连环画，这也是不同于我国其他石窟的显著特点。雕刻最著名的要属六道轮回、广大宝楼阁、华严三圣像、千手观音像、九龙浴太子、孔雀明王经变、父母恩重经变像、大方便佛报恩经变像、锁六耗图、牧牛道场、十六观图、柳本尊行化道场、圆觉道场、毗庐道场、观无量寿佛经变图、地狱变像图、释迦涅槃圣迹图等雕像。[②] 宝顶大佛湾还有创建于南宋的川东古刹圣寿寺，它依山构筑，雄伟壮观，后遭元、明兵燹，明、清朝代两度重修。譬如，现存的山门、天王殿、帝释殿、大雄殿、三世佛殿、燃灯殿和维摩殿七重殿宇，均为清代重建。庙宇巍峨，坐落于山势峻秀、环境幽雅的林木之中，建筑面积达1631.68平方米。寺侧南岩为万岁楼，它是一座造型别致的二层飞檐翘角楼阁。每年农历二月十九（观音生日），到此看热闹者、赶庙会的善男信女蜂拥云集，络绎不绝。

南山古名广华山，位于大足县城东南方向2.5公里处。南山素以“南山翠屏”名著棠城八景，历来为府、州、县达官显贵、文人墨客旅游、纳凉、侍亲胜地。南山石刻造像缘起于南宋时期（公元1127—

---

① 参见《中国文化遗产年鉴》编辑委员会：《中国文化遗产年鉴2006》，75页，北京，文物出版社，2006。

② 参见陈明光：《大足石刻考察与研究》，17~22页，北京，中国三峡出版社，2001。

1279年），属道教造像，明清两代稍有增补。山顶上原有古道观，名“玉皇观”。此处摩崖一共有15龛造像，以道家作品为主，三清古洞是其代表作。“三清古洞”（第5号洞）开凿于南宋绍兴年间（公元1131—1161年），洞高3.91米，宽5.08米，深5.58米，为方楣平顶窟。三清古洞全窟造像500多尊，展现了一幅宋代道教神系图。《朱子语类·灵宝条》说：“道教以原始天尊、太上道君、太上老君为三清。”① 宋代以后神系阶次是原始、灵宝、老君，而它们出现的时代先后则是老君、原始，最后才是灵宝。南山石刻作品刻工细腻、造型丰满、表面多施以彩绘，是现存中国道教石刻中造像最为集中、数量最大、反映神系最完整的一处石刻群。1956年8月16日四川省人民委员会宣布，南山摩崖石刻为四川省文物保护单位。重庆成为直辖市以后，又被评定为重庆市重点文物保护单位。

石篆山位于大足县城龙岗镇西南25公里处的三驱镇佛惠村，海拔444.6米。据佛惠寺《严逊记碑》记载，石篆山造像于北宋元丰五年至绍圣三年（公元1082—1096年）开凿而成。石篆山摩崖造像共有造像10窟（通编为10号），造像崖面长约130米，高约3~8米，它是中国石窟中典型的佛、道、儒“三教合一”造像群，在石窟中艺术极为罕见。石篆山摩崖造像重点保护面积为0.21公顷，一般保护面积为0.18公顷，建设控制地带面积为2.47公顷。石篆山摩崖造像为典型的释、道、儒“三教”合一造像区，在我国石窟造像中确实罕见。譬如，造像中的第6号为孔子及十哲龛，正壁刻中国大思想家、儒家创始人孔子坐像，两侧壁刻孔子最著名的十大弟子。中国尊孔数千年，然而石窟艺术中凿孔子及十哲像的在全国石窟中仅此一刻，实属凤毛麟角。第7号为三身佛龛；第8号为老君龛，正中凿中国道教创始人老子坐像，左右各立7尊真人、法师像，气势宏伟。据当时造像记载，以上3龛造像均为大庄园主严逊出资开凿，同为当时著名雕刻匠师文惟简等雕造。1956年8月16日四川省人民委员会公布，石篆山摩崖

① 四川社会科学院大足石刻艺术研究院等编：《大足石刻研究文集》（2），430~433页，重庆，重庆出版社1997。

造像属四川省文物保护单位（现为重庆市重点文物保护单位）。1963年4月26日大足县人民委员会公布，千佛崖摩崖造成像属大足县文物保护单位，石篆山以老君洞为代表作。

二

大足石刻的英文名称为：The Dazu Rock Carvings。1999年中国申报的世界遗产，只有大足石刻一项获得批准，这是我国洞窟石刻类遗产在1987年莫高窟之后的第二次入选。大足石刻以其规模宏大、雕刻精美、题材多样、内涵丰富和保存完整而著称于世。它集我国佛教、道教、儒家“三教”造像艺术的精华，以鲜明的民族化和生活化特色，成为我国石窟艺术中一颗璀璨的明珠。同时它又以大量的实物形象和文字史料，从不同侧面展示了9世纪末至13世纪中叶中国石刻艺术的风格和民间宗教信仰的发展变化，对中国石刻艺术的创新与发展做出了贡献，具有前代石窟不可替代的历史、艺术和科学价值。1999年12月1日，联合国教科文组织世界遗产委员会第23届会议，根据文化遗产遴选标准C（I）（II）（VI）表决通过，将重庆大足石刻中的北山、宝顶山、南山、石篆山、石门山5处摩崖造像，正式列入《世界遗产名录》（编号：200—023）。世界遗产委员会对大足石刻的总体评价是：“大足地区的险峻山崖上保存着绝无仅有的系列石刻，时间跨度从公元9世纪到13世纪。这些石刻以其艺术品质极高、题材丰富多变而闻名遐迩，从世俗到宗教，鲜明地反映了中国这一时期的日常社会生活，并充分证明了这一时期佛教、道教和儒家思想的和谐相处局面。”①

大足又是国家和地方重点保护的风景名胜区。大足风景名胜区是以大足石刻为主体，伴以北山、南山、宝顶山、玉龙山、石门山、石篆山和化龙湖、龙水湖及跃进、响水滩水库等五山四湖的山、水、林、景、洞、候鸟等人文自然景观构成。1956年四川省人民政府公布北

---

① 《中国世界遗产年鉴》编纂委员会编：《中国世界遗产年鉴2004》，173页，北京，中华书局，2004。

山、宝顶山、南山、石篆山为全省首批文物保护单位；1961年国务院公布北山、宝顶山石窟为首批全国重点文物保护单位；1985年12月公布为四川省风景名胜资源保护区。大足风景名胜区资源丰富，仅南宋王象之《舆地纪胜》记载的人文、自然景观就有40多处，且多具地方特色。譬如，清《乾隆县志》就载有棠城八景，每一景都赋诗题咏。嘉庆以后又增加十景，合为“十八景”，景景具有独到之处。[①] 1945年时任中国学典馆馆长杨家骆率领由马衡、顾颉刚等名家组成的“大足石刻考察团”，历时8天对大足石刻进行了全面、系统、科学的学术考察。这也是历史上首次对大足石刻进行的科学研究，考察报告称：“大足石刻湮没千载，此次考察团的成就，实与发现敦煌相伯仲”。“考论其价值，以为可与云冈、龙门鼎足而三”。考察团还编撰出版了《大足石刻图征初编》[②]。大足石刻首次亮相美国是1947年4月，被誉为“中国建筑之魂”的著名建筑学家、清华大学建筑系主任梁思成教授，于当年首次在美国普林斯顿大学，以“从未有人报道过的四川省大足石刻”为主题，做了两场别开生面的学术演讲。1980年大足石刻对外开放，第一位外宾即加拿大著名学者司徒尔特目睹宝顶石刻后惊呼：“这是一座未开采的金矿”。1986年外宾投票评选大足石刻为中国最佳旅游资源之一；1988年重庆人民投票评选《新巴渝十二景》，大足石刻位居榜首。曾经三次考察大足石刻的著名作家韩素音女士对大足石刻倍加赞誉：“在我见到的遗址中，这里给我的印象最深。历史的伟大、人民的艺术天才，在这里得到充分的体现。”[③] 大足是驰名中外的“石刻之乡”、“五金之乡”，全国首批甲级开放县，国家确定的长江三峡旅游县的起点，被国家旅游局评定为首批4A级旅游区；全国生态农业先进县，重庆市对外开放的重要窗口。

大足石刻文化景观必须依法保护。自1949年中华人民共和国成立以来，大足石刻在日常维修保护中，始终坚持“不改变原状”的原

---

① 参见陈明光：《大足石刻考察与研究》，28页，北京，中国三峡出版社，2001。

② 陈明光：《大足石刻考古与研究》，67页、10页，重庆，重庆出版社，2001。

③ 陈明光：《大足石刻考古与研究》，2页，重庆，重庆出版社，2001。

则，以确凿文献、碑刻题记为依据，采取传统技术和现代科学技术相结合的手段进行；在其设计、材料、工艺、布局等方面，保持了历史的真实性。在对北山、宝顶山、南山、石篆山、石门山“五山”造像主体进行保护的同时，注重其周围环境的保护，基本上没有改变其环境关系。可以说从整体上看，“五山”摩崖造像保持了历史的规模、原状和原貌。中央和地方政府对大足石刻的保护工作十分重视，如建立健全了管理机构，划定保护范围，大力整治文物区环境，制定文物保护专项法规等。重庆市人民政府制定了《大足北山、宝顶山、南山石刻文物名胜区保护建设总体规划》、《大足石刻保护管理办法》等，对于破坏分子的犯罪行为严惩不怠。譬如，1995 年 6 月 5 日凌晨，四川人王洪君伙同重庆大足人阳文德潜入大足北山，用钢锯切下了 1 号释迦牟尼头像。案发当天上午，警方即立案侦查。25 天后抓获王洪君，起获佛头，而阳文德逃匿。被盗佛头经过国家文物局专家鉴定为一级文物，该案震惊全国。1996 年主犯王洪君经法院判定死刑后，阳文德仍在潜逃中，被列为全国通缉名单。该犯罪嫌疑人先后在海南、广东、重庆躲藏，靠打工为生。2006 年 8 月 30 日阳文德在重庆被抓获。至此发生 11 年前的重庆大足石刻佛头被盗案最后一名主犯嫌疑人被擒。2007 年 4 月法院以盗掘古文化遗址罪，判处逃亡 10 余年的阳文德有期徒刑 15 年①。为了进一步保护大足石刻整体环境，目前正着手依法进行 5 项文物保护工程：千手观音重新镀金、景区电子安全系统安装、北山治水二期工程、大佛湾治水工程和景区与社区的分离工程。在核心景区已设置了全天候电子监控系统，实行技术防范与人防、警犬等多种防范相结合，全县其他石刻文物也全部配置保护设施，以确保石刻文物安全。重庆人民政府决心对大足石刻这笔世界遗产严格依法保护，切实依法规范管理，不断完善保护措施，提高保护科技水平，优化文物保存环境，精心做好遗产监测，在保护世界遗产真实性、完整性的同时，充分发挥世界遗产的社会效益和应有的经济效益。

---

① 黄豁：《伙同他人盗割大足石刻佛头逃亡 10 余年被判刑 15 年》，载《中国文物报》，2007 年 4 月 6 日第 1 版。

云南丽江古城文化景观

一

古朴、安谧、平和、悠然的丽江古城，位于我国西南部云南省的丽江纳西族自治县，始建于宋末元初（13 世纪后期），距今已有 800 多年的历史。丽江这个以“四方街”为代表的“大研镇”，坐落在玉龙雪山下一块海拔 2400 米的云贵高原台地上，地处东经 100°14′，北纬 26°52′。2002 年底设置丽江市，市辖区人口 14 万，居民以纳西族为主。[①] 丽江是当地老百姓的丽江，因为这里有着他们祖先的气息，在古城面积 3. 8 平方公里的土地上，有居民 6200 多户，25 000 余人，居民中 57. 5% 为纳西族。[②]“丽江”西枕狮山，北依象眼山，周围青山环绕，潺潺的泉水穿巷走院，形似一块“碧玉大研”（“大砚”）。所以，丽江在历史上称之为“大研”。丽江古朴自然，兼有水乡之容、山城之貌，体现了依附自然的传统审美原则。城北 15 公里的地方，矗立着海拔 5596 米高的玉龙雪山，终年积雪，至今未曾被人类征服过。玉龙雪山有着丰富的自然资源，在地质、地貌、矿藏、野生植物等方面都独具特色，是著名的度假和游览景区。距离丽江 70 多公里的地方，有个著名的虎跳峡，它位于丽江县城和中甸县城的中心地带，金

---

① 参见张武冰、晋淑兰主编：《新编实用中国地图册》，87 页，北京，中国地图出版社，2006。

② 参见《中国文化遗产年鉴》编辑委员会编：《中国文化遗产年鉴 2006》，70 页，北京，文物出版社，2006。

沙江中部的玉龙雪山与哈吧雪山之间，峡长17公里，落差200多米，有18个险滩，两岸雪山峭壁笔立于江面上3000多米高，是世界上最深、最险的峡谷之一。丽江坝中部是一个以纳西族（纳西族古称“么些”）居民为主的古镇，它以其建筑布局之科学著称于世，乃我国古代城市建筑之瑰宝。“丽江古城镇的历史，比被誉为世界城市样板的英国翰洛城早数百年，并且布局比翰洛城更科学。它是我国仅有保持古城全貌的古镇，为研究我国城市建设史提供了宝贵的实物资料，是珍贵的文化遗产。”①

丽江是一座历史悠久的古城。宋元时期（10—14世纪），丽江曾起着藏、汉、白、纳西等民族文化、经济交流枢纽的作用，是南方丝绸之路和“茶马古道”的重要集镇以及军事战略要地。早在10万年前，就有旧石器晚期智人“丽江人”在这里生活。唐代初期属姚州都督府，先后归属于“吐蕃”和“南诏”，宋时属“大理国”。元至元十三年（公元1276年）设“丽江路军民总管府”，“丽江”的名称自此沿用至今。明代至清初，丽江由木氏土司世袭统治；1723年，“改土归流”设“丽江府”；1961年成立丽江纳西族自治县。杰出的历史人物有明清两代纳西族诗人木公、木增、桑映斗以及清末的爱国将领和廷彪，历史学家方国瑜等。丽江古城是若干个历史时代相叠加的历史性城镇，在元明时期主要发展了狮子山东侧，以“木土司府”为中心的街区和中河等地段。清代改土归流后，在北面发展起以“流官府衙”为中心的街区，以四方街为连接，使古城成为一个整体，民国时期又有进一步地完善和扩展。尽管古城沉淀了不同时代的建筑样式，结晶了各个时代的思想观念、生活习惯、审美情趣，反映了不同历史条件下的经济发展水平，但它们的整体建筑风格却始终是统一的，体现了纳西文化的连续性。距离丽江城100来公里的泸沽湖畔摩梭村寨，为圆木结构的古老楞房，格局古朴自然。该村至今保留着母系大家庭传统而古老的生活方式，被人们称之为“奇异的母系王国”，是当今

① 周艺文等：《西南民情之旅》，25页，河南地图出版社，2001。

研究母系氏族历史嬗变的最佳场所。①

丽江古城是一座山水之城。意大利世界著名的威尼斯城又名为“水城”，威尼斯地处亚得里亚海西岸，新月形湖中央，水是这个城市的优势，它由188个小岛组成。丽江古城素有“高原水乡”之称，被誉为“东方的威尼斯”。它的脚下就是碧波荡漾的高原之海——黑龙潭，其水清澈如镜。丽江古城的中河是古老的自然水系，沿着东大街入城；西河是人工河，元代纳西族首领阿良胡率族入主古城西区，在玉龙桥处开挖一条西河，把中河的水分流后又一次引入古城。东河也是一条人工河，“改土归流”后，由流官管理古城东区，在玉龙桥处开挖东河，把中河的水分流后再次引水入东城。这样一来，“三水”共同流向丽江古城，街道随水渠的曲直而婉转，房屋顺地势的高低而组合，造就了古城丰富多变的街景空间，充满了大自然的盎然情趣。在水的利用上，古城建筑自然形成，主街傍河、小街临渠。沿河左岸的建筑物，是顺中河流向同步的土木瓦屋长廊，临街为铺，临河为楼。土木瓦屋是丽江古城建筑布局的基本格式，前铺后楼则是古城建筑的基本特征，房屋的抗震、遮阳、防雨、通风等方面也颇具特色，堪称中国民宅建筑的范本。古城民宅的天井、庭院、照壁、花墙等古色古香，又极富民族特色。沿西河流向的新院巷和兴文巷一带，因水渠密布，跨水临渠的家庭建筑极为普遍。基本是水渠东家进、西家出、穿墙过屋，形成了一幅“家家流水，户户垂柳”的天然画卷。丽江古城的人称水渠是“古城的血脉”，水是“古城的灵魂”，水为古城添光加彩，没有水也就不会有丽江的秀丽。有水必有桥，威尼斯城也称为“桥城”。古城丽江与威尼斯一样，由于流水密布，在大约2平方公里的城区内，就架有76座桥，它们质地和形态各异。中河因是最大水系，把古城一分为二，为了人们交通方便，中河上的桥以坚固厚实为特色，河宽桥大、河长桥多，且多为石桥结构。东河和西河都是人工河，水浅渠窄，所以河上的桥多以简便实用为特色，木板桥或者石头桥居多。古城不乏名桥，如万子桥，这种石板是由千万颗沙粒凝结而

① 参见宋才发：《丽江古城的文化景观及法律保护》，载《中国民族》2005（3）。

成的，显现了工匠独特的构想力和对捐资建桥者的美好祝愿——“子女万千，永远昌盛”。再如玉带桥（“马鞍桥”），位于木府前的护城河上，为单孔石拱桥。据传木氏土司是摹仿当时京城天安门前的金水桥修建的，桥宽9米，长3米，突破了一般桥梁纵向大于横向的尺度比例，加之位于衙署，因而官气、派头十足。“桥”构成了丽江古城另一道靓丽的风景线。还有一个方面是威尼斯没有办法比拟的，这就是“古泉”。由于丽江在玉龙雪山脚下，所以古城地下到处是喷泉，井浅水旺，涌流不竭。传统的古城井泉一般都是“三眼井”，即依水势的流向，分别由高向低串联起三个有圆形护栏的水潭。第一潭水人饮用，第二潭水洗菜，第三潭水洗衣，各有其用，古风民俗约定俗成。[①] 纳西族是一个对美具有天然感受力的民族，大研古城之所以能将北河水引到城边，分三路穿入城中，再分成若干条支流引入千家万户，就体现了纳西人对水的热爱与运用时的高度技巧。可以说，丽江古城水系是研究纳西人审美心理和情感的一个极富意义的案例。丽江古城之所以能够列入《世界遗产名录》，除了它的文化内涵之外，最重要的一条就是有奔流不息的流水。水给丽江古城的人们带来了生机、活力、福气和财富，水使丽江古城能够与世界名城威尼斯媲美，称丽江古城是“东方的威尼斯”一点也不过分。[②]

丽江古城是世界文化遗产。丽江古城的英文名称为：Old Town of Lijiang 。1997年12月联合国教科文组织世界遗产委员会第21次会议，在意大利那不勒斯城正式批准丽江古城入选《世界遗产名录》，成为中国99座历史文化名城中首批以整体保护方式受全人类共同承担保护责任的世界文化遗产城市，同时也是中国第一个少数民族自治地方的世界文化遗产城市。与丽江紧密相连的“三江并流”，也于2003年7月2日被列入《世界自然遗产名录》。世界遗产委员会的评价是：“古城丽江把经济和战略重地与崎岖的地势巧妙地融合在一起，真实、

---

① 有关资料见《中国丽江旅游的新亮点——纳西文化走廊》，载《人民日报》，2005年4月8日第8版。

② 参见宋才发：《丽江古城的文化景观及法律保护》，载《中国民族》，2005（3）。

完美地保存和再现了古朴的风貌。古城的建筑历经无数朝代的洗礼，饱经沧桑，它融汇了各个民族的文化特色而声名远扬。丽江还拥有古老的供求系统，这一系统纵横交错、精巧独特，至今仍在有效地发挥着作用。”[①] 丽江古城是世代纳西人“天人合一”生活方式的绝佳体现，是纳西人理想追求与纯厚民风的写照。丽江古城是古城风貌整体保存完好的典范，更是一种独特的文明，一种历史的完整见证。1986年丽江古城被列为国家“历史文化名城”；2001 年被评定为“全国文明风景旅游示范点”。丽江古城还以无法抗拒的魅力，被国际旅游组织誉为“中国最令人向往的 10 个小城市”和“地球上最值得去的 100 个城市”之一。2005 年丽江古城又被联合国授予“全球人居环境优秀城市”称号，被评为欧洲人最喜爱的中国十大旅游城市之一。[②]

二

丽江古城是一座历史文化名城。它集中地体现了地方历史文化和民族风俗风情，真实地体现了当时社会进步的本质特征。丽江流动的城市空间、充满生命力的水系、风格统一的建筑群体、尺度适宜的居住建筑、亲切宜人的空间环境，以及独具风格的民族艺术内容等，使其有别于中国其他历史文化名城。源于远古时期居住在我国西北地区的古羌人纳西族，在隋唐之际迁徙定居于丽江。纳西族在我国算不上是一个人数多的民族，但它的东巴文化却名扬中外，引起人们的广泛兴趣和关注，已成为当今人们研究的焦点之一。自 20 世纪 80 年代以来，世界出现了一个研究纳西东巴文化的热潮，一个国际性的纳西东巴文化学正在形成。丽江古城古朴自然，具有极高的历史文化价值，它集中地体现了地方历史文化和民族风情。纳西族有自己的民族语言，纳西语属于汉藏语系藏缅语族彝语支，由于与汉族长期相处，大多通

---

① 《中国世界遗产年鉴》编纂委员会编：《中国世界遗产年鉴 2004》，156 页，北京，中华书局，2004。

② 参见和自兴：《二十年七得》，载《中华遗产》，2005（6）。

用汉文。丽江设学堂办教育始于元代，到明永乐年间，丽江、通安等地纷纷建立学校，并请来汉族知识分子担任家庭教师。1418 年检校庞文郁请准丽江建学，木府建立了“万卷楼”，收藏宋明善本书数万卷；楼外牌坊“天雨流芳”四个大字，就表明当时木氏土司家族及子弟重视学习汉文化。经过元明两朝，丽江教育也仅仅限于木氏土司家族，并没有推向民间。到清康熙三十九年（公元 1700 年）建立学宫设学之后，丽江教育才推向民间，1706 年清廷在丽江设立府学。自此之后，丽江历任流官都大力兴学，历史上还曾广设义学，十分重视书院的建造。在丽江历任的 75 位流官知府中，以杨香必和管学宣的改革影响最大。他们废除封建领主庄园，开垦粮田，改良麦种，重视农桑，发展生产；重视汉文化的深入传播，设义学，开科举；建立税制，设立户籍管理。历任流官还对纳西族的衣食住行、古礼俗、古服饰等进行改革，在有所保留的基础上，以汉族习俗加以取代和补充，大胆地移风易俗，实现了纳西本体文化与汉文化更进一步地融合，初步形成了丽江的世俗文化。① 清代以后，纳西族传统文化逐渐走向成熟，并且对近代文化的发达产生了积极的影响。古城是历史文化的浓缩，它沉淀了各个历史时期政治、经济、文化的精华。所以，给我们留下了著名的丽江学堂、黄山幼稚园、玉泉诗社、科贡坊、纳西古乐等珍贵文化遗产。东巴文化包括象形文字《东巴经》、东巴绘画、东巴音乐舞蹈等，距今都有 1000 多年的历史。活跃于纳西民众中的东巴文化，是以纳西族古老的宗教东巴教为载体，以东巴教所用的经书、音乐、绘画、舞蹈及民众口传的民间传说为记录方式的一种宗教文化，也是一种民俗活动文化。它形成于唐宋时期，已有近千年的历史，涉及纳西族文化的各个方面。如纳西族人每年农历二月初八，要过传统的“三朵节”，“三朵”是纳西人民千百年来信奉的保护神。东巴舞蹈是东巴文化的重要组成部分，东巴教经典中有专门记载东巴舞蹈的舞谱，详细记录了 60 多种舞蹈的跳法。《东巴舞蹈》是世界上唯一的用象形文字书写的古代舞谱，它是研究人类原始舞蹈起源和早期舞谱形成的

① 参见周俊华：《丽江与丽江人纳西文化印象》，18 页，北京，民族出版社，2002。

极为难得的经典。而用纳西族象形文字写成的“东巴经”、纳西古乐、东巴舞谱、白沙壁画等，都是东巴文化的精华。融儒道佛、汉白藏文化于一体的丽江壁画艺术，无论是古雅凝重的《孔雀明王法会图》、规模宏大及艺术精湛的《如来会佛图》，还是《观音普门品图》，从其富于变化的构图设计到精致细腻的笔法，都糅合着宋元以来的绘画传统和浓郁的藏族画风以及巴东教的原始意蕴。纳西族绘画珍品是东巴布卷图《神路图》，也是世界上最长的卷轴画，它长达 40 多米，宽 26 厘米左右，具有独特的艺术形式，堪称稀世珍宝。《神路图》主要是用于丧葬时超度死者亡灵的仪式中，描述了死者亡灵要经过的地狱、人间、自然界、天堂等各阶段的具体场面，有较高的文化和艺术研究价值。纳西族历来不封闭自守，十分注意向汉文化等其他民族的先进文化学习，但在纳西文化中本土文化是主体、是基础。纳西族如果没有这种开明开放、兼收并蓄、海纳百川的积极向上心态，就不会有今天纳西文化的灿烂辉煌。

东巴古籍是世界的记忆。以东巴教为载体的“东巴文化”，贯穿纳西古代上千年的社会发展历程，涉及社会生活的方方面面，是主导古纳西社会的意识形态。最令人惊讶不已的是：纳西先民创制的“东巴象形文字”约有 2200 个，形成了特有的文字表达方式和书写风格，并用这种文字写下了数以万计的东巴古籍。这种图画象形文字，纳西语称为“森究鲁究”，意思是“木石之痕迹”，它被称为当今世界上仅存的“活着的象形文字”。由于这种图画象形文字和标音文字唯独东巴人认识，一般人无法释读，故称之为“东巴文”。为了让世人能读懂“天书”，云南人民出版社和丽江东巴文化研究所，历时 20 年投巨资 500 万元，于 2001 年 4 月出齐了 100 卷的《纳西东巴古籍译注全集》，它采用象形文原文扫描录入，国际音标注纳西语音、汉文直译对注、汉语译意方式。此种“四对照体例”模式在全世界也是独创，被称为“旷古一绝，世纪丰碑”。《东巴经》全书约 2 万多卷，分别收藏于我国的丽江、昆明、北京、南京、台湾以及美国、德国、西班牙等近 20 个国家和地区，被誉为“东方文化的瑰宝”。它记载了东巴教祭司在宗教仪式中所唱或诵的内容，其中有天地万物起源的神话传说，纳西社会的生产生活方式，还有诸多人与自然和谐共处的理念，少数用于记录仪式规程、仪式画谱、仪式舞蹈、历法、医药、占卜方法及占卜图谱等。东巴古籍是东巴文化的凝结和升华，因而它的内容涉及文字学、语言学、宗教学、考古学、人类学、民族学、民俗学、社会学、史学、伦理学、哲学、美学、法学、神话学、文学、绘画、舞蹈、音乐，以及天文地理、植物动物、农牧医学等多种学科，被誉为纳西古代社会的“百科全书”。它为多学科对远古社会的研究提供了最有价值的资料，被学者视为提供研究资料的“富矿”、“活化石”、“典型范例”。《东巴经》主要是东巴人口诵手抄，以口诵记忆为主，文字记录为辅，绝大部分经书只是提示或者略写，吟诵时必须经过口头加工才能构成完整内容，而且每位东巴的记录方法也不完全一样，所以即使同一书名的经书，其内容也不一定相同。东巴古籍文献为纳西族东巴自制的土纸做成，全部古籍由自制的墨和竹笔写成，左侧线订册叶装。一般古籍长约 28 厘米、宽 9 厘米，呈长方形。其形式风格独特，对古代造纸术和古代装帧的比较研究具有独特价值。从文字记录语言的角度看，它属于用语段文字书写的古籍，对研究书面语言与口头语的结合提供了非常重要的原始资料。由于东巴文字的这种特殊性，东巴古籍成了原始古籍的范本，世界许多国家都认为，这项古籍文献是具有很高的美学价值和风格独特的文献遗产。正因为它的特殊价值，所以早在 19 世纪末，就被海内外图书馆、博物馆搜集珍藏。目前确知被收藏的东巴古籍约为 3 万册，除了复本外近 1000 种。①

东巴古籍特有的形式和内容决定了它是世界上独一无二、不可替代和再造的文物古籍，属于全人类的共同文化遗产。因此，珍藏在我国云南丽江的 1000 卷纳西族东巴古籍文献，2003 年 8 月 30 日被联合国教科文组织列入《世界记忆遗产名录》。“世界记忆”可以说是世界各族人民的共同记忆，它对于保护文化特性有着重要意义，并在塑造未来中发挥重要作用。然而，当东巴古籍文献被列入《世界记忆遗产

① 参见东巴文化研究所：《东巴古籍：世界的记忆人类的遗产》，载《中国民族报》，2004 年 9 月 23 日第 8 版。

名录》的消息传来的时候，经过20多年呕心沥血、参与翻译出这上千卷经典的十多位东巴大师们，却早已去世。“世界记忆工程”于1992年由联合国教科文组织发起，是《世界遗产名录》项目的延伸。“世界自然遗产”和“世界文化遗产”关注的是自然和人工环境中珍贵的遗产，而“世界记忆遗产”关注的是文献遗产，主要包括手稿、图书馆和档案馆保存的任何介质的珍贵文件以及口述历史记录。它旨在对世界范围内正在逐渐老化、损毁、消失的人类记录进行抢救和保护，从而使人类记忆更加完整。《世界记忆遗产名录》收编的是符合世界意义入选标准的文献遗产，目前全世界共有92项文献遗产被收入《世界记忆遗产名录》。被列入《世界记忆遗产名录》的档案资料，可以使用“世界记忆工程”标志，广泛用于各类宣传品、招贴画及旅游介绍等。

纳西古乐源远流长。从人文景观的角度观察历史，我们会感到音乐中寄寓着一个民族的心灵史。起源于14世纪的“纳西古乐”，是纳西族保留的传统文化，积极吸收其他民族先进文化精华的产物，是多元文化融合的艺术结晶；是流传于纳西民间的古典音乐，既是云南省最古老的音乐，也是世界上最古老的音乐之一。道教法事音乐、儒教典礼音乐，甚至连唐宋元朝的词、曲牌音乐，都奇迹般地出现在纳西古乐的旋律中，形成了独特的纳西民间音乐的神韵，这是一种清纯、空灵的韵味。纳西古乐保存至今还有22个曲目，它们被誉为“音乐化石”、“和平之音”、“仙乐天音”，被定格为中国乃至世界的特色文化景观之一。聆听纳西古乐，使人真正感受到“此曲只应天上有，人间能有几回闻”的意境。① 纳西古乐是多元文化相融合的艺术结晶，它由《白沙细乐》、《洞经音乐》和《皇经音乐》等组合而成，而《创世记》则是纳西族长篇史诗。“洞经音乐”被纳西人接受以后，就像东巴经里所说的“永不凋谢的花朵”，乐声有如圣洁的花香世代相袭，带着令人眩晕的清香飘向纳西人神秘的高山白雪世界。直到1911年之

---

① 参见《中国丽江旅游的新亮点——纳西文化走廊》，载《人民日报》，2005年4月8日第8版。

前，纳西古乐都保留了弹奏道教洞经细乐与玄论道教洞经的传统。作为民间雅乐的纳西古乐，这些原本在中原汉地最正统的文人雅乐，在遥远的丽江却找到了再恰当不过的归宿。纳西人把这种“文化舶来品”移花接木为己所用后，它便成了雪山之麓、玉水之滨笙歌宴饮时必不可少的“尤物”。纳西古乐的东巴唱腔有50种左右，吟唱以纳西民族曲调为基础，在乐器上主要用板铃、板鼓、锣等，节奏单一，谱点简单。纳西古乐尽管古老，但它博大精深，久盛不衰。究其原因就在庄重典雅，是一种高雅的文化艺术形式。大凡到过丽江古城的人，也必定去听过宣科先生为代表的乐队演奏的纳西古乐。通常开篇乐曲为唐玄宗李隆基建长安太平宫所作的《紫薇八卦》，其次是李后主填词的《浪淘沙》，接下来的是《一江风》、《水龙吟》和《山坡羊》。纳西古乐演奏有“三老”特点：曲目古老、乐器古老、演奏者大都为七八十左右的老人。据有关部门反映和笔者的实地考察，近50年来纳西族学者周善普、和毅庵、宣科等人，为抢救、保护和弘扬纳西古乐作了大量的艰苦工作，成就斐然。纳西古乐作为一种非物质文化遗产，对它的充分利用和不断弘扬，就是最好的保护、传承和发展。目前在丽江古城城区及玉龙纳西族自治县范围内活跃着22个古乐会和14个东巴文化传习馆（院），纳西古乐及东巴文化演艺产业年产值远远超过1000万元。2004年9月在丽江古城举行了“第二届国际东巴文化艺术节”，共有国内外300多名东巴文化研究的学者专家和实际工作者赴会，主题为“和谐、共融、发展”，这也正是纳西东巴文化的基本特征和精神。它的主要内容包括了纳西东巴仪式展演、纳西民俗歌舞表演、纳西东巴文化成就展、东巴文化学术研讨会和大型文艺表演等。①

三

丽江市政府力保古城景观清水长流。丽江古城以它青山绿水、

① 参见宋才发：《丽江古城的文化景观及法律保护》，载《中国民族》，2005（3）。

“小桥流水”吸引了世界各地游客，人们流连忘返于丽江古民居之间，体味着别样的“民族气息”。然而近年来丽江古城的水质越来越浑浊；更为严重的是2005年整个冬天到2006年春，玉龙雪山没有下过一场雪，即使当地政府动用人工降雪技术措施，也仍然无济于事。究其原因就在于到玉龙雪山的旅游者过多。譬如，2006年春节从初一到初五，每天有1.5万人乘坐索道爬上玉龙雪山。也就是说，160元一张的门票，5天卖出7.5万张，每天有1.5万个37度的肉体烘烤着玉龙雪山。① 三条贯穿于丽江古城大街小巷的溪流，历来既是饮用水源，又是排污水渠。由于自然界有一定的净化能力，这种作法世代相传习以为常。但随着旅客潮流的涌入，人们吃饭、住宿、洗澡无不与水打交道，所有脏物尽入河水中；河边的小吃店为了挣钱而不顾污染，竟把脏物脏水全部倒入流水中。久而久之河水的水质下降，再也不是清澈见底。尤其是在枯水季节水位下降时，水面漂浮物越来越多并发出令人恶心的臭味。面对丽江古城景观水源在枯水季节引发的浑浊和水质偏低等情况，经过水利专家的调查研究，发现地下泉水不足，是古城水源浑浊的主要原因。由于夏季干旱时间较长，黑龙潭水源供应困难，从清溪水库调往黑龙潭更存在问题，只能靠拉市海的水补往黑龙潭。而一旦当丽江坝进入主汛期，古城周边区域形成的洪水，尤其是吉乌洛和阿昌洛两条冲沟的大量洪水夹着泥沙，又对古城的流水和景观造成不良效果。本着长远解决问题的原则，丽江市政府一方面呼唤用水单位和市民节约用水，提高节水、护水和爱护环境的意识；另一方面迅速启动《丽江古城景观用水调水方案》，急筹资金7000万元用于护水，力求还古城优美环境的本来面目。同时，为了使丽江的新城和古城景观更加靓丽，增强新城和古城的防洪能力，市政府下决心从源头上治理“三河”，并从丽江坝区水资源建设、保证城市和农业供水的立足点出发，丽江市政府和玉龙县有关部门，决定拨款200万元新建“玉湖水库”，筹资850万元用于建设玉龙水库。为了珍惜和保护好丽江古城这份难得的世界遗产，丽江市政府把古城水系的清亮和

---

① 参见郑茜：《没有了雪的玉龙雪山》，载《中国民族报》，2006年5月26日第9版。

清水长流，作为一件燃眉大事来抓：丽江市制订了《丽江城市防洪规划》，建立起一个完整的城市防洪体系；水利部门启动了清溪水库病险鉴定和扩容设计，以及红星水库的设计和规划；为避免造成水源污染和影响玉龙雪山生态环境，市政府决定以后的旅游建设项目不再往城市的北边发展，全面提高治理污染和截污能力。创造条件加强对玉龙县白沙乡的九子海等作为黑龙潭的水源地的保护，加大植树造林、退耕还林的力度。为了实现对水资源的统一管理、开发和利用，包括对城乡的统筹管理，该市集中水权，建立了以市级水行政主管部门为主的丽江坝区水资源管理中心，依法确保实现丽江坝区水资源的统一管护和调度。① 譬如，规定并实施黑龙潭在每天凌晨零点关闸，上午6点开闸放水；拉市海在每天凌晨零点关闸，上午5点开闸放水，通过科学合理的蓄水和调度，尽最大努力保证古城景观用水。与此同时政府还投入4亿元，改善古城供排水、消防、通讯、垃圾处理系统，排污管安装到了每一个院落、商铺，一个日处理能力达2万吨的污水处理厂，于2003年正式投入使用。做到了生活垃圾、污水排放无公害处理，留住了古城原住居民，从根本上保护了古城原生态民族文化，真正体现了“小桥、流水、人家”，人与自然和谐发展的古城风貌。②

丽江市政府力保古城自然和人文景观始终如一。城镇、建筑本身是社会生活的物化形态，民居建筑较之官府衙署、寺庙殿堂等建筑，更能够反映一个民族或者一个地区的经济文化、风俗习惯和宗教信仰，因而“丽江民居”是研究中国建筑史、文化史不可多得的重要遗产。为了保护丽江古城的原有风貌，1951年初丽江地方政府就作出“保留古城，另辟新城”的决策，同时建立了古城房屋维护审批制度，筹资加大对古城保护的资金投入，成立了世界遗产丽江古城保护管理委员会和管理公司，地方政府制定了保护管理法规，对传统文化进行系统抢救，使许多濒临失传的纳西传统文化，在旅游事业的带动下开始复

① 参见王法：《丽江古城急筹7000万元护水》，载《中国民族报》，2004年7月20日第1版。

② 参见宋才发：《丽江古城的文化景观及法律保护》，载《中国民族》，2005（3）。

苏并且得到新生。当时的丽江县政府还启动了“丽江古城第一批重点保护民居”工程，对140户保护民居和46户重点保护民居实行“挂牌保护”，对重点保护民居进行评比鼓励。政府以法规的方式控制和规范古城的商业活动，合理控制游客数量，并把与古城氛围不协调的商业场所全部迁移出古城，丽江因此而创造了著名的“民族文化与经济对接，世界遗产保护与带动旅游发展”的“丽江现象”和“丽江模式”。1996年丽江发生强烈地震，不少房屋被震塌，不少古建筑被震坏，丽江古城不得不按照原貌进行修复和维护。所以有人开玩笑地说，丽江古城的名气是地震给“震”出来的。其实早在20世纪80年代，丽江古城就已经引起我国建筑学、风景园林学等专家的关注。专家学者普遍认为，全国像丽江古城这样大面积保存下来的古城已经为数不多，建筑艺术十分奇特，是纳西族祖先留下的一大杰作。1995年6月经过国家专家组的论证，正式确定丽江古城、平遥古城和苏州园林为我国1997年度世界遗产申报项目，并将丽江古城作为首选项目。《21世纪丽江宣言》明确提出：绝不能以牺牲历史文化为代价换取一时经济的发展。所以，丽江古城的保护规划突出了“面”、“线”、“点”三个方面：“面”即指绝对保护区（古城核心）、严格控制区（古城边缘及黑龙潭公园）和环境协调区；“线”的保护即街巷和水系；“点”就是指传统民居院落、古桥及文物古迹的保护。丽江当地政府在多次城市规划修正中，始终把古城保护放在第一位。从1998年开始，为了保留古城特有的风貌，政府对基础设施进行全面修建改造。紧接着古城内原有的两大集贸市场也被疏散和搬迁到新城；与古城不协调的32万多平方米砖混结构建筑被拆迁，取而代之的是“修旧如旧”的纳西族传统民居；50多家珠宝玉器商店、卡拉OK厅等场所也迁出了古城。丽江古城的世界遗产保护工作，得到了国内外专家和联合国教科文组织的充分肯定，并且把它作为世界遗产保护的模式予以推广。

丽江古城的东巴文化传承成效显著。东巴文化传承在经济全球化的背景下遇到了挑战，譬如，据2001年统计，原丽江县境内75～92岁的东巴有18个，到2003年已有7位去世，“东巴文化研究所”已无大师级的东巴；大部分纳西族的孩子，不再有席得纳西语的机会，因为多数年轻的东巴被分配到各个旅游景点去接待旅游者，而不是传承与续接文化，即使花大代价培养出来的年轻东巴，在市场经济利益的驱使下也迅速离开研究机构，使东巴队伍发生变异和后继乏人。在如何进行东巴文化传承的问题上，也存在如下问题：（1）只承认传统的传承，否认其他的传承；（2）坚持自然传承，即民间的“父子”、“师徒”传承；（3）认为博物馆是它的归宿；（4）进入学校传承；（5）在旅游景点传承展演；（6）洋人给钱我传承；（7）政府出钱我传承；（8）我做传承你出钱。但是在政府部门的关心和大力帮助下，尤其是在东巴文化受到联合国教科文组织的关注和保护之下，东巴文化的抢救和传承工作取得了前所未有的成就，其标志性成果有：（1）成立了第一个、至今唯一的东巴文化专业研究机构，使东巴文化研究成为一门独立的学科；（2）成立了丽江县东巴文化博物馆，1994 年改称为东巴文化博物馆；（3）翻译出版了工程浩大的百卷《纳西东巴古籍译注全集》；（4）出版了近百本关于纳西及东巴文化研究著作，发表上千篇相关的学术论文，为纳西学的形成作了开拓性的工作；（5）在北京、广州及瑞士、加拿大等地，成功地举办了纳西东巴文化展览；（6）培养出了一批新型的纳西东巴文化研究专家、学者，其中一部分人还应邀到国外讲学；（7）成功地举办了 1983 年“东巴文化座谈会”和 1999 年“首届国际东巴文化艺术节”；（8）东巴文化产品开始走向产业化、走向世界；（9）政府出台了《云南省民族民间传统文化保护条例》、《云南省丽江纳西族自治县东巴文化保护条例》等法规，标志着东巴文化保护走上了法制化轨道；（10）自 1995 年起，在纳西族地区先后出现了十几个自发的东巴文化传承组织；（11）东巴文化传承进入了普通学校的教育和培训；（12）在 2001—2002 年云南省民族民间古乐、舞蹈艺术人表彰大会上，有一批东巴老人获得殊荣。[①] 东巴文化需要传承，这是社会发展的需要、时代的需要、文化多样性的需要，也是纳西族群众自身利益和自身发展的需要。珍藏在丽江的 1000 卷纳西族《东巴古籍文献》，2003 年 8 月 30 日在波兰格但斯克召开的

① 参见和力民：《试论东巴文化的传承》，载《云南社会科学》，2004（1）。

联合国教科文组织世界记忆工程咨询委员会第六次会议上被联合国教科文组织列入《世界记忆名录》。这是世界文化遗产——丽江古城，以及自然遗产——三江并流区域之后，丽江地区的又一个“世界遗产”，丽江实际上成了集三个世界遗产于一身的神奇地方。这份文献遗产是独一无二、不可替代和再造的。[①] 它不仅是民族的珍贵文化遗产，而且具有超越民族文化的重大学术价值，属于人类的共同文化遗产，应当让更多的人了解并分享它的智慧与价值。波兰学者梅西亚博士就认为：“东巴文化研究者面临的根本性问题往往是如何确定这种图画文字在现实交际中的含义，并将这种象形文字结构转换成一些语言上的、时间上的和空间上的表达符号。就交际作用来说，这些图标也已很足够了，而此时的交际活动是一种纯抽象的表达过程。”[②] 纳西象形文字有可能成为超民族、超语言的国际人类信息交流符号系统。

丽江古城文化遗产保护的法规保障。文化遗产是人类社会发展的见证，是人类文明的载体。丽江古城文化遗产体现着纳西族独特的思维方式和文化价值，它是纳西族的根基和历史的纪念碑。对丽江古城的民族文化必须实行开发式保护，否则就是对祖传遗产的糟蹋。如果不在保护和开发的同时使之得到弘扬和发展，更是对祖先的不敬和对后代的不负责任。在历史与现代、发展与继承的交叉路口，文化遗产是一个充满魅力而又让人感到沉重的课题，如何在进行现代化建设的同时又传承古代文明，如何既对得起子孙又无愧于祖先，确实是一个值得每一个文化古国和它的人民去认真思考的问题。保护与开发利用是一对不可调和的矛盾。随着旅游业的发展，丽江市在全国乃至世界都有相当高的知名度，但由于丽江位于地理位置相对封闭的少数民族聚居地区，传统文化积淀比较深厚，受资金、人才、技术、意识等方面的制约，丽江的知识产权保护工作相对发达地区有相当大的差距。近年来丽江发掘出了具有很高知名度和产生巨大经济效益的“纳西古

---

① 参见宋才发：《丽江古城的文化景观及法律保护》，载《中国民族》，2005（3）。

② 郭大烈等：《第二届丽江国际东巴文化学术研讨会纪要》，载《云南社会科学》，2003（6）。

乐”、《丽水金沙》等名牌文化产品。围绕丽江各民族传统文化开发出了丰富多彩的音像、书籍产品，而且成功地打造了大型表演项目《印象丽江》等。这种开发式保护使传统的民族文化在旅游业的带动下得到了复苏、新生和发展，为更好地保护提供了强大的经济后盾。但如何利用商标权更好地保护当地的旅游资源与民族文化（纳西古乐、东巴文化等），使保护民间传统文化和开发现代旅游业二者协调并进，已经成为古城丽江在发展过程中面临的最重要问题。譬如，作为丽江古街代表的“四方街”和“七星文化街”，至今没有申请注册商标；丽江古城内随处可见商贩向游客销售“四方街”、“七星文化街”有关的商品；有些地方擅自冠以“丽江纳西古乐”等名称进行演出，以宣科的名字演奏古乐或生产“宣科茶”出口等。我国是世界上最大的文明古国之一，我们必须将丽江古城文化遗产的保护，纳入联合国教科文组织关于《保护世界文化与自然遗产公约》、《世界文化多样性宣言》、《人类口头和非物质文化遗产代表作名录》以及《保护民间创作建议案》的保护范围，以缔约国对国际公约必须自觉履行、强制执行的方式对它予以切实保护。同时要依据《中华人民共和国城市规划法》、《中华人民共和国文物保护法》及《云南省民族民间传统文化保护条例》、《云南省丽江纳西族自治县东巴文化保护条例》等法律法规的规定，对丽江古城文化遗产进行全方位的保护。对于丽江古城的法律保护措施和违规行为的惩处，要按照《丽江历史文化名城保护规划》、《云南省丽江历史文化名城保护管理条例》、《丽江纳西族自治县古城消防安全暂行管理办法》和《世界文化遗产丽江古城保护规划》的规定执行。建议国家尽快制定并出台《中华人民共和国历史文化名城保护法》（国家有关部门早已草拟了《历史文化名城保护条例》），对包括丽江古城在内的全国所有历史文化名城实行强有力的法律保护。